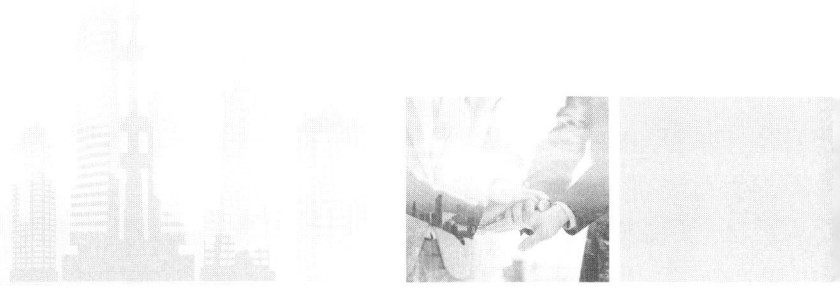

Corporate Social Responsibility:
Theories and Practices

企业社会责任
理论与实务

郭沛源　曹瑄玮◎主编

·北京·

图书在版编目（CIP）数据

企业社会责任理论与实务／郭沛源，曹瑄玮主编．——北京：中国经济出版社，2022.1
ISBN 978 - 7 - 5136 - 6804 - 0

Ⅰ．①企… Ⅱ．①郭… ②曹… Ⅲ．①企业责任 - 社会责任 - 教材 Ⅳ．①F272 - 05

中国版本图书馆 CIP 数据核字（2022）第 005288 号

责任编辑　姜　静　姜　莉
责任印制　马小宾

出版发行	中国经济出版社
印 刷 者	北京富泰印刷有限责任公司
经 销 者	各地新华书店
开　　本	710mm × 1000mm　1/16
印　　张	22.5
字　　数	403 千字
版　　次	2022 年 1 月第 1 版
印　　次	2022 年 1 月第 1 次
定　　价	78.00 元

广告经营许可证　京西工商广字第 8179 号

中国经济出版社 网址 www.economyph.com 社址 北京市东城区安定门外大街 58 号 邮编 100011
本版图书如存在印装质量问题，请与本社销售中心联系调换（联系电话：010 - 57512564）

版权所有　盗版必究（举报电话：010 - 57512600）
国家版权局反盗版举报中心（举报电话：12390）　　服务热线：010 - 57512564

编委会

吕建中　李　文　郭　毅　李　丽
张　智　张　睿　张　圣　梁晓晖
麦兴桥　郎　华　刘　涛　翟　雁
辛　华　张洪福　张绪彪　赵　航
郑李康晋　赖　芸　吴艳静　晏路辉
郭　然

Preface | 序言

作为一家深植于中国本土的企业社会责任（Corporate Social Responsibility，CSR）与可持续发展领域的独立咨询机构，北京商道纵横信息科技有限责任公司（以下简称商道纵横）见证、参与并助推了企业社会责任与可持续商业在中国大地上生根发芽和蓬勃发展。十余年来，商道纵横为数百家国有企业、民营企业和在华跨国公司提供企业社会责任与可持续发展咨询服务，积累了丰富的实践经验和实践案例。

在发展过程中，商道纵横越来越认识到，人才是最宝贵的财富。要谋求企业社会责任这个行业自身的可持续发展，就必须培养人才，让更多有能力的年轻人认识这个行业、投身这项事业。因此，在2015年商道纵横成立十周年之际，商道纵横宣布发起成立商道学堂教育项目，计划用十年时间为中国企业社会责任与可持续发展事业培育一万名来自各行各业的青年人才，以更优质的从业人才助推各个行业的可持续发展，以开放的心态为推动中国的企业社会责任咨询业发展提供力所能及的服务，从而营造一个企业社会责任共建、共享、共创的生态系统。

商道学堂以"修身以至天下，明道以育长青"为校训，以"相信商业的力量、相信责任的力量、相信教育的力量、相信人心的力量"为理念。自2015年开办以来，商道学堂得到了许多企业经理、高校学者和公益界人士的积极响应，得以会聚一批优秀的师资力量，逐年打磨商道学堂的课程体系。商道学堂持续对授课教师进行评估考核，以提升教学质量；定期开展企业社会责任经理人职业发展调查，以把握市场需求动态，不断更新课程内容。商道学堂开办近七年来，从最早只有在北京开设的华北班，到后来先后增设华东班、华南班和西南班等，教学点辐射范围覆盖北京、上海、广州、深圳、苏州、成都等地，累计超过500名学员完成学习并顺利毕业，成为商道学堂的校友。校友们来自各行各业，既有在企业从事企业社会责任工作的职业经理人，也有在公益组织工作且经常与企业打交道的公益人士，还有从事企业社会责任研究的高校学者和学生；校友们的年龄和资历差异很大，既有还未进入职场的大学生，也有具有二十多年工作经验的跨国企业高管。

七年来，商道学堂的课程系列不断推陈出新，已形成优才计划、认证培训、智享会和定制化课程四大系列。优才计划即商道学堂最初的形态，每年一期，小班线下授课，深度广度都很高；认证培训通常是专项培训，完成培训后的学员可获得由合作伙伴授权颁发的认证证书；智享会是以网课为主要形式设计的课程，学员可以在网络平台随时随地轻松观看课程录像、学习课程；定制化课程则是根据客户需求，由商道学堂整合课程和师资设计的专属培训方案。这四大系列可以满足多元化的需求场景。

七年来，商道学堂的知识体系逐步完备。启动伊始，商道学堂就提出教学内容模块化的思路，将优才计划的课程分为入门引导、基础理论、应用技能、综合素养、前沿热点与人物故事几大板块。入门引导是科普式和激励式的，让学员一开始就能大体了解企业社会责任知识的全貌，从而对相关知识产生浓厚兴趣；基础理论比较"硬核"，主要讲解与企业社会责任相关的各种理论流派和学术观点；应用技能则强调实用，对在工作中最常见的企业社会责任工作进行逐一讲解，很容易学以致用；综合素养是从思维、思辨、表达这些层面提升学员素质，使其在看待企业社会责任的问题时有更大的格局和更高的层次；前沿热点与人物故事则是对时下最新热点进行讲解，或是邀请资深专业人士现身说法，这部分内容无固定之规，根据需要安排，以拓展学员视野。最近，商道学堂对上述课程体系做进一步提炼，形成了商道学堂的知识体系，分为商业敏锐度、理论通透度、技能娴熟度、人际敏感度和思维成熟度五大方面。

我们一直认为，教学相长是个良性互动的过程：老师认真教，学生也会认真学；同样，学生认真学，老师也能更积极提高教学水平。因此，在商道学堂的教学实践中，我们很注重倾听学员的反馈与建议，这对商道学堂不断完善课程质量和提高教学水平至关重要。最近几年，不少学员问，有没有可能为他们提供一本合适的教材，这样可以和学堂的学习同步。商道学堂采纳了这个建议，从商道学堂五期就开始规划教材编写和出版事宜。

历经三年的筹划，并克服新冠肺炎疫情带来的影响，商道学堂学员渴盼的这本教材终于在诸位授课教师的通力合作之下、在中国经济出版社的大力支持之下成稿和出版，令人甚为欣慰。

序 言

这本教材的结构以商道学堂的课程体系为框架，包含入门篇、理论篇、实务篇、素养篇和前沿篇，与前述课程体系的模块对应。每篇分若干章，整体内容以实践应用为导向，辅以必要的理论基础和前沿探讨，旨在充分帮助学员加深对企业社会责任多样化议题的系统性认知、保持敏感、掌握实践技能。教材中的每章都邀请商道学堂导师操刀撰写，他们分别是：吕建中（第一章），曹瑄玮（第二章），李文（第三章），郭毅（第四章），李丽（第五章），张智（第六章），郭沛源（第七章），张睿（第八章），张圣（第九章），梁晓晖（第十章），麦兴桥（第十一章），郎华（第十二章），刘涛（第十三章），翟雁、辛华（第十四章），张洪福（第十五章），张绪彪（第十六章），赵航（第十七章），郑李康晋（第十八章），赖芸（第十九章），吴艳静（第二十章），晏路辉（第二十一章），郭然（第二十二章）。导师们兼具理论功底和实践经验。几乎每章都包含了案例讨论、小结和参考文献，为读者提供了深度自学的空间。

世界正经历百年未有之大变局，我国正处于实现中华民族伟大复兴的关键时期。历史前进的逻辑和时代发展的潮流要求今天的年轻人更加积极主动地拥抱高质量发展和可持续发展，也必将要求今天的年青一代在深刻的社会经济系统变革面前更加深入地学习和参与实现"碳达峰、碳中和"的时代命题。

商道学堂将继续面向未来，与时俱进，坚定通过人才培育项目参与推进中国高质量发展和促进共同富裕的时代伟业。我们衷心地期盼阅读本教材的学员和读者能够给我们提出中肯的反馈意见，以便我们不断改进和提升教材的内容与质量，更好地促进全民对企业社会责任和可持续发展的理解和实践。

最后，作为教材主编，再次对参与教材编写的商道学堂导师表示感谢，对中国经济出版社的团队表示感谢，也对商道学堂的全体校友和在读学员表示感谢。正是你们的不懈支持和耐心等待，让我们心怀信念，最终完成教材的统筹工作。

郭沛源　曹瑄玮

2021 年 11 月于北京

Contents | 目录

入门篇

第一章　CSR 改变世界 ·········· 3
  第一节　企业的二重性本质 ·········· 3
  第二节　我们要改变什么 ·········· 8
  第三节　可持续商业生态 ·········· 11

第二章　CSR 国外发展历程 ·········· 17
  第一节　企业与社会的关系 ·········· 17
  第二节　企业社会责任概念的演变 ·········· 20
  第三节　从 Friedman 到 Freeman ·········· 24
  第四节　全球企业社会责任发展历程及重点 ·········· 28

第三章　CSR 国内发展历程 ·········· 32
  第一节　古代传统儒商价值追求与责任实践 ·········· 32
  第二节　计划经济体制下企业社会责任发展 ·········· 34
  第三节　改革开放至 21 世纪前企业社会责任发展 ·········· 37
  第四节　21 世纪以来企业社会责任全面发展 ·········· 41

理论篇

第四章　中西方企业社会责任的商业伦理思想溯源 ·········· 55
  第一节　商业伦理与企业社会责任的工具理性化取向 ·········· 55
  第二节　价值理性的商业伦理：西方宗教文化溯源 ·········· 56
  第三节　价值理性的商业伦理：中国新儒家思想 ·········· 57
  第四节　中西方商业伦理思想溯源的现代意义 ·········· 62

第五章　企业社会责任常用标准 ·········· 65
  第一节　企业社会责任标准概述 ·········· 65
  第二节　企业社会责任标准产生和发展的背景和原因 ·········· 68
  第三节　重点企业社会责任标准介绍 ·········· 69

第六章　利益相关方理论 ·· 78
第一节　利益相关方理论缘起 ·· 78
第二节　利益相关方定义与识别 ·· 82
第三节　利益相关方理论的应用 ·· 86

第七章　实质性分析 ·· 91
第一节　实质性分析概述 ·· 91
第二节　实质性分析步骤 ·· 94
第三节　MQI 关键定量指标 ·· 98

实务篇

第八章　CSR 与公司战略 ·· 107
第一节　公司战略及管理概述 ·· 107
第二节　CSR 与公司战略概述 ··· 109
第三节　创造共享价值与社会价值共创 ··· 115

第九章　有效沟通与领导力 ·· 120
第一节　实现有效沟通 ··· 120
第二节　以领导力带动协同发展 ··· 126

第十章　供应链责任 ··· 131
第一节　供应链责任概论 ·· 131
第二节　供应链责任业界倡议和规范 ·· 133
第三节　供应链责任与中国 ··· 136
第四节　供应链社会责任管理 ·· 138
第五节　供应链尽责立法 ·· 148

第十一章　CSR 与企业文化 ·· 155
第一节　解构文化 ··· 155
第二节　文化与责任 ·· 160
第三节　文化与责任共舞 ·· 163

第十二章　企业社会责任战略传播 ·· 170
第一节　战略传播与整合营销传播 ·· 170
第二节　企业社会责任战略传播的价值 ·· 177
第三节　CSR 战略传播设计 ·· 182

第十三章　CSR 报告与ESG 报告 … 189
- 第一节　CSR 报告编写的要点 … 189
- 第二节　从CSR 报告到ESG 信息披露 … 196
- 第三节　ESG 报告的质量评价 … 199

第十四章　员工志愿服务管理 … 206
- 第一节　志愿服务与员工志愿服务 … 206
- 第二节　员工志愿服务项目设计与组织管理 … 210
- 第三节　员工志愿服务模式价值、挑战与发展趋势 … 215

第十五章　社区沟通 … 220
- 第一节　社区沟通概述 … 220
- 第二节　社区沟通七步法 … 223

素养篇

第十六章　系统思维 … 241
- 第一节　众妙之门 … 241
- 第二节　圣人之意 … 245
- 第三节　大道之行 … 249
- 第四节　永续之法 … 253

第十七章　设计思维 … 259
- 第一节　设计思维概述 … 259
- 第二节　做对的事情 … 262
- 第三节　把事情做对 … 265

第十八章　积极心理学 … 272
- 第一节　负面偏差与积极归因：重新认识CSR 工作中的挑战 … 272
- 第二节　同理心：从CSR 专员蜕变为CSR 经理人的必修技能 … 278
- 第三节　成长型思维：在CSR 逆境中看到希望 … 283
- 第四节　心流体验：化"CSR 焦虑"为"CSR 福流" … 287

第十九章　自然素养 … 294
- 第一节　自然与人 … 294
- 第二节　自然教育 … 298
- 第三节　自然素养的养成 … 302

前沿篇

第二十章 责任投资 ··· 311
 第一节 责任投资的全球发展 ·· 311
 第二节 中国绿色金融的发展 ·· 316

第二十一章 气候变化 ··· 323
 第一节 全球应对气候变化 ·· 323
 第二节 企业碳管理 ··· 327
 第三节 主要行业的机遇与挑战 ·· 330

第二十二章 企业基金会 ··· 334
 第一节 企业基金会概述 ·· 334
 第二节 企业基金会的法律地位 ·· 336
 第三节 企业基金会的合规管理 ·· 339
 第四节 常见实务问题 ·· 345

CSR
THEORY AND PRACTICE

入门篇

第一章　CSR改变世界[①]

第一节　企业的二重性本质

一、为什么要改变世界

2001年初,资产超过千亿元的世界上最大的电力、天然气以及电信业超级企业集团安然公司,受到来自资深投资分析机构对其盈利能力、财务透明、现金流向、关联交易、公司治理等多方面的质疑。同年10月,美国证券交易委员会开始对安然公司及其合伙公司进行正式调查。2002年1月,美国司法部宣布对安然公司进行罪案调查,随后发现安然公司为了追逐更多利润,不惜以身试法,先后成立多家离岸公司避税、掩盖经营亏损、提升公司盈利,通过与"特定目的公司"进行关联交易来虚增营业额和利润。真相大白之后,美国司法部认定安然公司前首席会计师犯证券欺诈罪,判处7年监禁;安然公司创始人、前董事长和前首席执行官受到53项指控,包括骗贷、财务造假、证券欺诈、电邮诈骗、策划并参与洗钱、内部违规交易等。安然公司的崩溃并不仅源于财务造假,也源于高层腐败,以及更深层次的原因,即其企业核心文化以盈利为唯一目的,纵容"急功近利"。以盈利增长为核心的企业宗旨,驱使着安然公司向商业成功冒险,也使其自掘坟墓。

安然公司破产导致无数普通投资者付出惨重代价。安然公司的交易对象和金融财团纷纷遭受巨额损失,如JP摩根和花旗集团损失均高达5亿美元,杜克集团损失1亿美元,引发了巨大的金融震荡。"安然事件"也直接导致了《萨班斯—奥克斯利法案》(*Sarbanes-Oxley Act*)生效,从此,更严格的公司治理成为企业管理和金融监管的核心内容。

2010年7月3日,福建紫金矿业紫金山铜矿湿法厂(以下简称紫金矿业)

[①] 作者:吕建中。

发生铜酸水渗漏事故，造成汀江部分水域严重污染。紫金矿业直至7月12日才发布公告，瞒报事故9天。这家企业在20世纪90年代，冒险采用氰化钠溶液提炼黄金，使原先没有开采价值的低品位矿具有了开采价值，一个庞大的靠低成本开挖金矿发家的矿业帝国就此崛起。为降低运营成本，开发者将传统上只在北方干旱、平坦地区使用的黄金提炼工艺"堆浸法"引入多雨的紫金山区，用氰化钠溶液喷淋破碎后的金矿石，再收集含金溶液提炼黄金。使用这一方法会产生含剧毒氰化钠的废水和含金属的毒污水，废水和毒污水通常要集中处理，否则会严重污染环境。但是，紫金矿业无视环境风险，减少环保投入，压缩环保成本，这些都为后来的重大环保事故埋下了隐患。紫金矿业创造了低成本奇迹，但也使自己陷入了高污染泥潭。

2019年12月25日，某平台在网上发文，向社会揭露小女孩疑因使用权健公司产品而放弃正规治疗导致最终丧生的事件。该事件引起社会广泛关注，天津市成立联合调查组进驻权健公司展开调查。京东、苏宁各大电商全线下架权健公司产品。权健公司是市场监管乏力环境中畸形发展起来的典型。权健公司的创始人束某在其传记中自称古老秘方传人，身披慈善、儒商、创新人物等光鲜外衣，以"当代神医""杏林圣手"欺世盗名。司法机关判定权健公司在经营活动中涉嫌传销犯罪和虚假广告犯罪，依法对其立案侦查。2020年1月8日，天津市武清区人民法院对被告单位权健公司及被告人束某等12人组织、领导传销活动一案依法公开宣判，认定权健公司及束某等均构成组织、领导传销活动罪，依法判处权健公司罚金人民币1亿元。权健"帝国"迅速土崩瓦解。"权健案"提示人们，在高利润驱动、低监管风险的情况下，投机者一定会钻法律空子。企业必须自律，合法合规经营；政府必须加强监管执法和制度修订；社会应当提升知识普及度和对虚假宣传的辨识能力。

在饱尝了粗放式开发带来的恶果、见证了不法违规经营造成的破坏之后，人们逐渐得到了这样的共识：企业追逐单一的经济目标而牺牲生态环境、社会福祉的经营模式危害无穷，也是不可持续的。

企业有着固有的经济、社会二重性本质。作为营利性经济组织，企业在生产经营活动中须有效地组织资源，通过竞争优势和管理优势创造经济财富。与此同时，社会为企业提供了生存和发展的空间，使其价值创造得以完成、变现。在此过程中，企业与社会和环境发生深刻的联系，并参与社会与环境治理和重大议题的解决方案制定与实施。企业在商业和社会两个系统中同时扮演角色、发挥作用，实现其动态平衡。

由于企业所固有的二重性本质，企业在经营活动中必须在法律、法规框架下担负起必尽的社会责任，并与利益相关方保持有效沟通，听取诉求，将诉求引入企业战略分析和决策，与企业生存发展当中重大商业问题对接，形成企业的关键议题，进而担当应尽的社会责任；更进一步，企业应针对重大的社会和环境需求以及变化趋势，进行前瞻性思考，确定与企业使命、愿景、价值观相关联的衔接点，承担应尽的责任，回馈社会价值创造与生态环境建设。

在理解了企业的二重性之后，我们可以做出这样的总结：企业在运营过程中会对社会和环境产生影响，应当在商务决策、战略制定、运营和发展过程中将其不利影响降至最低，并自始至终地与其利益相关方保持沟通，共同解决关键问题，这就是企业社会责任的基本概念。

企业经营活动所触达的世界，是由社会、经济、环境三个维度组成的，企业的生存与发展离不开一个良性发展的世界。为了企业自身，也为了子孙后代，企业必须改变以往不负责任的经营模式，与全社会一道努力营造一个更美好、更可持续的世界。联合国2030年可持续发展目标（Sustainable Development Goals 2030，SDGs2030）对此给出了清晰的指引。中国作为这一全球目标的积极倡导者和拥护者，提出了社会经济五大发展理念（创新、协调、绿色、开放、共享），为实现创造美好世界的目标，提出了面向未来的可持续发展的路径。我们今天所做的每一件事情，都是在用一砖一石铺就这条改变世界的道路。

二、世界能否被改变

位于日照的亚太森博（山东）浆纸有限公司年产200万吨浆纸。以往，工厂每天从水库取水，满足生产流程用水。日照是缺水城市，每到夏季，生产用水与生活用水抢用同一水源，生产面临停水风险、社区面临用水不便，二者矛盾突出。秉承"利民、利国、利业"的可持续商业理念，本着对社区人民负责、对环境资源负责、对经营活动负责的态度，公司投资6000万元人民币，采用超滤反渗透膜技术，建立城市污水处理与中水回用系统，将第三城市污水处理厂的生活污水接入厂区污水处理车间，以进行深度处理后产生的中水替代清水资源，用于化学品车间生产和锅炉补充水。这一措施节省运行费用780万元/年，节约清水资源1000万吨/年，同时还降低COD排放370吨/年、氨氮排放40吨/年，赢得了社会和当地政府的赞誉和信任，保障了连续性生产，取得经济、环境、社会三重效益。

富士施乐公司（以下简称富士施乐）长期坚持一个企业目标：减轻对环境的影响，并且认为解决全球环境问题必须与企业的核心业务紧密连接在一起。早在20世纪末，富士施乐就已开始探索和开拓绿色逆向物流。一台寿终正寝的打印机，回收后运送到位于苏州工业园的工厂，按着标准作业规则将零部件拆解下来，分门别类送至不同工厂，进入分解回收流程。一台打印机中的材料循环利用率可达90%，如果再考虑热能等利用环节，其"再资源化率"可以达到98.6%。除了在产品生命周期终端回收利用，公司还把资源循环利用前置到设计端，改变传统设计理念，回收富士施乐生产的所有产品。对回收的产品，首先考虑实现再利用，对那些不能再利用的零部件，实现再资源化，形成一个闭环。富士施乐利用废旧复印机和多功能设备的零件制造新产品，按照翻新和重用的要求对产品进行重新设计，建立了一条循环利用生产线，将新产品的生产与旧零件的重用紧密地联系在一起。为保证再制造品的质量，公司专门开发了选择、修理和检测技术，并建立了一套质量控制系统。富士施乐的循环利用产品进入市场之后获得了成功，循环利用业务持续盈利，同时也实现了所有生产场所零填埋，取得了经济与环境的协调发展。

复星集团和复星公益基金会发现，在拥有6.5亿农民的中国农村，150万名乡村医生守护着医疗服务网的边缘，他们任务艰巨、责任重大，为保障村民健康、防止因病致贫返贫，发挥出不可替代的作用。然而，这些乡村医生常年在低保障、高风险、生计艰难、缺医少药、后继乏人的环境中工作。他们技术水平低，缺少养老保障，没有医疗责任险。复星集团深感企业所在的医疗、健康、保险领域与乡村医生的命运和发展休戚相关，有义务将自己的价值、技能、资源运用到帮助乡村医疗解决没有持续保障、没有专业保险的社会问题上。10年间，复星集团30多位合伙人和集团的员工们亲力参与复星基金会总计3亿元的"乡村医生"精准扶贫计划，为100个贫困县提供短缺医疗器材和设备；为乡村医生购买医疗责任险，开展乡村医生能力建设与培训、提供乡村医生健康关爱；为贫困农民提供转诊绿色通道。同时，复星集团和复星公益基金会推动舆论平台发挥作用，弘扬公益精神，以己之力倡导全社会关注并形成广泛的合作力量。回馈社会，让人民更健康、让社会更美好，复星公益基金会将社会责任担当精准地绑定在这一影响社会进步的重大议题上，利用自己的特长，形成推动社会变革的积极力量。

2020年5月，联合利华举办了"联合利华可持续行动计划10年"线上庆祝活动，其可持续商业战略已经坚持不懈地实施了10年。这一计划带来了显著改变：通过健康和卫生项目惠及13亿人；消费者单次使用联合利华产品所产生的废弃物减少32%，并实现所有工厂零废弃物填埋；在生产过程中所产生的温室气体排放量减少50%，并在其各大市场实现了100%使用可再生电力；通过减少包装材料的使用和废弃物的产生，节约成本超过 10 亿欧元；所有含糖茶饮料的含糖量降低 23%，且其食品组合中有 56% 已达到公认的高营养标准；帮助 234 万名女性参与改善其自身安全状况、发展技能或扩展职业机会的项目。联合利华的可持续行动计划改变了企业的业务模式，改变了消费模式，也创造了巨大的经济、环境和社会价值。联合利华致力于成为一个可持续领域的领导者，并为此制定了新的企业战略：联合利华指南针（使命带领品牌发展，使命引领公司永续，使命引导人们成长）和以此为中心的 15 个优先事项，涵盖了公司所有业务范围和更广泛的生态系统。联合利华首席执行官乔安路（Alan Jope）宣布升级版的联合利华可持续发展承诺：让全球 80 亿人过上可持续生活，"让可持续生活常态化"。

从 1962 年蕾切尔·卡逊在《寂静的春天》中提出人类应该走"另外的路"到 1972 年联合国斯德哥尔摩人类环境会议宣言，人们对自身活动给环境造成的破坏继而威胁人类社会从觉醒到有了深刻的认知。1987 年，联合国世界环境与发展委员会前主席、挪威前首相布伦特兰夫人清晰地阐述了"可持续发展"的定义；1992 年，联合国里约热内卢环境与发展大会通过《21 世纪议程》；1999 年，联合国前秘书长安南提出《全球契约》；2001 年，国际标准化组织（International Organization for Standardization，ISO）着手制定社会责任标准；2015 年，在联合国可持续发展峰会（纽约）上，193 个国家正式通过了由 17 个目标组成的 SDGs2030。世界发生了巨大的变化，CSR 的实践在此期间不断进阶，逐渐改变了商业行为，也因此改变了世界。

2019 年 8 月 19 日，"商业圆桌会议"中 181 位顶尖企业 CEO 联席签署了《企业宗旨宣言》（以下简称《宣言》），一改以往"股东至上"的立场，强调作为一个具有社会责任意识的企业，公司领导团队应该致力于达成以下几个目标：向客户传递企业价值；通过雇佣不同群体并提供公平的待遇来投资员工；与供应商交易时遵守商业道德；积极投身社会事业；注重可持续发展，为股东创造长期价值。《宣言》体现了这些商界领袖在面对重大社会、环境挑战时，敏锐洞察、果断决策，做出了顺应社会发展需求和趋势的正确选择。

2020 年 9 月 21—23 日，1294 位企业 CEO 联合签署的一份由联合国全球契约组织（United Nations Global Compact，UNGC）发起的《商业领袖重塑全球合作声明》，得到了来自 100 多个国家各行各业的大、中、小型企业（其中包括近 30 家中国企业）CEO 的积极响应，展示了商界对企业在推进社会进步、促进生态环境和谐的长久事业中扮演重要角色、发挥积极作用、引领前端思考的认同、担当和支持。越来越多的企业在主动迎接和拥抱社会变革，以及在此变革中应当承担的社责任，把这种外在的责任变为一种主动的参与，把责任所系变成商机所在。

近年来，环境、社会、治理（Environment、Social Responsibility、Corporate Governance，ESG）成为热点，这是一种除财务信息外，整合环境、社会、治理多维因素，以衡量和披露企业可持续发展能力与长期价值的理念和实践方式。以 ESG 为主题的责任投资发展加快，形成国际潮流。港交所更进一步要求上市公司将 ESG 纳入日常管理决策，而不是只将其视为合规要求。ESG 内涵与联合国可持续发展目标（Sustainable Development Goals，SDGs）相吻合，ESG 投资与中国提出的新发展理念、新发展阶段要求以及中国与全球共建人类命运共同体的目标一致。"十四五"期间，中国 ESG 投资发展将更强大、更有活力。

基于 ESG 框架，我们来看其与企业经营的关系是多么的紧密。本章第一节列举了 3 个不同侧重点的反例：安然公司（G，治理）、紫金矿业（E，环境）、权健公司（S，社会）。上述 E、S、G 三个方面是企业社会责任的组成部分，它们相互关联、相互作用，缺一不可，而且，G 如果不到位，S 和 E 必然做不好。

正如联合利华首席执行官乔安路所言，十年来，世界发生了翻天覆地的变化。那些曾经激发我们起而行之的问题已经变成了主流。利益相关方不再认为可持续性承诺是可有可无的；相反，他们认为这是最基本的要求。

从愿景到行动，企业可以利用自身的规模、资源、能力和意志，为我们生活的地球和社会带来真正、积极且持续的影响。

第二节　我们要改变什么

在日常生活中，大家都习惯了这样的场景：在网上购物，等待快递小哥送货上门，拆开第一层快递包装，再拆开第二层产品包装，弃置快递包装和产品包装，用完了产品之后再次上网购买，再次弃置包装，周而复始。大部分塑料包装材料尚无法降解处理（只能焚烧、填埋、散落），在造成浪费的同时也给生态环境带来威胁。据 2020 年国家市场监管总局估算，我国快递业每年消耗的纸类废弃物超过 900 万吨、塑料废弃物约 180 万吨，并呈快速增长趋势。来自国家邮政局的数据显示，2018 年上半年，我国大中城市平均快递包装垃圾增量已占到生活垃圾增量的 85% 以上。因此，绿色包装成了日益紧迫的全球重大社会和环境议题。

宝洁公司率先在中国启动可持续包装解决方案的探索，运用"价值前置"思维，从问题源头（在生产环节之前的设计环节）入手，将生产商与电商无缝对接，携手开发可持续包装解决方案。在设计中兼顾产品本身包装的特性以及快递包装的要求，将本来需要的两层包装融合为一个包装，设计出绿色"电商直发包装"，不仅减少了漏液破损，而且减少了30%以上的快递体积，消除了物流过程中的二次包装；包装材料的减少意味着同时减少了仓储、快递体积和运输油耗。电商直发包装依托于这家大型企业集团的市场覆盖面、多样化产品线、众多品牌、社会影响力，向着更广范围和更大规模推进，并联合更多的电商平台使用直发包装。在过去的三年里，宝洁公司总共发出超过1亿件的直发绿色包装，一年减少二次包装5500万个，减少空气填充包1.7亿个，减少纸材浪费8000吨。电商直发包装的绿色行动触达和影响到了千万级的消费人群，也让消费者获得了可持续包装行动的参与感。从生产—物流—消费的链条来看，产品制造商、快递业、电商平台，以及消费者需共同面对在经营端和消费端同时解决包装废弃物这个问题的挑战，即形成围绕着实现联合国可持续发展目标（SDGs2030）当中第12项"负责任生产和消费"的闭环整体解决方案，由此产生一个面向可持续发展的新兴商业生态。

广东药科大学的学生们在CSR创新创业活动中发现了一个环境和社会双重问题。很长时间以来，养殖业饲料中兽用抗生素残留问题严重，造成肉类食品安全隐患，危害消费者健康。2020年1月1日起，国家颁布了相关法规，禁止在饲料中添加抗生素，由此，养殖业企业不得不寻找绿色低廉的替代产品，解决其经营转型的生存难题。与此同时，旨在改善农民生活水平的柑橘种植业得到了快速发展，却同时带来了过剩废弃柑肉的大量浪费。2018年，广东省新会市柑橘种植面积达8.5万亩，当年滞留废弃柑肉10万吨。大学生们发现，废弃柑肉是制作动物酵素的良好原料，通过高效转化发酵技术，可以为畜禽养殖业提供无抗绿色替代产品。他们在科研力量和企业的协同帮助下，成功研制并生产出了柑肉动物酵素，而且还打通了与当地养殖业、陈皮生产企业的合作渠道，建立起养殖+种植组合的CBP（Combination of Breeding & Planting）闭环商业模式，既为畜禽养殖业实现无抗生素绿色转型提供了新型的种养结合模式，也实现了柑肉资源高效转化利用，促进了地方绿色健康生态农业的发展。

在重工业领域，同样有着可持续商业生态伙伴合作的成功经验。蒂森克虏伯把环境/能源等目标作为企业的7个"间接财务目标"，形成了一套管理体系。企业在为钢厂提供产品和技术服务的过程中发现，钢厂炉顶废气的排放处理在花费大量资金的同时，也把有再生利用价值的化学元素浪费掉了。炉顶废气中含有宝贵的化工原材料（一氧化碳、二氧化碳、氮和氢等），可以用来制成含有碳和氢的合成气体，是生产氨气、甲醇、聚合物和高级醇等各种化工产品的原料。把炉顶废气中的二氧化碳加以收集和利用，既能制造高价值的清洁能源甲醇，又能减少甚至消除碳排放，仅在当地预计就可为钢铁行业转化二氧化碳约 2000 万吨/年。随着应用规模的扩大，这种可持续商业循环模式还将给全球钢铁行业带来更大的转化效益。基于这个可持续商业循环的理念，这家企业与化工厂合作，将炉顶废气转化为甲醇，再延伸到与电厂合作，将甲醇利用起来进行发电，再将电力输送到钢厂，形成一个闭环。为使这项技术的开发与实际应用工作取得成功，企业与行业协会、科学学会及另外 15 家研究机构、化工厂、电厂等合作伙伴建立起了一个围绕碳排放和碳综合利用的循环经济生态，协同合作、联合推进，形成了一个可持续商业生态。

作为全球眼视光行业的领导者，依视路集团（以下简称依视路）在"改善视力，改善生活"的企业使命驱动下，将可持续商业战略对标联合国可持续发展17 个目标中的无贫穷，良好健康与福祉，优质教育，性别平等，体面工作和经济增长，产业、创新和基础设施，减少不平等等具体目标，与中国合作伙伴一道为上亿名消费者提供优质解决方案和眼健康产品，使他们看得更清晰。近年来，中国儿童青少年近视问题成为社会发展所面临的一个巨大挑战，近视的低龄化造成病程延长，致使人群中近视程度的分布日益向高度近视演变，成为各类眼底病变、永久性视功能损害的源头。卫生健康委 2019 年 4 月公布的数据显示，中国青少年儿童总体近视率高达 53.6%。视力不良也给社会经济带来巨大负担。北京大学健康发展中心主任李玲教授发布的《国民视觉健康研究报告》指出，每年由各类视力缺陷导致的社会经济成本高达 6800 亿元，约占 GDP 的 1.3%。近视的早发和高度近视的高发不仅危及当代人的生活质量，也影响我国未来的人口素质，对我国社会经济乃至国防安全产生重大危害，是国家可持续发展道路上的一个巨大威胁。

针对这一重大社会问题，依视路联合社会各界力量，从三个维度采取创新举措，构建视力健康生态系统，提升应对日益严峻的儿童青少年近视挑战的能力：①创新教育及认知。支持独立知识平台知视局 TM 和腾讯医典合力构建面向大众的眼健康教育知识体系，与中国教育科学研究院联合发布国内首部儿童视力健康科普教育立体书《我们的眼睛》，将创新手段运用于健康科普教育中。②共建行业规范。携手中华医学会眼科学分会共同发布《近视管理规范白皮书》，指导临床正确进行近视管理。③提供创新科技和解决方案。在 2020 年进博会（上海）首发基于其创新技术的近视控制解决方案星趣控©，经温州医科大学两年临床试验证明可有效延缓青少年近视发展,引发社会热烈反响。与此同时,依视路视力健康基金会带领依视路的员工、客户企业的验光师和配镜师,与当地公益组织、教育部门通力合作,将科学严谨的验光服务带进乡村学校,为贫困地区的青少年提供免费的视力筛查和矫正,已累计为超过 200 万名在校中小学生改善视力。针对贫困地区视光专业人才不足、基础医疗条件落后的状况,依视路还在安徽、河南、云南等地搭建"爱眼伙伴"服务网络,探索用商业的手段推动公益慈善,不仅保障了贫困人群视力健康进而改善其生活,还为社区创造了稳定的就业机会,确保受助人群能长久受益,并推动社区经济发展。如今,依视路已经培育了将近 6000 名爱眼伙伴和爱眼大使,为 7500 万人带来可持续的视光服务。依视路"使命驱动战略"的商业模式,一方面激励公司主动地应对社会和环境挑战,另一方面链接社会资源,形成了联动各大利益相关方共创价值的良性机制,使企业获得持续的商业成功。

以上事例说明:面对重大的社会和环境问题,企业必须找到与自身使命、愿景、价值相关的切入点,必须将自身能力和资源与解决社会和环境问题有效对接;必须突破自身的边界,影响和调动起社会合作资源,形成从企业到行业再到社会的生态体系,从产品的生产过程到销售再到物流,以及触达消费者一系列环节的整体方案,并联合起各个环节来推动整个链条的变革。以使命驱动战略,以解决社会问题为己任,以企业核心价值、经营领域、关键能力、综合资源与重大社会问题对接为出发点,打造可持续商业生态。这正是 CSR 改变世界的新机遇和突破口。

第三节　可持续商业生态

詹姆士·穆尔(James F. Moore)从生物学生态系统的视角,分析了企业在市场中的活动规律和发展前景,提出了"商业生态系统"的概念,改变了人们长期以来"商场如战场"的狭隘认知,打破了传统的以行业划分为前提的竞争战略的桎梏,指导企业在商业活动的开拓、扩展、引领和更新四个阶段上,实现企业生态系统的均衡演化,并建议企业高管持续地从顾客、市场、产品、过程、组织、风险承担者、政府与社会等七个方面来考量商业生态系统和企业自身定位。在此过程中,战略设计着眼于发展新的循环,以代替仅限于行业范畴的狭隘企业战略设计,开展新的技术革命,创造新的商业模式。

把商业生态运用于可持续商业实践,要求企业把可持续商业纳入企业战略设计的入口端。通过对社会需求动态的分析，梳理出利益相关方的诉求，形成利益相关方矩阵，确立企业对社会、经济、环境重大挑战的实质性议题识别机制，制定符合企业愿景和自身条件的实施计划，培育能够促成这一计划目标实现的生态，进而形成科技创新、商业模式创新，创造多重利益相关方共享价值。

CSR 在可持续商业生态中的实践，具有多个维度的显著作用（见图 1-1）。首先，它带来多重效益和价值，即社会效益、环境效益、经济效益，备受社会欢迎。这是因为它在创造经济价值的同时，催生了推动社会进步、环境和谐的进步力量，改变了生产、经营和生活方式，让世界变得更美好。其次，它是驱动开放式社会创新的力量。可持续商业生态的社会创新超越了熊彼特所定义的生产和经济领域的活动，从更广泛的产业生态和社会生态考量如何应对社会、经济、环境三个维度上关系日益复杂的挑战，如何满足日益增长的社会福祉需求，通过具有社会目的和使命感的组织协作，来开发和扩散创新性的活动。

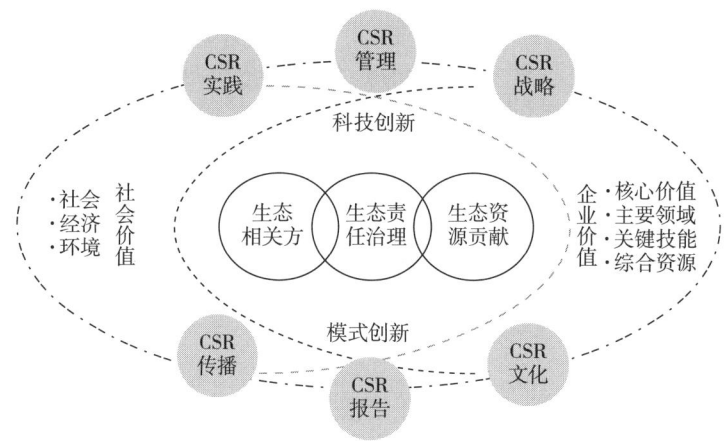

图 1-1 可持续商业生态中 CSR 的整体性、系统性、动态性
资料来源：Dr Lu 绘制，2019—2021 年。

由此，商业活动有了新的空间，企业的创新活动与公益和社会责任担当有了新的结合点，社会资源的合理利用有了新的融合与价值放大机遇，可形成金融资本、技术资本、人力资本和社会资本的高度互联互通，谋求社会价值的最大化。

创新的机制延伸到多元主体的合作伙伴关系领域（即政府、企业、社会多元主体合作开展的创造性实践活动），这是社会创新的发展态势，也是当代社会发展的新方向和新动力。

企业在社会创新中将扮演越来越重要的角色。企业在自身发展中引入以公益为目的的商业创新，将价值前置，植入社会担当的因素；在商业活动中积累起来的资源、能力、经验可以靶向注入社会公益事业，实现最大社会效益。

把商业生态运用于可持续商业实践，对企业战略设计提出更高要求（见图1-2）。传统的经典战略的基本目的是建立竞争优势，它把公司内部的规划和有意识的调整及控制作为竞争优势的来源。在相对静态、有限的竞争环境下，企业通过来自内部的选择来确定获取竞争优势的"最佳"方案，以期可通过内部关键驱动力来获得成功。而商业生态则强调生态系统内（跨越了企业边界）企业或组织之间的共识、合作、竞争以及"共同进化"，对于企业而言，这是一个动态的和无限竞争的环境，有不确定性，但同时也提供了更广大的市场前景、更低廉成本的信息共享、更深层的社会和环境影响。

此外，可持续商业生态圈与传统的商业价值链不同。前者着力于通过建设一个共享价值平台，系统地和动态地借助、撬动圈内生态伙伴的影响和能力，形成竞争优势。企业以自身的能力为基础撬动整个生态圈的活力，借助生态的资源和能力来创造价值，并使价值得以传递、共享和放大。后者则注重利用企业自身拥有的内部资源形成竞争优势，使得价值在企业边界内按链条中的不同环节进行分配。商业生态圈依赖伙伴的分工协作，通过价值网络为最终用户创造价值，也在此过程中实现生态圈的整体价值最大化。生态伙伴（生态相关方）相互依存，所创造的价值在整个生态圈中进行分享。

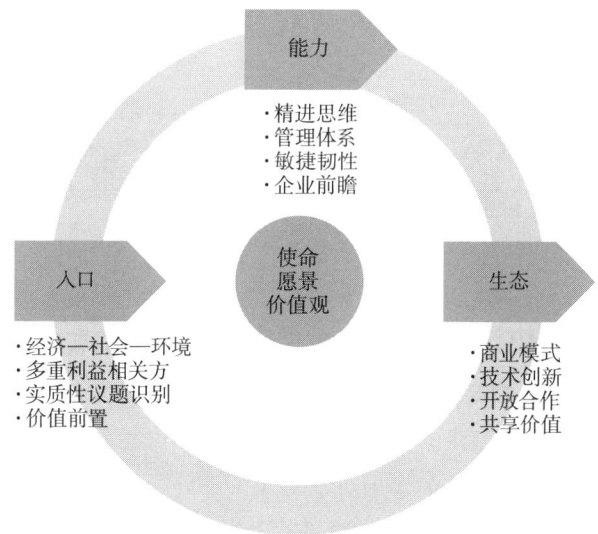

图1-2 可持续商业生态中CSR融入战略设计入口和运营当中

资料来源：Dr Lu 绘制，2019—2021年。

商业生态的培育过程，涵盖了四个关键点。

（1）出发点：瞄准社会、经济、环境重大议题，将与企业以及合作伙伴的核心价值、主要领域、关键技能、综合资源的链接部分确立为应对挑战的共同议题。

（2）临界点：合理甄别从企业单独运行状态到生态伙伴针对共同议题做出应对的共生状态的转化条件，为突破企业边界做好充分的准备和保护措施。

（3）落脚点：汇集各种能力，创造解决方案，建立核心团体；伴随着规模增长和市场开发，致力于生态系统整体发展，在作出贡献的同时获得认可和思想领导力；在价值网络中形成动态的优势互补结构。

（4）平衡点：掌握好短期利益和长期价值之间的平衡；掌握好企业价值和社会影响之间的平衡；掌握好多重利益相关方之间的平衡；掌握好产品—市场与非市场因素的平衡；掌握好商业生态的共生、互生平衡。

蒂森克虏伯的科技创新项目"Carbon2Chem"中的钢厂、化工厂、电厂的生态合作，揭示了适应可持续商业生态的价值创造模式，企业需要有非线性和逆向思维，即从被动性的降低碳排放到主动性的资源利用转化；企业需要有全局方案，即从孤立的局部处理方法到全链条链接的循环方案；企业需要有价值传递的设计，即每一级的产出经一级级传递而产生共享价值；企业需要形成跨界融合的格局，即跨越企业、行业边界，形成生态融合。

商业生态作为新型的企业和组织网络，能充分体现企业间资源的相互协调和聚集，能充分发挥解决重大社会、经济、环境问题的作用，能充分创造推动社会进步和促进环境和谐的力量。商业生态的成功，必须基于在一个不断进化和变化的环境中，相互链接的伙伴关系以共同生存、共同发展为共同目标，以创造价值、传递价值、放大价值为经营主旨。

由此，我们提出一个新的可持续商业生态中CSR实践的范式（见图1-3）。在具体操作中，要特别强调：①内生动力。履行CSR，要从商业活动与社会需求共融的生态角度考量自身未来发展，把重大社会和环境问题与企业运营和发展结合起来。②系统设计。陶氏化学把"环境质量安全"作为企业降低负面影响的主要工作方向，提出了可量化的可持续发展目标，涵盖能源节约、气候变化、环境保护和人类健康，以及为社会作出贡献等7个细分领域的目标，在此基础上形成了"Foot Print-Hand Print-Blue Print"的可持续发展战略，系统地设计其CSR路线图，每五年一个阶段，持续推进社会责任履行进程。③整合运行。联合利华亚太总裁曾对笔者说："在联合利华，我们只有一个战略，那就是可持续发展战略。"这个回答颠覆了很多企业仍在沿用的老旧思维。它不再把可持续发展作为

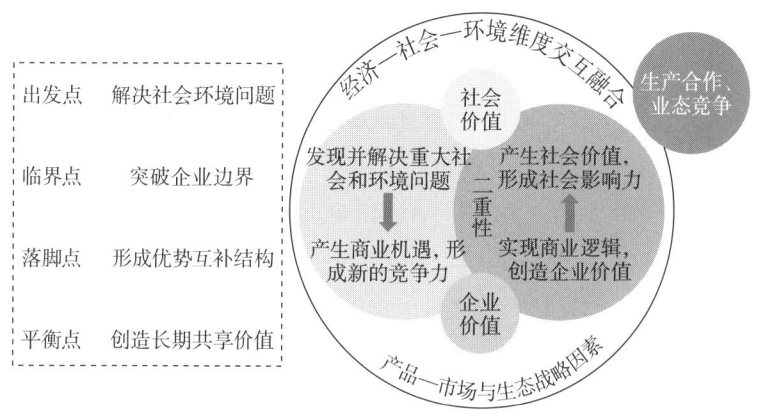

图1-3 可持续商业生态CSR实践范式

资料来源：Dr Lu 绘制，2019—2021年。

企业商务战略规划和企业运行管理的"补充"，而是把联合利华发展方向和业务增长建立在了可持续发展基础上，并以此为出发点，引入利益相关方参与制定企业总体战略，以可持续发展目标引领一切商务决策、经营互动、企业管理，以及与社会的合作。可持续商业生态中的CSR实践范式把企业引入可持续发展指引、颠覆式科技创新、商业模式创新的"商业—社会可持续生态"中，通过企业自身的"内生—整合—系统"战略和运行，在纵深方向深耕发展，在横阔方向与社会合作，打开从CSR向可持续发展进发的通道，打开商务与公益融合的空间，真正扮演好推动社会进步的主力角色，发挥创造力，在创造经济价值的同时，创造社会和环境效益。

为此，企业必须重新审视适应可持续商业生态的新型领导力。这个新型领导力包含六个核心要素（见图1-4）：可持续商业战略思维决策力，引领可持续商业变革的能力，系统整合协作的网络化执行力，可持续商业话语体系及沟通力，风险管控和危机管理能力，跨界融合的社会合作与创新能力。

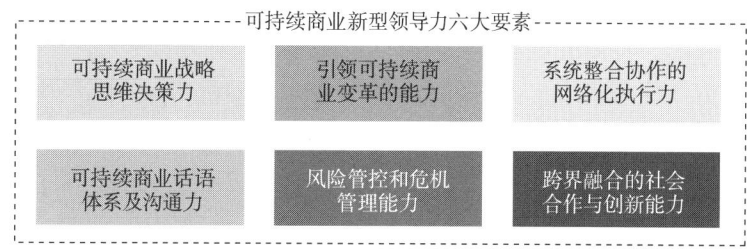

图1-4 可持续商业生态新型领导力六大要素

资料来源：Dr Lu 绘制，2019—2021年。

本章小结

近十年来，气候变化成为 CSR 领域中一个重要议题。伴随着对这一议题解决方案的探索与实践，我们发现新的 CSR 经理人角色已经出现，他们对改变世界发挥着更重要的作用。巴斯夫、陶氏化学在十年前就设立了首席可持续发展官（Chief Sustainability Officer，CSO）或首席气候官（Chief Climate Officer，CCO）。2014 年 2 月 24 日，招商地产公告称，公司董事会同意设立并聘请专业人士担任公司 CSO（首席可持续发展官/首席绿色低碳官）一职，此举引起了地产界的震动。CSO 或 CCO 悄然出现在不少跨国公司和国内企业中，意味着公司已经意识到可持续能力与效率应当并且可以紧密结合，也能够全面提升企业的可持续竞争力；这一职位的职责不仅在于治理气候本身，同时也强化治理根本，即引领企业走上可持续商业道路，实现企业的可持续发展。

2021 年，消除贫困按计划进度取得了重大成就，但是我们离全面实现联合国 2030 年可持续发展目标（SDGs2030）还剩下不到十年的时间。这将是在复杂的国际形势和激烈的势力角逐中跌跌撞撞前行的十年。目前，可持续发展的进程已经遭遇滞缓，甚至在一些领域出现了倒退。人类社会生存与发展所面临的严峻挑战，由于利益的冲突，正日益加剧和复杂。

展望未来，一个引发产业革命的时代即将到来。

从现在到未来，商业和社会将发生巨大的变革，一些秉持长期主义和可持续发展使命的企业将获得巨大的发展空间。可持续发展正在引领着这一变革的方向和路径，可持续发展的理念已进入社会经济发展的舞台中心，成为企业战略中的关键要素，形成未来可持续商业的生态基础。CSR 将改变世界，CSR 经理人们也将改变自己。

思考题

(1) 基于企业社会责任视角，企业的发展如何与社会需求对接？

(2) 作为 CSR 经理人，你如何定义企业社会责任对于世界的意义？

第二章　CSR 国外发展历程[①]

第一节　企业与社会的关系

一、企业的宗旨和目的

西方经济学思想中对于企业的理解，始终关注的是"理性""成本""效率""财富""增长""创新"等核心观念，而对企业之于社会的价值缺乏更深层次的、精神层面的探讨。以弗里德曼和斯蒂格勒为代表的芝加哥学派所主张的唯自由市场主义和股东至上主义思潮在 20 世纪 70 年代后的盛行直接影响到美国大企业的公司治理及企业高管对企业宗旨和目的的理解。弗里德曼于 1971 年在《纽约时报》所发表的《企业的唯一社会责任就是利润最大化》一文，至今仍在相当程度上在世界各地的商学院中得到不加质疑的传播。在商学院的教学中，即使是一个学过经济学的本科生在回答企业的目的是什么这个看似无聊的问题时，也会脱口而出"赚钱"或者"利润最大化"。如果这是常态，一届一届商学院的学生没有任何对商业的批判性反思和对新商业文明的理解，从商学院走出的"未来管理者"和"下一代领导者"如何能够在日后的企业经营管理中造福社会？

稻盛和夫所讲的"企业是社会的公器"充分地反映出在东方文化传统下，企业创始人内心所秉持的一种"克己奉献"的精神，始终相信应该将"为世人奉献、为社会奉献"当作终身己任。企业只有通过积极履行社会责任、行正道，才能在服务社会的过程中实现企业的发展与繁荣。这样的商业哲学和智慧与西方的企业管理理论和实践有很大的不同。从逻辑上来说，东方传统的企业经营哲学对企业宗旨和目的的理解是，从更大的格局审视企业如何能够服务和贡献于社会目标；而西方传统的企业经营理念对企业宗旨和目的的理解是仅聚焦于企业自身的利益最大化。近年来，西方企业社会责任研究和企业实践所总结出的"doing

---

[①] 作者：曹瑄玮。

well by doing good"实质上与东方传统企业经营哲学和智慧异曲同工。

二、企业与社会及环境

从认识论的视角看,很多人对企业与社会的关系存在固化的、默认的、"由外而内"的认知,即企业自身的生存和发展是最为重要的目标,自然环境、社会等外部要素都要服务于企业自身经济目标即利润最大化。因而,在这样的认识论的主导下,一切外部要素都服务于企业的价值实现,企业在发展过程中对环境造成污染、忽视员工安全健康和福祉、对消费者和供应商增加"谈判力",试图将一切成本外部化,这样的企业,其社会责任根本无从谈起。

而如果转换视角,"由内而外"审视企业与社会的关系,我们可以在思维模式上更为深刻地理解企业的发展过程和发展目的都是以服务社会、为社会(包括环境)创造价值为目标时,企业的整个战略设计、组织管理都将与在传统的认识下的情况有很大的不同。在这样的认知导向下,企业并非刻意或是被迫去做企业社会责任,而是在"向内求"的过程中自然而然地将社会责任融入企业的发展设计。

图2-1至图2-4展示了不同认知视角下企业与社会及环境的关系。不同的认知模式决定并影响了企业在对待社会及环境问题上的认知及行动选择。

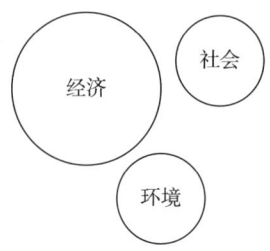

图2-1 企业完全游离于社会与环境(纯粹古典经济学视角)

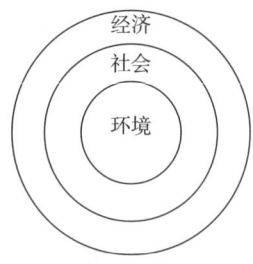

**图2-2 社会与环境作为生产要素(人力资源、环境资源)
服务于企业发展的目标**

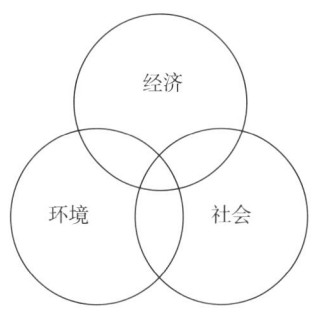

图 2-3 基于经济、社会、环境三重底线的企业发展

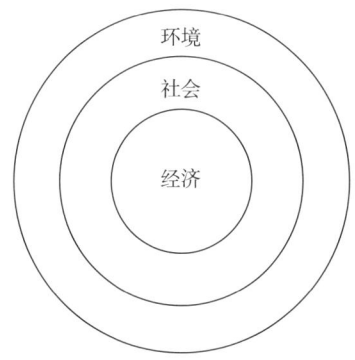

图 2-4 基于生态系统观的企业发展（经济系统嵌入社会系统，
而社会系统嵌入生态系统）

资料来源：笔者翻译整理而得。

三、企业的边界

随着现代信息通信技术的迅猛发展，企业的发展模式、发展手段、发展边界不断拓展。数字时代，企业的组织形态和组织边界已经大不同于工业时代，企业与社会各个领域之间的互动和互相嵌入日益紧密，企业不仅输出产品和服务，更在无形中输出内容、输出创意、输出价值，传播和影响的群体不再限定于某家企业的客户群体，而是在更广的范围对社会上不同的群体产生影响；同时，企业自身的发展也更容易受到社会因素包括不同人群对企业的期待和压力的影响。因而，今天的企业如果要确保更加持续稳健地经营，就不得不重视那些受到企业经营活动影响，或是能够影响到企业经营发展的各种利益相关方群体。

今天，当越来越多的企业成为嵌入平台组织和企业生态系统中的一员时，可以说，企业正变成"无边界组织"。在这样新的组织形态下，如何界定企业的社会责任和企业责任的边界，已经成为挑战现有组织理论和企业管理的一项重要课题。在中国"互联网+"业态迅猛发展的背景下，更是凸显了数字时代下企业与社会的密切关系，近期出现的诸多对互联网平台企业的诟病和反思，更加紧迫地反映出我们在"无边界组织"的形态下，对于兼有经济属性和社会属性的平台型企业的社会责任如何履行还缺乏深入的研究，这对当今的企业社会责任理论和企业社会责任实践提出了新的挑战。

第二节　企业社会责任概念的演变

一、从商人的社会责任到企业的社会责任

对于企业社会责任的探讨需要首先考虑历史上人们对于企业的根本目的的认识。尽管很多人相信企业的经济功能和对社会的贡献就是企业社会责任的体现，但人们似乎忘记审视企业在实现这些"贡献"的同时，可能给社会和自然生态带来的负外部效应，企业所宣称的"社会责任"在多大程度上真正对社会发展作出了贡献，而不是仅仅成为企业管理的工具。企业社会责任追本溯源，必须建立在对人、对社会关爱的基础上，因此必须明确企业与社会的关系。

Bernard Dempsey，在其1949年发表在《哈佛商业评论》上的《企业责任的根源》（*The Roots of Business Responsibility*）一文中提出了负责任企业实践的基本原理。该文为两个月后哈佛工商管理研究生院院长Donald K. David发表在《哈佛商业评论》上的文章《不确定世界的企业责任》（*Business Responsibilities in an Uncertain World*）提供了哲学思辨的基础。David的这篇文章号召企业领导人更加积极投身公共事务，而不是把当下企业的经济功能视为对社会的根本贡献。在Dempsey和David的文章中都特别强调了商人要把"有贡献的正义"（contributive justice）作为义务：其一，没有任何一个人、任何一个企业可以成为一个孤岛。所有的人、所有的企业，为了发展、为了繁荣，都必将是一个良好运行社区的一部分。其二，商业控制着大量的资源并且拥有可以贡献于推动社会进步和增进社会中每个个体福祉的能力。Dempsey特别强调，"有贡献的正义是经济组织的首要原则"。

Howard R. Bowen在1953年出版的著作《商人的社会责任》（*Social Responsibilities of the Businessman*）中首次提出了"社会责任"的概念，因而被后来的学者尊称为"企业社会责任之父"。Bowen对社会责任的理解是"企业社会责任是指企业依从社会的目标与价值观，趋近并遵循相关政策，并进而进行决策、采取具体行动

的义务"。

Carroll 于 1971 年提出了企业社会责任的模型,涵盖了经济的、法律的、伦理的、自由裁量/慈善的四个方面的责任,成为至今被广泛认可和采用的企业社会责任模型。这四个方面的责任之间并非层级递进和互相排斥的关系,而是可以并行追求的。

William Frederick 于 1986 年对当时的 CSR 概念提出了进一步的批判性思考,认为无论是 CSR_1(Corporate Social Responsibility),还是 CSR_2(Corporate Social Responsiveness),都没有深刻地揭示企业与变化的社会期望之间潜在的价值冲突。他主张商业领导者应该更加深刻地领会商业伦理与企业社会责任的关联,应该将企业社会责任作为商业伦理的道德基础,因而提出了 CSR_3(Corporate Social Rectitude)——企业社会正直的概念。

二、从 CSR 到 CSV

2011 年,迈克尔·波特和马克·克雷默在《哈佛商业评论》发表文章《创造共享价值》(Creating Shared Value)之后,CSR 领域第一次出现了一个名称接近但思想内涵不同的名词 CSV。随后,这一理念被雀巢(Nestle)、诺华(Novartis)等大企业所推崇和采用。波特和克雷默认为创造共享价值是超越传统的 CSR 思想,从更高阶的层次推动企业将解决社会需求融入实现企业经济价值和竞争战略的战略工具。波特和克雷默在文章中对于 CSV 如何不同于传统的 CSR 作出了解释,其核心要义在于敦促企业决策者重新思考企业的战略定位以及企业在社会中的定位,更好地将解决社会问题纳入企业自身的经济价值创造过程。在这篇文章中,CSV 被定义为"有助于在提高企业竞争力的同时改善企业所在社区的经济和社会条件的政策和运营实践。共享价值的创造聚焦于识别并扩展社会与经济进步的关联"。创造共享价值被认为是企业可以借助自身核心业务能力推动社会变革最强有力的实践,能够有助于实现企业的宗旨和抱负。

纵观从 20 世纪 80 年代波特在企业战略领域提出竞争优势的核心概念,到 2011 年提出创造共享价值的概念,其实可以揭示出时代变迁和企业管理实践范式的转移,即企业战略的逻辑日渐从"由外而内"和"赢""竞争""企业就是企业"转向"由内而外""共赢""合作""企业与社会密不可分",体现了学者对商业社会和资本主义制度发展的反思。

波特和克雷默的这篇文章,其副标题是"如何改造资本主义并释放一轮创新和增长"(How to reinvent capitalism – and unleash a wave of innovation and growth)。

开篇第一段话就明确指出:"资本主义正在遭受围攻。近年来,企业日益被视为造成社会、环境、经济问题的一个主要根源。企业的繁荣被越来越多的人视为是以牺牲更广大公众的利益为代价的。"因此,波特和克雷默发展出的CSV思想,超越了"由内而外"看待企业社会责任的视野,更多基于"由外而内"的视野启发企业管理者重新思考和定义自己企业能为解决社会问题提供怎样的方案,并且以一种主动自发而非迫于外部压力的方式开展价值共创。从CSR到CSV的转变见图2-5。

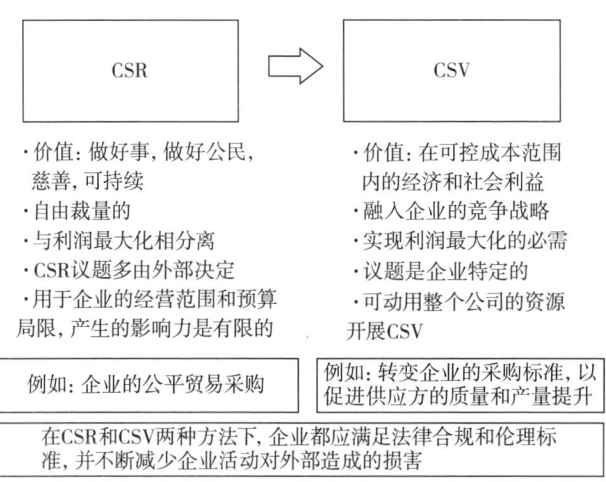

图2-5 从CSR到CSV的转变

资料来源:笔者整理而得。

三、从战略 CSR 到政治 CSR,再到企业政治责任①

从 CSR 的发展来看,随着企业越来越重视 CSR 对于企业价值的创造以及在实践中越来越将企业履行 CSR 融入企业战略制定过程,管理学者们提出了一些新的概念,诸如战略性 CSR(strategic CSR)、政治性 CSR(political CSR)等。这些理论探讨也反映出企业管理中 CSR 实践的丰富性。同时,CSR 概念本身的不断演化和发展,也揭示出学界对于这个概念本身的争议。

随着企业实践中开展 CSR 项目的"惯例化""程式化",CSR 活动在企业内部获得"合法性"的同时,也可能会遇到来自其他业务部门的质询:在多大程度上衡量 CSR 对公司业绩的贡献?CSR 如何体现公司的长期发展战略并在战

---

① 企业政治责任,英文为 Corporate Political Responsibility(CPR)。

略执行过程中得以落地？对于这样的一些质询和质疑，一些公司开始在战略层面思考如何赋予 CSR 创造价值的能力。基于从竞争优势转向创造共享价值的战略范式转移，CSR 作为链接多重利益相关方的战略沟通传播工具，其作为企业非市场战略的重要手段的作用日益凸显。在企业战略层面将解决社会发展的重大挑战融入组织宗旨和使命，将会推动 CSR 被赋予为公司创造可持续价值的功能。比如，联合利华（Unilever）将公司战略贯彻到其产品研发、营销的各个环节，实现"基于使命驱动的品牌"（purpose-driven brand）为企业持续创造价值。

在特定的制度情境下，CSR 在实践过程中还存在着被"政治化"的倾向。比如在美国，民主党和共和党在对待气候变化、少数族裔人权等议题上有着鲜明的政治立场差别。在这样的制度环境下，企业高管如何向公众和消费者传递其所管理的企业对待这些社会和环境议题的态度和采取的措施，是一个特别考验企业"社会许可"（social license）的难题。此外，企业尤其是大企业在经营过程中，当其经济利益与政治利益的边界比较模糊时，也会诱使企业谋求更多的政治性活动（corporate political activity），进而服务于企业的商业目标和合法性。政治性 CSR 可以理解为，CSR 可以产生主观故意或者非故意影响的活动，或是存在可以对 CSR 产生故意或者非故意的政治影响的活动。

宜家曾经被学者作为政治性 CSR 的案例加以剖析。尽管在全球范围内宜家可以被看作是较早开展 CSR 工作的企业，但其也是随着 20 世纪 80—90 年代对企业经营中造成的社会不公正、环境灾害的批判而展开的。最早在 1993 年时，宜家被媒体曝光其在东南亚的地毯供应商存在雇用童工的问题，之后宜家开展了一系列体现其公司核心价值理念的 CSR 项目，并逐渐在公众中树立了宜家的 CSR 形象，而这样的形象在特定的社会—政治情境中会反过来影响公众对公司的认同。在中国情境下，过去几年很多企业参与到脱贫攻坚的伟大实践中，以 CSR 的名义开展了很多不同类型、不同组织形式、不同商业模式的项目。如果从政治性 CSR 角度来理解，这些参与到脱贫攻坚中的企业都具有较高的敏锐性，他们一方面懂得如何通过参与国家所积极倡导的全社会扶贫工作来增加企业自身的社会合法性和社会声誉，另一方面又注重在参与脱贫攻坚过程中挖掘潜在的市场机会，并从内部动员和激发员工的热情，增强员工对组织的认同。

2018 年，《加利福尼亚管理评论》上发表的文章《企业社会责任需要企业政治责任：公司可持续与政治》①（*CSR Needs CPR：Corporate Sustainability and Politics*），探讨了大企业借发布公司可持续发展报告等活动掩盖其背后从事与公告福利相违背的游说等政治活动的行为，指出如果要真正切实加强对企业可持续发展的引导和评估，就必须将企业政治责任作为其社会责任的一部分，将企业主动披露其倡导有利于（或是从事有悖于）社会和环境福祉的公共政策的政治活动的透明度作为企业政治责任的表现。2015年大众汽车尾气门事件后，公众对于大企业的幕后游说活动及其对公共政策的影响才有了更深的认识。由此，学者们对于CSR概念的内涵也随着外部社会—政治环境的变化而有了新的认识。

对于在中国社会政治制度环境下的企业来说，它们的企业政治责任如何体现，它们履行的社会责任中是否已经包含了企业政治责任，这些都是涉及企业发展的关键问题。国家市场监督管理总局对一些头部企业的反垄断调查和处罚，警醒了企业家要在中国特色社会主义市场经济中保持坚定的政治责任并积极履行企业社会责任。

从总的趋势来说，由于CSR在实践中存在着被滥用的情况，成为企业"漂绿""漂蓝"来掩盖其为牟取私利而阻碍社会公共福祉提升的工具。如何更精准地评估企业开展社会责任的目的、具体措施以及实施效果，评估企业的总体社会影响力，已经成为迫在眉睫的重要问题。

第三节　从Friedman到Freeman

一、50年前Friedman的观点

（一）对Friedman观点的批判

Friedman声称，企业经理人"只要满足社会基本规则去赚尽可能多的钱"就是履行企业社会责任。这一说法是非常有误导性的，它基于一些错误的假设。其一，他假设的"去赚尽可能多的钱"就是创造股东价值，实际上并不符合许多股东，更不要说是社会所期盼的结果。其二，他的观点包含一个隐含的假设，即社会的基本规则会保护所有的利益相关方而不是股东，因而赚更多的钱才能保护股东。这是将股东的利益与其他利益相关方的利益完全对立起来的认识。其实，

---

① 《加利福尼亚管理评论》2018最佳年度论文 *CSR Needs CPR：Corporate Sustainability and Politics*，明确提出CPR要融入CSR，并与CSR一样保持透明。

股东也是利益相关方,在一些情况下,股东的利益与其他利益相关方的利益并不是矛盾的。其三,他还假设企业是在一个完全开放和自由竞争、没有欺诈的环境下经营的,这与现实的复杂商业环境相去甚远。

Friedman 的观点深刻地影响了资本主义大企业的治理机制,CEO 在股东压力下对短期利益的追逐造成了很大的问题,是公司发生商业丑闻的重要根源。

对于大部分企业高管来说,如 Jack Welch、Paul Polman 等都对股东利益最大化的观点表达了明确的反对。如 Welch 在接受纽约时报的访谈中曾谈道,"股东利益最大化是世界上最愚蠢的想法";Polman 曾于 2015 年在福布斯的一期采访中声称,"CEO 不能成为股东的'奴隶'",他声明"坦白地说,我不是为股东工作,而是为消费者和客户工作……我不会受拉升股票价值的商业模式驱使,也不会用这样的商业模式"。

(二) 对 Friedman 观点的辩护

芝加哥学派在 2020 年 10 月举办了一系列纪念 Friedman 1970 年文章发表 50 周年的讨论,仍不乏对 Friedman 观点表示支持的声音和见解。比如,赞美股东价值最大化观点的学者认为,正是基于这样的商业信念才驱动了过去数十年全球经济的增长,并认为股东利益最大化与为利益相关方创造价值是相互和谐的,即 Friedman 所说的"企业有且仅有一个社会责任,那就是使用其资源并投入于增加其利润的活动中,只要企业是在游戏规则之内,即开展开放的自由竞争,没有欺诈"。支持 Friedman 观点的学者对利益相关方观点提出了质疑,包括如何平衡不同利益相关方的问题。Friedman 曾提出过疑问:"如果企业除了为股东创造最大化利润外还有其他社会责任,那么他们如何知道那个责任是什么?"另外,还有人以 CEO 会借口为利益相关方做了"好事"而声称自己干得不错,却没有对股东利益最大化负责,这种情况下董事会该如何评估 CEO 的业绩?言外之意仍然是要求 CEO 以狭隘的股东利益为优先进行决策。

实际上,从那些仍然为 Friedman 观点进行辩护的声音中,我们可以发现其所包含的自相矛盾,一方面声称股东利益最大化与为利益相关方创造价值是相互和谐的,而另一方面却又表明企业除了股东利润最大化的目标之外不能再有什么责任,CEO 更是不能试图因利益相关方偏离股东利益最大化的目标。

二、利益相关方理论

Edwards Freeman 于 2006 年发表的文章《CSR 的一个新方法:公司利益相关方责任》(*A New Approach to CSR: Company Stakeholder Responsibility*)提出了 CSR 的另

一个版本，虽然此 CSR 与彼 CSR 缩写一样，但其名称和内涵是不一样的。Freeman 提出的 Company Stakeholder Responsibility 从字面上就可以反映出他对原有 CSR 概念的不同意见。首先，他对 corporate 这个词有不同意见，言外之意就是，为什么中小企业不应该被纳入社会责任的讨论呢？换成 company 这个普通的词汇，就是要提醒人们所有的企业都负有社会责任，而不仅仅是大企业。其次，Freeman 强调企业对于利益相关方的责任，突出企业应该将与利益相关方的沟通及对其的管理纳入企业日常管理工作中，企业的目标是为利益相关方创造价值而不仅仅是对股东负责。基于前两点，所有的企业，无论大小，都要与利益相关方互动，也就意味着商业与伦理的不可分割，对利益相关方的责任是内嵌于所有企业的，是企业管理者进行决策和管理的出发点。因此，Freeman 提出的这个 CSR 概念相对于传统的 Corporate Social Responsibility 是一个有更深层内涵的新的见解。

Freeman 所主张的公司利益相关方责任，其内涵包括如下四个方面：

（1）基本价值主张。

① 我们如何为利益相关方带来好处？

② 我们代表（支持）什么？

（2）与利益相关方的持续合作。

指导我们与利益相关方保持沟通互动的原则或价值观是什么？

（3）了解更广泛的社会议题。

了解公司的基本价值主张与当前社会的趋势和主流观点是否一致。

（4）伦理领导力。

① 指引领导力的价值观和原则是什么？

② 对企业目的的感知和认知如何？作为领导所代表和支持的是什么？

尽管利益相关方理论从理论上提出了依据权力、合法性、紧迫性等维度辨别并管理不同利益相关方的工具，为企业管理者开展利益相关方管理和有效沟通提供了指导，但在真实复杂的管理情境中，管理者常常要面对不同利益相关方提出的多元异质性诉求甚至是相悖的多目标。如何有效管理这些有着不同目标诉求的利益相关方群体，如何平衡不同利益相关方及进行多目标决策，对利益相关方理论的可行性和可操作性均提出了挑战。

三、从股东资本主义到利益相关方资本主义

（一）股东资本主义的危机

在弗里德曼自由资本主义思想的影响下，以股东利益最大化为导向的大公司

商业实践在给世界带来了经济增长的同时，也制造了越来越多的问题和麻烦：从欺诈消费者到产品质量问题，从被边缘化的社会群体到人与人之间的日益不平等，从环境污染到气候危机。有学者郑重提出警告：公司资本主义正将人类社会锁定到一个"创造性自我毁灭"的过程中。

在这样的背景下，西方学界、企业界、社会组织等不同方面的意见领袖先后提出若干摈弃股东资本主义的思想主张，涌现出不少对资本主义体系弊端的深刻反思，以及尝试对现行资本主义的商业实践提出改良方案，提出了诸多"重新反思"（rethinking）、"重新定义"（redefining）、"重新构想"（reimagining）、"重新启动"（reset）资本主义的主张。基于对改良资本主义的不同主张，出现了不同的资本主义的"变种"，比如"觉悟的资本主义"（conscious capitalism）、"负责任的资本主义"（accountable capitalism）、"绿色资本主义"（green capitalism）、"可持续的资本主义"（sustainable capitalism）、"互惠资本主义"（completing capitalism）、"公益资本主义"（common-good capitalism）、"利益相关方资本主义"（stakeholder capitalism），乃至 2020 年 5 月 27 日《福布斯》提出的"更伟大的资本主义"（Greater Capitalism）等。但是，无论那些作者和机构对资本主义提出了怎样的严厉警告，如何"重新思考"和"重新构想"资本主义并提出新概念新主张，其本质都是在不触及资本主义根本经济制度的前提下提出"修理"资本主义（How to Fix Capitalism）（Michael Porter & Mark Kramer，2011）的改良方案，其核心都是为弥补和挽救现在西方尤其是美国资本主义所面临的巨大危机。尽管有识之士已经严厉警告公司资本主义将把人类社会锁定到一个"创造性自我毁灭"（creative self-destruction）的过程中[1]，一些"觉悟的"资本家们仍然只是希望加强对资本主义的改良[2]。

2020 年达沃斯世界经济论坛主题就定位为"利益相关方资本主义：为了凝聚和可持续的世界"，2021 年又探讨"重启资本主义"（The Great Reset of Capitalism）的话题，进一步深入揭示当今世界所面临的各方面重大挑战必须依赖基于利益相关方转向的资本主义去应对。对重启资本主义的期盼主要包括促进有助于更加公平结果的市场、投资于促进公平和可持续的共享目标、支持有助于解决诸如健康与社会问题等的公共物品的创新。

---

[1] CHRISTOPHER WRIGHT, DANIEL NYBERG. Climate Change, Capitalism and Corporations[M]. Cambridge：Cambridge University Press, 2015.
[2] Ray Dalio 接受 CNBC 访谈[EB/OL]. https://www.cnbc.com/2019/04/08/ray-dalio-says-capitalism-not-providing-the-american-dream.html, 2019-04-08.

（二）利益相关方资本主义的未来

尽管美国商业圆桌（Business Roundtable）的一些高管于2019年8月发布了对股东利益至上原则的修正声明，重新定义企业宗旨[①]（Redefine the Purpose of Corporation），但是，在股东激进主义（active shareholders activism）的影响下，仍然不能掩盖商业世界对短期利益的贪婪追求与对利益相关方诉求的漠视。2021年3月15日，Danone（达能）董事局主席兼CEO Emmanuel Farber迫于股东压力被董事会解聘，这个事件对于那些提倡和坚信利益相关方资本主义的改良派来说，可以说是一个比较重大的挑战。这一方面反映了股东至上主义根深蒂固的影响，另一方面反映了利益相关方资本主义这一改良想法的现实困境。数年前，Farber雄心勃勃地宣布要将Danone转型为最大的共益企业（B Corp）时还得到了很多人的赞赏，而在其任内业绩出现下滑时，却很快遭到了股东们的质疑和董事会的解聘。

鉴于西方资本主义社会近年来出现的政治极化现象，利益相关方资本主义成为一部分企业高管"政治正确"的言辞。但真正实现"利益相关方资本主义"则需要深刻的系统变革，而非局部的"修理"。在西方资本主义社会制度下，对于企业管理者来说，如何均衡不同利益相关方之间的诉求，是一个巨大的挑战。从某种意义上来说，"利益相关方"就是一个悖论，使得"利益相关方资本主义"的有效性和可行性存在很大的争议。

第四节 全球企业社会责任发展历程及重点

一、1976年经济合作与发展组织发布《经合组织跨国企业准则》（第一版）

《经合组织跨国企业准则》（OECD *Guidelines for Multinational Enterprises*）是目前国际上唯一经过多边商定、由各国政府签署并承诺执行、综合性最强的关于负责任的商业行为跨国公司行为准则，涉及信息公开、人权、就业和劳资关系、环境、供应链、贿赂和腐败、消费者权益等。2011年庆祝OECD成立50周年时，各国政府又协商同意进一步更新了该准则，特别对发布会计信息、财务信息和非

[①] https://www.businessroundtable.org/business-roundtable-redefines-the-purpose-of-a-corporation-to-promote-an-economy-that-serves-all-americans.

财务信息（包括环境和社会报告）方面提出了高标准的要求，企业应报告其编制和发布信息所依据的标准或政策。

二、2000 年联合国正式启动"全球契约计划"

"全球契约计划"（Global Compact）要求企业在各自影响范围内遵守、支持并实施在人权、劳工准则、环境、反贪污方面的十项基本原则，目前已有来自百余个国家的 8000 余家企业和 4000 余家非营利组织加入。

三、2000 年全球报告倡议组织发布《可持续发展报告指南》（第一版）

全球报告倡议组织（Global Reporting Initiative，GRI）发布的《可持续发展报告指南》是目前全球使用最广泛的综合性可持续发展报告指南，为各类机构提供了一套涵盖经济、环境及社会方面的报告框架体系，强调利益相关方参与和实质性等原则，使报告机构及其利益相关方得以评估机会和风险，作出更合理的决策。

四、2010 年国际标准化组织发布《社会责任指南》（ISO 26000）

《社会责任指南》（ISO 26000）是最全面的社会责任操作指南，适用于发达国家及发展中国家，涵盖了企业、政府和社会组织，以治理为核心，兼顾人权、劳工实践、环境、公平运行实践、消费者问题、社区参与和发展七大方面，具有非强制性，不用于第三方认证（中国对应指南文号为 GB/T 36000）。

五、2010 年 10 月德国发布"德国企业社会责任国家战略"

"德国企业社会责任国家战略"的目标是让更多的企业人士履行社会责任，根据可持续发展的原则制定商业战略，并支持其积极履行社会责任、保护环境等方面的商业实践，而使德国企业在国内外市场竞争中获得优势。

六、2012 年德国发布"CSR – Made in Germany"报告

"CSR – Made in Germany"报告旨在进一步推进和强化德国企业对于履行企业社会责任的实践。报告中指出，"企业社会责任是德国企业经营哲学的中心部分"（CSR as a central part of business philosophy），将 CSR 的核心价值很好地融入国家品牌形象，得到了德国工业联合会及其他行业组织和企业界的广泛支持。

七、2015 年联合国发布《2030 年可持续发展议程》

《2030 年可持续发展议程》是由联合国 193 个成员方共同讨论达成的成果文

件，替代已经到期的《联合国千年发展目标》（MDG 2000—2015）。议程包括17项可持续发展目标（SDGs）（见图2-6）和169项具体目标，添加了对繁荣、正义的考虑，在环境保护方面的目标也更加具体。此外，该议程强调全球合作，世界各地的政府、企业、社会组织都能够以其为指导行动起来，建立全球伙伴关系，推动世界在2015—2030年内消除极端贫穷、战胜不平等和不公正以及遏制气候变化。

图2-6 联合国可持续发展目标

资料来源：联合国开发计划署网站，https://www.cn.undp.org。

目前来看，联合国可持续发展目标（SDGs）、《社会责任指南》（ISO 26000）、《可持续发展报告指南》（GRI）等是国际上较为通行的企业社会责任指导原则，对企业的目标设定、管理方法、报告披露等提出了明确的要求。新的趋势是：社会责任的要求正在逐渐覆盖企业外的各种类型组织（政府和社会组织）和会展等大型活动。

------- 本章小结 -------

企业社会责任是伴随着20世纪70年代的劳工运动及环境危机而发展起来的，并在社会运动和制度变迁过程中不断演进。企业在经营发展过程中逐渐认识到与政府、消费者、媒体、社区和社会组织等利益相关方进行沟通和合作的重要性，在法律法规、公众及媒体监管的压力下，企业对于社会和环境问题的认识水平不断提升，逐渐将企业社会责任纳入管理者的决策和战略议题。

随着气候战略、城镇化、经济结构转型升级、人口结构变化、新生代消费者崛起、公民素质教育和社会组织推动，在面向2030年以及更长期的"深刻的社会经济系统变革"过程中，企业是否能够转变认知观念、与时俱进、积极拥抱可持续发展理念并将其内化于企业战略和管理实践，将是未来企业竞争的底层逻辑。

新冠肺炎疫情对企业的经营管理，包括供应链管理、员工管理、品牌管理都产生了广泛而深刻的影响。后疫情时代，企业的战略性 CSR 和 CSR 战略都面临挑战，企业如何增强在产业链上的复原力和稳健性，通过升级在疫情特殊危机下暴露出的挑战和问题的响应机制，重构企业的责任竞争力，以创新的企业社会责任实践提升企业在后疫情时代的品牌价值，这些都是亟须 CSR 从业者和学习者深入思考和面对的问题。

思考题

（1）请回顾你所熟悉的一家大企业的企业社会责任发展变迁过程，讨论企业社会责任的发展演进受到哪些因素的影响。

（2）请讨论并思考企业社会责任在实践中面临哪些困境，企业决策者该如何超越"企业社会责任"，向着可持续企业转型迈进。

参考文献

［1］AGUINIS H, GLAVAS A. What We Know and Don't Know About Corporate Social Responsibility A Review and Research Agenda［J］. Journal of Management，2012，38(4)：932 – 968.

［2］HOLLENSBE E, WOOKEY C, HICKEY L, et al. Organizations with Purpose：From the Editors［J］. The Academy of Management Journal，2014，57(5)：1227 – 1234.

［3］CHIN M K, HAMBRICK D C, LINDA K. Treviño. Political Ideologies of CEOs［J］. Administrative Science Quarterly，2013(58)：197 – 232.

［4］GUPTA A, BRISCOE F, HAMBRICK D C. Red, Blue, and Purple Firms：Organizational Political Ideology and Corporate Social Responsibility［J］. Strategic Management Journal，2017，38(5)：1018 – 1040.

［5］RANGAN K, CHASE L, KARIM S. The Truth About CSR Most of these Program Aren't Strategic and That's OK［J］. Harvard Business Review，2015，93(1 – 2)：41 – 49.

［6］Two – faced Capitalism［J］. Economist，2004，370(8359)：53.

［7］The Business of Business［J］. Economist，2015(3).

［8］TATA R, HART S L, SHARMA A, et al. Why Making Money is Not Enough［J］. MIT Sloan Management Review，2013，54(4)：96 + 95.

［9］LYON T P, DELMAS M A, MAXWELL J W, et al. CSR Needs CPR：Corporate Sustainability and Politics［R］. https://cmr. berkeley. edu/assets/documents/promo/csr – needs – cpr – preview. pdf.

第三章　CSR 国内发展历程[①]

第一节　古代传统儒商价值追求与责任实践

一、中国古代传统儒家文化对商业伦理影响深远

中国商业产生于殷商时代,"殷人重贾"在史料中早有记载。商业的出现也催生了商德的演变。早在先秦时期,就已有范蠡的"积著之理"、白圭的"治生之术"等包含商德思想的经商之道。明清之前,中国"重农抑商"的政策使得商业总体发展较为缓慢;明朝中后期,中国商业得到丰富和发展,以晋商和徽商为代表的商人更是将儒家伦理道德渗透到商业活动与经营中。回顾历史,儒家思想作为中国社会思想体系的基石,给中华商业文化带来了深远的影响,也成为古代为商之道的基本遵循。

与西方"功利导向性"的商业伦理不同,中国古代商业伦理强调为商应以合乎道德的方式去获得良好的信誉进而创造更多的财富。儒家伦理道德是中国几千年来营商的基本行为准则,包括爱国公益、义中取利、诚实守信、和气生财、崇尚勤俭、敬业进取等方面,而这些商德几乎都能在中华文化中找到其渊源。儒家文化与商业的有效结合,沉淀形成了独具特色的中国古代商业道德。

中国古代商人中亦有许多遵行商德的典型代表,司马迁在《史记·货殖列传》中专门颂扬了以子贡、范蠡等为代表的恪守商德的商贾。孔子的弟子子贡被称为"儒家先祖","子贡赎人"的故事体现了其经商过程中秉持"取利不忘义"的儒家伦理。陶朱公范蠡的经商思想中包含许多中国传统商德的重要内容,如注重商品质量的"务完物"经商原则,诚信价实、"逐十一之利"的伦理原则,知人善任的管理方法以及富行其德的仁德品质。《陶朱公经商十八法》中更是包含许多有关商德的内容。

[①] 作者:李文。

具体来说，中国古代商德涵盖的内容十分广泛，包含以下方面：

（1）爱国公益。许多商人将钱财用于扶贫济危、爱国公益等事业，做到"富而好行其德"，如范蠡"三致千金"；也有许多商人在国家危急的关头挺身而出，如"弦高犒师"。这些均是商人们爱国、有责任心的体现。

（2）义中取利。朱熹曾言"义利之说，乃儒者第一义"，儒家的义利观延伸至商业活动中，要求商人们"以义取利""义在利先"，做到"不义之财不苟取，不义之富不可求"。道义为先的儒家思想在我国传统商业健康发展方面起到了重要的引导作用。

（3）诚实守信。中国古代商人提倡"重然诺守信用""人无信不立"，诚信成为儒商的立足之本。前有范蠡的"以诚聚财"，后有晋商"以诚信通天下"，均表明诚信是商业成功的关键因素。

（4）和气生财。"和"是中国传统文化中的重要精神。古代商业活动中，"和"体现在人际关系的和谐和买卖双方的利益平衡上，"买卖不成仁义在"是中国古代延续至今的传统经营观念。"和"亦体现为人与自然的和谐，遵循"仁爱万物""天人合一"，强调与自然和谐共处、共同发展。

（5）崇尚勤俭。"勤"的内核为勤奋和勤劳，"俭"则是对自己进行约束和克制，勤俭是商人创业守业的重要前提。徽商的训诫"勤为建业方，俭是医贫药"，儒家提出的"天道酬勤"，均体现了勤勉、节俭对于商业成功的重要性。

（6）敬业进取。经学大师郑玄在《周礼》注释中提到"敬，不懈于位也"，敬业是在追求事业过程中一种善始善终、努力拼搏、坚持不懈的态度，中国古代徽商、明清商人汪昊均是敬业进取的典范。

由此可见，文化乃商业兴盛之脉。富含中国传统文化内涵的儒家思想深刻影响着中国古代社会经济秩序和商业伦理价值观。儒商文化既有鲜明的时代特征，又以其强大的文化影响力而跨越时空，受到海内外的推崇和欢迎。

二、近现代民族工业"实业救国""爱国济民"是鲜明的时代特征

近代中国沦为半殖民地半封建社会。当时社会剧烈动荡，在国内军阀混战和国外列强入侵的巨大冲击下，国人的民族意识和危机意识逐渐苏醒，国家和民族危局激发了中国近代民族工商业者的爱国热情。这一时期，"实业救国"的社会思潮兴起，大批实业救国者不断涌现，爱国济民的商德传统也在他们身上发扬光大。

这期间最具代表性的经济活动要数实业救国先驱李鸿章领导的"洋务运

动"。"洋务运动"通过学习西方的先进科学技术和引进生产设备等,兴办了大量实业产业,为我国近代军事和工业发展奠定了基础。张之洞等人为配合实业振兴还发起了实业教育,包括创办学堂、培育教师人才等,为发展新学教育发挥了开拓性作用。此外,一些企业家还通过发起大规模的义振救灾活动,建立"协赈公所"扶弱济贫,倡导和探索推进社会公平。

张謇是这一时期最具代表性的"实业领袖",其创办的企业涉及纺纱、榨油、轮船、渔业等众多行业。1895年,张謇筹办的南通大生纱厂是近代企业经营管理的优秀典范之一。张謇挑选了民间富有经营管理经验的人组成领导团队,并制定《厂约》对各部门的岗位职责作出明确规定,有效避免了当时官办企业懒散办公、以权谋私的问题。此外,张謇还专门设计了产品商标,并研究市场销路,致力于企业的长足发展。大生纱厂的发展对当地经济繁荣、解决就业和贫困等问题均作出了突出贡献。作为近代儒商典型代表,张謇开创民族工业的追求早已超越单纯的经济利益,具有强烈的救亡图存、振兴国家的责任意识和果敢担当。

除张謇外,这个时期还涌现出一批以实业救国为抱负的民族企业家。他们的企业社会责任不只表现在办实业的商业活动中,还广泛延伸到办教育、兴文化、做慈善等方面。例如,爱国华侨领袖陈嘉庚不仅通过兴办实业支持祖国经济发展,还在多地创办了学校,以教育兴国;民族资本家荣德生在企业管理过程中践行"以人才为本"的管理法则,为满足企业人才发展需要兴办了大量公益学校;洋务企业家经元善在发展实业的过程中不忘"达则兼济天下",发起了一系列义振救灾活动,并兴办女子学堂等,致力于以教育改变命运。

可见,近代这批以天下兴亡为己任、勇担救国兴国重任的企业家不仅致力于通过创办实业使国家走出积弱积贫的困境,更是以成功的实业发展对抗着旧中国的命运,以公益慈善之举改善着平民百姓的生活。他们爱国爱民的品德,崇尚科学和善于经营管理的务实精神,都是近代企业社会责任的鲜明特征。

第二节 计划经济体制下企业社会责任发展

一、时代背景及社会环境分析

新中国成立初期,各类工业生产均处于"百废待兴"的状态,工业基础的缺乏使得国内许多工业产品供应不足,生产和生活资料均十分匮乏。

1953年，中国启动"一五计划"，其间从苏联与东欧国家引进了156项重点工矿业基本建设项目，涉及煤炭、石油、电力、钢铁、有色、化工、机械、医药等领域，几乎涵盖了基本生产资料的各个方面。许多项目成为国民经济发展的关键性和基础性工程，亦是当时中国经济的脊梁命脉和新时期经济建设的战略基石。1960年后，为应对苏联、美国等多方的军事威胁，国家作出了"三线建设"①的战略决策，在西部"三线地区"开展大规模的工业设施建设，并在13个省（自治区、直辖市）建立了大批新兴工业城市，大力发展基础工业和国防工业。"三线建设"改善了当时中国工业发展不均衡、西部工业基础薄弱的问题，并初步形成了我国较为完整的工业生产体系和军工制造体系。工业建设中许多项目成就了一批优秀的国有企业，为我国工业基地发展作出了历史性贡献。

制度方面，1956年社会主义"三大改造"基本完成后，中国建立起了社会主义公有制这一基本的经济制度和社会主义政治制度。这一制度体系一直延续到改革开放前，也形成了以爱国主义、集体主义价值观为核心的企业社会责任框架体系。这一时期国家实行计划经济体制，国家对经济资源实行统一计划配置和管理，一切生产、资源分配和消费均由政府决定。国有企业与政府之间的权责利关系紧密，企业作为政府宏观调控的实施主体，按照指令性计划统一组织产供销，不具有经营自主权。

在社会主义计划经济体制中，国有企业在新中国重要的工业部门和关系国家命脉的产业中占据绝对优势，大多为国家提供各类基础设施、生产设备和生活必需品。可以说，"传统国企"不仅承担了支撑国民经济发展的重任，更大程度上还肩负着保障国家安全、支撑建设国家的特殊时代使命。然而，由于这一时期国家仍处在社会主义制度和经济建设的探索阶段，一些失误也给企业发展带来了严重破坏。整体而言，这一时期社会资源的整合配置机制相对薄弱，经济环境缺乏相关市场机制，国有企业在快速承担起基础建设和重点工程方面取得了惊人的成就后，由于受到行政计划的束缚而缺乏经济活力。

随着工业的发展，国有工业企业数目不断增多，1961年中央发布了我国第一个工业企业管理总章程——《国营工业企业工作条例》，对国有企业的管理作出了规范化要求。

总体而言，这一阶段由于全国整体生产要素相对集中，国有企业承担的更多

---

① "三线"共涉及13个省（自治区、直辖市），包括四川（含重庆）、贵州、云南、陕西、甘肃、宁夏、青海7个省（自治区、直辖市），以及山西、河北、河南、湖南、湖北、广西腹地。

是落实国家宏观经济调控、行政管理和公共服务的职能,"企业办社会"的负担较为沉重。而由于市场环境萧条、资源分配效率低下、企业自主经营权缺乏等,国有企业总体盈利水平、运营效率不高,市场竞争力等较为薄弱。

二、传统国有企业践行社会责任的表现与特征

改革开放前国家实施的是计划经济体制,国有企业按照政府统一规划和指令性计划进行生产运营,表现为较强的政府宏观经济调控,国有企业从创立之初就承担了为国立业、振兴中华的时代使命,天然带有强烈的奋发图强、自强不息、艰苦创业、爱国奉献、为国利民的责任担当意识。我国的产业工人队伍是在国家受到西方政治打压、经济封锁的环境下,依靠自力更生,在实践中自主学习和摸索,不断总结经验,从而成长壮大起来的。因而,传统国有企业形成了鲜明的以爱国奉献、大公无私、勤劳节约、爱岗敬业等为价值追求的企业文化。

新中国大建设时代涌现出一大批立志产业报国、岗位建功立业的劳动模范和能工巧匠。在极度困难的环境下,他们不畏艰苦、攻坚克难,充分发挥主人翁精神,在各行各业、不同岗位上作出了卓越贡献,创造了无数奇迹。如孟泰、郝建秀、王进喜等人通过实践探索出创新的企业生产经营和管理方法,对企业提高生产效率起到了关键作用,成为时代楷模,鼓舞和影响了几代人。

这其中,很多国有企业在国家的大力扶植下逐步发展壮大成为具有一定规模和具备行业专长的大型企业,他们立足国情和现实,探索出一套先进且适用于以责任制为核心内容的管理办法和经验,成为国有企业勇于担责的真实写照。"鞍钢宪法"[①] 就是当年国有企业对企业管理制度探索的典型案例,"两参一改三结合"[②] 的制度创新改革了企业中不合理的规章制度,让工人能够直接参与企业管理,体现了"平等、尊重、规范、创新、高效"等负责任的企业管理核心要义,以及民主管理和以人为本的思想。攀枝花钢铁厂等许多参与"三线建设"的传统国有企业在地形险峻、资源匮乏、交通不便的西部地区积极建设工业基地,并孕育了"艰苦创业、勇于创新、团结协作、无私奉献"的"三线建设精神",彰

---

① "鞍钢宪法"是我国鞍山钢铁公司于20世纪60年代初总结出来的一套企业管理基本经验。1960年3月11日,中共鞍山市委向党中央作了《关于工业战线上的技术革新和技术革命运动开展情况的报告》,毛泽东在3月22日对该报告的批示中高度评价了鞍钢的经验,提出了管理社会主义企业的原则,即开展技术革命、大搞群众运动、实行"两参一改三结合"、坚持政治挂帅、实行党委领导下的厂长负责制,并把这些原则称为"鞍钢宪法",在全国范围内推广。

② "两参一改三结合",指强调实行民主管理,实行干部参加劳动、工人参加管理,改革不合理的规章制度,工人群众、领导干部和技术员三者结合。

显了那个时代企业的特殊贡献和责任担当。

20世纪50年代末，大庆油田的成功开发直接推动了我国工业化进程，并对维护国家能源安全起到了关键性作用。油田员工爱国奉献、拼搏创业以及"三老四严"的求真务实精神是一代产业工人践行社会责任的真实写照。这些企业精神对我国企业社会责任的发展起到了重要的推动作用，奠定了坚实的社会基础。

大庆精神是在开发建设大庆油田实践中逐步培育和形成的，它的内涵十分丰富，可以概括为为国争光、为民族争气的爱国主义精神，独立自主、自力更生的艰苦创业精神，讲究科学、"三老四严"的求实精神，胸怀全局、为国分忧的奉献精神，即"爱国、创业、求实、奉献"。

1964年1月25日，《人民日报》以一版头条通栏刊出毛泽东的号召："工业学大庆"。以此为标志，大庆成为我国工业战线的一面旗帜，大庆精神成为工业行业的精神典范。2019年9月，习近平总书记在致大庆油田发现60周年的贺信中指出："大庆油田的卓越贡献已经镌刻在伟大祖国的历史丰碑上，大庆精神、铁人精神已经成为中华民族伟大精神的重要组成部分。"

第三节　改革开放至21世纪前企业社会责任发展

改革开放后，市场经济开始蓬勃发展。国有企业不断深化经济改革，非公有制企业大量涌现，给中国经济社会发展注入了新活力。这一时期，企业承担的社会责任仍以经济责任为主，但其范围逐渐扩展到财务回报、员工权益、公益慈善等方面。这一时期也存在着企业追求经济利益与履行社会责任之间失衡的现象，企业社会责任缺失的行为并不鲜见。总体来说，经济体制改革进一步推动了企业社会责任的发展，提高了经营效率，活跃了市场，丰富了人民生活，但现代意义的企业社会责任发展仍处于摸索阶段。

一、时代背景与社会环境分析

1978年，党的十一届三中全会开启了中国对经济体制改革的探索。改革最先从农村开始，促进了个体经济的萌芽，为后续乡镇企业、民营企业等发展奠定了基础。

从1981年国务院发布《关于实行工业生产经济责任制若干问题的意见》，到1984年党的十二届三中全会通过《中共中央关于经济体制改革的决定》，再到

1986年国务院出台《关于深化企业改革增强企业活力的若干规定》，国有企业的自主经营权逐步扩大，开始向"自主经营、自负盈亏"的市场经济主体发展，也标志着国有企业开始承担现代意义上的企业社会责任。

改革开放后，我国在福建和广东两省设置了经济特区，对外商企业提供了一系列的优惠政策。1985年我国进一步开放14个沿海城市，进一步推动了外商投资的发展。1992年邓小平南方谈话对全面发展社会主义市场经济起到了重要推动作用，坚定了中国改革开放的决心，开始逐步与统一的全球市场接轨。

在这一重大经济体制转型过程中，大型国有企业逐渐摘去"铁饭碗"的光环，开始走向自由市场竞争。中国现代企业从无到有，从弱到强。各个特区的开放也为企业先行先试提供了创新发展的土壤，市场经济体制改革极大地激活了各类企业的创新活力，显著提高了企业经营效率，搭建了更为多元的产业链，极大地丰富了产品。企业经济效益和国民经济水平显著提升，企业的经济贡献十分突出。

二、企业社会责任发展与特征分析

（一）经济体制改革促进企业重视经济责任

1978年中共十一届三中全会后，中国经济环境逐渐发生变化，国有企业开始进入"放权让利""两权分离"的改革进程。以建立现代企业制度为目标的国企改革先后经历了扩大自主权阶段（1978—1984年）、推行经营承包制阶段（1984—1989年）和转换企业经营机制阶段（1989—1992年）。然而，这个时期的国企仍然被当作政府宏观调控的手段，并未真正成为自主经营、自负盈亏的经营主体，国有企业仍主要承担着社会管理和服务的功能。这一时期国企改革的举措包括放权让利试点、推行经济责任制、利改税、承包制、资产经营责任制、租赁制、股份制试点等，这些改革措施促使国有企业开始树立和不断增强"经济责任"意识，一些国有企业扭亏为盈，经济效益改善明显。然而，由于整体经济制度设计得不完善，在政企不分、政资不分的背景下，大多数国有企业的现代制度管理和经济效益仍未有根本改观，滥发工资奖金、投资活动所取得的成果不及所消耗的投资的短期行为频发，内部人控制失效等现象频繁出现，造成了国有资产大量流失。整体来说，国有企业经济责任表现良莠不齐。

1993年，党的十四届三中全会提出国有企业的改革要向建立产权清晰、权责明确、政企分开、管理科学的现代企业制度方向转变，推动国企成为自主经营、自负盈亏、自我发展、自我约束的法人实体和市场竞争主体。同年12月

《中华人民共和国公司法》的通过为将国企建设成为真正意义企业提供了法律依据。之后，随着对国有企业本质认知的深化，国有企业与市场经济融合的步伐加快，逐渐转型为独立的法人实体和市场竞争主体，开始具有现代意义上的企业社会责任。

此外，改革以后，随着鼓励市场经济发展以及对外开放政策的推进，非公有制企业也如雨后春笋般涌现，丰富了市场经济形态。据统计，1992年到2000年，我国私营企业产值从205.1亿元飙升至10739.8亿元[1]，私营经济逐渐成为推动我国经济社会发展不可或缺的力量，成为创业就业的主要领域、技术创新的重要主体、国家税收的重要来源，对我国国民生活品质提高、社会主义市场经济发展、政府职能转变、农村富余劳动力转移、国际市场开拓等发挥了重要作用。

这个时期，乡镇企业、民营经济和外商企业等非公有制企业所承担的社会责任以经济责任为主，主要体现在生产合格产品以获取利润、依法纳税、提供就业岗位、拉动经济增长等方面。然而，由于我国早期市场经济法律体系建设不够完善，那时整体的企业社会责任的主要议题相对受限，企业的社会责任感仍处于较为初级阶段。

（二）企业履行社会责任范围进一步扩大

这一时期不同所有制企业的履责范围逐步扩大到财务回报、供应链责任、企业规范管理、公益慈善等方面，相较改革开放前有了很大程度的扩展。

财务回报方面，体现在企业作为经营主体开始注重利润和成本管理，关注供需关系的调整，逐步树立营销理念，价格机制逐步放开，企业的竞争意识逐步培育起来。

供应链责任方面。由于改革开放初期我国经济社会发展水平与发达国家存在较大差距，国内企业在经营过程中的责任意识和实践也与发达国家存在一定落差。当全球供应链将中国市场与跨国公司的国际化运营紧密联结在一起时，国际社会责任标准的本地化也变得难以避免。以ISO 9000（以及其他ISO系列标准）、SA 8000为代表的一些国际标准，以"验厂"为主要方式的各种针对中国企业供应商的社会责任审验成为中国企业获得国际市场准入资格面临的重大挑战。

企业规范管理方面，对外开放后，随着外资企业快速进入中国，其在社会责任方面的理念价值观和行为规范、规范的管理制度和先进技术等也随之进入中

---

[1] 汪海波. 对发展非公有制经济的历史考察——纪念改革开放40周年[J]. 中国经济史研究,2018(3):46-62.

国。越来越多的中国企业通过合资合作等方式学习借鉴西方的管理经验，参照国际标准规范管理运营企业。这期间我国大力推进现代企业制度体系的建立，大幅度提高了中国企业的管理水平和运营效率，企业依据自身实际不断面对市场竞争并进行各利益相关方之间的利益分配调整，责任规范体系逐步建立起来。一些外资企业驻华总部以相对优厚的工资和福利待遇吸引了大批优秀中国人才，优秀企业管理和技术人才的流动，都对市场环境和中国企业发展产生了积极影响。

公益慈善方面，这一时期尽管多数企业的公益意识薄弱，将公益慈善看作"富人的权利"而较少参与，即使参与也多是采取简单而传统的捐赠方式，但20世纪90年代后期，部分先富起来的企业开始有意识地参与、发起各类社会公益活动，有些还成立了企业公益基金会。这标志着企业慈善从随机性的扶危济困走向规范化、制度化，长期性开展公益活动、回报社会。

该阶段不乏优秀的企业社会责任的典范。以1984年成立的青岛海尔公司为例，公司一直贯彻尊重员工、尊重消费者的商业价值观。1985年，企业负责人张瑞敏曾带头砸毁76台质量不合格的冰箱，以此告诫员工保障质量的重要性，彰显出对消费者权益的重视。海尔公司亦是最先具有环保意识的民营企业之一，公司早在1998年就通过了ISO 14001环保认证，且长期致力于利用科技促进节能减排，不断开发各类低能耗环境友好型产品。那个时代涌现了一批像海尔一样的民营企业。

此外，我国相关法律法规和标准的不断完善，也为企业履行社会责任提供了正向引导和规范约束，比如1992年发布的《中华人民共和国工会法》、1993年施行的《中华人民共和国产品质量法》、1994年通过的《中华人民共和国劳动法》等，以及质量管理体系（ISO 9000）、环境管理体系（ISO 14001）等各类国际标准也相继被引入国内成为行业标准，更加清晰地界定并极大提升了对企业社会责任的要求。

（三）市场经济初期，企业社会责任出现失衡

在国有企业建立现代企业制度的过程中，曾出现企业社会责任失衡现象。当时，一方面，由于企业重组，劳动争议数量增加；另一方面，不少企业未能平衡好经济利益和社会责任之间的关系，采取简单投入自然资源、发挥劳动力成本优势的"粗放式"发展方式，引发了产品质量低劣、安全生产事故频发、资源浪费、环境破坏等问题。与此同时，还出现了特殊产业自然垄断和行政垄断等有悖市场公平竞争的现象。此外，企业重视自身利益发展的同时忽略了环境责任，在

环境法律尚不健全的情况下,很多企业未能很好地承担环境保护和安全生产责任。有些企业为了获得高额利润不择手段,甚至进行钱权交易;有些国有企业经营管理者滥用职权造成了国有资产流失,导致企业经济损失和员工失业,侵蚀了社会肌体和国有资产整体利益。

一些跨国公司看中中国廉价的劳动力,在中国发展低端制造业,钻政策法规的空子,诸如违反公平竞争原则、非法避税,或以"血汗工厂"压榨工人劳动价值赚取高额收益,或采用双重标准,降低安全、环保标准,造成质量问题和环境污染事件。

第四节 21世纪以来企业社会责任全面发展

21世纪以来,随着《联合国千年宣言》和可持续发展目标(SDGs)的相继发布,世界各国越发重视企业在推进可持续发展以及解决重大社会问题方面所扮演的角色。践行社会责任已经成为企业谋求可持续发展、获得比较竞争优势的重要方式。随着国际企业社会责任理念广泛传播,我国政府、企业、专业机构、高校、公益组织、媒体等主体积极响应并推进企业社会责任,逐渐走出了中国特色社会主义市场经济条件下的企业社会责任发展之路。当代中国特色企业社会责任框架体系见图3-1。

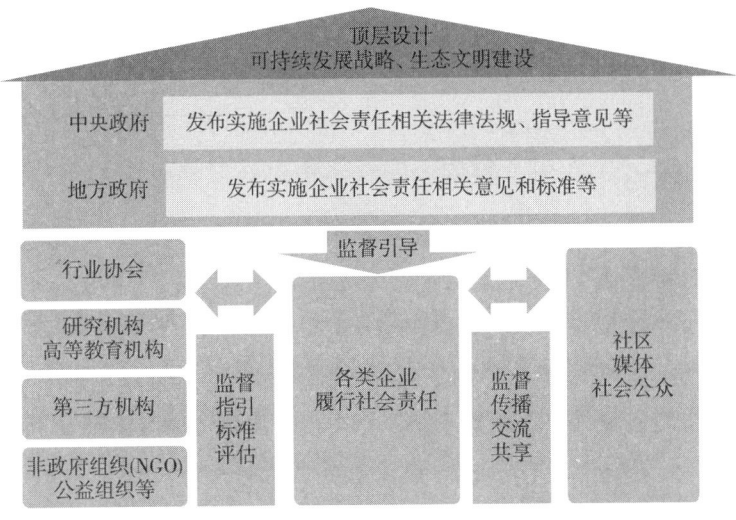

图3-1 当代中国特色企业社会责任框架体系

资料来源:笔者整理而得。

一、2000—2006 年：国际 CSR 思潮涌入中国，企业社会责任认知提升

21 世纪伊始，随着《联合国千年宣言》的签署以及中国加入世界贸易组织（World Trade Organization，WTO），中国更多地参与到世界经济与国际合作当中，一些与社会责任相关的思潮、理念、规则也随着国际经济合作与竞争涌入中国，如清洁生产、合规管理、资源有效利用等，加快了中国 CSR 发展进程。

中国企业开始意识到企业社会责任在国际竞争中的重要性。为更好地适应全球经济一体化发展趋势并在竞争中脱颖而出，部分企业开始学习和遵守国际上的企业生产守则、SA 8000 准则、全球契约等，践行社会责任。

2006 年是中国企业社会责任发展进程中重要的一年。在法制层面上，2006 年 1 月 1 日《中华人民共和国公司法》修订案实施，明确提出企业应履行社会责任。从上市公司看，2006 年 3 月 10 日，国家电网首次发布企业社会责任报告，开企业之先；深交所于 2006 年 9 月 25 日正式颁布实施《上市公司社会责任指引》，明确上市公司应对职工、股东、消费者等利益相关方承担起应尽的责任。在行业层面上，2006 年 12 月 12 日，中国纺织工业协会发布了《2006 中国纺织服装行业社会责任年度报告》，是首个行业综合报告。可以看出，21 世纪以来国家对社会责任的要求更加明确，从政府到企业，从法律体系到行业规范，对企业社会责任的认知得到全面提升。

但这期间，企业总体仍然以追求经济利益为第一目标，诸如产品质量、环境污染和劳工权益等社会责任缺失的问题依然严重。假冒伪劣产品屡禁不止，代工企业工人超时加班和工作生活环境恶劣等情况时有发生，这些引起了社会和广大消费者的极大关注。

二、2007—2010 年：探索中国特色市场经济条件下 CSR 发展之路

在大量国外的企业社会责任理念和准则进入中国的同时，我国开启了探索具有中国特色的企业社会责任实践道路。

2007 年后，国家从顶层设计方面对社会责任提出了更加明确的要求。2008 年国务院国资委发布《关于中央企业履行社会责任的指导意见》[①]，将社会责任纳入央企日常工作范畴，并明确了企业社会责任的具体内容，社会责任由此也成

---

① 《关于中央企业履行社会责任的指导意见》提出，"中央企业要增强社会责任意识，积极履行社会责任，成为依法经营、诚实守信的表率，节约资源、保护环境的表率，以人为本、构建和谐企业的表率，努力成为国家经济的栋梁和全社会企业的榜样。"

为企业可持续发展的必修课。立法层面上，2008年实施的《中华人民共和国劳动合同法》、2009年实施的《中华人民共和国食品安全法》等也要求企业对员工、消费者等利益相关方承担社会责任。

此外，各行业协会也纷纷出台了企业社会责任相关的指引性文件。2008年，中国工业经济联合会[①]与中国煤炭、机械、钢铁、石化、电力等11家工业行业协会联合发布了《中国工业企业及工业协会社会责任指南》，提出企业应建立社会责任体系，履行社会责任并定期发布社会责任报告，对工业企业向资源节约型、环境友好型企业转型具有重要指导意义。同年5月，上海证券交易所发布《关于加强公司社会责任承担工作的通知》和《上海证券交易所上市公司环境信息披露指引》，引导上市公司在关注自身经济效益的同时积极承担社会责任，转变企业运作模式并促进社会可持续发展。

在国家政策环境引导下，许多企业逐渐意识到践行社会责任已不再是一种商业姿态，而是参与市场竞争需要自觉开展的行动。这个转变首先体现在信息披露方面，国家电网、中国石油、中国移动等中央国有企业以及西子投资、浙江传化等民营企业开始编发社会责任企业报告。在公益慈善方面，我国企业也参与了诸多创新实践，例如在2008年汶川地震中，我国企业通过慈善捐款、灾区救援、恢复基础设施等，在救助赈灾和灾后重建中发挥了重要作用。

然而在这个时期，仍有部分企业为了追求单一的利润增长出现了社会责任"负债"现象，如三鹿"毒奶粉"、富士康员工不堪重负"十三连跳"、紫金矿业污染等事件均是企业未能尽职的反面案例，社会危害及负面影响极大，进一步引发了全社会对企业社会责任的深刻反思，也促使我国在战略层面加强了对企业践行社会责任的政策引导、法律约束和舆论监督。

三、2010年至今：CSR融入国家战略规划，企业开启可持续的价值创造

2010年以来，中国逐渐将企业社会责任融入国家战略规划中，相关政策和标准不断涌现。对于企业来说，CSR不再是单方面的道德追求，而是企业应尽职责，将企业经营主业和社会可持续发展相结合，实现经济、社会与环境价值共创。

---

① 除中国工业经济联合会外，还有中国煤炭工业协会、中国机械工业联合会、中国钢铁工业协会、中国石油和化学工业联合会、中国轻工业联合会、中国纺织工业协会、中国建筑材料联合会、中国有色金属工业协会、中国电力企业联合会、中国矿业联合会。

(一) 企业社会责任已经被纳入国家可持续发展战略

党的十八届五中全会提出了创新、协调、绿色、开放、共享的发展理念。这五大发展理念是改革开放以来对我国建设、发展经验的深刻总结,也是此后我国可持续发展的着力点。"五位一体"发展思路把生态文明建设纳入中国特色社会主义事业总体布局,为我国实现"两个一百年"的宏伟目标、为中国的可持续发展指明了方向。

党的十九大提出,"解放和发展社会生产力,是社会主义的本质要求。我们要激发全社会创造力和发展活力,努力实现更高质量、更有效率、更加公平、更可持续的发展。"这为企业的可持续发展指明了方向,企业社会责任将全面步入追求兼顾经济、社会、环境效益的综合社会价值创造时代。

在可持续发展进程中,我国法治体系的健全和完善使得企业履行社会责任的支撑力进一步加强。2015年1月1日,《中华人民共和国环境保护法》(修订案)正式实施。这部被称为史上最严苛的《中华人民共和国环境保护法》不仅对环境污染行为实行"按日计提,上不封顶"的处罚,还设立了环保公益诉讼制度,让社会主体参与到环境保护事务当中,企业的环境责任更加明晰。2016年《中华人民共和国慈善法》颁布实施,为公益组织合法合规运营提供了法律框架,促进了民间公益组织的发展,也为企业参与公益事业提供了广阔的空间。2016年7月2日颁布修订后的《中华人民共和国节约能源法》加快推动全社会节约能源,提高能源利用效率,保护和改善环境。2021年6月,国家对《中华人民共和国安全生产法》再次作出修订,对严重违反安全规定的行为追究刑事责任。

可以看到,企业社会责任在近十年来逐步融入国家整体可持续发展战略中,国家战略规划的顶层设计和法律法规框架体系的激励与约束,使得企业履行社会责任的方向、重点和边界得到了进一步明确。

(二) 企业社会责任推动力量呈现多元协同特点

从推动力量来看,这一时期在政府、行业协会、专业机构、公益组织、媒体与社会公众多方协同推动下,企业积极践行社会责任的格局得到巩固。

政府层面上,国务院国资委出台政策文件,在引领央企践行社会责任中发挥排头兵、领头羊的作用。继2008年发布《关于中央企业履行社会责任的指导意见》(被称为央企社会责任"1号文"),使社会责任成为央企"必修课"之后,2011年,国务院国资委又在《中央企业"十二五"和谐发展战略实施纲要》中提出,央企要推进与社会责任相关的"五个建设"。2013年,党的第十八届中央委员会第三次全体会议通过《中共中央关于全面深化改革若干重大问题的决定》，将承担社会责任作为深化国企改革的重点之一。为规范企业履行社会责任行为，国家出台了一系列指导性文件，还在 2013 年召开了中央企业社会责任工作会议，为中央企业社会责任工作指明了方向。此外，2019 年，国务院印发的《关于营造更好发展环境支持民营企业改革发展的意见》将民营企业也纳入履行社会责任的主体中。在地方层面，河南、河北、山东等多地政府也积极发布相关指导性文件。

监管部门和交易所也在推动企业履行社会责任中发挥了重要作用。各交易所相继发布并不断修订与企业责任相关的指引及准则，香港联合交易所 2015 年率先发布的《环境、社会及管治报告指引》、证监会 2018 年发布的《上市公司治理准则》修订版、上交所 2019 年发布的《上海证券交易所科创板股票上市规则》、环境生态部 2021 年发布的《环境信息依法披露制度改革方案》均细化了企业社会责任要求。

行业协会作为业内企业的再组织、社会的"第三部门"，也纷纷发布相关的指引性文件。2014 年，中国五矿化工进出口商会相继编发了《中国对外矿业投资行业社会责任指引》和《中国负责任矿产供应链尽责管理指南》；2015 年 12 月，原中国保监会发布《关于保险业履行社会责任的指导意见》；2018 年 6 月，中国建筑业协会与中建协认证中心发布了《建筑业企业社会责任评价》；2020 年 9 月，中国互联网协会发布了《互联网企业社会责任报告编写指南》；2020 年 11 月，中国电子工业标准化技术协会发布了《电子信息行业社会责任治理评价指标体系》。

随着现代企业制度体系的不断完善，作为履责主体的企业在责任理念认知方面已经有了普遍提升。中国企业开始内化融合企业社会责任的国家战略，利用企业自身优势支持国家战略发展，践行企业社会责任。例如，2020 年 9 月中国提出"双碳"目标不久，许多企业立即响应国家的减碳目标，积极制定碳减排计划。在 2020 年新冠肺炎疫情暴发期间，有大批企业主动发起捐款、捐物资等活动，上百家企业坚定地参与火神山、雷神山医院的建设与运营，充分展现了中国企业对于企业社会责任理解的新高度和极强的协同执行力，令世人惊叹。

这期间，公益组织创新理念和发展方式不仅为企业履行社会责任营造了良好的外部环境，也为企业履行社会责任提供了平台，如腾讯公益联合数百家公益组织发起的年度"99 公益日"活动、阿拉善生态协会发起的荒漠化治理活动、中国人口福利基金会发起的"幸福工程——救助贫困母亲行动"等都为企业开展创新性的公益事业提供了广阔平台。

学术机构和新闻媒体等也是推进社会责任发展的重要力量。许多高校定期举办 CSR 学术论坛、沙龙等，部分高校还将企业社会责任相关课程纳入 MBA 课程大纲。在团中央学校部倡议指导下，中国教育领域唯一的 CSR 奖项——CSR 中国教育奖在 2014 年创设，以表彰支持中国教育事业的优秀 CSR 项目及贡献突出的组织。越来越多媒体广泛汇聚社会资源，举办企业社会责任主题论坛，为推进我国企业社会责任实践建言献策，营造了积极的社会氛围。

（三）标准化和规范化使企业社会责任管理水平全面提升

2010 年 11 月 1 日正式发布的 ISO 26000 是国际标准化组织广泛联合联合国、GRI 等国际权威机构制定的全面社会责任标准，标志着全球社会责任进入了标准化时代。

非财务信息披露方面，国际主流框架相继诞生并得到推广应用，主要包括全球报告倡议组织（Global Reporting Initiative，GRI）、碳信息披露项目（Carbon Disclosure Project，CDP）、气候相关财务信息披露工作组（The Task Force on Climate-related Financial Disclosures，TCFD）、气候披露标准委员会（Climate Disclosure Standards Board，CDSB）、负责任投资原则、绿色保险原则、负责任银行原则等。其中 GRI 的报告指南在我国得到了较为广泛的参考应用。

随着我国参与 ISO 26000 标准制定以及企业社会责任实践的快速推进，我国日渐形成包括国际标准、国家标准、行业标准、地方标准、团体标准以及企业标准在内的多层次的社会责任标准体系。这些标准涵盖企业的社会责任理念、管理、组织融入、行动准则、综合绩效评价和信息披露等，为企业提升履责管理水平与绩效、加强沟通和提升公信力提供了指导工具。

这一时期所颁布的各类标准包括：①国家职能部门发布的标准，如国家标准化委员会 2015 年发布的 GB/T 36000：《社会责任指南》《社会责任报告编写指南》《社会责任绩效分类指引》。②行业协会的社会责任标准，如《电子信息行业社会责任指南》等。③地方政府颁布的社会责任标准，如河北省发布的《企业社会责任管理体系要求》（DB13/T 2516—2017）等。④企业内部的标准指南，如国家电网发布的《国家电网公司履行社会责任指南》等。

（四）社会责任报告制度成为企业新常态

这期间，越来越多的企业主动发布企业社会责任报告或者可持续发展报告。近千家企业建立起完善的信息披露制度，通过规范的非财务信息披露提高透明度，加强与利益相关方的沟通互动。

从报告数量上看,《A 股上市公司 ESG 评级分析报告 2020》显示,截至 2020 年底,中国全 A 股上市公司发布 ESG 报告数量从 2009 年的 371 份增加到 1021 份(见图 3－2),数量增幅持续稳定。2020 年约有 27% 的上市公司发布了 ESG 报告,其中,沪深 300 上市公司 2020 年发布 259 份报告,占比超过 86%,其中累计发布报告 10 份及以上的企业占比达 54.9%。

图 3－2　2009—2020 年 A 股 ESG 报告发布数量统计

资料来源:商道融绿《A 股上市公司 ESG 评级分析报告 2020》。

从报告披露质量上看,越来越多的企业参照国际或国内报告标准指南编写报告,有些企业持续披露量化的非财务业绩指标。但是,由于缺乏第三方机构的审验与统一的标准,导致各企业报告披露指标的口径不一,有些报告的平衡性和可靠性不强。相信监管部门对企业社会责任等信息披露采取半强制或强制性要求后,企业非财务信息披露的规模和质量会有明显提升。

(五)中国企业全面履责参与国际合作

自 20 世纪 90 年代实施"走出去"战略以来,中国企业"走出去"的步伐不断加快。尤其是 2010 年以来,中央企业作为"一带一路"建设的"排头兵",落实中国提出的"共商共建共享"理念,实施本土化运营、采用属地化管理、加强与利益相关方的沟通、主动融入当地社区等,赢得了沿线国家的民心。突出体现在以下几方面:

(1)合规经营,自觉遵守国际公约标准和东道国法律法规。许多驻外企业均颁发了行为规范指导文件。比如,中国交建制定的《海外业务员工合规行为准则》、中国电建颁布的《国际业务合规经营指导意见》等。

(2)与当地企业展开互惠合作,带动当地企业共同发展。驻外企业承担社会责任主要体现为优先从当地采购原材料,向当地企业提供资金和技术扶持,向东道国转移项目运营管理技术，帮助东道国完善相关产业体系等。

（3）注重对人力资源的属地化管理。一方面，企业选择优先录用当地员工；另一方面，企业对当地员工进行多元化培训，通过选派当地学生赴华留学、在当地高校设立奖学金等方式，助力当地人才培养。

（4）关注企业活动对当地生态环境的影响，在日常经营中采取绿色运输、清洁生产等措施。比如，三峡集团坚持开发清洁能源，在其投建的巴基斯坦卡洛特水电项目中设立专门的环保投资基金，并用先进的环保设备处理生产污水。

（5）积极参与社区建设。比如，在项目周边建设配套设施，为项目所在地援建小学、修筑桥梁，为当地配备寺庙、卫生所等设施。

尽管如此，仍有部分企业由于中国与其他国家在政治、社会、司法以及文化方面的差异，在沿线国家开展经贸活动时对如何履行社会责任、树立良好企业公民形象没有充分的认识和准备。中国企业的海外社会责任发展仍存在进步空间。

四、未来展望

我国已经开启全面建设社会主义现代化国家、向第二个百年奋斗目标进军的新征程。2020年在新冠肺炎疫情肆虐的形势下，中国是全球唯一GDP正增长的主要经济体，GDP首次突破100万亿元大关。这意味着我国经济实力、科技实力和综合国力均跃升至一个新台阶。

2021年8月，为统筹中华民族伟大复兴战略全局和世界百年未有之大变局，国务院颁布了《法治政府建设实施纲要（2021—2025年）》，启动了推进治理体系和治理能力现代化的进程，坚持以人民为中心，持续优化营商环境，围绕贯彻新发展理念、构建新发展格局，打造稳定公平透明、可预期的法治化营商环境，推动规则、规制、管理、标准等制度型放开，以适应人民日益增长的美好生活需要。这为今后一个时期企业社会责任的发展营造了更加规范的社会治理环境。

面对国内外新形势，中国企业社会责任实践必将迎来新时代的机遇和挑战。

受新冠肺炎疫情和全球经济不景气的影响，联合国可持续发展目标（Sustainable Development Goals，SDGs）实现进程不容乐观，甚至出现倒退的趋势。中国在全球可持续发展议程中持续扮演积极的创建者和推进者角色，正在为世界的可持续发展贡献中国力量。

《中华人民共和国国民经济和社会发展第十四个五年规划和2035年远景目标纲要》提出落实2030年应对气候变化国家自主贡献目标，全面加快发展方式绿色转型，协同推进经济高质量发展和生态环境高水平保护，"十四五"期间单位国内生产总值能耗和二氧化碳排放分别降低13.5%和18%。实施国内国际双循环、促进国内外共同发展、布局战略性新兴产业、推进乡村振兴等，都为企业全面践行社会责任提供了路线图和时间表。

为加快生态文明建设，充分发挥金融在经济发展中的核心作用，近年来，我国有关政府部门连续出台绿色金融相关政策，加快促进金融对实体经济绿色转型发挥拉动作用。与此同时，以ESG为核心的社会责任投资理念代表了当前国际投资和经济发展的新趋势。国外主流资产管理机构日益重视将ESG因素融入投资决策与风险管理。在新冠肺炎疫情影响下，ESG评级较佳的企业展现出了更强的抗风险能力，受到投资者的关注和青睐。要全面构建起中国绿色金融体系，实现金融行业的可持续发展，包括ESG投资、影响力投资等在内的可持续金融发展都将释放巨大的市场活力。相应的绿色金融、ESG评价标准的研发与应用，代表绿色和可持续发展考量要素的新型投资策略与标准工具将应运而生，各类金融机构越来越多地将ESG要素融入发展战略与核心业务，从而带动所服务的实体经济加快实现转型升级。

在新发展阶段，我国企业社会责任的生态主体将会发生新的变化。如前所述，金融机构将随着绿色金融和可持续金融的快速发展，在企业社会责任实践领域异军突起。2021年6月，中国人民银行发布《银行业金融机构绿色金融评价方案》，标志着对银行业的绿色金融业务进入全面量化考核的新阶段。这对其他类型的金融业务和履责主体将产生深远影响。中央企业和国企将继续扮演践行社会责任引领者的角色，积极响应和贯彻落实国家绿色低碳、高质量发展的战略，保持排头兵的位置。同时，改革开放40多年也为民营经济的发展奠定了坚实基础，日益强大的民营企业在市场竞争中不断培育企业家精神，凭借技术创新和模式创新以及较强的市场竞争意识，将自身的社会角色与业务专长有机结合，在践行责任中将有更多创新探索和贡献。我国混合所有制改革的进一步深化也将释放出国有企业和民营企业的互补优势和内驱动力，这些企业将成为企业社会责任创新实践的有生力量。在华外资企业在中国经历了几十年的发展，收益颇丰，将会更加注重把握中国市场机遇，只有更好地适应中国市场发展的政策和环境变化，避免"双标"违规行为，积极融入本土经济、社会和文化发展，才能获得稳定增长的收益并被社会接纳。此外，广大中小微企业作为吸纳就业、服务社会民生的市场经济重要参与者，随着居民责任消费理念的提高，将日渐融入企业社会责任实践大潮，成为我国企业社会责任创新实践新生力量。

我们还要看到，我国新一代企业家趋向年轻化、专业化和国际化，特殊的社会环境和教育背景让他们更加具有社会责任感，也能够带动企业积极承担社会责任。

未来，企业社会责任的议题将更加宏大、多元且与企业可持续发展深度关联。比如，应对气候变化、乡村振兴建设、数字化转型、创新社会治理等，这些议题不仅可以分解到 SDGs 目标下，还直接关系国家战略的实施，事关企业的长远发展，且与人民生活改善的目标密切相关。今后我国各类企业必将成为实现"双碳"目标和乡村振兴建设的主力军，通过创新分配方式，转变发展方式，以科技创新为引领，实现绿色低碳、高质量发展，成为实现共同富裕的重要参与者和贡献者。

在国家的可持续发展战略目标指引下，关于我国企业践行社会责任的方式将会有更多的创新。在责任议题多元的背景下，践行责任的方式将会更加体现出公平、公正、效率、绿色、开放、合作、共赢、共享的理念，以追求有道德、透明、高质量发展作为共同标准。企业的责任意识和责任行动更加主动和内驱，更会有以解决社会问题为己任的社会创新企业的诞生。在大众责任消费意识不断普及的趋势下，企业践行社会责任也会越来越多地和探寻新商机、提供满足人民幸福生活需要的产品服务相结合。

随着品牌和公信力日益成为企业竞争的软实力，社会透明度建设对企业社会责任与可持续发展的信息披露提出更高要求。当前我国已经相继出台一些加强企业信息披露的标准和规定，未来这一趋势会更加明显。

企业践行社会责任将促进发展"新公益"。传统的募捐已不会再是企业社会公益活动的主要形式，未来更多的企业将会选择发挥自主业务专长和资源优势，切中社会急需，实现公益项目管理效率和效用的双重提高，通过多方协同合作参与"第三次分配"实践，开创更多的新公益实践，更好地体现企业的社会属性与价值贡献，推动实现人民共同富裕。

沿着"一带一路"建设的国际合作长廊，中国将积极参与全球经济合作，随着更多中资企业"走出去"，从更多维度、以更多方式参与国际合作，企业践行社会责任也将会更多地体现出国际化色彩，遵守国际法律法规和东道国公序良俗，积极融入本土经济社会发展。中国企业将会一如既往地秉持合作共赢理念，在企业发展的同时积极扶持当地发展，为推动世界可持续发展作出新贡献。

新时代呼唤新商业文明，新时代给商业的可持续发展带来新机遇和新挑战。相信，时代大潮浩浩汤汤，为商有道，唯诚致远。中国在迈向建成社会主义现代化强国的征程上，企业将成为大写意和工笔画的巨擘行者。

本章小结

中国企业社会责任的发展是伴随着不同时代赋予企业的历史使命而不断演化变迁的。古代商业伦理受儒家思想影响，奉行爱国公益、义中取利、诚实守信、和气生财、崇尚勤俭、敬业进取等价值取向；近代中国民族危机激发了企业家崇高的社会责任感，企业家自觉将企业命运与国家命运紧密相连，兴办实业、办教育、兴文化、做慈善等，企图挽救旧中国命运；社会主义计划经济体制下，国有企业不仅承担支撑国民经济发展的重任，更大程度上肩负着保障国家安全、支撑国家建设的特殊时代使命，传统国有企业形成以爱国奉献、大公无私、勤劳节约、爱岗敬业等为价值追求的企业文化。

改革开放以来，企业所承担的社会责任仍以经济责任为主，但其范围逐渐扩展到财务回报、员工权益、公益慈善等方面，同时也出现企业追求经济利益与履行社会责任之间失衡的现象。经济体制改革进一步推动了企业社会责任的发展，提高了企业经营效率，活跃了市场，但现代意义的企业社会责任发展仍处于摸索阶段。

随着国际 CSR 思潮涌入中国，中国企业对社会责任的认知水平提升。在多元主体协同推进下，开始主动内化融合企业社会责任的国家战略，利用企业自身优势支持国家战略发展，践行企业社会责任。随着现代企业制度体系的不断完善，在营商环境不断优化、国内国际经济双循环背景下，企业社会责任将不断朝着整体性、综合性方向发展。

思考题

（1）请回顾中国特色市场经济条件下 CSR 发展之路。国家把企业社会责任融入整体可持续发展战略并实现多元主体协同推进，对企业有何影响？

（2）在疫情常态化背景下，企业社会责任可能会面临哪些转型？

参考文献

[1] 刘甲朋. 儒商文化传统对现代企业经营的价值及借鉴[J]. 山东工商学院学报, 2012(4):62-66+118.

[2] 苗泽华, 毕园. 新儒商的商业伦理观及其管理模式[J]. 商业研究, 2010(9):4.

[3] 马骄. 论晋商诚信观及其当代启示[D]. 太原:山西财经大学, 2012.

[4] 胡静懿, 张成丽. 中国传统文化"天人合一"对我国环境保护立法的影响[J]. 环境与发展, 2019(6):4.

[5] 姚琦. 清末民初实业救国思潮及其影响[J]. 韶关学院学报, 2004(1):67-71.

[6] 马敏. 近代儒商传统及其当代意义——以张謇和经元善为中心的考察[J]. 华中师范大学学报(人文社会科学版),2018(2):151-160.

[7] 温铁军. 生态文明转型召唤社会企业和社会企业家——张謇的启示[J]. 文化纵横,2019(2):91-97.

[8] 汪圣云. 张謇与大生纱厂的兴衰[J]. 武汉科技学院学报,2001(4):54-59.

[9] 徐侠侠,岑道权,司成铭. 我国企业社会责任的历史演变过程[J]. 阿坝师范学院学报,2016,33(4):28-30.

[10] 朱永涛. "鞍钢宪法"现实意义的研究[J]. 化工管理,2021(8):6-10.

[11] 王健. 市场导向经济体制改革的六个发展阶段[J]. 人民论坛,2018(33):21-23.

[12] 肖红军,阳镇. 新中国70年企业与社会关系演变:进程、逻辑与前景[J]. 改革,2019,304(6):5-19.

[13] 赵连荣. 我国企业社会责任的演变与趋势[J]. 企业改革与管理,2005(2):7-8.

[14] 肖红军. 国有企业社会责任的发展与演进:40年回顾和深度透视[J]. 经济管理,2018,40(10):5-26.

[15] 王盛开,吴宇. 改革开放以来乡镇企业的发展特点与政策取向[J]. 北京行政学院学报,2012(4):85-89.

[16] 罗春秋. 改革开放四十年我国民营企业发展的历程综述与困境突破[J]. 攀枝花学院学报:综合版,2019,36(1):8.

[17] 封小云. 中国改革开放与外资企业的发展[J]. 暨南学报(哲学社会科学版),1996(4):58-62.

[18] 唐剑,李宝平. 体制变迁视阈下的中国企业社会责任演变历程研究[J]. 经济界,2012,(2):40-45.

[19] 肖红军,阳镇. 中国企业社会责任40年:历史演进、逻辑演化与未来展望[J]. 经济学家,2018(11):22-31.

[20] 张津琛. 商业伦理与企业发展——以海尔集团为例[J]. 中国市场,2019(23):95-96.

[21] 杨宝良. 我国企业社会责任发展历程及存在问题[J]. 商业时代,2010(5):58-59.

[22] 叶敏华. 企业社会责任与可持续发展研究[J]. 上海经济研究,2007(11):85-90.

[23] 于志宏. 蓄势·薄发——从十年百件大事寻找中国企业社会责任发展路径[J]. WTO经济导刊,2016(1):27-30.

[24] 商道融绿. A股上市公司ESG评级分析报告2020[R]. 2020.

[25] 祝继高,王谊,汤谷良. "一带一路"倡议下中央企业履行社会责任研究——基于战略性社会责任和反应性社会责任的视角[J]. 中国工业经济,2019(9):174-192.

CSR
THEORY AND PRACTICE

理论篇

第四章　中西方企业社会责任的商业伦理思想溯源[①]

近代以来，随着工业文明的发展以及现代化进程在全球范围的快速推进，对市场商业利润的追求及其价值创造方式似乎获得了某种普适性的认可，成了不同国家、不同地区人们进行商业行动组织甚至是社会生活方式组织的共识性机制。那么，在这种背景下，"商业伦理"意味着什么？"商业伦理"又何以可能？德国著名社会学家马克斯·韦伯曾经在其经典著作《新教伦理与资本主义精神》中，就"工具理性"和"价值理性"进行了相关的讨论。我们可以借助韦伯的分析框架，阐释当前学术界对于"商业伦理"性质功能的两种不同理解。

第一节　商业伦理与企业社会责任的工具理性化取向

"工具理性"意义上的商业伦理观认为，任何商业行为本质都在于追求利润，企业的社会责任行动同样服务和服从于这一目标。无论企业在社会公益、员工福利、社区关系、自然环境等方面如何投入，目的都在于增进自身品牌宣传，或者进行经营风险防范，根本而言都是将商业伦理与企业社会责任作为一种方式方法或者工具手段，以此追逐经济利润。

受主流经济学、管理学关于"企业"性质定位的影响，也囿于传统定量化研究方法，当前国内外学术期刊上关于企业社会责任的研究，大多基于"工具理性"的商业伦理观，致力于分析企业社会责任在何种意义和多大程度上"贡献"于企业的财务绩效。古典经济学家亚当·斯密在其经典著作《国富论》中，阐述了个人的逐利行为与社会福利改进之间的一致性，企业应当遵守的责任只是其经济行为应该遵守的底线道德责任。亚当·斯密的思想为后续自由主义经济学关于企业与社会关系的评判奠定了基本立场。新自由主义经济学的代表人物米尔顿·弗里德曼认为，企业作为一个经济单位，要求其承担社会责任实际上是对企

---

① 作者：郭毅。

业的一种变相的社会成本转嫁,将扭曲市场机制的作用,因此认为"企业唯一的社会责任就是追求利润本身",除此之外企业不应当承担其他任何社会责任。与否认企业社会责任的经济学家相比,以弗里曼为代表的学者提出的利益相关方理论被认为是赋予企业社会责任合理性和必要性解释的主流理论。利益相关方理论认为,企业不仅仅是股东的企业,除股东以外的各类利益相关方也以不同的形式实现对于企业的专用性投资,也相应贡献于企业的价值创造,因而企业应该承担包括股东在内的各类利益相关方的责任。利益相关方理论被认为是对现代企业社会责任进行解释的主流理论。尽管弗里曼等学者将"股东至上"扩展到了企业广大的利益相关方,但依然没有改变企业社会责任工具理性主义的解释逻辑。

企业社会责任工具理性化定位的学术研究取向,实质上也是大多数企业在实际运营中关于企业社会责任认知理解的体现。在某种意义上,企业履行社会责任相当于提供了公共产品,对于企业而言构成了额外的成本负担,这意味着在同等市场条件下,承担越多社会责任的企业将在市场竞争当中处于越不利的地位。因此,许多企业尤其是处于竞争性领域的企业愈加寻求社会责任的市场回报,这是企业社会责任工具理性化的直接原因。我们可以看到,一些企业只愿意将自身的履责资源投向社会或媒体关注度较高的领域,还有一些企业将社会责任要求作为加大竞争对手成本的手段。在社会责任信息披露方面,也有一些企业把社会责任报告仅仅作为宣传企业形象和产品的一种工具手段,并刻意回避企业经营业务当中的负面信息。

那么,是否存在价值理性意义上的商业伦理与企业社会责任呢?或者说,是否有企业将履行社会责任作为自身存在和运营的终极目的,而不是将其视为实现经济目的的手段呢?如果有,那么价值理性意义上的商业伦理与企业社会责任又何以可能呢?

第二节 价值理性的商业伦理:西方宗教文化溯源

现代西方商业伦理与企业社会责任的价值理性思想,其来源可以追溯到基督新教改革。欧洲基督新教改革赋予了工匠商人职业以宗教意义,使工匠商人所从事的职业行为成了培养宗教修养的一种方式,而基督新教所倡导的宗教理想也相应成了工匠商人职业行为的价值追求。

一、传统天主教对于世俗生活与精神生活的分割

1517 年，由马丁·路德所发起的基督新教改革，针对的是欧洲天主教的基本教义。14 世纪末以来，天主教开始在欧洲底层社会民众中传播流行。为了给予底层的苦难民众以现世生活的希望，天主教宣扬"赎罪"说。

为了强化自身的身份地位，天主教牧师刻意宣扬宗教生活的独立性、神圣性与不可替代性，着力强调信徒的"世俗生活"与"精神生活"之间的界限。

既然宗教生活是神圣的，那么解读圣经、传播教义的牧师等作为宗教具象载体的神职人员，也自然被信徒视为上帝的代言人，是负责解释和传播上帝福音的使者。因此，普通天主教信徒对牧师言听计从、顶礼膜拜，牧师也相应获得了主宰信徒思想精神的绝对权力。

绝对的权力必将导致权力的异化，十六七世纪以来，欧洲天主教的牧师等不断利用信徒对神职人员的信从和认可，通过售卖"赎罪符"等方法，大量敛财，发展成为集精神权力和经济财富于一身的特殊社会阶层。1517 年，教皇利奥十世为修建圣彼得大教堂而疯狂售卖"赎罪符"，终于引发了欧洲历史上影响深远的宗教改革。

二、基督新教"天职观"赋予世俗职业以宗教意义

1517 年，由马丁·路德在维腾堡发起的宗教改革，将矛头直接指向神职人员这一特殊的社会阶层。路德痛斥神职人员出售"赎罪符"的敛财行为，称他们是"真正不敬上帝的人"，并提出必须废除神职人员这一特殊阶层。

首先，基督新教破除了世俗生活与宗教精神生活的分割；其次，基督新教改革赋予了世俗职业以宗教意义；再次，基督新教改革催生了现代西方商业文明，基督新教的"天职观"还相应催生了"勤奋""节俭""守信"等现代商业道德规范；最后，基督新教改革培育了现代公益慈善思想。由于新教徒把职业视为宗教生活的基本方式，通过职业行为获取的财富则同样被视为源自上帝的恩赐，财富既不由信徒所创造，更不由信徒所最终拥有和享用。因此，信徒的使命就是将源自上帝的财富分发给社会，并以此增加上帝的荣耀。基督新教的价值理念也是现代西方商业界人士公益慈善行为的深层次精神渊源。

第三节 价值理性的商业伦理：中国新儒家思想

在西方近现代思想史谱系中，马克斯·韦伯是致力于应用文化特质诠释经济

社会生活的代表。除了经典著作《新教伦理与资本主义精神》之外，韦伯还对其他文明之于地域、民族国家的影响进行了研究，完成了《中国的宗教：儒教与道教》以及《印度的宗教：印度教与佛教的社会学》《古犹太教》等著作。

如前所述，在《新教伦理与资本主义精神》一书当中，韦伯认为，基督新教的诞生，打破了传统天主教对于社会阶层和等级的强化，强调信众平等，赋予世俗职业以宗教生活方式上的意义，认可追求财富正当性。马克斯·韦伯认为，以上人文特质，正是资本主义商业文明发育不可或缺的精神驱动力量。而西欧和北美地区的工业化和现代资本主义经济的迅速发展，也为基督新教的世俗改造及引领意义提供了有力的注释。

与此相对照的是，在《中国的宗教：儒教与道教》一书中，韦伯认为，中国传统儒家思想提倡"仁"治天下，包含着丰富且深刻的伦理观念。但是，在科层等级森严的古代中国，儒家伦理思想的作用并不在于催生一个平权社会，恰恰相反，儒家思想论证、强化和巩固了一个以皇权为中心的家国治理体系，这套思想体系的政治动机高于经济动机。韦伯认为政治与经济动机两者之间存在矛盾，在中国古代帝王看来，商业的繁荣、人们之间交流的增加和人口流动性的增强，都不利于思想管控和社会治理，古代中国应用儒家思想强化了政治伦理，却没有发育起现代的商业伦理。

我们认为，韦伯对于中国传统商业伦理的判断是不正确的。在古代中国，尤其是宋明以来，中国传统知识分子群体"士"实现了"士商融合"，同样也完成了基督新教意义上的"职业"与"伦理"的结合。

一、"士""商"不同的社会身份和价值取向

中国古代有"四民分业"之说，"四民"指的是士、农、工、商四种社会群体。其中，"士"主要不是指某种职业。事实上，"士"的职业属性总是处于不断的变动当中，无论是考取功名、入朝为政，还是融入乡土、教化社会，"士"的职业身份可能不同，但"士"所承载的价值取向却是相对稳定的。在此意义上，"士"更是指一种身份，即接受传统道德教化，尤其是儒家伦理教化，担当责任使命的一种人格群体。"士"通过"自任以天下之重"，通过"修身""齐家""治国""平天下"，实现社会治理的理想。在此意义上，"士"具有超越个人功利目标的价值取向，有着崇高的使命意识。在宋明以前，"士"这一身份与职业的结合，主要体现为读书人通过科举考试等方式进入仕途，通过官阶晋级，掌握越来越多的政治资源和话语权力，以此实现自身的社会价值。

而同时"商"这一阶层群体在古代中国社会生活中的地位则十分低下，也是根源于其价值追求的范畴和格局。"君子喻于义，小人喻于利"，商人时时考量成本与收益，其目标和行动无法超越"小我"的范畴，因此毫无"崇高"可言。商人无论富有还是贫穷，在社会地位上均属低贱。也就是说，传统儒家思想的伦理志趣，与商人的职业特征无法相融，两者是分离的。

马克斯·韦伯之所以认为中国古代只有政治伦理，而无商业伦理，也是源自于此。然而，尽管"士"阶层被认为具有较高的认知格局和人格素养，但依然属于"四民分业"中的"民"，只不过士为民之首而已。也正是因为其民之首的地位，使其更能通过察举、九品中正、科举等选拔机制进入官僚集团，从而实现价值伦理（"士以载道"①）和职业身份（"学而优则仕"）的结合。但余英时等学者认为，"士"阶层处于官民之间，在寻求其价值伦理的职业载体的过程中，"士"总是处于游移变迁过程当中。马克斯·韦伯只是看到了古代社会中"士"上升进入官僚集团、构设政治伦理的职业通道，忽略了宋明以来"士"下沉并融入市民社会的另一种走向，而正是这种走向，促进了士商之间分别代表的社会价值理念与商业行为的结合，并由此催生了中国本土的商业伦理。

二、"士""商"合流的历史进程

（一）隋唐以来儒学复兴

隋唐以来，随着政治的稳定和商业的繁荣，功利主义思想盛行，传统社会的人际关系面临冲击和解构的压力；而自五代十国、隋唐以来佛学的盛行造成对儒家思想的冲击。能否以及如何通过重振儒学，为社会确立核心价值共识，成了当时士大夫群体迫切需要解决的问题。为此，韩愈、柳宗元、范仲淹等唐宋知识分子发起了反对佛教、复兴儒学的文化运动，后世学者也将这场运动区别于传统儒家称为早期的"新儒家"运动。北宋思想家张载把这场文化运动的目标概括为"为天地立心，为生民立命，为往圣继绝学，为万世开太平"。

（二）程朱理学及其传播对象

宋代后期，随着北方游牧民族进入中原地区和宋朝政治版图范围的南迁，中国南方地区成了汉文化的中心，在儒学南渐的过程中逐步形成了程朱理学和陆王心学两大派系。以程颐、程颢兄弟及其继传者朱熹为代表的程朱理学，在认知上强调世间万物生息迭代、运行变化都遵循着共同的机制，即"理"；并把格物穷

---

① 冯学成. 通书九讲[M]. 北京：东方出版社，2018：140.

理和教化社会的使命赋予了"士"阶层。为此朱熹等儒家学者通过开设书院等方式,向读书人讲学,希望以此激励"士"阶层"自任以天下之重"的责任意识,通过政治参与的办法实现社会理想。

从学术传播的受众对象上看,程朱理学并未形成对于传统儒学的根本突破。在朱熹等人看来,只有读书人才有精神动力去探求事物和社会的运行机理,即"士志于道",这是程朱理学学派只向读书人讲学的缘由。朱熹认为:"盖为学之道,莫先于穷理;穷理之要,必在于读书;读书之法,莫贵于循序而致精。而致精之本,则又在于居敬而持志,此不易之理也。"① 而农、工、商等社会阶层因经济社会生活方式所限,受制于格局,并不具备明确的公共使命意识和社会道德理想。

(三)陆王心学与农工商阶层的结合

对于程朱的上述观点,以陆九渊、王阳明为代表的心学学派并不认可。陆王心学秉承孟子的心学传统,认为"人同此心,心同此理",不仅是读书人可能明理,即使是目不识丁的平民百姓,也同样拥有人之心性。因此,社会教化更为重要的任务,是激发开启"农圃间人"内心的思想认知,使他们超越世俗日常的生计束缚,拥有家国天下的视野与担当。陆九渊甚至对程朱关于读书人方能具备道德情操的思想进行了针锋相对的反驳。

陆九渊认为,普通农夫、工匠或者商人"若其心正,其事善,虽不曾识字亦自有读书之功。其心不正,其事不善,虽多读书有何所用?用之不善,反增罪恶耳!";一代儒学宗师王阳明更是认为士农工商"四民异业而同道"。因此王阳明、陆九渊和众多心学追随儒生,不遗余力地向"农圃间人"和工商从业者讲授学术。

我们认为,陆王心学对于受众对象的上述定位,在中国古代商业思想发展史上具有十分重要的意义。一方面,"士志于道""士以载道","士"阶层是传统儒家思想的人格载体。另一方面,"士"这一读书人身份与何种职业结合,则体现了国家治理、社会治理中主导依托力量。陆王心学向底层社会民众设坛讲学,改变了过往"士"依靠国家人才选拔机制进入官僚体系的单一渠道,开启了儒家思想精神价值与社会底层工商从业者相结合的"下沉"通路。在价值伦理与职业身份相结合的方式上,陆王心学走出一条与欧洲 16 世纪宗教改革相似,却又

---

① 叶士龙. 晦庵先生朱文公文集[M]. 镇江:江苏大学出版社,2018:25.

极具中国本土特色的道路。

（四）明清以来的士商融合

如果说宋明时期理学的发展，从学理上为士商融合进行了可行性论证和初步学理探索的话，那么，明清时期政治经济和社会发展，则使士商融合成为一种现实的社会潮流。

首先，明清时期知识分子通过科举考试实现政治理想的通道遭遇阻塞，不得不弃儒就商。中国人口在14世纪之后出现大量增长，在16世纪末已经达到1.5亿，比14世纪增长了一倍。但与此相对应的是科举制度，尤其是各地录用名额并没有相应地增加，因此知识分子通过科举进入仕途的机会越来越少，大量"仕途不顺"的知识分子不得不转向商业。

其次，清代以来，大量汉族知识分子不愿意为异族统治者服务，也造就一批优秀儒生放弃科举仕途转而从商，并且获得了商业上的巨大成功。例如，明末清初著名思想家顾炎武回归乡里后，"垦田度地，累致千金"，一代鸿儒在商场上游刃有余。

最后，明清时期商业发展为士人儒生提供了实现价值理想的另一种途径。士人儒生认识到，实现商业上的成功，同样也可以利用财富扶贫济弱、修路架桥、荫及乡梓，这意味着即使不用通过科举考试进入官僚体系，士人通过经商致富，同样可以实现自身参与社会治理的儒家价值理想。除此以外，清代以来，政府为解决中央财政困境而实施卖售官爵的"捐纳"制度，客观上也打通了通过商业行为实现政治抱负的路径，为知识分子转向商业领域提供了社会价值认可方面的合法性。

三、"士""商"合流的典型代表

明清以来越来越多知识分子投身于商业领域，出现如张謇、卢作孚等一批以实业报国的企业家，儒家投身于社会治理的价值理想通过商业行为得以充分施行。当清末民初这些饱读诗书的儒商提出"良贾何负闳儒?"[①]质问的时候，传统儒家知识分子的精神人格自信在新的社会阶层基础上以新的实践方式得以重塑与再构。

清代张謇1894年在科举考试中高中殿试一甲的第一名，被清政府任命为翰林院修撰，达到了中国封建社会读书人追求功名的顶点。但张謇却深悟社会现

---

① 汪道昆. 太函集[M]. 合肥：黄山书社，2004：30.

实，认识到政治参与已无法改变国家的命运，毅然放弃仕途，选择"实业报国"。张謇在江苏南通创办工业、垦牧、航运业企业60家。其中不乏如今我们仍旧耳熟能详的"大生纱厂"等。与此同时，张謇又将实业经营所获取的利润投入社会公共事业，如兴办师范学校、幼稚园等，解决民生问题，促进社会环境的改善。

卢作孚本是一个开办补习学校的教书先生。1925年秋，卢作孚弃学从商，回到四川合川，创办了民生实业公司，以兴办轮船航运业为基础，大力兴办各种经济产业，先后投资和参与兴办北川铁路公司、天府煤矿公司、三峡染织厂、农村银行等。在这类产业里，卢作孚不仅着力提高员工的劳动报酬，更注重时事教育，培养员工的爱国主义精神。此外，卢作孚还致力于社会公共事业，将实业经营成果回馈社会，积极促进社会改革。一方面促进西部乡村生态环境的改善和建设，包括整治环境卫生、拓宽道路、广植花草树木；另一方面积极创办文化事业和社会公共事业，包括地方医院、图书馆、公共运动场、平民公园、各类民众学校等。经济学家厉以宁教授评价卢作孚时，感慨指出："卢作孚先生创立的民生公司，有理由被认定为20世纪20年代至40年代内企业文化建设卓有成效的一个范例。卢作孚先生是我国近代企业文化建设的最早倡导者之一。"

从张謇、卢作孚等儒商的实业报国行为中，我们可以看到自宋明以来新儒学与中国工商阶层融合的态势。中国本土商业伦理在清末民初国家危亡、政治救国路径受阻无望之际，却达到了思想和行动上的顶峰。

第四节 中西方商业伦理思想溯源的现代意义

通过上述中西方商业伦理思想史的回顾溯源，我们理解马克斯·韦伯关于促进现代西方资本主义兴起的基督新教文明，也辩驳回应了韦伯关于古代中国只有政治伦理、缺失商业伦理的判断，通过比较基督新教"天职观"和中国新儒家"士商合流"历史进程，分别阐释了中西方价值理性意义上的商业伦理和社会责任何以可能。可以发现，中西方思想家对于价值理性意义上商业伦理的探求，有很多相似之处。例如，都找到了一个关键主体，即中国传统商业伦理的"士"和西方商业伦理的基督新教信徒；都遵循相同的路径，通过"伦理价值"与商人"职业身份"在同一主体上的结合，阐释价值理性意义上的商业伦理何以可能；都秉持相同的入世主义取向，寄托通过商业行为实现社会大同的价值理想。

同时，就商业伦理的内涵特征而言，中西方存在巨大差异。中国传统商业伦理强调集体主义，而西方商业伦理更加注重个人主义；在终极价值归依上，中国本土商业伦理注重对社会的改造，从而实现现世国家、宗族、社群的认可，而西方商业伦理的宗教精神强调由此确证自身是"上帝选民"；等等。

对中西方商业伦理思想史的梳理辨析，具有十分重要的现实意义。在全球化时代，伴随着资本的全球流动以及跨国公司在全球范围内的投资贸易，中国与发达国家之间发展起多种形式的经济交往关系，以商业行为为载体的社会生活交流融合程度也不断提升。在全球供应链、价值链联系不断强化的今天，跨文化运营企业之间在企业文化、价值观方面的彼此认知、理解、包容凸显出其必要性和紧迫性，对经济协作与价值共创的意义尤为突出。然而，遗憾的是，在全球化深化发展的今天，中国和处于不同文化共同体国家之间在经济交往协作或者面对全球性议题时，彼此之间的认知并没有趋向于达成共识，相反频频发生争执与冲突。

这类矛盾争议的发生固然存在国家之间利益格局冲突的因素，但作为企业社会责任理念与行为基础的商业文化与伦理价值归依，可能才是引发矛盾冲突的深层次原因。我们应当通过追溯中西方商业伦理思想史的发展历程和逻辑架构，深入厘清两者之间的异同，为进一步的沟通和理解奠定基础，为新时期不确定国际关系背景下的全球化发展创造可能。

本章小结

随着市场经济不断发展，市场商业利润的追求及其价值创造获得普适性认可。无论是学术研究取向还是企业实际运营，皆趋从企业社会责任工具理性化定位。"工具理性"意义上的商业伦理观认为，任何商业行为本质都在于追求利润，企业的社会责任行动同样服务和服从于这一目标，这一观点可以追溯到亚当·斯密和米尔顿·弗里德曼，二者观点共同指向——企业社会责任工具理性主义的解释逻辑。

区别于企业社会责任工具理性化取向，价值理性意义上的商业伦理和社会责任尚有可能。现代西方商业伦理与企业社会责任的价值理性思想可以追溯到基督新教改革，其赋予世俗职业以宗教意义，催生了现代西方商业文明，形成了现代商业道德规范，并培育了现代公益慈善思想，实现"职业"与"伦理"的结合。中国的企业社会责任价值理性化则可以从儒家思想中找到渊源，中国传统知识分子群体"士"实现了"士商融合"，使儒学社会治理价值理想通过商业行为得以充分施行，在国家危亡之际，商业伦理价值取向达到了思想和行动上的顶峰。

作为企业社会责任理念与行为基础的商业文化与伦理价值,中西方皆能从历史中找到渊源。在全球化背景下对中西方商业伦理思想史的梳理辨析,对回答不同企业是否能在文化、价值观方面彼此认知、理解、包容更具有现实意义。

思考题

(1) 追溯中西方商业伦理思想史的发展历程,比较中西方思想家对于价值理性意义上商业伦理的探求的相同之处。

(2) 通过对中西方商业伦理思想史的梳理辨析,探讨中西方商业伦理的内涵特征的差异性体现在何处。

参考文献

[1] WEBER M, BAEHR W P, WELLS G C. The protestant ethic and the "spirit" of capitalism and other writings[M]. Beijing: china social sciences publishing house, 2002.

[2] SMITH A. An inquiry into the nature and causes of the wealth of nations: Volume One [M]. London: Liberty Classics, 2013.

[3] 米尔顿·弗里德曼. 资本主义与自由[M]. 北京:商务印书馆,1986.

[4] EDWARD F R. Strategic management: a stakeholder approach[M]. New York: Pitman Publishing Inc,1984.

[5] TRINTERUD L J. A reappraisal of william tyndales debt to martin luther[J]. Church History, 1962, 31(1): 24 – 45.

[6] TROELTSCH E. The social teaching of the christian churches[M]. London: Allen & Unwin,1931.

[7] FRANKLIN B. The way to wealth: Preface to poor richard, 1758 [J]. S. n, 1953, 262(68).

[8] WEBER M. The religion of China, confucianism and taoism [M]. New York: The Free Press, 1951.

[9] 冯学成. 通书九讲[M]. 北京:东方出版社, 2018.

[10] 余英时. 中国近世宗教伦理与商人精神[M]. 合肥:安徽教育出版社,2001.

[11] 叶士龙. 晦庵先生朱文公文集[M]. 镇江:江苏大学出版社, 2018.

[12] 金平. 清代捐纳制度[J]. 史志学刊, 2002(2): 40 – 41.

[13] 汪道昆. 太函集[M]. 合肥:黄山书社,2004.

第五章 企业社会责任常用标准[①]

第一节 企业社会责任标准概述

一、企业社会责任标准的定义与分类

企业社会责任标准是企业社会责任制度准则的重要组成部分,包括各类供通用或重复使用的产品、服务或相关工艺和生产方法的规则、指南或特性的文件。该文件还可包括或专门适用于关于产品、服务、工艺或生产方法的专门术语、符号、包装、标志或标签要求。企业社会责任标准目前以各种方式出现,如标准、倡议、指南、指引、工具等,统称为企业社会责任标准。

不同的企业社会责任标准有不同的分类。

(一) 按制定机构分

根据主导标准制定的机构不同,企业社会责任标准可以分为联合国机构制定的企业社会责任标准,如联合国全球契约;国际标准化组织 ISO 制定的国际标准,如 ISO 26000、ISO 20121 等;国际性组织制定的社会责任标准,如经合组织(OECD)跨国企业准则等;行业组织或企业联盟制定的社会责任标准,如全球贸易协会(amfori)——原欧洲对外贸易协会(The Foreign Trade Association,FTA)制定的商界社会责任倡议(BSCI);各国标准化组织制定的社会责任国家标准,如中国社会责任国家标准 GB/T 36000 系列;非政府组织制定的社会责任标准,如社会责任国际 SAI 制定的 SA 8000 管理体系标准;还有大量企业制定的供应链审核标准,如各大跨国公司制定的供应商行为守则(COC)等。

[①] 作者:李丽。
参考网站:经济合作与发展组织网站,https://www.oecd.org. International Standard Organization. Guidance on Social Responsibility ISO26000:2010 (E). OECD (2013), OECD Guidelines for Multinational Enterprises 2011 Edition (Chinese version), OECD Publishing. 国际标准化组织网站,https://www.iso.org.

在中国，还存在各个政府部门主管的行业标准，如工信部关于电子信息行业社会责任问题的行业标准；地方政府制定的地方标准，如深圳等地制定的企业社会责任标准。

上述标准如果按照制定机构的性质，又可以概括为政府部门或公共机构主导的社会责任标准，以及非政府机构主导的社会责任标准。

（二）按涉及内容分

按照标准涉及的内容，企业社会责任标准可以大概分为劳工类、环保类和综合类。如在纺织服装、玩具、鞋类等行业广泛应用的标准更多关注劳工问题，资源类行业更多关注环境问题。目前越来越多的标准同时包括劳工和环保条款，有的甚至进一步涉及反腐败、税收、道德条款等，成为综合性企业社会责任标准。

（三）按实施方式分

从标准的实施方式看，有些标准用于指导企业开展社会责任工作，如编制社会责任报告、改进社会责任管理等，如 GRI、ISO 26000；有的标准用于认证或者审核，多用于供应链管理之中，如 SA 8000、BSCI。

二、企业社会责任标准的作用

就接受标准的企业而言，企业社会责任标准可以发挥如下作用：一是建立社会责任管理体系，开展社会责任管理；二是用于发布社会责任报告，提高社会责任透明度；三是用于自我评估，或者接受采购商主导的二方社会责任审核，或者获得独立第三方的社会责任认证，获得采购商或者市场的认可。

（一）改进企业社会责任管理

目前不少社会责任标准被用于指导企业开展社会责任管理，改善社会责任绩效。如国际标准化组织社会责任指南 ISO 26000，关于活动可持续性的 ISO 20121 等。

（二）企业社会责任报告或自主声明

目前有很多社会责任标准采取企业自主声明或报告的方式，如联合国全球契约、全球报告倡议等，其制度的落实要求参加的企业发布其社会责任报告。

（三）企业社会责任审核或认证

企业社会责任审核通常是指由社会责任标准的制定者对社会责任标准的接受者实施的审核、检查或检测。目前，很多行业组织或企业联盟以及跨国公司制定的供应链社会责任标准就是通过该方式实施，也是应用比较多的一种社会责任标准实施方式。少数社会责任标准通过第三方认证方式来实施，要求审核必须由独立第三方认证机构来实施。还有一部分标准并不采取严格的认证制度，但是会认可或指定第三方机构来实施审核，具有相对的独立性，但并非严格的第三方认证。

三、社会责任标准不同实施方式比较

从企业社会责任标准的输出结果看，第一方自主报告、第二方审核、第三方认证这几种不同的实施方式在不同的社会责任标准实施中被大量使用，各有优劣。

总体说来，企业自主报告具有较大的灵活性，企业可以根据自身的特点或者利益相关方的需求来确定报告内容，供利益相关方评价或使用。这种发布报告的过程本身也有助于企业对自身社会责任问题进行全面梳理和再思考，有助于企业主动承担社会责任，改进社会责任管理，提高社会责任绩效水平。但是企业自主报告往往带有很大的主观性，由企业自己来公布其社会责任表现，对企业的诚信度要求较高。近年来有越来越多的企业选择将其社会责任报告送第三方审验，以证明其社会责任报告的真实性，这在一定程度上有助于提高企业自主报告的真实性。

第二方审核是由采购商对其供货商直接或间接进行审核。其可按照自己的供应商行为守则组织人员开展审核或者委托第三方机构开展审核，采购商可以根据自己的需要和企业的特点有侧重点地进行审核，并获得自己需要的信息。但由于不同的采购商对企业社会责任的要求标准不同，甚至有冲突之处，对供货商来说应对审核工作繁重，且审核频次高，也会增加企业成本，使企业疲于应付，而这种疲于应付往往导致企业的精力用于应对审核而非实质性改善和提高其自身的社会责任水平。

第三方认证或审核由独立的第三方认证机构按照特定的社会责任标准对企业社会责任进行审核，根据审核情况来发放证书。相比较而言，审核标准公开透明，审核频次规律，相对严格，可信度高，企业可以自主选择合适的认证机构。但是第三方认证一般来说费用比较高，且审核时间长，证书具有有效期。并且在很多情况下，企业通过某个社会责任的第三方认证，并不能减少企业需要接受的其他验厂和审核的次数，因此有些证书的证明效力仍不理想。

以上几种不同的社会责任标准的实施方式各有所长，目前有些社会责任标准将这几种方式结合起来使用，鼓励企业发布自主报告，或者按照一定的要求来发

布报告,同时也会对企业进行相应的第二方审核,如果可能,鼓励企业获得第三方认证。一项社会责任标准具体采用哪种实施方式,还要根据具体的情况来确定。

第二节 企业社会责任标准产生和发展的背景和原因

一、企业社会责任标准产生和发展的背景

跨国公司在全球开展直接投资,布局其生产网络,在促进经济全球化的同时带来了社会和环境问题的全球化,引发国际社会对跨国公司国际直接投资及其供应链管理的质疑,一些国际性组织开始围绕这些问题制定指南、标准、倡议等,引导和规范跨国公司更好地关注其环境和社会影响。20世纪90年代,随着跨国公司直接投资步伐的加快,国际社会对跨国公司供应链中出现的劳工问题予以高度关注,一些跨国公司开始制定供应链行为守则,并对供应商进行劳工问题审核,以向社会和公众证明展示其供应链不存在劳工问题。随着国际社会对供应链问题的关注范围不断扩大,环境问题也开始受到更多关注。不同跨国公司的行为守则虽然涉及的内容相近,但在实施过程中又有很大差异,带来了一系列问题。在这样的背景下,一些综合性标准和行业性标准开始出现,如第一个用于第三方认证的社会责任标准 SA 8000 等。

二、企业社会责任标准产生和发展的原因

企业社会责任标准产生的根本原因是存在需要被规范的社会责任问题。企业社会责任标准产生和发展的原因可以简单概括为以下几个方面:

(一) 回应社会关切和需求

回应社会关切和需求是多数企业社会责任标准产生的最重要原因。如跨国公司对其供应链社会责任开展审核,是为了回应媒体和社会公众对其供应链的质疑;联合国全球契约的签署,是为了回应国际社会对全球化负面影响的关切等。

(二) 满足法律法规要求

满足法律法规的要求是企业社会责任标准产生和发展的重要原因之一。如无冲突冶炼厂计划是美国电子产业公民联盟(EICC)和信息通信行业团体(Global e – Sustainability Initiative,GeSI)2010年联合发布的,在2012年,美国证券交易委员会批准了《多德—弗兰克华尔街改革和消费者保护法案》第1502款规定的

冲突矿产采购的最终规定后，无冲突冶炼厂计划成为企业合规的依据并得到快速发展。

（三）对利益分配进行调节

所有的标准都会因为所选择的主要责任方不同或者水平的高低而形成不同的利益分配格局。有影响力的企业往往也会通过制定标准或影响标准来维护自身的利益。例如，针对电子信息行业供应链存在的矿产品风险问题，是针对矿产源头制定标准进行规范，或由冶炼环节承担主要责任，还是由下游企业来承担主要责任，会产生差异非常大的利益分配格局。

（四）构建或改变竞争规则和格局

企业社会责任标准如果影响力足够大，特别是成为供应链准入标准而具有事实上的强制性，往往会改变竞争规则和格局。例如，欧洲大型零售商发起的良好农业规范认证（GlobalGAP），使得拉美国家的香蕉出口企业因为无法达到低成本要求而出口受阻，更多东南亚和非洲市场的香蕉因此而受益。

第三节 重点企业社会责任标准介绍

目前在全球使用的企业社会责任标准数量繁多，限于篇幅，本章重点介绍联合国全球契约、经合组织跨国企业准则和社会责任国际标准ISO 26000。

一、联合国全球契约十项原则

全球契约是由联合国前秘书长科菲·安南先生在1999年提出的，号召世界各国的公司遵守涉及人权、劳工标准、环境及反腐败等方面的十项基本原则，与政府等公共机构合作，共同致力于应对全球化进程中的各种挑战，参与解决人类共同面临的一些世界性重大问题，构筑一个包容的、可持续的全球经济。

（一）全球契约的主要内容

联合国全球契约包括十项原则，分别是两项人权原则、四项劳工标准原则、三项环境原则和一项反腐败原则，具体如下：

1. 人权

原则1：企业界应支持并尊重国际公认的人权；

原则2：保证不与践踏人权者同流合污。

2. 劳工标准

原则3：企业界应支持结社自由及切实承认集体谈判权；

原则4：消除一切形式的强迫和强制劳动；

原则5：切实废除童工；

原则6：消除就业和职业方面的歧视。

3. 环境

原则7：企业界应支持采用预防性方法应对环境挑战；

原则8：采取主动行动促进在环境方面更负责任的做法；

原则9：鼓励开发和推广环境友好型技术。

4. 反腐败

原则10：企业界应努力反对一切形式的腐败，包括敲诈和贿赂。

（二）全球契约的特点

全球契约是一个自愿性的企业社会责任倡议，其目的在于使全球契约的各项原则成为企业战略和业务的组成部分；推动企业与主要利益相关方如雇员、投资者、顾客、非政府组织、商业伙伴和社区之间的合作，促进伙伴关系的建立；促进企业成为负责任的和富有创造性的表率，并以此来建立一个可持续发展的、提高社会效益的全球框架。

全球契约是一项推动可持续发展和良好企业公民意识的自愿举措，不具有法律约束力；是一套基于普遍接受的原则的价值观，而不是一种监测公司行为并强制其合规的手段；是公司和其他利益相关方组成的一个网络，而不是一种标准、管理制度或行为守则；是一个学习和交流经验的论坛，而不是一个监管机构或公关渠道。

有关全球契约的信息可登录其网站（www.unglobalcompact.org）进行查询。

二、OECD 跨国企业准则及负责任供应链相关指南

1976 年，联合国经济合作与发展组织（OECD）出台了《经合组织跨国企业准则》（以下简称《准则》），这是各国政府向跨国企业提出的建议，为 OECD 成员国内的跨国企业在全球开展业务提供了规范和指南，是自愿性而非法律强制性的，也是唯一一个政府承诺去推动实施的社会责任倡议。现行版本为 2011 年修订版。

（一）《准则》的主要内容

《准则》的内容比较广泛，包括序言——国际投资与跨国企业宣言，第一部

分——《经合组织跨国企业准则》关于全球背景下负责任商业行为的建议，第二部分——《经合组织跨国企业准则》的实施程序。关于全球背景下负责任商业行为的建议包括前言和正文十一个部分，分别是概念与原则、一般性政策、信息披露、人权、就业和劳资关系、环境、打击行贿、索贿和敲诈勒索、消费者权益、科学技术、竞争及税收。[①]

（二）《准则》的特点

《准则》与其他社会责任倡议和工具最大的区别在于政府参与机制，《准则》由政府签署，每个参加国政府都会设立国家联络点，收集遵守《准则》的相关信息，讨论和处理相关问题，来促进《准则》的实施。此外，国家联络点也负责处理申诉，为工会和公民社会组织提供了一个投诉机制来反映跨国企业运营中存在的问题。

《准则》涵盖了全球主要的投资来源国及其跨国企业，具有广泛的影响力，不仅在OECD国家，在非OECD国家影响力也在不断扩大，对促进OECD成员国的企业社会责任的发展发挥了重要作用，也对全球契约社会责任的发展发挥了积极的作用。

与多数企业社会责任倡议一样，《准则》也是自愿性的而非强制性的。尽管参加国设立的国家联络点要负责收集相关信息，促进对《准则》的遵守，但并不具备监督职能。因此，从执行效果看，OECD跨国企业准则在跨国企业中的执行情况并不理想，实施力度还比较弱；从实现情况看，OECD国家跨国企业在发展中国家运营也经常出现各类社会责任问题，且没有得到很好的解决。

与其他倡议不同，由于该倡议的参加方是国家，所以由参加国政府每年提交报告，而非由企业提交报告，这也是与其他倡议不同的地方之一。

《准则》主要针对的是跨国企业，尽管也提到了中小企业的使用问题，但更多的还是以跨国企业的参与为主，在中小企业中的适用性并不是特别强。

三、ISO社会责任国际标准

2010年11月1日，国际标准化组织（ISO）制定的社会责任国际标准——《社会责任指南》（ISO 26000）在瑞士正式出版发行，这是全球首个社会责任的国际标准，也是国际标准化组织首次涉足社会领域的国际标准。

---

① 具体内容可参见：《经合组织跨国企业准则》中文版[EB/OL]. http://mneguidelines.oecd.org/guidelines/MNEGuidelines - Chinese. pdf.

（一）ISO 26000 的制定背景与过程

ISO 26000 标准的出台既有全球社会责任运动发展的特定背景，也与 ISO 26000 消费政策委员会希望能制定企业社会责任标准以方便消费者辨识这一目的有关。

2004 年底，ISO 正式成立 ISO 26000 社会责任工作组（以下简称工作组）负责制定该标准。2005 年，ISO 正式开始 ISO 26000 的制定工作，巴西任主席国，瑞典任秘书国，历时 5 年多时间，经过 8 次工作组全会，该项工作最终于 2010 年落下帷幕。来自全球 99 个国家的 450 位专家和 210 位观察员参加了该标准的制定，还有包括政府间组织和非政府组织在内的 42 个联络组织（主要是各类社会责任相关机构）参加了标准的制定，是 ISO 标准制定历史上规模最大、参与人员最多的一次。所有参与标准制定的专家和观察员分为六个利益相关方，分别是产业界、劳工、消费者、政府、非政府组织、学术及其他组织；每个组别每个国家最多两人，一个专家、一个观察员，在社会责任会议全会上，只有专家有权发言，观察员只能通过专家来发言，但分组讨论会上都可以发言。

2005 年 3 月、2005 年 9 月、2006 年 5 月、2007 年 1 月、2007 年 11 月、2008 年 8 月，工作组分别在巴西萨尔瓦多、泰国曼谷、葡萄牙里斯本、澳大利亚悉尼、奥地利维也纳、智利圣地亚哥召开了 6 次全会，并在智利会议之后出台 ISO 26000 委员会草案（ISO 26000 CD）。

2009 年 5 月，工作组在加拿大魁北克召开第七次全体会议，会后出台标准草案（ISO 26000 DIS）供各国投票。

2010 年 5 月，工作组在丹麦哥本哈根召开了工作组第八次全会，会后出台 ISO 26000 标准最终草案（FDIS）并由各国国家标准团体投票通过，经过进一步修改后，于 2010 年 11 月 1 日正式出台 ISO 26000。

标准制定过程中争论的关键问题包括贸易壁垒和 WTO 问题、预防原则、尊重差异、性倾向、附录、组织中是否包括行使国家主权的政府、人权、用户友好性等关键问题。

（二）ISO 26000 的主要内容

ISO 26000 除前言、引言、附录和参考文献外，正文共分七个部分，包括范围、术语和定义、理解社会责任、社会责任原则、认识社会责任和利益相关方参与、社会责任核心主题、社会责任融入整个组织（见表 5-1）。

表 5-1 ISO 26000 内容概要

章节	标题	内容描述
第1章	范围	规定本国际标准的适用范围,并明确特定限制和例外情况
第2章	术语和定义	给出本国际标准所用关键术语的定义。这些术语对理解社会责任和使用本国际标准至关重要
第3章	理解社会责任	阐述已影响社会责任发展并将继续影响其性质和实践的重要因素和条件。同时阐述社会责任概念本身——社会责任是什么及如何适用于组织。本章包含中小型组织使用本国际标准的指南
第4章	社会责任原则	介绍和阐释社会责任原则
第5章	认识社会责任和利益相关方参与	阐述社会责任两大基本实践:组织对其社会责任的认识,利益相关方的识别和参与。本章对组织、利益相关方和社会三者间关系,认识社会责任核心主题及相关议题,以及组织的影响范围提供了指导
第6章	社会责任核心主题	阐释社会责任核心主题及相关议题,针对每一个核心主题,本章对其范围、与社会责任的关系、相关原则与考虑,以及相关行动与期望提供了指导
第7章	社会责任融入整个组织	提供社会责任在组织中付诸实践的指南。本章内容包括:理解组织的社会责任,将社会责任融入整个组织,社会责任沟通,提升组织的社会责任可信度,评价进展、提高绩效,以及评估自愿性社会责任倡议
附录A	自愿性社会责任倡议和工具示例	提供自愿性社会责任倡议和工具的不完全清单,这些倡议和工具涉及一个或多个社会责任核心主题,或者涉及将社会责任融入整个组织
附录B	缩略语	包括本国际标准所用的缩略语
	参考文献	包括本国际标准正文作为来源资料引用的权威性国际文书和ISO标准

资料来源:笔者整理而得。

其中特别值得关注的是第 5 章和第 6 章。

第 5 章有关社会责任的两个基本实践,即认识社会责任和利益相关方参与,是组织承担社会责任所要开展的两项重要实践,也是将社会责任融入整个组织的前提条件。组织首先要认识其自身的社会责任,识别其利益相关方,然后通过利益相关方参与等方式,来确定其社会责任相关议题和优先事项,并将社会责任融入整个组织。

第 6 章有关社会责任核心主题及相关议题(见表 5-2)也是 ISO 26000 的重要组成部分,为组织认识社会责任并承担与其相关的责任提供了指导。

表 5-2 社会责任核心主题及相关议题

核心主题和议题	对应章节
核心主题：组织治理	6.2
核心主题：人权	6.3
议题1：尽责审查	6.3.3
议题2：人权风险状况	6.3.4
议题3：避免同谋	6.3.5
议题4：处理申诉	6.3.6
议题5：歧视和弱势群体	6.3.7
议题6：公民权利和政治权利	6.3.8
议题7：经济、社会和文化权利	6.3.9
议题8：工作中的基本原则和权利	6.3.10
核心主题：劳工实践	6.4
议题1：就业和雇佣关系	6.4.3
议题2：工作条件和社会保护	6.4.4
议题3：社会对话	6.4.5
议题4：工作中的健康与安全	6.4.6
议题5：工作场所中人的发展与培训	6.4.7
核心主题：环境	6.5
议题1：防止污染	6.5.3
议题2：资源可持续利用	6.5.4
议题3：减缓并适应气候变化	6.5.5
议题4：环境保护、生物多样性和自然栖息地恢复	6.5.6
核心主题：公平运营实践	6.6
议题1：反腐败	6.6.3
议题2：负责任的政治参与	6.6.4
议题3：公平竞争	6.6.5
议题4：在价值链中促进社会责任	6.6.6
议题5：尊重产权	6.6.7
核心主题：消费者问题	6.7
议题1：公平营销、真实公正的信息和公平的合同实践	6.7.3
议题2：保护消费者健康与安全	6.7.4
议题3：可持续消费	6.7.5
议题4：消费者服务、支持和投诉及争议处理	6.7.6
议题5：消费者信息保护与隐私	6.7.7

续表

核心主题和议题	对应章节
议题6：基本服务获取	6.7.8
议题7：教育和意识	6.7.9
核心主题：社区参与和发展	6.8
议题1：社区参与	6.8.3
议题2：教育和文化	6.8.4
议题3：就业创造和技能开发	6.8.5
议题4：技术开发与获取	6.8.6
议题5：财富与收入创造	6.8.7
议题6：健康	6.8.8
议题7：社会投资	6.8.9

资料来源：笔者整理而得。

对于ISO 26000正文各部分的内在逻辑关系，引言部分用示意图（见图5-1）提供了有关ISO 26000的概览，并介绍了在实际应用中各部分如何使用。

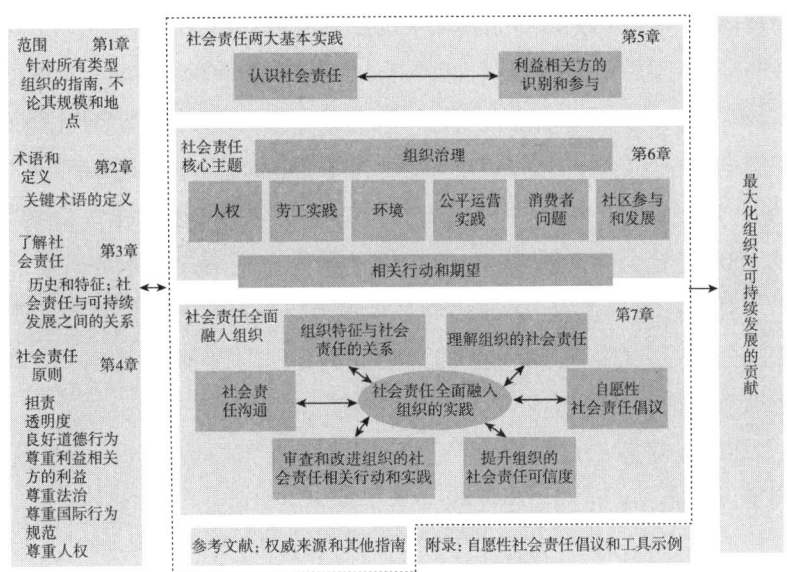

图5-1 ISO 26000概览示意图

资料来源：国际标准化组织. 社会责任指南ISO 26000：2010［S］.

(三) ISO 26000 的特点

1. 形成了全球共识，是各方妥协的产物

ISO 26000 作为由国际标准化组织制定的社会责任领域的国际标准，其内容复杂，涵盖范围广泛，文本历经多次修改，是不同国家和不同利益相关方之间相互妥协的结果。ISO 26000 的制定促进了社会责任领域共识的形成，包括对社会责任定义、理解、原则、核心主题等的理解和认识，开创了 ISO 标准制定史上新的篇章，将标准从技术领域扩展到人权、劳工标准等社会领域，为统一全球社会责任的定义及其理解搭建平台，并扩大其在社会责任领域标准制定的影响力。

2. 虽然适用于所有类型的组织，但强调尊重差异

ISO 26000 可以对所有类型的组织有所裨益，无论是发达国家还是发展中国家的组织，不论其规模大小、性质如何、所在的行业和地区怎样，都可以使用 ISO 26000 并从中受益。这并不表示 ISO 26000 会同等程度或无差别地适用于所有类型的组织。ISO 26000 在文本中多处强调，"在应用本国际标准时，建议组织要考虑社会、环境、法律、文化、政治和组织的多样性，以及经济条件的差异性，同时尊重国际行为规范"。这是 ISO 26000 的基本原则，也是各类组织在使用 ISO 26000 承担社会责任时需要考虑的。ISO 26000 也指出，尽管 ISO 26000 所列的七个核心主题与每个组织都有关系，但并非所有的议题和问题都与每个组织相关，组织需要自己去认识和识别自己的社会责任，并确定需要优先处理的社会责任议题和问题。

3. 是自愿性标准，强调尊重法治；不是管理体系，不用于认证

ISO 26000 是社会责任领域的一个自愿性指南，不是管理体系标准，也不用于认证，不具有法律约束力，不能替代、变更或以任何方式改变国家义务，也不能替代法律的执行。ISO 26000 的引言中明确提到，"任何关于提供 ISO 26000 认证或要求取得认证，均是对本国际标准意图和目的的曲解"。

ISO 26000 强调遵守法律法规的重要性，并把尊重法治作为一条重要的社会责任原则予以明确，在范围中也明确"承认遵守法律是任何组织的基本义务及其社会责任重要部分"，并"鼓励组织有更大作为而不只是满足于遵守法律"。ISO 26000 指出，"政府组织，如同任何其他组织，可能会希望使用本国际标准，但是，本国际标准并无意替代、变更或以任何方式改变国家义务"。

4. 重视贸易影响，不用于 WTO 争端解决

ISO 26000 不同于一般意义上的国际标准，不用于 WTO 范围内的争端解决及其他国际法律程序。ISO 26000 特别对这一性质进行了界定，明确区分其与 WTO

和其他国际法律程序的关系，包括不用于 WTO 范围内的争端解决，也不用于国际习惯法演变的证据而存在，不用于其他国际国内法律程序的证据等。

本章小结

企业社会责任标准是当前企业社会责任实践的重要推动力量，是企业开展社会责任管理、信息披露、绩效评估、供应链审核的重要依据，也是全球治理的重要组成部分，当前已经广泛应用于各个行业，成为推动企业和社会可持续发展的重要抓手。

企业社会责任标准的产生和发展与跨国公司国际直接投资密切相关。经济全球化带来社会和环境问题的全球化。早期的社会责任标准主要是回应社会和公众对跨国公司供应链劳工、环境等问题的关注，现有的社会责任标准范围和目标都更加广泛，包括满足法律法规要求、调节利益分配、构建竞争规则和格局等。

企业社会责任标准主要应用领域包括：建立社会责任管理体系，开展社会责任管理；发布社会责任报告，提高社会责任透明度；进行社会责任绩效评估，获得采购商或者市场的认可；等等。

当前全球广泛使用的社会责任标准数以百计，限于篇幅，本章重点介绍联合国全球契约、经合组织跨国企业准则和社会责任国际标准 ISO 26000 这三项国际影响力大的综合性社会责任标准。虽然这几项标准主要面向大型企业和跨国公司，但其反映了当前国际社会对负责任的组织运营的期待。通过这三项标准，可以快速了解当前企业社会责任关注的重点领域、内容、基本原则和基本实践。

思考题

（1）国际组织及国家制定强制性法律法规、自愿性标准对于企业及社会有什么意义？

（2）请思考并分析 CSR 制度准则在中国的实施情况及存在的问题。

参考文献

［1］李丽,王孝霞,吴晶,等. 社会责任与 ISO 26000 国际标准解读［M］. 北京:中国标准出版社,2013.

［2］中华人民共和国国家标准. 社会责任指南 GB/T 36000－2015［S］. 北京:中国标准出版社,2015.

［3］United Nations. United Nations Global Compact［R］. 2000.

第六章　利益相关方理论[1]

第一节　利益相关方理论缘起

一、缘起背景

相关方理论一直伴随着学界对企业本质认知的讨论而不断明晰，也是经济学领域的重要话题。

新古典经济学以稳定偏好性、理性选择和相互作用的均衡结构三个假设为前提，认为经济体系就是一个由参数和变量构成的联合方程组表示的一般化的均衡体系，其中参数即为经济环境，变量则是由经济体系本身所决定的，方程代表均衡条件。在这种理论体系中，企业就是将若干种投入转化为产出的生产性单位，它所能做的就是从均衡体系中得出最优均衡解或均衡条件，而不用考虑内外部环境带来的影响，因此，企业行为背后的决定因素被忽视了。

1937 年，新制度经济学代表人物，罗纳德·哈里·科斯（R. H. Coase）发表《企业的性质》一文，并在 20 世纪 70 年代引起经济学界的重视，开始将企业理论的研究带入关注企业内部利益关系（股东和经理的利益关系）的新领域，给企业理论研究带来革命性的变革。

经济学者沿着科斯所开辟的分析企业内部利益关系的研究思路，从各个角度对企业契约进行了深入研究。如阿尔钦和德姆塞茨指出企业契约中所存在的团队生产与监督问题，企业与市场的区别在于信息流的差异；詹森和麦克林则从代理关系的角度详细分析企业中所存在的利益冲突和监督控制问题；等等。

然而，科斯企业理论关注的仅仅是经理人员和股东之间的利益关系，并认为企业是由股东所拥有的，为了能够解决监督不力的问题，可以让经理人员拥有部分剩余所有权。然而，将企业内部利益关系视同为经理人员和股东之间的利益关

---

[1]　作者：张智。

系，已经遭受到相当多的批评，如法码和米勒指出，股东的决策不能完全保护债权人的利益，这表明企业内部利益关系除了经理人员和股东之间的利益关系以外，债权人与他们之间的利益关系也是企业内部利益关系的组成部分[①]。另外，科斯企业理论对现实中的某些具体问题也无法给出恰当的解释，如现实中的企业为什么愿意承担社会责任，仅仅考虑经理人员和股东利益关系的企业理论，不可能比较圆满地对此作出回答，因为企业承担社会责任意味着社会公众的利益关系也是企业内部利益关系的组成部分。

事实上，企业是利益相关方参与的一系列契约的联结。在20世纪60年代，就有众多的经济学者对相关方理论进行了研究。如克莱因和莱弗勒的研究结论表明，企业与顾客之间存在默契合约关系；斯蒂格利茨在研究现代公司制度的监督问题时，讨论了银行和工会在监督中的比较优势和成本；科奈尔和夏皮罗则指出，公司政策依赖于利益相关方的存在，其中利益相关方包括了股东、债权人、职工、消费者等[②]。至今经济学者们已提出了近30种"利益相关方"的定义，后续也会讲到。

在理论界之外，也需要看到宏观社会环境变化为利益相关方理论出现创造了良好的机会。过去几十年中，社会向多元化发展给商业与社会的关系注入了新的内涵，一个多元化的社会实现的是集权的离散化和多样化的社会。在这一定义中，比较关键的词汇是权力集中（集权）的离散化和多样化。在多元化体制下，各个集团都谋求自身的利益，结果整个社会没有一个中心目标可以去统揽各自的追求。利益群体在向专业化方向发展，每个利益集团都有其宗旨和追求的目标，代表了社会生活的各个层面——消费者、雇员、社区、政府及工商企业等，正是各特殊利益集团间的博弈导致了社会利益配置的均衡。

二、理论发展

企业社会责任/可持续发展的本质是在企业实现财务健康、为股东实现回报的同时，需要兼顾其他与企业相关群体的利益诉求。

（一）国外关于利益相关方理论与企业社会责任的研究动态

国外学者对于利益相关方理论与社会责任的研究始于20世纪初，自20世纪

---

① E F FAMA, M H MILLER. The Theory of Finance[M]. [s.l.]: Dryden Press, 1972.
② CORNELL B, SHAPIRCO. Corporate Stockholders and Corporate Finance[J]. Financial Management, 1987, 16 (1): 5 – 14.

50年代以后,对此问题的研究进入了一个蓬勃发展的时期,并取得了丰硕的研究成果。

自1963年斯坦福研究院Institute第一次提出了"利益相关方"的概念后,便引起了学术界的广泛探讨,随之Ansoff、Freeman和Starik等学者对此进行了深入探究,由此形成了完整的利益相关方理论。1995年,Jones提出利益相关方理论将会成为探究企业社会责任问题的理论基础。

1984年,弗里曼出版《战略管理:利益相关方管理的分析方法》一书,明确提出了利益相关方管理理论。利益相关方管理理论是指企业的经营管理者为综合平衡各个利益相关方的利益要求而进行的管理活动。与传统的股东至上主义相比较,该理论认为任何一个公司的发展都离不开各利益相关方的投入或参与,企业追求的是利益相关方的整体利益,而不仅仅是某些主体的利益。

同时,Dunfee所提出的"综合社会契约论"为利益相关方理论提供了更有力的支持,他们运用制度经济学,研究得出所有的制度安排均为显性契约与隐性契约的混合体,而企业则为两种契约的载体。然而,利用规则所明示的显性契约是存在缺陷的,必须利用隐性契约进行完善,若组织无视隐性契约甚至无法履行显性契约,必然会导致相关者的利益受到损害,组织也就很难得到持续发展。

珍妮特·威廉森认为公司仅追求股东价值最大化是远远不够的,组织应当寻求一种既有助于实现股东权益最大化又能平衡不同利益群体利益的管理方式。大卫·威勒的研究表明,照顾到不同群体利益的企业更有责任感,企业能形成更大的商业价值和社会价值,并预测21世纪考虑利益相关方的组织会发展得更好。

Carroll最早将社会责任金字塔与利益相关方联系起来,认为应该从不同利益相关方视角探讨企业社会责任的问题。Preston和Obannon从利益相关方角度进行了CSR研究,认为即使公司对整个社会来说是有较大影响力的,但它所涉及的单个业务仍可以被视为只向利益相关方负责,或者说向那些被承认的与他们有往来的代理负责。

在契约理论者看来,企业是一系列契约的联结,各契约方以效用最大化为目标进行博弈而产生。传统意义上的股东利益最大化已不能合理解释现代企业发展过程中出现的一系列困境。企业最终的价值创造和实现要依赖于与利益相关方之间的合作,单纯地依靠加大资本投入来获得高产出并不是明智做法。现实中,企业的发展立足于整个经济系统,但我们往往忽视现实社会系统及生态环境系统的存在,而导致对企业社会责任的不重视。随着社会经济结构的改变和发展,研究学者已经逐步意识到将资源、环境和后代人作为企业利益相关方的重要性,正是由于利益相关方的投资才不断促进企业的长远发展。现代意义上的投入资本已经不限于有形资本，还包括无形资本、人力资本、组织资本、生态资本。

因此，基于利益相关方角度研究企业社会责任具有鲜明的时代特点与角度的新颖性。在以价值驱动为核心的现代企业运营模式下，企业管理者和利益相关方越来越重视企业社会责任与财务绩效之间的关系。一般来说，传统的一味以利润最大化为企业目标已经无法适应现代企业的长远发展模式，企业不仅要追求股东财务最大化，更要追求企业价值最大化。在做强做大企业的同时，自发主动地承担起社会责任，积极响应社会大众舆论期待，树立企业品牌形象，提升企业经济和社会价值，吸引更多的投资者投入资本，进一步扩大企业规模，提供就业岗位，或者通过慈善、赞助等方式帮助社会解决难题，进而提高企业市场价值和社会价值，有利于优化企业资本结构，提高企业财务绩效。

（二）国内关于利益相关方理论与企业社会责任的研究进展

20世纪80年代以前，我国学者对于利益相关方理论与社会责任问题虽有研究，但是发展缓慢。自改革开放后，关于利益相关方理论与社会责任问题引起了学者们的广泛关注。

韦德贞从博弈视角出发，剖析了企业价值与其社会责任间的关系，认为企业社会责任的履行是对利益相关方利益的维护，因此，有强烈社会责任感的组织会得到利益相关方的支持，提高企业价值。

李心合提出以相关者利益为导向的企业与其员工可以长期维持稳定的财务关系。而李灿运用生物学领域的共生理论，研究得出各利益相关方所获得合理的最低程度的利益回报是企业价值最大化实现的前提，而在企业寻求价值最大化的进程中，企业社会责任成为一项不可忽视的要素，在企业管理中嵌入社会责任要素，可以更好地实现企业价值创造的目标。

李姝和宁永志认为虽然履行社会责任会提高运营成本，但从长远来看，企业通过承担社会责任所形成的良好的声誉是一种宝贵的战略性资产，为了使企业积极地履行社会责任，必须完善产权机制和激励机制等制度体系，令社会责任这一要素得到考核。

根据已有研究，也有学者将利益相关方理论归为三大流派：

（1）规范性利益相关方理论，主要是为企业履行社会责任所能获得的收益提供理论依据；

（2）描述性利益相关方理论，对企业需要对利益相关方进行关注的原因进行剖析；

（3）工具性利益相关方理论，注重发掘企业为维护利益相关方的福利所应该采取的行动。

不难看出，以上三类利益相关方理论都是从企业自身出发，对企业社会责任的自觉行为及其结果进行探讨，这种 CSR 行为的推动力往往被看成是由内而外的。

三、利益相关方理论存在的缺陷和不足

传统的企业理论认为，企业的唯一目标就是"实现经济利润最大化"。利益相关方理论的出现，分散了企业的经营目标，除了经济上的目标以外，企业也必须承担社会的、政治上的责任。这很可能会导致企业陷入"企业办社会"的僵局。一旦利益相关方理论被大众所接受，企业的行为势必受到框架限制，企业无形中被套上公益枷锁，结果很可能会导致企业经济利润上的损失，更有可能让企业陷入一种顾此失彼的境地，比如，企业实现了经济利润的最大化，却又照顾不到社会责任；若过多地考虑到社会责任，又会让对手有可乘之机，丧失了经济上的优势。

利益相关方的界定过于宽泛。利益相关方的边界到底在哪里？虽然国内外很多专家和学者都对利益相关方的界定和划分阐述了自己的看法，但大部分都只是停留在探讨和假设阶段。从涉及的十几种利益相关方来看，孰轻孰重，也不得而知，还找不到一种理论和方法能够定量地衡量众多利益相关方的权重。

在实践层面上的应用是另一大问题。国内很多学者从多方面对利益相关方可行性进行了分析和探讨，从理论上证明利益相关方理论可行。不过，由于利益相关方理论本身的不完善，实在是很难实践。比如，理论中涉及的利益相关方太多太杂，仅对顾客这一项集中采取行动是不可能的。很多学者提出的利益相关方参与公司的治理这一提法，也不具备可操作性。虽然弗里曼提出了利益相关方如何参与公司治理的"利益相关方授权法则"，但理论的实施过程需要操作人对利益相关方理论以及参与基础有比较深的认识。另外，这些参与机制的实现可能本身就存在缺陷。

第二节　利益相关方定义与识别

在理论研究发展过程中，众多学者对相关方构成的认识都是具有共同性的，但是，"简单地将所有的利益相关方看成一个整体来进行实证研究与应用推广，

几乎无法得出令人信服的结论"。

1997 年，米切尔等（Mitchell，Agle & Wood）将经济学家们所提出的近 30 种"利益相关方"定义进行了整理①，见表 6-1。

表 6-1 利益相关方定义

作　者	定　义
Standford memo（1963）	利益相关方是这样一些团体，没有其支持，组织就不可能生存
Rhenman（1964）	利益相关方依靠企业来实现其个人目标，而企业也依靠他们来维持生存
Ahlstedt 和 Jahnukainen（1971）	利益相关方是一个企业的参与者，他们被自己的利益和目标所驱动，因此必须依靠企业，而企业为了生存，也必须依赖利益相关方
Freeman 和 Reed（1983）	利益相关方能够影响一个组织目标的实现，或者他们自身受一个组织实现其目标的过程影响
Freemen（1984）	利益相关方是能够影响一个组织目标的实现或能够被组织实现目标的过程影响的人
Cornell 和 Shapiro（1987）	利益相关方是那些与企业有合约关系的要求权人
Evan 和 Freeman（1988）	利益相关方在企业中有一笔"赌注"（stake），或者对该企业有要求权
Evan 和 Freeman（1988）	利益相关方是那些人：他们因公司活动受益或受损，他们的权利因公司活动而受到尊重或受到侵犯
Bowie（1988）	没有他们的支持，组织将无法生存
Alkhafaji（1989）	利益相关方是那些公司对其负有责任的人
Carroll（1989）	利益相关方能以所有权或法律的名义对公司资产或财产行使收益和权利
Freeman 和 Evan（1990）	利益相关方是与企业有合约关系的人
Thompson 等（1991）	利益相关方是与某个组织有关系的人
Savage 等（1991）	利益相关方的利益受组织活动的影响，并且他们也有能力影响组织的活动
Hill 和 Jones（1992）	利益相关方是那些团体，它们对企业有合法的要求权；他们通过一个交换关系的存在而建立起来，即他们向企业提供关键性资源，以换取其个人利益目标的满足
Brener（1993）	利益相关方与某个组织有着一些合法的、长期的和稳定的关系，如交易关系，影响活动及道德责任

---

① MITCHELL R K, AGLE A R, WOOD J. Toward a Theory of Stakeholder Identification and Salience: Defining the Principle of Who and What Really Counts[J]. Academy of Management Review, 1997, 22 (4): 853 – 886.

续表

作　者	定　义
Carroll（1993）	利益相关方在企业中投入资产，构成一种或多种形式的"赌注"，通过这些"赌注"，他们也许会影响企业的活动，或受企业活动的影响
Freeman（1994）	利益相关方是联合价值创造的人为过程的参与者
Wick 等（1994）	利益相关方与公司相关联，并赋予公司以意义
Langtry（1994）	企业应对利益相关方的福利承担明显的责任，或者利益相关方对企业有道德或法律上的要求权
Staffk（1994）	利益相关方能够或正在向企业投入真实"赌注"，他们会受到企业活动明显或潜在的影响，也可以明显或潜在地影响企业活动
Clarkson（1994）	利益相关方已经在企业中投入了一些实物资本、人力资本、金融资本或一些有意义的价值物，并因此承担了一些形式的风险，或者说，他们因企业活动而承担风险
Clarkson（1995）	利益相关方对企业及其活动拥有所有权或者受益权
Naisi（1995）	利益相关方是与企业有关系的人，他们使企业运营成为可能
Brenner（1995）	利益相关方能够影响企业，又能被企业活动所影响
Donaldson 和 Preston（1995）	利益相关方是那些在公司活动的过程中及活动本身有合法利益的人或团体

资料来源：笔者翻译而得。

从表 6-1 中的定义来看，经济学者们在总体上对企业利益相关方的看法基本一致，即他们认为利益相关方与企业存在着利益相关的关系，他们的利益会受企业生产经营的影响，而企业的存在也与他们的利益相关。但是，企业利益相关方到底包括哪些主体，经济学者们并没有明确指出。

在利益相关方划分方面，国际较通用的是多锥细分法和米切尔评分法。

（1）多锥细分法。

20 世纪 90 年代中期，国内外很多专家和学者采用多锥细分法从不同角度对利益相关方进行了划分。

Freeman 认为，利益相关方由于所拥有的资源不同，对企业产生不同影响。他从三个方面对利益相关方进行了细分：①持有公司股票的一类人，如董事会成员、经理人员等，称为所有权利益相关方；②与公司有经济往来的相关群体，如员工、债权人、内部服务机构、雇员、消费者、供应商、竞争者、地方社区、管理机构等，称为经济依赖性利益相关方；③与公司在社会利益上有关系的利益相关方，如政府机关、媒体以及特殊群体，称为社会利益相关方。

Frederick 从利益相关方对企业产生影响的方式来划分，将其分为直接的和间接的利益相关方。直接的利益相关方就是直接与企业发生市场交易关系的利益相关方，主要包括股东、企业员工、债权人、供应商、零售商、消费商、竞争者等；间接的利益相关方是与企业发生非市场关系的利益相关方，如中央政府、地方政府、外国政府、社会活动团体、媒体、一般公众等。Charkham 按照相关群体是否与企业存在合同关系，将利益相关方分为：契约型和公众型利益相关方两种。

Wheeler 从相关群体是否具备社会性，以及与企业的关系是否直接由真实的人来建立两个角度，比较全面地将利益相关方分为四类：①主要的社会利益相关方，他们具备社会性和直接参与性两个特征；②次要的社会利益相关方，他们通过社会性的活动与企业形成间接关系，如政府、社会团体、竞争对手等；③主要的非社会利益相关方，他们对企业有直接的影响，但却不作用于具体的人，如自然环境等；④次要的非社会利益相关方，他们不与企业有直接的联系，也不作用于具体的人，如环境压力集团、动物利益集团等。

（2）米切尔评分法。

米切尔评分法是由美国学者 Mitchell 和 Wood 于 1997 年提出来的，它将利益相关方的界定与分类结合起来。首先认为，企业所有的利益相关方必须具备以下三种属性中至少一种：合法性、权利性以及紧迫性。依据他们从这三个方面对利益相关方进行评分，根据分值来将企业的利益相关方分为三种类型：①确定型利益相关方，同时拥有合法性、权力性和紧迫性。他是企业首要关注和密切联系的对象，包括股东、雇员和顾客。②预期型利益相关方，有三种属性中任意两种。同时拥有合法性和权利性的群体，如投资者、雇员和政府部门等；同时拥有合法性和紧迫性的群体，如媒体、社会组织等；同时拥有紧迫性和权利性，却没有合法性的群体，比如一些政治和宗教的极端主义者、激进的社会分子，他们往往会通过一些比较暴力的手段来达到目的。③潜在型利益相关方，他们只具备三种属性中的一种。

米切尔评分法，能够用于判断和界定企业的利益相关方，操作起来比较简单，是利益相关方理论的一大进步。国内一些学者也从利益相关方的其他属性对其进行了界定和划分。

万建华、李心合从利益相关方的合作性与威胁性两个方面入手，将利益相关方分为支持型利益相关方、混合型利益相关方、不支持型利益相关方以及边缘的利益相关方。陈宏辉则从利益相关方的主动性、重要性和紧急性三个方面，将利益相关方分为核心利益相关方、蛰伏利益相关方和边缘利益相关方三种类型。

需要特别说明的是，三个维度划分中，政府在窄口径中均被排除。这也符合国内一些学者的观点，即政府实际上并没有它自己明确的利益，它实际上是全体社会成员的组合形式，也就是所有上述的企业利益相关方的组合形式，政府的利益取决于这些构成政府的利益相关方的利益冲突与协调。

第三节 利益相关方理论的应用

一、公司治理的相关方理论应用

相关方理论的核心诉求是企业需要全面关注相关方利益，并在决策与执行过程中充分保证实现这一目标最为根本的就是让相关方参与公司治理。

利益相关方问题越来越成为世界各国公司治理中关注的焦点。无论是 OECD 的框架性规定，还是其他主要国家和区域组织等的公司治理原则，都对利益相关方给予了充分重视，中国证监会《上市公司治理准则》也在利益相关方的权利保护等方面作出了规定。国外主要公司治理原则对利益相关方的规定见表 6-2。

表 6-2 国外主要公司治理原则对利益相关方的规定

原则名称	利益相关方范围	赋予权力	典型做法
OECD 公司治理原则	投资者、雇员、债权人、供应商	求偿权 知情权 参与权	董事会雇员代表机制；雇员股票所有权计划；破产清算中债权人参与治理；等等
美国商业圆桌会议公司治理声明	雇员、顾客、供应商、债权人、社区	不明确	善待雇员；为消费者提供优质服务；与供应商长期合作；及时偿还债务；建立社会责任声誉；等等
Hampel 报告	雇员、客户、供应商、债权人、社区和政府	不明确	仅对股东具有说明责任，但谋求与利益相关方关系的稳定和长期化
欧洲股东协会（EASD）公司治理原则和建议	雇员、顾客、供应商、债权人、社区	不明确	董事会负责确保尊重利益相关方的权利，提及其关心的问题，并制定使其发展相关的政策
韩国公司治理最佳实物准则	债权人、雇员、消费者、供应商、社区	求偿权 参与权 知情权	协商确定债权人参与的形式与水平；雇员利益分享机制；等等

资料来源：李维安. 公司治理原则与国际比较 [M]. 北京：中国财政经济出版社，2001.

在充分借鉴国内外主要公司治理原则的基础上，中国证监会在 2002 年初出台《上市公司治理准则》（以下简称《准则》）。《准则》一开始就给予利益相关方足够的重视，在第六章专门规定了公司治理中的利益相关方问题。

从利益相关方范围来讲，《准则》中利益相关方主要包括银行等主要债权人、职工、消费者、供应商和社区等；从赋予利益相关方的主要权力来看，包括求偿权、债权人和职工的知情权以及适当的参与权；从典型做法来看，主要是公司与主要债权人的信息沟通，职工与董事会、监事会和经理人员的直接沟通与交流等。

二、执行层面的相关方参与程序

在 Accountability 于 2005 年发布的相关方参与模型中，对相关方参与程序进行了细致说明。相关方参与程序见图 6-1。

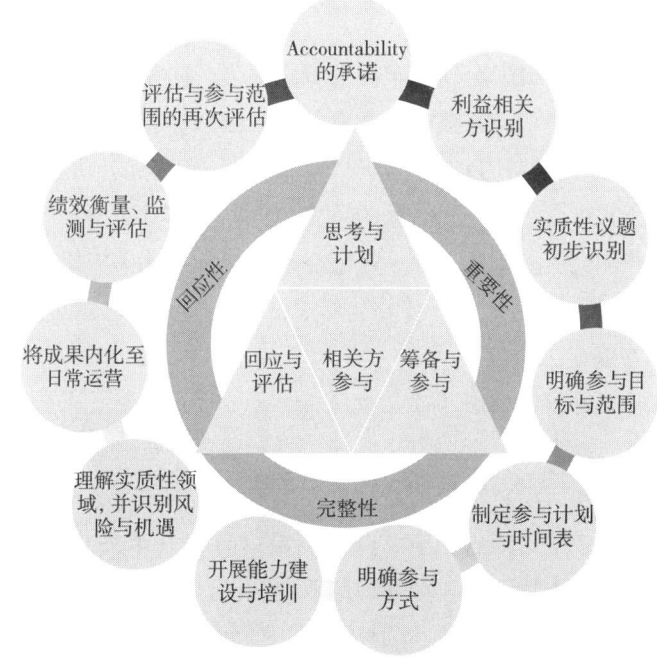

图 6-1 相关方参与程序

资料来源：Stakeholder Engagement Standard，AA1000，笔者翻译而得。

（1）相关方分析与识别。

利益相关方分析是用来识别与一个问题存在利益关系的个人或群体。通过对每个利益相关方的利益、影响和重要性的评估，设计行动方案以改变那些评估，或者据此工作来确保项目或计划的成功实行。

在识别利益相关方时需要注意的是，利益相关方与组织决策或活动间不一定具有正式的利益关系（如合同等），甚至相关各方不一定意识到利益关系的存在（如潜在影响等）。为此，组织应该努力识别尽可能多的利益相关方，即使他们不能识别所有的利益相关方。识别利益相关方的最佳方法是调查他们是如何受到或可能受到组织决策和活动影响，从而确认哪些与其构成某种利益关系，这种利益关系可能是有关要求得到某应得之物，或者某项权利得到尊重的主张。

（2）相关方沟通。

企业分为两个层面的利益相关方沟通，第一个是以企业为核心的沟通，面向监管者、消费者、供应链伙伴、股东、员工等；第二个则是以企业 CSR 经理人为核心的沟通，这往往会具体到执行层面。沟通的形式多种多样，包含对话、与利益相关方就具体的社会责任问题或项目进行沟通、发布定期报告、为涉众提供反馈机会等。

目前，越来越多的组织定期发布社会责任报告，向利益相关方报告自身的社会责任绩效，并提供公平、完整的社会责任绩效信息，包括业绩、不足之处以及弥补不足的具体方式等。社会责任报告可以是对整个组织的所有活动的报告，也可以是对某一特定地点或场所的活动的单独报告。发布社会责任报告是组织社会责任活动的一个有价值的重要方面，是促进组织与利益相关方之间良好沟通的重要工具。

（3）相关方参与。

为了帮助组织更好地承担其社会责任，有必要促进利益相关方积极参与与组织的对话，从而为组织的决策提供必要的信息。通过促进利益相关方的参与，组织可以了解其决策和活动对特定利益相关方可能产生的后果，确定如何更有效地增加其积极影响，减少其消极影响，并协调组织与利益相关方之间的利益冲突。利益相关方参与的基本特征是一种互动的双向交流，可以采取多种形式，如个人会晤、会议、研讨会、公开听证、圆桌讨论、咨询委员会、定期信息通报、网络论坛等。

从目的来讲，遵循利益相关方参与原则，就是发动各相关方在企业生产运营的各个环节，在人、财、物等各个职能部门发挥作用。通过利益相关方参与到职能管理过程，参与到企业生产运营过程，共同解决企业生产运营过程中涉及的可持续发展问题，包括员工、资源、环境和社会问题等，最终实现负责任的研发、采购、生产、销售以及售后服务，直至实现创新性合作，创造共享价值。

本章小结

利益相关方理论是企业社会责任的基础理论，也是经济学领域经常讨论的重要理论。在20世纪60年代，经济学者就开始了对相关理论的研究；20世纪80年代前，我国学者也开始广泛关注利益相关方理论与社会责任问题，并将利益相关方理论归为规范性、描述性、工具性利益相关方理论三大流派。

关于利益相关方的定义，学者们提出了近30种"利益相关方"的不同定义，但看法基本一致，利益相关方涵盖公司员工、客户、供应商、投资者、当地社区、政府和非政府机构等多个群体。在利益相关方的识别与划分中，国际较通用的是多锥细分法和米切尔评分法，国内一些学者也从利益相关方的其他属性对其进行了界定和划分。如何识别企业的利益相关方，并与之开展有效的沟通是企业社会责任工作的有机组成部分。

利益相关方理论可以应用于公司治理和执行层面的相关方参与程序，帮助企业关注相关方的利益，并使相关方参与到公司治理中。企业做好利益相关方沟通可以提升品牌价值、降低运营风险，创造共享价值。利益相关方沟通不仅仅局限于理解互动的意义，更是公司运营的必要规范，有效地进行利益相关方沟通是做好企业社会责任的基础。

思考题

（1）假设你服务于一家游戏公司，作为公司方，你们的利益相关方都包括谁？

（2）请选择一家你熟悉的企业，分析它如何让利益相关方参与到公司治理中。

参考文献

[1] 杨瑞龙，周业安. 企业的利益相关者理论及其应用[M]. 北京：经济科学出版社，2000.

[2] ALCHIAN A A, DEMSETZ H. Production, Information Costs, and Economic Organization[J]. IEEE Engineering Management Review, 1972, 62(2):777-795.

[3] JENSEN M C, MECKLING W H. Theory of the Firm：Managerial Behavior, Agency Costs and Ownership Structure[J]. The Journal of Financial Economics, 1976 (3)：305-360.

[4] JR J, EF FAMA, MILLER M H. The Theory of Finance[J]. Journal of Money Credit and Banking, 1973, 5(1):229.

[5] KLEIN B, LEFFLER K B. The Role of Market Forces in Assuring Contractual Performance. [J]. Journal of Political Economy, 2000, 89(4):615 – 641.

[6] STIGLITZ J E. Credit Markets and the Control of Capital[J]. Journal of Money, Credit and Banking, 1985, 17(2) : 133 – 152.

[7] SHAPIRO C. Corporate Stakeholders and Corporate Finance[J]. Financial Management, 1987, 16(1):5 – 14.

[8] 姚乔茜. 从利益相关者角度分析 CSR 与财务绩效的关系[J]. 会计之友, 2017, 19(571) : 95 – 100.

[9] 韦德贞. 博弈视角下企业社会责任与企业价值关系研究[J]. 财会通讯:综合, 2011(8) : 57 – 58.

[10] 李心合. 嵌入社会责任与扩展公司财务理论[J]. 会计研究, 2009(1):66 – 73.

[11] 李灿. 利益相关者、社会责任与企业财务目标函数——基于共生理论的解释[J]. 当代财经, 2010(6):117 – 122.

[12] 孙晓. 利益相关者理论综述[J]. 经济研究导刊, 2009(2):10 – 11.

[13] 陈宏辉, 贾生华. 企业社会责任观的演进与发展:基于综合性社会契约的理解[J]. 中国工业经济, 2003(12):85 – 92.

[14] 唐寿宁. 个人选择与投资秩序[M]. 北京:中国社会科学出版社, 1999.

[15] DUNFEE T W, DONALDSON T J. Integraive Social Contracts Theory [M]. Wiley Encyckiopedia of Managemenr. Johnwiley & Sons. Ltd ,2015.

[16] 多纳德逊,邓非,有约束力的关系——对企业伦理学的一种社会契约论的研究[M]. 张丽华,译. 上海:上海社会科学院出版社,2001.

[17] 温素彬,方苑. 企业社会责任与财务绩效关系的实证研究——利益相关者视角的面板数据分析[J]. 中国工业经济,2008(10):11.

[18] 郑晓青. 价值创造导向下的公司治理与社会责任[J]. 会计之友(旬刊),2013(4):56 – 57.

[19] 李姝. 企业社会责任理论演进及文献述评[J]. 北方经贸,2007(11):46 – 49.

[20] 史永隽. 利益相关者理论新维度与动态企业社会责任观[J]. 岭南学刊,2007(4):5.

[21] EDWARD F R. Strategic Managemet:A Stakeholder Approach [M]. New York:Pitman Publishing Inc,1984.

第七章 实质性分析[①]

第一节 实质性分析概述

一、理解实质性

理解"实质性"(materiality)要从词根"实质"(material)着手。在《现代汉语词典》中,"实质"一词被解释为事物所固有的性质和特点,或者事物、问题等的实际内容或关键所在。在《韦氏英语词典》中,"material"一词被解释为与形式(form)相对的、真正重要的或将引起大影响的事物、问题;在剑桥英语词典中,将"materiality"翻译为衡量一项信息在做决定时的重要性。综上,实质性可以理解为事物或问题的本质。

在企业社会责任的语境中,实质性就是界定企业应当履行的本质责任。全球报告倡议组织(Global Reporting Initiative,GRI)将实质性定义为能够反映出对企业的经济、环境和社会方面产生重大影响的议题,或者能够影响利益相关方决策的重要议题。挪威船级社(DET NORSKE VERITAS,DNV)认为实质性是企业基于利益相关方的影响来反映其可持续绩效信息,以及根据行业特点对实质性问题进行判定的原则和标准。商道纵横认为,具有实质性的议题或指标也可以称为关键议题或指标,应能反映企业在经济、环境和社会等方面的重大影响,并能对利益相关方的评价提供可靠依据。

二、实质性分析

实质性分析,即识别实质性的议题或指标的过程。跳出表象谈本质,CSR研究的是企业(或商业)与社会的连接,企业不可能活在真空中,只要企业是真实社会里的存在,企业就不可能不与社会发生连接。这些连接有直接的也有间接

[①] 作者:郭沛源。

的，有影响大的也有影响小的。实质性分析就是要在这些错综复杂的连接中，找出企业与社会的连接中最重要的若干条连接，即关键连接。

找出企业与社会的关键连接不仅可以帮助企业认识自身发展现状，还能为其制定企业战略提供有效决策信息。事实上，我们可以在很多企业的CSR项目中发现这些关键的连接，这对我们理解CSR项目的设计初衷、设计原理及预期影响都有很大的帮助。

例如，可口可乐中国结合其核心业务与合作伙伴推出了水资源保护项目——乐在农家。这是一个人工湿地处理农村生活污水的项目，联动了政府部门、民间组织和企业三方，可口可乐称之为"黄金三角"合作模式。项目取得了良好的社会效益。这个项目抓住了可口可乐与社会的最关键的连接——水资源。对可口可乐来说，核心原材料（产品）是水，保护水资源是其可持续发展战略的重点；对当地政府、社区和民间组织来说，建立生态友好的农家乐经济是他们希望看到的。因此，抓住关键连接是这个项目成功的关键前提。当然，可口可乐与社会之间的连接还有许多，如社区、营养等。在这个项目中，社区也是连接之一，因为可口可乐的业务大多要下沉到社区，而农家乐在经营时也可能会用到可口可乐等饮料公司的产品，因此，社区也可以成为"乐在农家"项目抓住的另一个关键连接，但其实质性要稍逊于水资源这个连接。

若企业不重视实质性问题，看不清（或视而不见）企业与社会的关键连接，很可能会引发一系列问题。2014年，某知名网站创始人参与冰桶挑战的事件是一件值得反思的个案。"冰桶挑战"是从美国发端的公益活动，旨在提高人们对"渐冻人症"的认识。活动的规则是将冰桶内的冰水全部倒在自己身上，拍下挑战视频并向3位好友发出挑战。若被挑战者不接受挑战，则需向"渐冻人症"协会捐款。活动初衷是想通过名人的力量去影响更多的人关注和支持"渐冻人症"，而该创始人的冰桶挑战视频流出后掀起一阵风波，批判多于肯定。原因在于大众认为该创始人与其用冰桶挑战的方式做公益，不如将网站的核心业务经营好，因为网站竞价排名的很多广告信息特别是医疗信息并没有使得网民更便利地获取信息，甚至让需要帮助的人搜到虚假信息而造成严重的后果。在这个案例中，提供有效、真实的信息是企业与社会最关键的连接，尤其是在关系老百姓健康福祉的问题上。该创始人参与冰桶挑战而不去治理虚假的医疗广告，就是没抓住CSR的实质性议题，导致好事变坏事，使得企业被推上风口浪尖。

三、实质性分析的角度与边界

实质性分析和角度有很大的关系，即从不同利益相关方群体的视角出发，重点关注的实质性议题会有所不同。例如，对同样的议题，雇主与雇员会有不完全一样的看法，越是长期的议题越容易达成共识，越是短期的议题越容易产生矛盾。类似地，企业的投资者与企业的管理者对企业的实质性议题也会产生不同判断。GRI 曾与国际资产管理公司"荷宝"做过一项研究，分别从投资者和管理者的视角研究在不同行业中两种视角关注的实质性议题有何不同。结果表明，投资者关注的大多数实质性议题与企业关注的实质性议题都相同，只有少部分不同的关注点。例如，对金融行业来说，风险管理、公司治理、人力资本管理、劳工、多元化和机会平等议题无论是从投资者角度还是从管理者角度看，都是具有实质性的议题；对技术硬件和设备行业来说，管理者认为公司治理和商业伦理很重要，而投资者却将这两项议题排在了相对靠后的位置。

不同的实质性议题的影响范围会有所不同，因此实质性分析也会涉及不同边界。最常见的边界是法律意义上的企业边界，即企业本身的社会责任议题，包括企业自身用工、企业经营所在地的社区等。但有些实质性议题会超越法律意义上的企业边界，通过企业的价值链不断延伸。常见的情况有：劳工议题往往会涉及上游价值链，通常与企业的供应商或供应商的供应商相关；废弃的电子产品、塑料瓶的回收议题往往涉及下游产业链，通常与企业的分销商、消费者相关。因此，在实质性分析中，要注意不同议题涉及的不同边界。

四、实质性分析的应用

实质性分析在编制 CSR 报告时用得最多。要想使 CSR 报告有价值，进行实质性分析非常必要。若 CSR 报告没有对实质性议题进行有质量的披露，对利益相关方而言就没有价值。这样一来，CSR 报告等同于一份公关材料，外表做得漂亮，却没有实质性内容。反之，如果企业在信息披露中包含更多的实质性议题，CSR 报告将为自身制定战略和利益相关者做决策提供有效参考。

由此可见，实质性分析能够帮助企业识别更多关键信息并使其清楚地知道各实质性议题的优先次序，有利于企业发布真正有用的 CSR 报告，提高 CSR 报告的价值和使用价值。GRI 在现行的 GRI 标准版本及过往的历史版本中都特别强调实质性分析，指出企业必须正确地界定经济、社会、环境活动对可持续发展产生积极或消极影响的核心问题，规避信息披露中形式化的问题。

实质性分析也是企业制定 CSR 战略的必需流程。一般来说，好的 CSR 战略通常有以下特点：首先，应该是与企业所在的领域和其核心业务息息相关的，因为这样企业才能充分发挥自身优势和影响力。其次，需要与自身发展的长远目标紧密贴合，这样才能使企业的各个职能部门发生联动并产生价值。最后，必须是能够回应企业各利益相关方诉求的，只有及时反馈才能为企业赢得更多认同，从而促进企业在竞争市场中可持续发展。一言以蔽之，好的 CSR 战略离不开企业对自身以及与利益相关方相关的实质性议题进行分析。换言之，实质性分析是 CSR 战略的基础。实质性分析可以找出企业与社会的关键连接，识别出这个连接就能抓住重点，有的放矢地制定 CSR 战略。

在实践中，实质性分析往往要对各利益相关方进行调研，通过问卷调查和访谈等形式了解各利益相关方的诉求，并识别出一系列优先议题。实质性分析过程中形成的这些信息，对后续推进 CSR 战略落地和利益相关方沟通至关重要。

第二节 实质性分析步骤

实质性分析主要有以下三大步骤：首先是罗列实质性议题，其次是对罗列出来的实质性议题进行打分，最后是基于得分进行排序筛选并绘制实质性议题矩阵。

一、罗列实质性议题

实质性分析的第一步是对实质性议题进行罗列，这一步要列出全部可能的实质性议题。通常来说，罗列实质性议题需要遵循三个原则：一是利益相关方包容性原则，二是可持续发展背景原则，三是完整性原则。

（一）利益相关方包容性原则

企业在罗列实质性议题时，应该从不同利益相关方的角度思考对其重要的议题，将各主要利益相关方的合理期望和利益考虑进来，并对这些需求进行回应。一般来说，企业的利益相关方包括股东、消费者、员工、非政府组织、媒体、政府、社区、合作伙伴等。要想选取不同利益相关方所关注的实质性议题，可以通过对这些重要群体开展调研，即对主要利益相关方进行沟通访谈及问卷调查。各利益相关方所关注的焦点信息可能会有所不同。例如，银行的股东关注的是投资回报、经营状况和财务信息披露等问题，其客户想要的是优质的金融产品、高效的金融服务和客户权益保护，地方政府的期望是金融企业能支持实体经济发展、依法纳税和支持就业，监管机构则希望金融企业合规经营、公平竞争和维护金融稳定，合作伙伴想要企业能够做到公平采购、诚信互惠，社区的诉求是希望企业能够为社区服务营造和谐、健康的生活环境，一些 NGO 期待企业能够坚持绿色发展，支持低碳经济发展。

（二）可持续发展背景原则

企业选取实质性议题应该结合企业所在地区的可持续发展大背景。这是因为，不同国家和地区拥有不同的社情、民情，资源禀赋迥异，所处的经济发展阶段和可持续发展阶段也不一样。实质性分析不能脱离当地实际。以气候变化为例，在欧洲，多个国家提出的碳中和目标是2050年；在中国，我们提出的碳中和目标是2060年，且在实现碳中和目标的早期阶段，我们还要考虑污染治理等协同发展问题。这些都可以算作是可持续发展背景因素。

在考虑可持续发展背景因素时，企业常常可以参考所在国家和地区的相关政策法规，如中国的五年发展规划、SDG行动方案等。一些在当地群体中开展的调查研究，也可以为此提供参考，帮助企业了解当地利益相关方的诉求。

（三）完整性原则

实质性议题的完整性主要包括以下维度：实质性议题列表、议题边界和时间。实质性议题列表是指罗列的全部实质性议题足以反映该组织的重大经济、环境和社会影响，并且能让利益相关方全面评估该企业；议题边界描述实质性议题的影响范围，如前所述，不同议题会适用不同的边界，有的边界会延伸至企业价值链上下游；时间是指产生影响的时间，有些议题短期内可能不重要，但却具有长期的、累积的效应，经年累月，议题的影响就不可忽视了。

总之，企业根据上述原则可以有效罗列出全部可能具备实质性的议题。不同企业特别是不同行业罗列出来的实质性议题各有不同。但在罗列议题这个步骤中，议题多一些也没有关系，因为所有议题汇总出来后，接下来要对这些议题进行打分和筛选，大幅减少最终实质性议题的数量。

二、议题打分

对议题进行打分需要从"对公司的影响"和"对利益相关方的影响"两个维度出发，按照一定的评估方法对议题进行打分。

打分标准可参考以下问题：

（1）该指标是否已被利益相关方定为重要指标？

（2）该指标是否会对企业所在行业构成挑战？

（3）是否已经得到同行的关注？

（4）该指标是否与对企业或利益相关方而言具有战略性意义的相关法律法

规、国际协议或自愿性协议有关联?

（5）该指标是否给企业带来机遇?

（6）该指标是否有可能促使企业出现重大风险?

（7）该指标是否被专家认定为一种影响可持续发展的风险?

（8）企业是否具备专业知识或能力促进该领域的可持续发展?

（9）该指标是否能够促成战略的成功实施?

（10）该指标是否能够巩固企业的价值观?

打分量表的设计可因人而异，没有统一的标准或要求。譬如，可以对以上问题的答案采取二分制：答案为"是"，则打分为 2 分；答案为"可能是"，则打分为 1 分；答案为"否"或"不知道"或"不适用"，则打分为 0 分。这样就可以对议题按照分数高低进行排序，识别出优先议题。

在实践中，人们也常常直接用专家打分法，邀请多个专家（或利益相关方）从"对公司的影响"和"对利益相关方的影响"两个维度对议题做 0~5 的评分。最后通过算术平均或加权平均的算法，计算出每个议题的两个维度的综合分。

下文以雀巢公司为例，根据 2015 年雀巢公司披露的实质性分析结果，罗列出雀巢公司认为重要的 19 项议题，并设计打分表，见表 7-1。

表 7-1 实质性议题打分表

议 题	对公司的影响（0~5）	对利益相关方的影响（0~5）
安全与健康（Safety and healthy）		
动物福利（Animal welfare）		
负责任营销（Responsible marketing）		
妇女赋能（Women's empowerment）		
可追溯性（Traceability）		
农村发展（Rural development）		
气候变化（Climate change）		
人力资源（Human resources）		
人权（Human rights）		
商业伦理（Business ethics）		
社区发展和就业（Community development and unemployment）		
食品安全（Food safety）		
食品营养（粮食）安全（Food and nutrition security）		

续表

议 题	对公司的影响 (0~5)	对利益相关方的影响 (0~5)
食物浪费（Food waste）		
水资源管理（Water stewardship）		
营养过剩和营养不良（Over and under nutrition）		
孕婴童营养（Maternal, infant and young child nutrition）		
资源效率和废弃物（Resource efficiency and waste）		
自然资本（Natural capital）		

资料来源：笔者整理而得。

三、议题排序

由于并不是所有实质性议题都同等重要，企业应衡量利益相关方关注的议题，以及对经济、环境和社会产生重大影响的议题的重要性程度，确定实质性议题的优先次序。有了第二步的打分结果，我们可以对议题进行排序，这时需要绘制一张以"对公司的影响"和"对利益相关方的影响"为坐标轴的实质性议题矩阵图。图7-1为2015年雀巢公司可持续发展实质性议题矩阵图。

图7-1　2015年雀巢公司可持续发展实质性议题矩阵图

资料来源：笔者翻译而得。

从矩阵图中，我们可以清晰地识别出哪些议题对雀巢公司是最重要的，哪些议题对利益相关方是最重要的。处于右上方的营养过剩和营养不良、水资源管理、食品安全、商业伦理、气候变化等议题是雀巢公司的优先议题；反之，处于左下方的妇女赋能、安全与健康等议题相对来说就没有那么重要了。

读图 7-1 时，我们还要注意两点。第一，没有那么重要不等于不重要，我们只能说在分析的当时、当地，一些议题的重要性没有另一些议题那么高，这是相对的、比较的概念，不是绝对的。第二，在不同国家和地区，由不同利益相关方群体来打分，矩阵图的呈现结果会有较大差异，这反映出前述影响实质性议题的可持续发展背景原则和利益相关方原则。

实质性议题矩阵图并无定式。雀巢公司这个矩阵图是按九宫格形式呈现的，我们也看到有的企业会用四象限矩阵图形式呈现，还有的企业用弧线图形式呈现，见图 7-2。

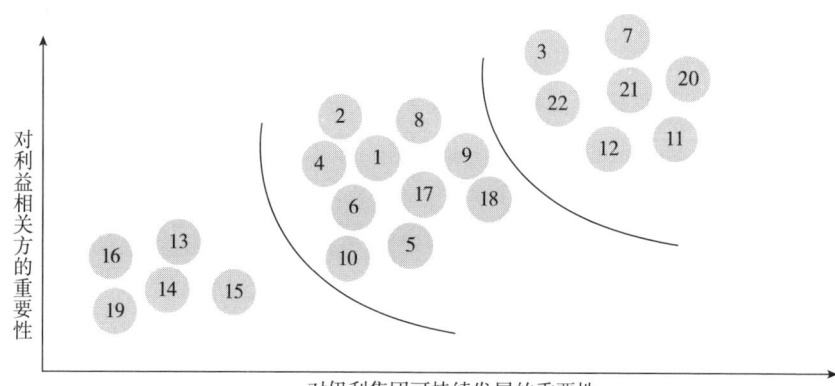

图 7-2　伊利集团可持续发展实质性议题矩阵图

资料来源：伊利集团企业社会责任报告。

万变不离其宗，不同呈现形式的矩阵图本质都是将企业筛选出来的实质性议题按照分数高低进行划分，最后以低重要性、中重要性和高重要性等不同等级呈现，以便清晰地看出哪些实质性议题是公司和利益相关方都高度关注的议题。

第三节　MQI 关键定量指标

一般来说，位于同一个国家或地区、属于同一个行业的企业的实质性议题有很强的共性。这意味着，对某个国家的某个行业来说，可以有一定程度上通适的实质性议题。在国际上，可持续发展会计准则委员会（Sustainability Accounting Standards Board，SASB）开发了各个行业的关键指标，其目的是提高企业可持续发展信息披露的可比性。2021年，SASB与国际综合报告委员会（International Integrated Reporting Council，IIRC）合并为价值报告基金会（Value Reporting Foundation）。在中国，商道纵横在2014年编制了《企业社会责任报告关键定量指标指引》（MQI指引），提供了适用于不同行业的关键定量指标体系，下文对此作一简介。

一、MQI指引简介

MQI是关键（Material）、定量（Quantitative）、指标（Indicator）的缩写，MQI指引的全称是《企业社会责任报告关键定量指标指引》，于2014年由商道纵横制定。针对企业社会责任报告编写过程中的信息披露问题，MQI指引提供了适用于不同行业的关键定量指标体系，旨在帮助不同行业的企业识别企业社会责任报告中的实质性议题、促进企业在报告中披露具有实质性的定量信息、帮助利益相关方对报告进行评价和使用。

MQI指引作为精简而专业的报告量化指标工具，提供了适用于不同行业的关键定量指标体系，每个行业从经济、环境、社会、劳工、产品五个维度设置了约20个最具实质性的行业指标。2017年，MQI指引由8个行业扩充到23个行业。

MQI指引帮助不同行业的企业识别企业可持续发展及社会责任实践中的实质性议题，促进企业在报告中披露具有实质性的定量信息。与此同时，利益相关方也可以依据MQI指引评估监督企业表现，客观上促进企业透明度与可持续发展绩效的改善。

2019年10月30日，在瑞士日内瓦举行的联合国贸易和发展会议（United Nations Conference on Trade and Development，UNCTAD）国际会计和报告准则（International Standards of Accounting and Reparting，ISAR）政府间专家工作组第三十六届会议上，MQI指引及数据库荣获国际会计准则荣誉2019（ISAR Honours 2019）。该奖项由UNCTAD在2018年设立，旨在表彰积极推动可持续发展报告和信息披露的各国和国际项目，促进优秀案例的传播。

二、MQI指标分类

MQI指引为每个行业设定关键定量指标体系。每个行业的MQI指标体系包括五个类别的指标，指标名称及英文缩写分别为：经济类指标（EC）、环境类指标（EN）、社会类指标（SO）、劳工类指标（LA）、产品类指标（PR）。每个行业的关键定量指标体系包括 20 个关键定量指标。

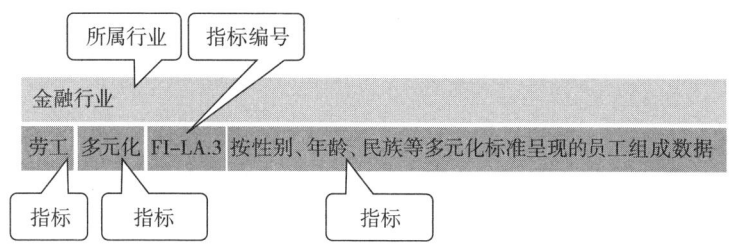

图 7 - 3　关键定量指标示例

资料来源：商道纵横.企业社会责任报告关键定量指标指引［R］.2017.

行业属性不同，指标体系中每个类别的指标内容与数量也不相同。但每个类别至少包括 1 个关键定量指标。图 7 - 3 为关键定量指标示例，每个指标"类别"下包括不同的"方面"，旨在对指标议题进行进一步分类。该指标编号为"FI - LA.3"，"FI"为金融行业代码，"LA"为劳工类别指标代码，"3"为该类别指标序号。表 7 - 2 为金融行业的 MQI 关键定量指标列表。

表 7 - 2　金融行业的 MQI 关键定量指标列表

金融行业（FI）			
类　别	方　面	编　号	指标内容
经济	经济绩效	FI - EC.1	机构产生和分配的直接经济价值
经济	绿色信贷	FI - EC.2	绿色信贷授信余额
经济	社会责任投入	FI - EC.3	推动和履行社会责任上的经济投入
经济	业务规模	FI - EC.4	按地区、规模、行业等分类的业务规模与比例
经济	审计	FI - EC.5	针对环境、社会政策及风险评估程序进行审计的频次
环境	电子业务	FI - EN.1	电子交易替代率
环境	环保培训	FI - EN.2	环保培训频次及参加培训的人数/次
环境	绿色办公	FI - EN.3	绿色办公绩效
社会	社区	FI - SO.1	员工参与志愿服务的人数/次及服务时间
社会	反腐败	FI - SO.2	反腐败沟通及培训频次
社会	反腐败	FI - SO.3	确认的腐败事件数及采取的行动频次
社会	合规	FI - SO.4	违反法规次数及被处重大罚款的金额
劳工	雇佣	FI - LA.1	员工流失率

续表

金融行业（FI）			
类 别	方 面	编 号	指标内容
劳工	职业培训与教育	FI-LA.2	员工每年接受职业培训的人数/次及时间
劳工	多元化	FI-LA.3	按性别、年龄、民族等多元化标准呈现的员工组成数据
产品	客户满意度	FI-PR.1	客户满意度结果及客户投诉数
产品	客户隐私权	FI-PR.2	侵犯客户隐私及泄露客户资料事件数及投诉数
产品	普惠金融	FI-PR.3	根据地区、客户受教育层次、收入层次划分的金融产品覆盖率
产品	中小企业贷款	FI-PR.4	中小企业客户数及中小企业授信余额
产品	合规	FI-PR.5	违反有关产品和服务的法规数及所受重大罚款金额

资料来源：商道纵横．中证 100 成分股 CSR 报告实质性分析［R］．2018．

企业可自愿应用 MQI 指引，首先根据自身所处的行业来确定适用的关键定量指标体系。若企业从事交叉行业的生产经营活动，则可自行参照 MQI 指引提供的一个或多个行业的关键定量指标体系。参照 MQI 指引，企业可以很容易确认实质性议题，以此制定企业 CSR 战略或编制 CSR 报告。

三、MQI 实质性分析

2018 年，商道纵横运用 MQI 指引对不同类型、不同行业的企业 CSR 报告的披露内容作了对比分析，发布了多份研究报告。这些报告可以帮助我们了解企业 CSR 报告的实质性披露水平，也可由此观察企业的实质性议题管理能力。下文摘取中证 100 金融行业 MQI 分析报告内容，其他分析报告可从 MQI 网站浏览。

中证 100 指数成分股企业中，金融企业数量最多，有 34 家，占比 36.6%。运用金融行业的 MQI 指引对这 34 家金融企业的 CSR 披露作对比分析，发现金融行业的企业对经济类和劳工类指标的披露情况较好，所有企业都披露了至少 1 个经济类指标和劳工类指标；经济类指标的披露率达到 75%，劳工类指标的披露率达到 73%；环境和产品类指标披露情况接近，披露率分别为 50% 和 51%。社会类指标披露最少，披露率仅有 33%；34 家企业中有 10 家未披露任何社会类指标。

具体来看，经济指标披露情况依然良好，与绿色信贷议题有关的指标披露呈上升趋势。5 个经济类指标中的前 4 个指标，即"FI-EC.1 机构产生和分配的直接经济价值""FI-EC.2 绿色信贷授信余额""FI-EC.3 推动和履行社会责任上的经济投入""FI-EC.4 按地区、规模、行业等分类的业务规模与比例"，披露企业在对应细分行业的比例都较高。相比上一年度的评估，保险和证券行业披露

"绿色授信余额"指标的企业比例均有所上升,保险业由25%上升至50%,证券行业由0上升至69%,反映出全行业对绿色金融的关注度和意识上升。另外,第5个经济类指标,"FI–EC.5针对环境、社会政策及风险评估程序进行审计的频次",披露的企业比例依然很低,除保险和证券业披露情况与上次评估基本持平外,披露该指标的银行比例下降了26个百分点至12%。

环境指标中,"FI–EN.1电子交易替代率"指标和"FI–EN.3绿色办公绩效"指标的披露情况有所上升。披露"电子交易替代率"的银行比例由85%涨至100%,证券企业的比例从7%上升至23%。"绿色办公绩效"指标,在保险和证券行业披露比例上升较大。披露办公环境绩效的证券企业比例由29%上升至62%,保险企业由50%上升至100%。另外,三个细分行业中,没有一家企业披露环境类别下的"FI–EN.2环保培训频次及参加培训的人数／次"。这可能意味着金融业企业虽然越来越注重环境绩效方面的信息披露,但环境保护意识普及的积极性依然不高。

带有负面色彩的指标披露依然不足,34家企业中,只有9家披露了"FI–SO.3确认的腐败事件数及采取的行动频次"、7家披露了"FI–SO.4违反法规次数及被处重大罚款的金额"、12家披露了"FI–LA.1员工流失率"、5家披露了"FI–PR.2侵犯客户隐私及泄露客户资料事件数及投诉数"、8家披露了"FI–PR.5违反有关产品和服务的法规数及所受重大罚款金额"。但与上年评估比较披露率有所上升,尤其是证券行业,披露"FI–SO.3确认的腐败事件数及采取的行动频次"的企业比例由0上升至46%,披露"FI–SO.4违反法规次数及被处重大罚款的金额"的企业比例由7%上升至46%,"FI–PR.5违反有关产品和服务的法规数及所受重大罚款金额"的披露企业比例从7%达到38%。

随着普惠金融、小微企业贷款等金融业务的流行,披露与此相关指标的企业比例也在上升。保险企业披露普惠金融指标"FI–PR.3根据地区、客户受教育层次、收入层次划分的金融产品覆盖率"由0上升至75%,而所有的银行都披露了此指标,披露企业比例由77%上升至100%。上次评估中,无一家保险企业披露"FI–PR.4中小企业客户数及中小企业授信余额"这一指标,但本次评估中,此比例上涨至50%。同时,披露此指标的银行比例也上升了8个百分点至100%。

本章小结

本章介绍了实质性的定义与重要性，以及实质性分析的具体步骤。实质性就是界定企业应当履行的本质责任，实质性分析就是识别实质性的议题或指标的过程，在企业与社会之间的错综复杂的连接中找出关键连接。

实质性分析包括三大步骤，首先是罗列实质性议题，其次是对罗列出来的实质性议题打分，最后是基于得分进行排序筛选并绘制实质性议题矩阵。对某个国家的某个行业来说，可以有一定程度上通适的实质性议题，具体可以参考 SASB 和 MQI 指引分行业制定的指标体系。

实质性分析是企业编制 CSR 报告和制定 CSR 战略的关键步骤，实质性分析过程对后续推进 CSR 战略落地和利益相关方沟通也至关重要。

思考题

（1）请使用界定实质性议题的常规步骤，识别出你熟悉的一个企业的关键议题。

（2）请思考并讨论不同实质性议题可能有很不同的边界的原因。

参考文献

[1] 全球报告倡议组织. 可持续发展报告标准[R]. 2016.

[2] 商道纵横. 企业社会责任报告关键定量指标指引[R]. 2017.

[3] 商道纵横. 中证100成分股CSR报告实质性分析[R]. 2018.

CSR
THEORY AND PRACTICE

实务篇

第八章　CSR 与公司战略[①]

第一节　公司战略及管理概述

一、公司战略

"战略"一词最早来源于和战争相关的谋略，通常是指为实现某种目标而制定的高层次、全方位的长期行动计划。"二战"后，随着经济的发展，公司之间的竞争日趋激烈，原本用于战争的战略，被运用到企业经营管理与竞争中。

很多公司管理学者，都对公司战略给出了自己的总结，美国著名的管理学家奎因（J. B. Quinn）认为战略是一种模式或计划，他把一个组织的主要目的、政策和活动按照一定的顺序结合起来，形成一个紧密的整体。另一位美国战略学家安德鲁斯（K. Andrews）将战略管理定义为通过一种模式把企业的目的、方针、政策和经营活动有机地结合起来，使企业形成自己的特殊战略属性和竞争优势，将不确定的环境具体化，以便容易地着手解决。对公司战略要点的描述有很多维度，但一般而言，公司战略是解决公司全局性、基本性、长期性问题，使企业获取并保持竞争优势的一整套目标、计划和实施方案。

二、公司战略管理

公司战略的确定是从公司的愿景出发，再充分分析组织所处的宏观外部环境和组织可以运用的内外部资源，动态地确定公司战略。公司战略管理一般分为战略分析、战略规划和战略实施及调整三个部分（见图 8-1）。从公司的愿景出发，结合外部环境和内部能力，进行战略规划，目标是获取可持续竞争优势。

企业通过实施战略获取竞争优势的要素取决于自身价值链活动和竞争环境。价值链是著名的管理学家迈克尔·波特（Michael Porter）于 1985 年提出的，把

[①] 作者：张睿。

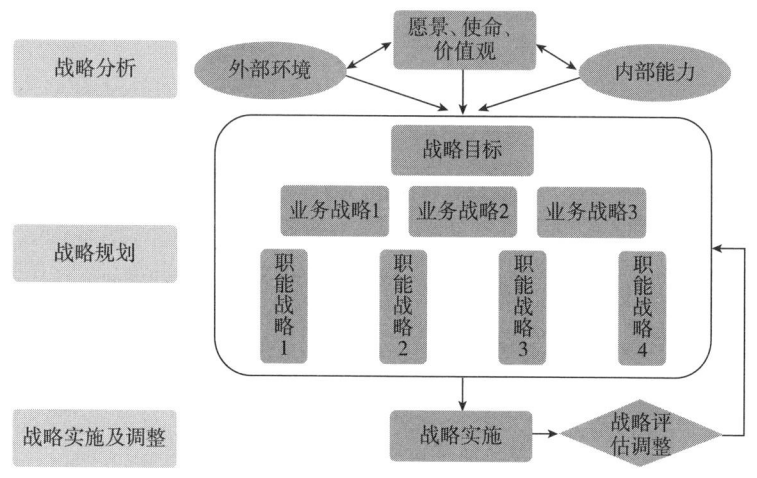

图 8-1　公司战略管理

资料来源：笔者整理而得。

企业的价值创造分为基本活动和辅助活动两类。基本活动包括生产作业、市场和销售、服务等；而辅助活动则包括采购、技术开发、人力资源管理和企业基础设施等。这些互不相同但又相互关联的生产经营活动，构成了一个创造价值的动态过程，即价值链。行业结构是指行业内部各参与者的构成及其强弱势程度，一般有五个维度，即客户的议价能力、供应商的议价能力、潜在进入者的威胁、替代者的威胁以及行业内现有竞争的状态。企业竞争环境主要可以从生产要素、需求条件、企业竞争所处的规则环境、相关和配套产业等四个维度分析。公司战略管理的核心就是依据公司愿景、外部环境与内部能力进行战略规划和实施，目标是获取可持续竞争优势，竞争优势的获取取决于自身价值链活动、行业结构和竞争环境。企业通过内部价值链活动和调整来实施战略，通过战略的实施影响产业结构与竞争环境，实现企业战略目标。

三、公司战略的层次

公司战略按层次可分为整体战略、业务战略和职能战略（见图 8-2）。公司整体战略解决公司全局性、基本性、长期性问题，是使企业获取并保持竞争优势的一整套目标、计划和实施方案。业务战略是某一特定业务的战略计划，主要解决的问题是在选定的业务领域内获得优势。职能战略是针对公司各项职能或专项工作所制定的战略，如销售战略、人事战略等，主要解决的问题是资源利用效率最大化。波特还提出了三种基本竞争战略，分别为成本领先战略、差异化战略、集中化战略。成本领先战略，是指企业通过有效途径降低成本，使企业的全部成本低于竞争对手的成本，从而获取竞争优势的一种战略。差异化战略，是指为使企业产品与竞争对手产品有明显的区别，形成与众不同的特点而采取的一种战略。集中化战略，是指企业或事业部的经营活动集中于某一特定的购买者集团、产品线的某一部分或某一地域市场的一种战略。

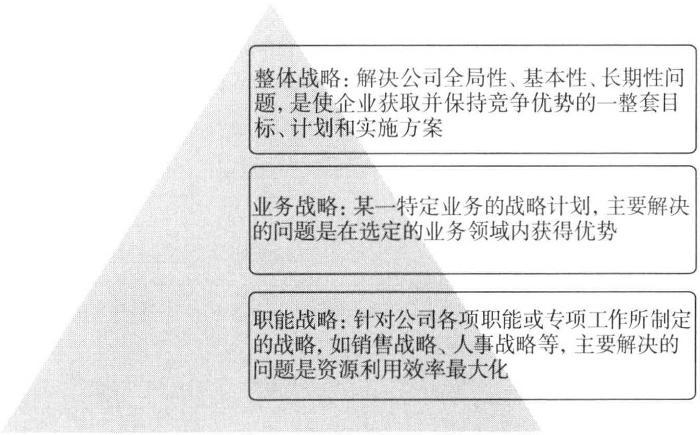

整体战略：解决公司全局性、基本性、长期性问题，是使企业获取并保持竞争优势的一整套目标、计划和实施方案

业务战略：某一特定业务的战略计划，主要解决的问题是在选定的业务领域内获得优势

职能战略：针对公司各项职能或专项工作所制定的战略，如销售战略、人事战略等，主要解决的问题是资源利用效率最大化

图 8-2　公司战略的层次

资料来源：笔者整理而得。

第二节　CSR 与公司战略概述

一、CSR 与公司战略的关系

CSR 与公司战略有着密切的关系并对其发挥直接作用。英国 Accountability 的创始人 Simon Zadek 将企业履行社会责任分为五个阶段：防御阶段、服从阶段、管理阶段、战略阶段和公民化阶段（见表 8-1）。在不同阶段，企业对社会责任有不同理解，会采取不同的行为方式。利益相关方的压力、对话、互动合作对企业的影响是巨大的，企业回应利益相关方需求的过程，实际上也是逐步履行社会责任的过程。所以，从某种意义上说，利益相关方的压力程度决定了企业履行社会责任的态度。如果压力不大，企业就会采取防御策略，拒不认账；如果压力很大，企业只能服从，但心里还是不服气；只有利益相关方与企业展开对话互动的时候，企业才能感受到社会责任是关乎企业长远发展的大事，从而将其提升到管理和战略的高度。

表 8–1　企业履行社会责任的五个阶段

阶段	企业行为	行为驱动
防御阶段	否认有关不良行为及其后果，拒不履行社会责任	为其行为辩护，以免损害企业形象及影响短期内的销售、招聘、生产效率及品牌
服从阶段	服从命令要求的规定，将其视为企业运营之必需成本	出于对名誉风险、法律风险的顾虑，以免有损企业在未来一定时期内的竞争优势
管理阶段	将对社会问题的管理整合到企业核心管理中	避免有损企业在未来一定时期内的竞争优势，试图以社会责任改善企业的长期回报
战略阶段	将社会因素整合到企业的核心战略中	旨在提升长期的企业竞争优势，试图以社会责任战略和创新取得先发优势
公民化阶段	鼓励更多企业参与到企业社会责任运动中来	提升长期的企业竞争优势，通过同行联合协作实现多方共赢

资料来源：Zadek s. The Path to Corporate Responsibility [M]. Springer Books, 2007.

从公司战略层次自下而上的分析，对于公司的职能战略，企业社会责任项目可以在价值链上降低企业运营对环境、社会的负面影响，提升正面贡献；对于公司业务战略，全面纳入企业社会责任的因素考量，可以通过战略型 CSR 项目改善和提升企业的竞争环境，在创造社会价值的同时获得竞争优势；对于公司整体战略的设置，须充分考量宏观的社会环境，分析企业的发展和解决社会问题、推动社会进步之间的关系，使企业和社会充分联系，创造商业和社会的共享价值。CSR 与公司战略的关系见图 8–3。

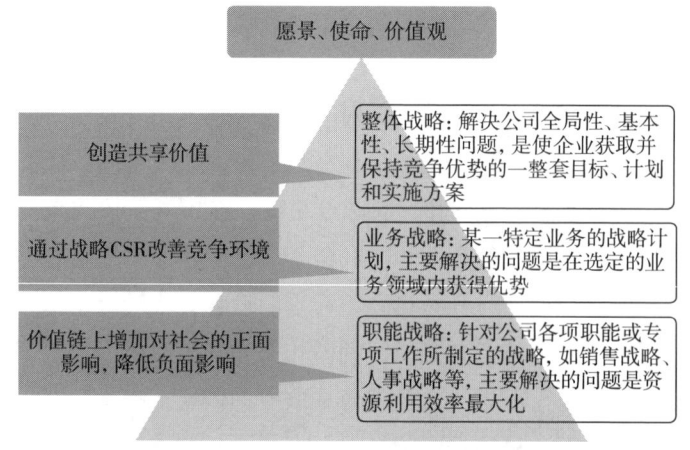

图 8–3　CSR 与公司战略的关系

资料来源：笔者整理而得。

二、CSR 对企业价值链的影响

企业在运营过程中，价值链上的各项活动除了对企业内部产生影响外，对外部环境和社会也同时产生影响。例如，基本活动中的加工生产环节就会对自然环境产生一定影响，如生产废水废气等。又例如，支持活动中的人力资源管理活动，对于员工个人和员工的家庭都会产生直接的影响。如果在企业价值链活动中，只从企业利益最大化的角度出发，而忽视这些对社会的影响，将会对环境和社会产生巨大的负外部性，企业也将面临巨大负面风险。换一种视角，如果企业可以充分考虑运营对外部的影响，尽量对社会产生正面的贡献，则对于企业运营将会产生显著的支持作用。

关于公司价值链活动对社会的影响，需要从企业社会责任的视角出发，利用利益相关方的分析方式，识别出各项价值链活动对各利益相关方的直接和间接影响因素，并利用企业社会责任的项目降低企业运营对环境、社会的负面影响，提升正面贡献。

下面列举一些价值链活动中企业社会责任视角的分析，以及 CSR 可以起到的作用。

采购环节：采购对企业而言是生产的基础环节，现代大型企业的采购更多的是通过复杂的供应链环节来实现，涉及二级、三级甚至更多层的供应商，这就涉及供应链管理中的 CSR 问题，如果在采购中忽视供应商在环境、社会方面的审核和要求，将对社会产生巨大的负面影响，同时也会增加供应商环境违规等问题导致的供应链断裂的风险。针对供应链的企业社会责任的管理就可以很好地分析和有针对性地解决如上问题，从基础的对供应商可持续发展的审核机制，到从 CSR 的视角赋能供应商，都是可以借鉴的案例。

售后服务环节：随着企业的扩大和客户的增多，售后服务对企业的重要性也愈加增强。售后服务需针对客户进行点对点联系，客户隐私保护的问题就成为一个重要的 CSR 议题，忽视客户隐私保护，将给企业带来巨大的声誉和合规风险。另外针对产品的全生命周期管理，对于产品的回收处理问题，也是售后服务端需要重视的 CSR 议题。

公司报告环节：公司的年报等报告反映了公司运营的结果，是投资者和各利益相关方了解企业的重要途径，但传统的公司报告更多的只是列示了公司经营的财务结果，对于企业对环境、社会的影响并没有列示和总结。所以在财务报告之外，总结企业社会责任方面的工作和结果，发布企业社会责任报告就是改善这一问题的有效方式。近年来由于资本市场及投资者的推动,更多的上市公司发布了 ESG 报告,这是提升公司透明度的有效方式。

图 8-4 列举了一些企业价值链活动中,企业社会责任维度的常见议题。

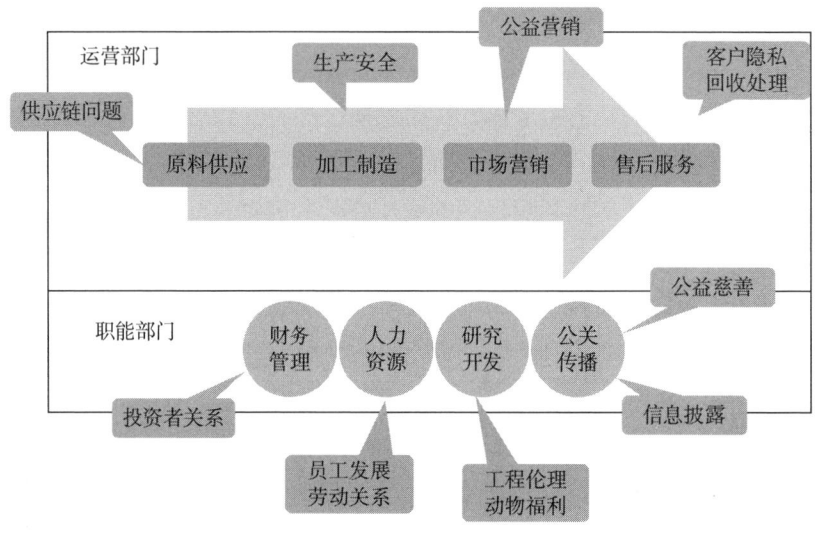

图 8-4　CSR 融入价值链活动

资料来源:笔者整理而得。

三、CSR 对企业竞争战略的影响

上一节我们分析过,企业通过实施战略获取竞争优势的要素取决于自身价值链活动和竞争环境。企业竞争环境主要可以从生产要素、需求条件、企业竞争所处的规则环境、相关和配套产业等四个维度分析(见图 8-5)。生产要素是指企业生产活动的支持要素,例如企业生产原材料、基础设置、人才、专用的软硬件设施等;需求条件是指对企业的产品及服务的需求情况,例如客户潜在规模、扩展空间等;企业竞争所处的规则环境包括法律法规规范程度、知识产权保护、公平的竞争环境等;相关和配套产业包括为企业提供配套的当地供应链发展、产业集群等。这四个维度对企业是否可以在竞争环境中获得可持续的竞争优势具有决定性的作用。所谓战略型企业社会责任,就是从企业竞争环境的角度分析,在减少企业负外部性的同时,改善和提升企业所处的竞争环境,帮助企业增加竞争优势。我们用一些案例来说明战略型企业社会责任项目如何帮助企业提升竞争环境,获取竞争优势。

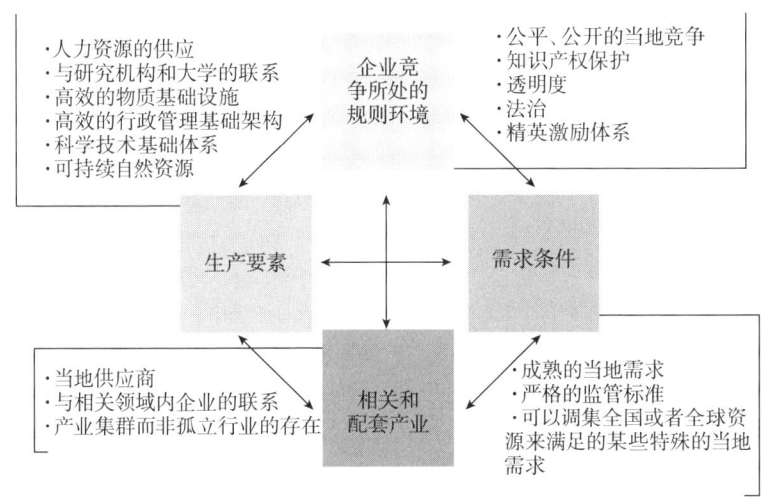

图 8-5　竞争环境的构成要素：钻石模型

资料来源：笔者整理而得。

战略 CSR 改善企业生产要素：可口可乐是全球最大的饮料生产商，可口可乐每天在全球 200 多个国家销售超过 19 亿瓶饮料[1]，按照 170% 的耗水比（水资源使用量和饮料产量之比），一年耗水量约 3500 亿升，超过一个大型城市的全年用水量。水资源是可口可乐最重要的生产要素，如果全球水资源污染及短缺加剧，将对可口可乐造成重大的不利影响。所以从 2007 年开始，可口可乐就在全球提出了"水回馈"的水资源保护战略，承诺在 2020 年前，把公司的生产用水，通过多种水资源管理方式，等量、安全地回馈给自然和社区。2015 年，可口可乐公司就已经在全球范围内实现了 100% "水回馈"的目标，成为全球首家实现该目标的"世界 500 强"企业，比既定的 2020 年提早了整整 5 年，并在此后每年均圆满完成目标。此外，截至 2019 年底，公司的用水效率比 2010 年提高了 18%。[2] 2021 年 3 月 22 日世界水日，可口可乐发布 2030 年全球水资源新战略和愿景：在生产运营、原料采购和触及大众生活的业务、社区和自然中，保障水资源安全。

可口可乐通过"水回馈"战略的设立和实施，减少了因为公司运营带来的对自然资源损耗的影响，保护了自然环境的水资源，同时保证了公司所需的最重要的生产要素，并且由于长期自然资源保护方面的行动，提升了企业的声誉，这

---

[1]　https://zh.wikipedia.org/wiki/%E5%8F%AF%E5%8F%A3%E5%8F%AF%E4%B9%90.

[2]　https://www.coca-cola.com.cn/press-centre/press-releases/kkklgsfb2030nqqszyxzlyj.

是一个典型的战略 CSR 的案例。

战略 CSR 改善需求要素条件：微软在全球计算机桌面操作系统领域占有统治地位。微软从 20 世纪 90 年代开始在全球开展了针对中小学生以及教师的电脑培训教育项目，这是微软重要的战略企业社会责任项目。2003 年，微软（中国）有限公司和教育部在北京签署了"中国基础教育信息化合作框架"协议，支持中国基础教育的信息化建设，启动了教育部—微软（中国）"携手助学"项目，是微软全球教育项目在中国的落地。"携手助学"一期项目建成了遍布全国 31 个省、自治区、直辖市的百间计算机教室，超过 10 万名信息技术专任教师接受了培训，几十万名学生从中获益。2008 年"携手助学"二期项目开始，二期项目扩展到新建 1000 间创新教室，重点培育师资力量，培训全国 31 个省、自治区、直辖市范围内总计 5 万名信息技术教师，并组织对全国 100 个县内的 10 万名中小学学科教师进行教育技术能力培训，累计培训学生超过百万人。"携手助学"项目的实施，为中国中小学教师及学生电脑技能的提升起到了支持作用，缩小了数字鸿沟，有很强的社会价值。从另一个角度看，这些项目的受益师生，也是未来微软重要的潜在客户，无论是未来工作和生活中购买微软产品，持续提升微软产品的市场需求，还是作为未来付费客户，都具有正向影响。"携手助学"战略 CSR 项目，显著提升了微软的需求要素条件。

战略 CSR 改善规则环境：近年来全球金融资本市场对应对气候变化重点关注，因为气候变化带来的物理风险和转型风险是金融市场重大的潜在风险来源。在此背景下金融稳定理事会（Financial Stability Board，FSB）于 2015 年设立了支持气候相关财务信息披露工作组（Task Force on Climate – related Financial Disclosures，TCFD），设计出了一套自主框架，由企业在财务报表中自愿披露气候相关信息。彭博等金融服务机构对此项目支持很大，彭博的创始人董事长迈克尔·布隆伯格担任 TCFD 的主席，彭博基金会也对 TCFD 项目提供了财务支持。通过 TCFD 的实施，推动了企业应对气候变化信息披露的标准和行动，提升了全球应对气候变化的规则环境，帮助金融企业提升了应对气候变化的意识和风险应对。企业的更多行动，也使全球经济低碳转型得到了加速。

战略 CSR 改善相关和配套产业：伊利是中国最大的乳制品企业，乳制品最主要的原料是原奶。我国原奶的生产多依赖中小型牧场或者个体奶农。伊利的企业社会责任项目中，中小型牧场或奶农是重要的目标群体。在技术协助方面，伊利组建奶牛营养中心、技术中心、培训与防疫中心、育种中心，推进合作牧场生产管理标准化体系（SOP）建设，编制从牧场选址到奶牛全生命周期管理的标准化手册，无偿提供给合作牧场。开办"牛二代"训练营、"伊课堂"等专题培训及赋能活动，培养牛二代 411 人、牧业精英学员 2500 人，开展远程直播 397 场次，累计覆盖 15.5 万人次。推出"降本增效、精准饲喂、精益运营"三大项目，依托"嵌入式"全新服务模式，促进合作牧场提升奶牛日单产，降低养殖成本，增加收入。金融支持方面采取以"核心企业承担实质性风险"为特色的产业链金融模式，通过"青贮贷""牧场贷""购牛贷"等金融产品，为合作牧场融资提供担保。在伊利的协助下，合作牧场的日产奶量及生产成本都有明显的优化。通过此类项目，合作牧场和奶农的收入有了明显的改善，同时伊利提升了成规模的配套产业，保证了奶源的持续稳定供应。

第三节 创造共享价值与社会价值共创

一、创造共享价值视角下的企业社会责任和公司战略融合

迈克尔·波特在 2011 年发表了企业社会责任领域也是战略领域重要的文章《创造共享价值》，从更高的层面总结了商业和社会的关系。他提到过去的企业将价值创造看得过于狭隘，过于注重财务的收益，忽略了社会的最根本需求，最终阻碍了企业的长期发展。如果只从简单的消除负外部的角度考虑企业社会责任问题，将过于片面。

创造共享价值的原则就在于企业的整体战略需基于解决社会问题的角度，为社会创造价值，在应对社会挑战和满足社会需求的过程中，同时创造成功的商业价值。商业必须重新连接商业成功和社会进步。共享价值不是社会责任，不是慈善，不是公司的次要活动，而是基本战略和核心活动。从这个角度考虑，企业的愿景、战略和业务活动都需要嵌入社会价值的判断因素。共享价值的提出，有机融合了商业和社会的关系，从而升级了企业战略管理理论。

迈克尔·波特提出了企业创造共享价值（CSV）的三种主要方式。

（一）重新构想产品和市场

近年来，人们对满足社会需求的产品和服务的需求正在迅速增多，例如人们对健康越来越重视，食品企业将不仅重视味道改良，还更加关注提升食品的营养。企业通过生产和提供满足社会需求的产品和服务，不仅提高了企业的经济效益，还可以增加更多的社会效益。事实上，企业比政府、非营利组织更能使消费

者接受能够创造社会效益的产品和服务，比如更健康的食品或环保产品。

低收入地区和发展中国家的社会需求迫切需要得到满足，但是许多企业并没有意识到这一新市场，没有发现这个能够给企业带来发展的机会。企业向低收入地区和发展中国家提供能够满足社会需要的产品和服务，不仅能够为企业带来可观的利润，也能为这些地区带来发展的机会，创造共享价值。企业可以通过满足社会需求获得更多发展机会。当企业不断对社会需求进行研究时，将会获得在现有市场中实施差异化和进行重新定位的机会，还能够认识到以前所忽略的新市场所蕴含的潜力。

（二）重新定义价值链中的生产率

企业的竞争优势不能从企业整体来看，而是应该通过价值链分解公司生产和销售的各个活动环节来分析企业的竞争优势点，从而集中企业资源发展具有优势的方面，为企业差异化创造基础。

企业的价值链与许多社会问题密切相关，如环境影响、能源使用、水资源的使用等。社会问题会给企业价值链带来经济成本，同时企业也可以利用价值链的一些环节来解决社会问题，从而提高企业的生产力，创造共享价值。例如，通过改善企业物流运输路线来减少能源使用，减少碳排放，同时也能够减少企业的运输成本。

（三）促进企业所在地集群的发展

企业集群（Business Cluster）指的是集中在特定地理位置的某一特定领域的相关企业、组织机构，包括当地的基础设施条件。企业集群的出现能够提高企业的生产力和竞争优势。

当企业在其所在地建立和发展产业集群时，会扩大企业发展和企业所在地区的发展之间的联系。因此，企业的发展也会带动当地的其他利益相关方和经济的发展，如就业岗位增加、企业的多样性增加以及对辅助服务的需求增加。

如何促进企业所在地集群的发展？企业需要认识到在物流、供应商、分销渠道、培训等发展受限的方面，然后对其进行重点关注并直接影响和改善，这就是最有可能进行创造共享价值的地方。

但是改善一个地区的集群往往不是一个企业能够独自做到的，需要与其他企业、政府、非营利组织等机构共同合作，获得他们的支持，共同努力才能够促进当地集群的发展。

二、社会价值共创

复旦大学管理学院、中智关爱通与商道纵横完善推出了"社会价值共创"评估体系。社会价值共创（Social Value Co-creation，SVCC）是指企业通过与其利益相关方合作共同创造社会价值，并在价值摄取、创造、使用整体过程中让企业与其利益相关方，及社会有机会获得共享价值的行动实践过程。当代企业理论认为企业与利益相关方的价值共享是必需的，利益相关方理论重塑了企业存在与发展的原理，企业与其利益相关方分享价值成为企业存在合理性条件。同时，战略企业社会责任视角倡导企业与利益相关方实现共享价值，并从中获得企业可持续发展的机遇。研究共享价值的创造过程与实践行动，就是企业社会价值共创。

社会价值共创共有六个阶段，分别是：

（1）投入阶段（Investment）：战略定位能力。企业领导力（推动战略规划、部署与实施），可持续战略规划能力（比如分析实质性议题，分析主要利益相关方）。

（2）协同阶段（Coordination）：协同治理能力。项目合作中的协同制度设计、组织间信任、组织吸收能力、环境政府社会的合规意识。

（3）带动阶段（Engagement）：社会动员能力。号召动员更广泛的利益相关方（包括员工、顾客、供应商、受益人等）参与社会创新。

（4）创造阶段（Creation）：跨价值链融通能力。组织在实现社会价值共创的跨界合作中，发现了组织与其环境得以长期共同演化发展的新型业务模式，实现了组织生态治理方面的创新。

（5）转化阶段（Transformation）：资源转化能力。组织在社会价值共创项目行动中形成了有效动态的组织学习能力，将价值共创在社会网络与政治资源、人力与知识资本、品牌与注意力上产生的效益内化为组织本身的资源与资本。

（6）溢出阶段（Spill-over）：循环经济视野在企业可持续发展展露行动的报告披露与社会责任活动方面的会计核算中，主动采用持续循环的视角看待社会价值共创项目的多元价值溢出。

六个阶段又可以继续细化为24个实践行动，详见图8-6。

企业社会价值共创是企业组织与其环境实现"交融"的过程，第一、第二、第三个阶段（ICE阶段），类同组织变革中强调的"破冰"，实现企业组织与其各类利益相关方对目标共创价值的共同"感知"，嫁接企业与其环境共同行动步伐，完成了组织学习第一个回路；第四、第五、第六个阶段（CTS阶段）类似组

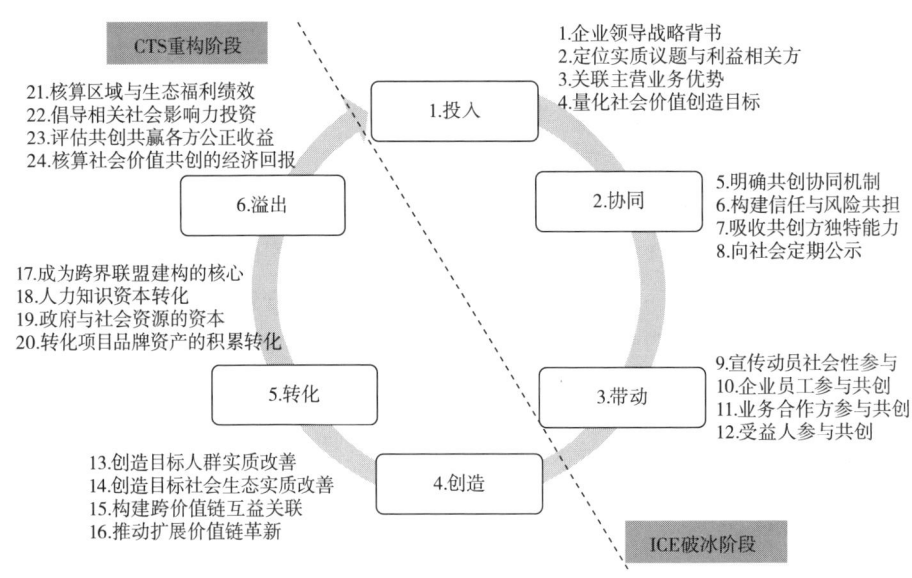

图8-6 企业社会价值共创的六个阶段与24个实践行动

资料来源：张伟，蒋青云. 社会价值共创："可持续发展战略"的新高度.

织创新变革中的系统"重构"设计，实现知行合一的组织学习与再造，完成各类资源与影响力转化与收益效能的优化溢出，从而完成了组织学习第二个回路。正是在这样的社会价值共创（SVCC）的具体行动实践过程中，企业组织才能不断学习提升其可持续发展能力，表达其可持续发展战略意图；企业与环境中的各类利益相关方才能共同创造社会价值并实现价值共享；企业组织与其环境的价值才能发生"交融"与良性共生，共同实现可持续发展的战略愿景。

------ 本章小结 ------

公司战略是解决公司全局性、基本性、长期性问题，使企业获取并保持竞争优势的一整套目标、计划和实施方案。确定一个公司的战略，需要从公司的愿景出发，再结合外部环境和内部能力，进行战略规划。从公司的各类战略中看，公司战略的层次高于职能战略和业务战略。

企业社会责任和公司战略的关系是直接而密切的，企业社会责任的核心是将一个公司的社会和环境活动融入公司的商业目的和价值观。但在企业履行社会责任的不同阶段，会采取不同的方式，最终达到公民化阶段，企业将鼓励更多企业参与到企业社会责任运动中来，通过同行联合协作实现多方共赢。企业社会责任对公司价值链和竞争战略也都有着非常大的影响。

企业创造共享价值（CSV）包括重新构想产品和市场、重新定义价值链中的生产率、促进企业所在地集群的发展三种主要方式。复旦大学管理学院、中智关爱通与商道纵横完善推出了"社会价值共创"（SVCC）评估体系，分为投入、协同、带动、创造、转化、溢出六个阶段，企业社会价值共创是企业组织与其环境实现"交融"的过程，最终从企业社会责任角度促进商业目标的实现。

思考题

（1）企业 CSR 部门开展互联网公益活动，对公司战略有何贡献？

（2）创造共享价值与社会价值共创相比，有何共通之处，又有何不同之处？

参考文献

[1] 亨利·明茨伯格,等. 战略过程：概念、情境、案例[M]. 北京：中国人民大学出版社，2014.

[2] Edmund P. Learned, C. Roland Christensen, Kenneth R. Andrews, Willicom D. Guth. Business Policy：Text and Cases[M]. Homewood，1965.

[3] 迈克尔·波特，马克·克雷默. 创造共享价值[J]. 哈佛商业评论，2011(1).

[4] 眭文娟，谭劲松，张慧玉. 企业社会责任行为中的战略管理视角理论综述[J]. 管理学报，2012，9(3):345.

[5] ZADEK S. The path to corporate responsibility[J]. Harvard Business Review，2004，82(12):125.

[6] 商道纵横. CSR 百科丨创造共享价值 Creating Shared Value[EB/OL]. [2019 – 11 – 04]. https://www.sohu.com/a/350980100_99907869.

[7] 张伟，蒋青云."共同抗疫"如何激发企业社会责任的价值共创能力？[J]. 中国广告，2020，317(Z1):34 – 36.

第九章　有效沟通与领导力[①]

第一节　实现有效沟通

一、什么是沟通

（一）沟通的定义

沟通是不同的行为主体，通过各种信息载体实现信息的双向流动，形成行为主体的感知，以达到特定目标的行为过程。行为主体通常指人与人、人与人群、人群与人群。随着科技和社会的进步与发展，行为主体可能还包括了有行为意识的动物、机器（人）、超级计算机、AI人工智能等。特定目标则至少包括了意识、行为和组织三个层面的内容。意识层面通常包含了情感、认知、知识、思想等；行为层面通常包含了动作、活动、习惯等；组织层面则通常包括了绩效目标、行动规划、团队动态互动与反应等。人们通过沟通可以让意见达成一致，让情感表达得以通畅。优秀的沟通技能是一个人立足社会的基本能力[②]。

沃尔玛公司的创始人山姆·沃尔顿认为：企业就像一幢建筑物，墙壁分开了职务，地板区分了层级，沟通是把所有的人集聚在一个打通的大房间里，为了共同的梦想而打拼。国家行政学院曾对40位部委司局级干部进行问卷调查，有79.9%的人认为当前领导干部"最需要提高的能力是沟通协调能力"，位列最需要提高的10种能力之首[③]。

（二）沟通的过程与模式

信息的"发送者"在沟通的过程中，首先通过大脑"创造信息"，也就是"编码"，之后在选定的渠道或媒介表现出来，"接受者"（或者目标接受对象）

[①] 作者：张圣。
[②] 丛书编委会. 沟通的艺术[M]. 长春：吉林出版集团有限责任公司，2012.
[③] http://opinion.people.com.cn/n/2013/0624/c1003-21942530.html.

在该渠道或媒介中接受经过了"解码"后的"信息",并最终"反馈"回"发送者",这样就完成了一次沟通的过程(见图9-1)。在这个过程中,发送者自身、渠道或媒介、解码过程,以及接受者等都可能受到内部及外部的干扰,从而影响整个沟通效果,即发生"失真"状况。通常说来,"反馈"的程序,就是一次信息在"发送者"与"接受者"中修正信息"失真"潜在发生可能的过程。"发送者"也许需要与"接受者"进行多轮"反馈",来统一对同一信息的认知。

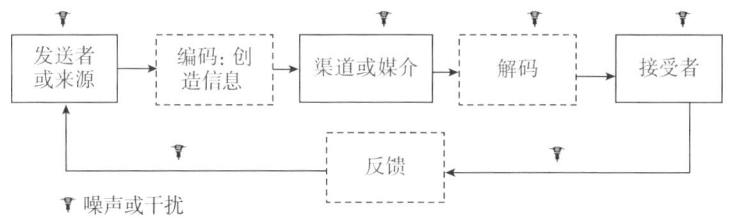

图9-1 沟通的过程

资料来源:尼基·斯坦顿. 沟通圣经:听说读写全方位沟通技巧 [M]. 北京:北京联合出版公司,2015.

人们当然不只通过声音、文字进行沟通,我们还会有意无意地通过其他方式进行沟通,即"非语言沟通"。通常包括:

(1) 面部表情:一个微笑、一个皱眉、一个眨眼;
(2) 肢体动作:利用双手或者双脚的动作,解释或者强调语言信息;
(3) 身体姿势:站姿、坐姿;
(4) 方向:面向,或者背对对方;
(5) 目光接触:是否看着对方,以及看对方时的时间长短;
(6) 肢体接触:拍肩、搭肩、握手;
(7) 距离:自己与对方的距离;
(8) 点头:表示同意或者不同意,或者鼓励对方说下去;
(9) 外表:外貌和衣着。

这些内容通常丰富了我们与同族(民族、接受教育程度、地区文化一致等)沟通过程中的内容,减少沟通过程中"失真"的发生概率。但当你面对跨文化沟通或者文化差异大的群体时,以上"非语言沟通"往往会增加沟通的难度,这时你可能需要尽可能了解对方文化,以减少"失真"的发生概率。

(三) 沟通的作用与意义

彼得·德鲁克认为,在一个组织中,自认为有管理天赋的管理者,往往没有良好的人际关系。而在自己的工作上和人际关系上都比较重视贡献的管理者，往往都有良好的人际关系，他的工作也因此而富有成效，这也许是所谓的"良好的人际关系"的真正意义①。而在有效的人际关系中离不开四项基本要求：互相沟通、团队合作、自我发展、培养他人。

有效沟通通常有四项重大意义：

(1) 满足人们彼此交流的需要；

(2) 使人们达成共识、形成更多的合作可能；

(3) 降低沟通与工作中的成本，提高工作或办事效率；

(4) 获得有价值的信息，使人们清晰思考，有效把握所做的事情。

二、有效沟通的障碍与如何实施有效沟通

(一) 有效沟通的障碍

人们在进行语言或非语言沟通时，往往面临着以下几种障碍：

(1) 过滤——发送者有意操纵信息，以使信息显得对发送者或接收者更为有利（如一场"狼人杀"游戏中，某些玩家故意隐瞒信息，以意图获取最终的游戏胜利）。

(2) 信息超载——需要处理的信息超过我们的加工能力时，就出现了信息超载（如父母给子女讲解小学作业，所讲解的内容超出了小朋友的接受程度时，就容易出现大量的信息失真）。

(3) 选择性知觉——接受者会根据自己的需要、动机、经验、背景及其他个人特点有选择地去看、去听信息，或者去解释（如篮球比赛中，教练需要时常暂停比赛来修正队员的比赛认知和相关行动，因为篮球队员会根据自身对篮球比赛的阅读能力进行解读，而这往往与篮球教练对于比赛的整体规划有出入）。

(4) 沟通恐惧——在口头沟通上，或是在书面沟通上，或是在二者兼有的沟通上，感到过分紧张和焦虑（如一名下属在向上司进行项目汇报时，出于对上司的恐惧，感到紧张焦虑，并最终导致项目汇报过程中的信息失真）。

(5) 情绪——在接收信息时，接收者的情绪感受也会影响到他对信息的解释（如一名"路怒症"司机在情绪化过程中，对于车内环境、车外环境信息的误判，加大了出现交通事故的概率）。

(6) 文化/语言——同样的词汇对不同人来说意义却会不同（如在国际沟通

---

① 彼得·德鲁克. 卓有成效的管理者[M]. 北京：机械工业出版社，2005.

环境中,同一词汇在不同的文化、语言环境中所表达的含义是不一样的,有时候甚至会闹出"国际笑话")。

(二) 如何实施有效沟通

有效沟通的主要策略在于"主动倾听",接受者在沟通的多次过程中,需要做到如下几点(见图9-2):

(1) 反应阶段——你需要表现出对话题的足够兴趣,并尽最大努力弄清楚发送者所发送的信息。

(2) 感觉阶段——推迟对信息的评估,避免或减少来自外界的干扰,并持续保持对话题的兴趣。

(3) 评估阶段——持续强调沟通的重点,并有效率地组织信息。

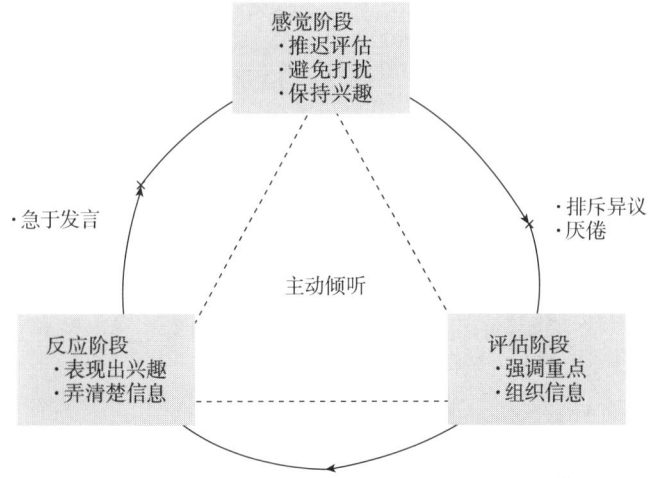

图9-2 有效沟通的策略

资料来源:笔者整理而得。

在这一过程中,你需要避免:

(1) 在反应与感觉阶段中,急于发言,给信息发送者制造更大的干扰。

(2) 在感觉与评估阶段中,排斥异议,表现出对于话题的厌倦等非语言沟通对于沟通过程中的干扰,并导致话题的"失真"。

与此同时,你可能还需要做到如下几点:

(1) 修正信息——改变描述角度,避免专有名词、网络流行语,注意在语言逻辑、语法语义等方面的调整等。

(2) 简洁表达——区分事实与推断、区分解释与赋义等。

(3) 同理心——换位思考、使用得体方式表达等。

三、实现有效沟通的工具

(一) 从信息披露工具到科学传播

如其他章节中所讲,信息披露将有助于更好地进行内外部沟通工作。一份高质量的 CSR/ESG 报告将有助于外部更加全面地了解你所在公司的 CSR/ESG 工作(包括战略、项目规划、结果、影响力等方面)。而在写报告过程中,内部各部门之间就可持续发展议题的持续沟通将为大家建立牢靠的基础共识,为日后利益相关方间的有效沟通打下基础。

通常说来,人类的行为受到来自个体内部及外部多种因素的影响,影响行为的内部因素包括知识、态度、信仰、情感、价值等,外部因素则包括社会规范、文化习俗、政策监管等。社会行为改变传播理论(Social Behavior Change Communication, SBCC)使用了"沟通"的形式,以期对人们的行为产生影响,是实现社会正向发展的有效手段。SBCC 理论所倡导的沟通不是意在传递容易"失真"的信息,而是基于多种行为模型、利用多种沟通工具,实现基于事实的信息传递,并通过科学传播,影响信息接收者的行为。在 PDCA(Plan – Do – Check – Action)模型框架下,我们认为完整的 SBCC 模型包含了以下五步[①]:

(1) 问题现状与情景定位;

(2) 聚焦与分析;

(3) 选择合适的行为模型;

(4) 设计并执行相关的 SBCC 项目;

(5) 监督与评估。

(二) 从口耳相传到 KOL 代言

在古希腊哲学家亚里士多德的文学作品《修辞学》中,阐述了三种说服人的策略[②]。这三种策略,从民间故事中的口耳相传式应用,到现如今科技飞速发展、互联网信息爆炸的时代依然适用。

(1) 针对普通观众的:以面向当下为主的宣德演说,即情感诉求——强调用丰富的情感来说服(如电影中常见的催泪场景)。

(2) 针对法官的:以面向过去为主的诉讼演说,即人品诉求——强调信息

---

① 受限于篇幅,本章节中不展开讨论 SBCC 的相关内容。
② 亚里士多德. 修辞学(外研社双语读库 191)[M]. 北京:外语教学与研究出版社,2011.

来源的可信度（如广告中常见的 KOL 代言）。

（3）针对公共集会裁决人的：以面向未来为主的议政演说，即理性诉求——强调传播的内容讲道理（如针对新冠肺炎疫情的发展，应用医学专家的理性分析，强调数据应用的传播信息）。

（三）从感动自己到感动别人

如先前"如何实施有效沟通"章节中所描述的内容，"同理心"是有效沟通过程中的一个重要应用指标，从感动自己式的单向传播中解放出来，到以感动别人为目的的双向沟通中去。目的不是以单向传播或少轮次的沟通为终结，而是以激起更多的沟通轮次为目标，在持续的沟通过程中使信息发送者与接收者的认知一致。

四、CSR 沟通常用措施

在 CSR 经理人的实际工作中，常常需要综合应用前文中实现关键沟通的工具。跨部门沟通需要先讲"情理相通"，再讲"技术相通"。如果无法感同身受，很难在别人的工作中推动自己的 CSR 工作的落地实施。对于 CSR 经理人来说，工作成果可以共享，重点需要引导合作部门的工作朝着更可持续的方向发展。表 9-1 列出了针对不同部门的实际沟通中所展现的常见需求，CSR 经理人可以协同转化、深入推动、共同发展的应对措施。

表 9-1 CSR 经理人面对不同部门需求时的常见应对措施

常见合作部门	常见需求	沟通应对措施
品牌部	公司品牌价值的增长（我跟谁一起玩、谁跟我一起玩）	CSR 公益项目中明星联动； 联合国、NGO 等知名机构联动； 政府部门联动
公关部	公司媒体价值的增长（老板能否出席、媒体价值能贡献多少 KPI）	老板作为 KOL 参与 CSR 项目； 公益活动后的媒体价值监测，通常用公关部的舆情监测系统来完成； 基金会通常能带来公益媒体，但是公司的媒体价值通常意味着大众媒体或者垂类媒体。基金会的媒体价值可以作为补充，也可以低价请来明星合作，这是很好的媒体数据补充
HR 部门	员工发展与志愿者活动（能够帮 HR 完成多少工时的培训或者志愿者服务工作）	设计实施合适的员工培训，可以是 CSR 议题，也可以是员工发展方向议题； 设计实施合适的员工志愿者活动，利用 CSR 经理人在公益圈的关系，发掘本地志愿者服务机会，联动"志愿中国"等发证机构，给予志愿者适时鼓励

续表

常见合作部门	常见需求	沟通应对措施
投资部	回应投资人的期许（满足投资人或机构的问询，降低其焦虑情绪）	ESG/CSR 信息披露； 协助投资部门同事回应投资者问询； 整理责任投资趋势，引用国际可持续（信息披露和/或工作）标准，提升投资部同事知识储备
战略部	为企业可持续发展提供战略数据支撑（帮助企业回应外部需求）	回应国家/地方相关政策； 帮助主管部门回应社会热点议题等
市场部	策划爆点市场活动（来参与的人多、社会议题多，最好能带动产品销售）	设计联名公益机构的产品，设计具有公益属性的产品； 联名公众辨识度高的公益机构等进行市场活动合作，跨领域展现并结合可持续性与商业性

资料来源：笔者整理而得。

第二节　以领导力带动协同发展

一、领导力的定义

（一）什么是领导力

著名的领导力学者沃伦·本尼斯认为，领导力是成功组织背后的核心动力，而要想创造一个有活力的组织，就必须利用领导力去帮助组织形成一个全新的远景，看看自己能够达到怎样的高度，然后动员起整个组织向着这个新的愿景迈进。新型领导者能够把人调动起来，能够把追随者转变为领导者，又把领导者转变成变革者，这被称为"变革领导力"（transformative leadership）[1]。

（二）从时间维度看待领导力定义的变迁

"领导"（leader）一词早在 13 世纪就有记录，而"领导力"（leadership）直到 17 世纪才逐渐出现，而关于"领导力"的研究则在 20 世纪才慢慢展开，自此关于领导力研究的内容逐渐变迁[2]，并形成了各派理论。

就像如何切分一块蛋糕一样，你可以横着切、竖着切、斜着切以达到目标的分类结果。领导力的发展也历经了品质时代、影响时代、行为时代、定位时代、

---

[1] 沃伦·本尼斯. 领导者(纪念版)[M]. 杭州: 浙江人民出版社, 2016.
[2] Albert S King. Evolution of Leadership Theory [EB/OL]. https://journals.sagepub.com/doi/pdf/10.1177/0256090919900205.

权变时代、交易时代、文化时代、变革时代。每一时代都受到了当时社会发展过程中所呈现的历史特点，并反映出当下社会的主流追求和工作以及生活方式。甚至在越南战争（1955—1975 年）之后，还流行过一阵"反领导力时代"（Anti-Leadership Era）的相关研究。

二、领导力的种类和发展

鉴于可参考的领导力种类众多，受限于篇幅限制，本章仅节选了一部分有特点的或具有年代感的领导力种类，供读者"借古赏今"。领导力是一项事关"人"的事务，其在特定文化的框架下发展，必将随着社会的变迁、生活水平的提升等展现出特殊的变化，可以在日后的学习生涯中持续观察更多的领导力种类。

（一）品质论

品质论（Traits）时期——当时人们试图消除领导力与特定个人的联系，简单地发展出一些通用特征，并期待其可以被用来提高领导潜力和表现。

反思：品质论的理论基础是"天选伟人"，并对照其案例，总结出一系列的品质特征。但品质论的理论被证明过于简化，且其具备一项逻辑硬伤——伟人的品质是来源于其个人发展，是个特例无法被应用于后人上，常常在对比后发现"差距过于明显"，因此品质论中的大多数特征都无法习得。然而，"品质特征"这一特点在后来的领导力理论中广泛应用，当然这些后来的理论不只关注"领导人"。

（二）行为论

行为论（Behaviors）时期——当时的学者们调转研究的方向，开始强调领导者会做什么，而不是他们的特点或权力（与品质论的区别）。领导力在这个时期被定义为人类行为的一部分，是人人都有的。典型的行为论期间，以密歇根大学的领导行为研究、俄亥俄州立大学的领导行为四分图、得克萨斯州立大学布莱克/莫顿的领导方格理论等为主，主要研究的是经理层在应对不同对象时（按权力划分、按关注的人/事程度划分）的反应以及表现。

反思：行为论不仅是领导力研究的一大拓展，也帮助了更多的经理层实现"自我救赎"，因为"领导力"是可以习得并提升的。

（三）情境论

情境论（Situation）时期——这一时期的理论重点发展在于"终于承认了领

导与下属以外因素的重要性"来推动领导力理论研究的发展。外界因素包括：任务的类型、领导和下属的社会层级、领导和下属的职权，以及外部环境的影响。这些外界因素影响了领导的品质、技能、影响力和行为，引导出有效的领导能力。

反思：与行为论类似的是，情境论也关注着领导与下属互动过程中的沟通反馈。如前文所讲"沟通不易"，因此容易出现领导者在主观判断下的错误行为。此外在一个团队中，还有可能因为亲疏远近，导致"小团体""小圈层"的事故。

（四）变革论

变革论（Transformational）时期——我们跳过了一些过程中的领导力理论发展时期（如权变时代、交易时代、文化时代等），除了因为变革论是目前学界的主流讨论中心外，还因为变革论本身与其他理论的区别重大。其典型改进在于该理论是基于内在的，而非外在的动机。领导者必须积极主动，而非反应被动。其思想更具开放性、创新性和创造性。这个时期有两个主要理论发展阶段：魅力阶段（Charisma Period）以及自我实现的预言阶段（Self – Fulfilling Prophecy Period），分别研究了领导者对于远景的把握和超越，以及组织内部上下层的自我领导力意识觉醒。这其中以吉姆·科林斯在其著作《从优秀到卓越》中所描述的 Level – 5 领导力为主要代表（见图 9 – 3）。

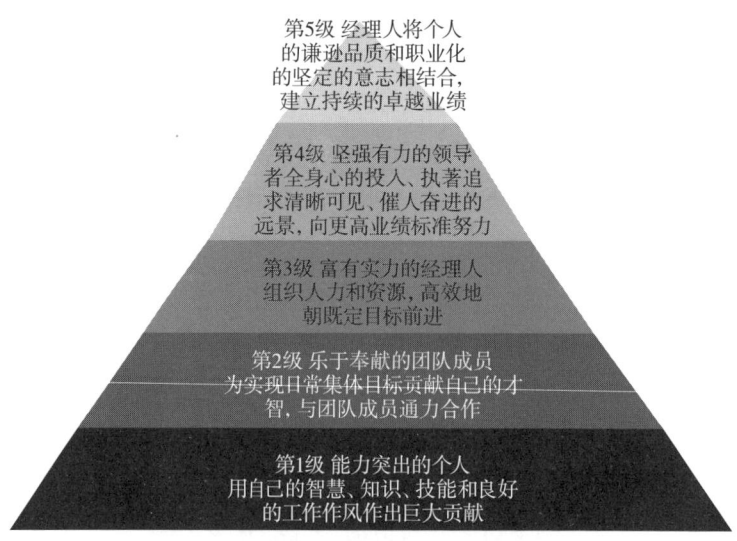

图 9 – 3　Level – 5 领导力模型

资料来源：笔者翻译而得。

反思：有学者认为吉姆·科林斯的《从优秀到卓越》一书中所深度研究的 11 家"伟大公司"中的大部分在随后的市场表现中并不"卓越"甚至惨淡。要么被政府接管（如房利美、富国银行、美国银行等），要么已经破产（Circuit City Stores 于 2009 年破产，A&P 于 2010 年破产等），仅有 Nucor（主营钢铁业务）的市场表现坚挺（根据吉姆·科林斯选择公司的标准）。这么说既公平也不公平。公平的是，在本书英文版 2001 年发表后，2008 年即迎来了全球金融危机，全球金融的宽松量化政策持续发展，全球贸易战、经济和贸易制裁等也随着民粹主义的上升而发展，这深刻影响着企业的生存与发展。企业尚且如履薄冰，更不用说身在其中的领导者。不公平的是，仅有部分投资机构提前预测了 2008 年的全球金融危机，并从中获利（如电影《大空头》中情节），大部分人都未能及时预测该事件，更不用说以研究领导力见长的学者与专家。《从优秀到卓越》的研究建立在"市场有效"的基础上，面临如脱缰野马般的全球市场发展失势，研究结果很难经得起时间的考验。不过正如书中所描述的领导力特征"直面残酷的现实""飞轮效应""刺猬理念"，则具备远见，在当下市场和企业经营中依然值得学习。

三、领导力与沟通的边界探讨

（一）小局势变化影响：信任变化

利益相关方间信任的变化，影响着领导力与沟通工作的边界行为。若能找到更加信任的同行、专家学者等关键人员，其言行也许能为企业社会责任议题带来深刻的影响，甚至能为某些项目、战略等内容进行背书，对内可以提高项目的成功机率，对外可以提高项目的影响力。

在 2020 年埃德曼全球报告中，针对专家与同行间信任排行的变化，给出了自己的答案[①]。人们对于技术专家、学术专家、同行等的信任程度达到了新高，而对成功企业家、NGO 代表、记者、政府官员等的信任程度降到新低。这将影响我们在选择利益相关方群体的过程中的实施情况。

（二）大局势变化影响：世界格局变化

世界格局深刻变化，贸易战、可持续发展标准之争、投资与风投领域变化、垄断与反垄断、气候变化与生物多样性、碳达峰与碳中和等议题，在过去多年间

---

① Edelman Trust Barometer 2020 [EB/OL]. https://www.edelman.com/sites/g/files/aatuss191/files/2020-01/2020%20Edelman%20Trust%20Barometer%20Global%20Report_LIVE.pdf.

深刻且剧烈地变化，这影响了企业的业务与企业社会责任议题的发展和策略设计。相关从业人员从来都不应该孤立地看待某一个或某几个"社会责任"议题，而是需要通盘考虑，在变化的动态中寻找平衡。

本章小结

本章介绍了CSR业务的跨部门协作工作中的基础能力——"沟通"以及沟通过程中需要展现的"领导力"可以采用的策略和步骤等。介绍了多种工具，帮助学员掌握两种跨部门协作中的重要能力："沟通"与"领导力"。

思考题

（1）实现CSR有效沟通的几个常见工具之间，有哪些异同之处？
（2）你最欣赏哪一种类的领导力？请以你的工作生活场景举例。

参考文献

[1] 罗纳·B. 陈德勒. 沟通的艺术[M]. 北京：北京世图出版社，2015.
[2] 尼基·斯坦顿. 沟通圣经：听说读写全方位沟通技巧[M]. 北京：北京联合出版公司，2015.
[3] 彼得·德鲁克. 卓有成效的管理者[J]. 出版参考，2005(7X):25.
[4] 亚里士多德. 修辞学[M]. 北京：外语教学与研究出版社，2011.
[5] 沃伦·本尼斯. 领导者[M]. 杭州：浙江人民出版社，2016.
[6] KING A S. Evolution of Leadership Theory[J]. Vikalpa，1990，15(2):43-56.
[7] 吉姆·柯林斯. 从优秀到卓越：珍藏版[M]. 北京：中信出版社，2009.
[8] 彼得·德鲁克. 卓有成效的变革管理[M]. 北京：东方出版社，2009.
[9] 埃德加·沙因. 企业文化生存与变革指南[M]. 杭州：浙江人民出版社，2017.

第十章 供应链责任[①]

第一节 供应链责任概论

根据 ISO 26000《社会责任指南》的定义,供应链是"向组织提供产品或服务的活动序列或有关各方"。这个概括的定义实际上简化了供应链系统的复杂特点。

首先,虽然最简单的供应链结构可以看成一个或一系列一对一的单向过程,如农民在地头将自种的农产品出售给批发商(中间商),超市又将批发商提供给它的农产品出售给市民。但实际上,更通常、更完整和更复杂的供应链结构则是各个活动和多个参与方互相补给或交叉供应的模式,例如,向农民采购农产品的批发商也可能向农民供应农具,而无论是农民还是批发商,都可能选择将农产品提供给超市或直接出售给市民。所以,供应链通常并非一种线性流动的过程,而是由各种活动和参与者组成的功能性网络结构。这种复杂的网络结构也使得供应链上的各种活动和参与者都可能对供应链上的社会问题负有程度各异的责任,同时这也意味着供应链上的社会责任挑战通常是系统性或网络性的问题,需要多方参与的、结构性的解决方案。

其次,虽然从物理视角来看,供应链是"以完成从采购原材料,到制成中间产品及最终产品,然后将最终产品交付用户为功能"的设施和系统,[②] 但供应链也是一个影响社会价值的法律关系的网络。从社会角度来看,这些法律关系在将某些相关方联系在一起的同时,也常常将某一相关方对另一方的社会影响在法律上切割开来,这使得很多供应链上的社会责任"主张"具有很强的价值诉求但

[①] 作者:梁晓晖。
[②] RAM GANESHAN & TERRY P Harrison. An Introduction to Supply Chain Management[M]. Department of Management Science and Information Systems, Penn State University, 1995, http://lcm.csa.iisc.ernet.in/scm/supply_chain_intro.html.

又缺乏法律基础。例如，品牌商与供应商之间存在商业合同关系①，供应商与工人之间也存在劳动法律关系，但是品牌商的采购行为和其对工人的影响之间——如短促的交货期导致的超时加班——则长期以来并不存在法律规范。所以，供应链社会责任问题的解决一方面要关注既有法律关系的完善，另一方面也需要在不存在法律关系，但在社会价值上有很强相关性的各方之间构建"联系"②。

最后，从经济角度来看，供应链存在的基础是基于分工与合作的效率诉求，在这个意义上，供应链与全球化是互为因果的。尤其对于跨国公司而言，供应链的实质就是跨越国界在全球范围内利用和配置资源的系统工程，也即所谓的"全球运筹管理"（Global Logistics Management）。因此，供应链社会责任问题的研究和解决不仅需要均衡效率和公平，而且通常需要考虑处于不同国家和区域的各相关方不同的社会、法律、经济和文化背景。例如，在某些最不发达国家，允许14周岁以上的儿童进入供应商工厂就业，可能会是对这些儿童及其家庭的一种保护③，供应链上的问题则可能包括如何在工厂环境中为他们提供更好的保护，以及如何通过工厂强化当地对儿童及其家庭的社会支持系统等。

供应链的上述三个特点解释了为什么国际性社会责任运动的发端和发展都与供应链密切相关：全球化的供应链系统在最大程度上提高了品牌商的价值空间和运作效率的同时，也可能在最大程度上对诸多相关方产生社会领域的影响。1991年，美国服装制造商李维斯（Levi Strauss & Co.）制定了全球范围内第一个针对供应商的"全球采购与营运准则"，而这实际上也是供应链商业丑闻的产物④。其后各个跨国企业纷纷仿效李维斯，推出了自己的供应商行为守则或供应链社会责任管理系统，基于"供应商行为守则"的国际性社会责任运动因此形成。当然，这并不意味着供应链责任仅仅是跨国公司的课题，因为即使最简单和最直接的供应链关系中也可能存在非常严重的社会责任问题，例如危害甚广的"三聚氰胺"事件。

---

① 在本章中，"供应商"的概念也涵盖分包商、分销商、加盟商、特许商等产品或服务的提供者。

② 因此，"价值链"（value chain）这一术语通常被用来指代更优化的供应链——这种经营模式（流程）不仅是一系列能够产生更高附加价值和竞争优势的增值过程（Michael E Porter. Competitive Advantage[M]. Free Press, 1985），而且越来越意味着一种能够尊重和促进社会价值的供应链模式；据此，价值链所链接的相关方还包括消费者、客户和投资方等相关方。

③ 例如，孟加拉国2006年通过的劳动法允许雇用14周岁以上的儿童。UNICEF. Child Labour in Bangladesh[R]. 2010.

④ Levi-Strauss 因利用"血汗工厂"制度制造产品被华盛顿邮报曝光后，于1991年制定了第一个行为守则，参见：International Labor Rights Fund. A Short History of the Ethical Consumer/Anti-Sweatshop Movement in the USA[EB/OL]. https://www.organicconsumers.org/news/short-history-ethical-consumeranti-sweatshop-movement-usa.

第二节　供应链责任业界倡议和规范

由于全球化的供应链结构失衡是国际性社会责任运动的发端，因而在20世纪90年代初期，很多国际性社会责任倡议和规范都以解决供应链社会责任问题为使命。这些倡议和规范或者由企业自发作出，或者由其他社会组织作出后由企业界自愿采用，因此，其根本特点是业界自愿行动，这也造就了从CSR向SCR（Supply Chain Responsibility，供应链责任）的转化。根据效力基础和制定方式的不同，这些倡议和规范可以大致分为三种："契约式"供应商行为守则（准则）、"协约式"社会责任倡议和规范、"公约式"社会责任倡议和规范。

一、"契约式"供应商行为守则

从20世纪90年代初至今，主要的跨国公司和非营利组织都有制定供应商行为守则，利用自身在供应链上的势能及其与供应商的合同关系向供应商提出具体的社会责任要求，并通过供应商工厂查验和/或能力改善等方法确保其符合这些要求。目前，"契约式"的供应商行为守则已经是在供应链上解决社会责任问题的普遍实践[①]。最初，供应商行为守则中的要求以劳工条件为主，现在已经发展到包括与环境、社区关系、公平竞争、反恐等相关的更全面的社会责任要求（参看苹果公司供应商行为准则，见图10-1）。由于供应商行为守则的实施以工厂查验为主，近些年来，这种查验的公正性和有效性受到了越来越多的质疑。而且，由于一家供应商经常与多家上游买家之间存在商业关系，多个买家分别制定的内容大体相同的供应商行为守则也常常叠加适用于同一家供应商，这无疑大幅增加了供应商的交易成本，也降低了供应商行为守则的实施效率。

二、"协约式"社会责任倡议和规范

"协约式"社会责任倡议和规范的出现晚于供应商行为守则，但它们在很大程度上缓解了供应商行为守则所固有的交易成本和实施效率的问题。这些规范或准则一般由同一行业（如行业组织）、同一地区（如商会）或存在其他共同联系

---

① 世界银行在2003年的一份报告中就已经估计"如今存在大约1000个守则，由各个跨国公司自愿制定"。Company Codes of Conduct and International Standards: An Analytical Comparison, Part Ⅰ of Ⅱ: Apparel, Footwear and Light Manufacturing, Agribusiness, Tourism；根据笔者的粗略估计，目前全球公布可查的供应商行为守则应不少于2000个。

Apple 供应商行为准则

Apple 承诺践行最高标准的劳动权益、人权、环境责任和道德行为。Apple 供应商必须提供安全的工作环境，确保工人受到尊重、享有尊严，公平且遵循道德标准行事，并在任何情况下为 Apple 生产产品或提供服务时均应采取对环境负责的行为。Apple 要求其供应商按照本《Apple 供应商行为准则》(以下简称"准则") 中的原则和要求 (如适用) 经营业务并完全遵循所有适用法律法规。

我们的原则

本准则以联合国国际人权法案和国际劳工组织《工作中基本原则和权利宣言》中所规定的国际公认人权为基础。Apple 坚定地致力于尊重人权，详见我们在整个公司范围内推行的人权政策，并且我们的处事方式遵循《联合国商业与人权指导原则》(UNGP)。

为了与 UNGP 框架保持一致，当国家法律与国际人权标准存在差异时，我们遵循更高的标准。当两者存在冲突时，我们遵守国家法律，同时设法遵守国际公认人权的原则。

此外，当国家法律与 Apple 严格的环境责任、健康和安全标准存在差异时，我们遵循更高的标准。当国家法律与 Apple 的高标准存在冲突时，我们遵守国家法律，同时设法恪守更高的标准。

Apple 将评估供应商对本准则的遵守情况，任何违反本准则的行为都可能危及供应商与 Apple 之间的业务关系，最严重可导致双方业务关系终止。本准则适用于向 Apple 提供商品/服务，或该商品/服务用于 Apple 产品的 Apple 供应商及其子公司、附属机构和分包商以及下级供应商 (分别称为"供应商")。

此外，Apple 备有详细的标准 (以下简称"标准")，明确定义了我们对遵循本供应商准则的期望。

图 10-1 苹果 (Apple) 公司供应商行为准则 (节选)

资料来源：苹果公司官网。

的众多企业或企业组织协议制定，并共同承诺在其供应链中加以施行。例如，"商界遵守社会责任倡议"(Business Social Compliance Initiative, BSCI) 是由"全球贸易协会"[amfori, 2017 年之前称为"欧洲外贸协会"(FTA)] 在 2003 年制定，适用于其会员供应商的社会责任准则[1]。除了 BSCI 之外，目前较有影响的"协约式"社会责任准则还包括"责任商业联盟行为准则"(Responsible Business Alliance，即前电子行业公民联盟，EICC，由多家从事电子产品生产的公司在 2004 年联合起草)[2]、国际玩具行业理事会 (International Council of Toy Indus-

---

[1] 截至 2021 年 6 月 1 日，BSCI 被来自欧洲及其他地区的 46 个国家的超过 2400 家品牌商和采购商所接受和采用,这些会员代表了 1.6 万亿欧元的营业收入,涉及全球 27000 家制造商和供应商,具体可见：https://www.amfori.org/content/about-amfori.

[2] 参看：http://www.responsiblebusiness.org/media/docs/RBACodeofConduct6.0_Chinese(Simplified).pdf.

tries, ICTI）在2004年制定的"商业实践守则"（Code of Business Practices）①，以及国际矿业与金属理事会（International Council on Mining and Metals, ICMM）在2003年为其会员企业制定的十项可持续发展原则等（以上倡议和准则自制定以来均经过一次或多次修订）②。目前，这种"协约式"供应链社会责任倡议基本涵盖了参与全球供应链的各行各业，主要通过审核和查验会员企业的供应商实施，但"集体协约式"的社会责任准则能够在某个行业或地区内增强落实社会责任的规模效应，当然它并不可能从根本上解决与查验和审核相关的公正性和有效性问题。

三、"公约式"社会责任倡议和规范

前两类倡议和规范的运作模式基本上是"商业对商业"（B2B），没有供应链商业关系双方之外的第三方的实质参与。实际上，包括非政府组织、劳工组织甚至公共机构等非商业机构很早就介入了供应链社会责任问题的解决，并与商业界合作制定或运作了一系列由多方参与的"公约式"社会责任倡议和规范。其中，最具代表性的跨行业适用的"公约式"社会责任倡议和规范，包括美国的非政府组织"社会责任国际"（Social Accountability International）在1997年推出的SA 8000标准③、1998年在英国成立的"道德贸易倡议"（Ethical Trade Initiative, ETI）的基础守则④，以及1999年在美国成立的"公平劳工协会"（Fair Labor Association）制定的工作场所行为守则等⑤。另外一些"公约式"社会责任倡议和规范也关注具体的行业或具体的议题，如关注棉花种植行业的"良好棉花倡议"（Better Cotton Initiative, BCI）的标准体系⑥、棕榈油供应链的"可持续棕榈油圆桌倡议会议"（Roundtable on Sustainable Palm Oil, RSPO）的原则和标准⑦。企业可以会员身份认可或接受这类公共性的社会责任倡议和规范，并承诺将其作为维持和发展商业关系的条件适用于自己的供应商，其实施一般也采用基于工厂查验的认证或审核机制。当然，其他一些由非商业机构制定或运作的不直接或不仅关注供应链问题的"公约式"社会责任倡议和规范，也对供应链整体责任或

---

① 参看：https://toy-icti.org/info/codeofbusinesspractices.html.
② 参看：http://www.icmm.com/en-gb/about-us/member-requirements/mining-principles.
③ 参看：https://sa-intl.org/programs/sa8000/.
④ 参看：https://www.ethicaltrade.org/eti-base-code.
⑤ 参看：https://www.fairlabor.org/our-work/code-of-conduct.
⑥ 参看：https://bettercotton.org/better-cotton-standard-system/.
⑦ 参看：https://www.rspo.org/principles-and-criteria-review.

具体议题的管理具有引导或参考意义，例如国际标准化组织（ISO）制定的《社会责任指南》（ISO 26000）、美英等国政府与社会组织合作制定的"安保与人权自愿原则"、非政府组织全球环境信息研究中心（CDP）推行的环境信息披露系统、非政府组织全球报告倡议组织（GRI）推行的可持续发展报告体系，以及联合国全球契约（Global Compact）等。

实际上，在以上三类之外还广泛存在各个企业的"自约式"社会责任方针、准则和治理体系。这是指企业自我承诺在供应链或价值链关系中遵循有关公平竞争、反商业贿赂、保护知识产权和客户信息等方面的政策、原则或行为准则，并建立相应的管理措施使之成为约束企业自身及其员工的内部规范。"自约式"社会责任准则一般采用"社会责任方针/政策""企业行为守则"或"道德规范"等形式，由企业的最高管理机构制定或通过，适用于企业及其雇员参与的所有利益相关方关系，包括供应链关系，能为建立更加符合社会责任原则和规范的供应链关系奠定良好的内部规范基础。

第三节 供应链责任与中国

1991年以来，供应链社会责任随着全球化深入快速发展的三十年，也是中国经济高速成长的三十年。作为世界上最大的制造业基地，中国既是世界上最大的"供应商"，也成为世界上各种关注供应链社会责任的准则和倡议的最大的市场之一。例如，从20世纪90年代开始，各种关于中国的"血汗工厂"的指责和报告就层出不穷。据统计，2019年超过80%的按照BSCI开展的审核和查验发生在中国；截至2021年3月31日，全世界获得SA 8000标准认证的4668家工厂中有606家（13%）是中国工厂，在SA 8000标准认证所及的62个国家和地区中位居第三[①]。所以，在某种意义上，企业社会责任理念是随着全球供应链传输进入中国的，而我国东南沿海地区的纺织服装、玩具、电子等行业的制造业企业也因此是最早参与国际社会责任运动的中国企业[②]。另外，尽管国际供应链社会责任机制启蒙和提升了中国供应商企业的社会责任意识和能力，但是十多年来，各种关于供应链

---

① 统计资料可见：社会责任认证服务机构（SAAS）的统计［EB/OL］. http://www.saasaccreditation.org/SA8000_Certified_Organisations_Pie_Chart_by_Country.

② 例如，2000年在纽约联合国总部首批签署全球契约的40余家企业中，唯一一家中国企业是纺织服装行业的溢达集团（Esquel Group）。

社会责任机制是否有效与合理的争论在中国从未停息过。

在社会责任领域，供应链对中国的另一个贡献是促生了中国本土的社会责任倡议和准则。例如，中国的第一个标准化的社会责任管理体系和行业层面的社会责任行为准则（CSC 9000T，2005年）即诞生于饱受"血汗工厂"非议的纺织服装行业。我国其他"协约式"的社会责任准则，包括中国对外承包工程商会制定的《中国对外承包工程行业社会责任指引》（2009）以及中国电子工业标准化技术协会制定的《中国电子信息行业社会责任指南》（2012），也都由高度参与国际供应链的行业发展出来。另外，近年来，随着中国自主品牌的成长，越来越多的中国企业也开始关注自身供应链中的社会责任问题，一些中国的品牌企业在制定"自约式"的"员工（商业）行为准则"的同时，也纷纷推出了针对供应商的"契约式"行为准则，或积极参与地区与行业性的"协约式"或"公约式"倡议与准则。

案例：李宁公司《供应商社会责任行为守则》节选

本《行为准则》阐明李宁公司对合作供应商社会责任管理的原则和基本要求，以传递一种与供应链合作伙伴互利共赢的可持续发展价值观，以及李宁品牌的社会责任观念。为落实本准则，李宁公司将致力于促进与各利益相关方基于相互尊重和理解的对话、交流与合作；同时，李宁公司也要求合作供应商确保本准则为分包商接受并执行。作为基本原则，李宁公司的合作供应商必须遵守本准则的如下要求：

遵守法律和惯例。必须遵守所有适用的法律法规、行业标准，以及其他任何适用的并具有更高要求的强制性规定。遵循自愿、平等、公平、诚信的商业惯例，反对并防治商业贿赂。

童工与未成年工。严格禁止招用童工。招用未成年工必须符合有关未成年工在工种、工作时间、劳动强度和特殊保护措施等方面的要求……

资料来源：李宁有限公司供应商企业社会责任管理手册（2019年第一版）。

第四节　供应链社会责任管理

一、供应链社会责任管理的目标和方法论

所谓供应链社会责任管理就是企业（这里指供应链上的主导企业或所谓"链主"，下文同）主动和系统化地根据其社会责任战略和方针，有针对性地优化治理结构和管理体系，并相应调整供应链上的商业策略和实践，采取监督和协助供应商，以及与供应商和其他利益相关方沟通与合作的方式，促使供应商实施有效的管理方案以确保遵守一定的社会责任准则和规范，从而确保供应链上产品和服务的生产与提供也符合企业整体的社会责任战略和方针。

根据联合国全球契约的研究，供应链社会责任管理的主要目标有三个，即降低风险、提高运营效率，以及确立和保障商业的可持续性（见图 10-2）。从另一个角度看，这也是企业进行供应链社会责任管理的驱动因素。可见，虽然供应链社会责任源于被动性的风险管理。例如，很多低劣社会责任绩效的表征，包括劳资纠纷和环境危机等问题都可能导致供应链中商品流的波折甚至中断，从而造成商业损失。因此，在员工权益和环境管理方面有所投入的供应商将有助于强化供应链的安全性。但是，更主动的供应链社会责任管理应当是通过优化涉及供应商的各种社会责任因素来提升企业自身和供应商的经营水平和市场竞争力，例如更优的能源和运输成本、供应商员工更高的工作效率，以及符合竞争规则的供应链伙伴关系所能确保的产品和市场的可持续性。

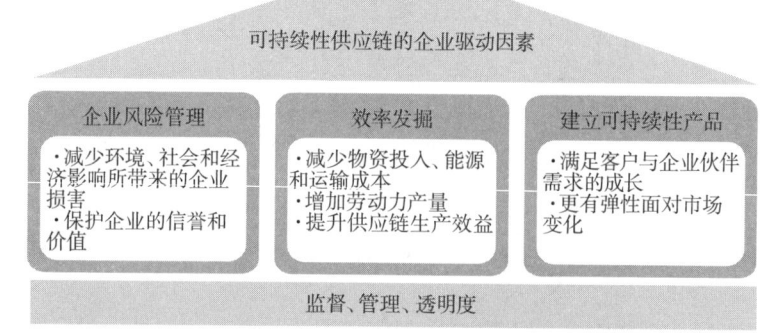

图 10-2　供应链社会责任管理的驱动力（目标）

资料来源：联合国全球契约《可持续供应链》（2011）。

这同时意味着有效的供应链社会责任管理应遵循一定的方法论。根据 ISO 26000，"组织可以通过其采购和交易决定影响其他组织"是供应链社会责任管理的效力依据，而根据 ISO 26000 对在价值链上促进社会责任的阐释以及全球供应链管理的发展趋势，供应链社会责任管理的方法论和出发点可以总结为以下三个方面：

（一）从自我管理到供应链管理

ISO 26000 要求企业"应当考虑与其他组织的采购和交易决策中潜在的或未曾预期到的影响，并用心避免或最小化任何负面影响"。这意味着企业必须超越自身关注整个供应链，但同时也指明了供应链社会责任开始于企业考虑自身的社会责任影响。所以，供应链社会责任管理首先要求企业自身必须高度重视并积极履行社会责任，一个自身社会责任绩效不佳的企业，无从谈起带动整个供应链责任状况的提升。供应链社会责任管理意味着以社会价值为基准来调整供应链上的商业关系，因此，只有企业自身能够履行社会责任，才会将社会责任理念和要求嵌入到治理结构和供应链条中去。在这个意义上，"契约式"供应商行为守则正是"自约式"社会责任方针、准则和治理体系在供应链上的延伸，这一点对于公平竞争、反腐败等与供应链议题而言尤为重要。

（二）从封闭管理到开放管理

虽然 ISO 26000 要求"价值链上的每个组织……应就其自身对社会和环境的影响负责"，但这并不意味着供应链社会责任管理仅是一个封闭在供需双方之间的协调过程。由于供应链结构的复杂性和所涉专业知识的广泛性，以及供应链社会责任问题本身具有的巨大社会影响，越来越多的企业倾向于在供应链管理中引入其他相关方，包括在制定和实施"契约式"供应商行为守则的同时，加入或发起"协约式"甚至是"公约式"的供应链社会责任倡议。其他利益相关方的参与不仅能增强供应链管理的专业度、透明度和可信度，而且能够减少供应链管理中在人力等方面的投入。例如，苹果公司在很长时间内坚持对供应链的封闭性管理，然而 2010—2011 年的富士康危机促使它最终不得不放弃这种思路并在 2012 年初加入公平劳工协会（FLA），借助其开展更加开放和中立的供应链管理。

（三）从风险管理到价值管理

供应链社会责任管理的另一个重要的方法论和趋势就是从风险管理向价值管理的提升。ISO 26000 指出，"通过价值链上的领导力和指导，组织可以促进对社会责任原则和实践的采纳和支持……它也可以激发对负责任的产品和服务的需求"。可见，虽然预防社会责任风险往往是供应链社会责任管理的一个重要出发点，但以审查和惩戒为基础的、消极被动的风险管理也是供应链管理的一个低级层次，因为这不仅不能在根本上消除风险，而且在长期上也无法保障稳定而互信的供应链关系，更无法激发供应商创造社会价值的意愿和能力。因此，科学的、可持续的供应链管理必须在监督审核之外更加关注对供应商的"领导"和"指导"：企业应该通过供应链上的商业机制引导供应商从战略和愿景上认可和纳入社会责任价值，并通过能力提升、技术支持等措施提高其履行社会责任的能力。这也就是常说的"与供应商一起成长"，唯其如此，供应链才可能会成为创造"负责任的产品和服务"的平台。

二、供应链社会责任管理的推进措施

企业开展供应链社会责任管理的前提是了解自身供应链的构成以及供应链各个环节中的社会责任影响。为此，企业可以根据产品和服务的生命周期结合供应商的参与，来描绘自身的供应链结构并评估各个环节的社会责任影响（可能性 × 严重性）。具体做法如图 10 – 3 所示。

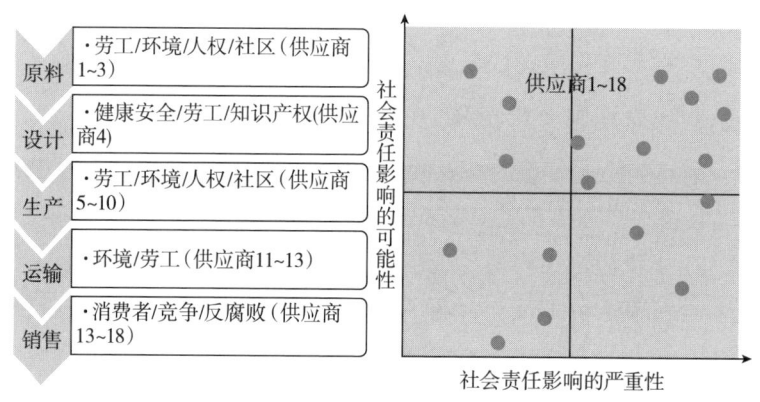

图 10 – 3　供应链结构及社会责任影响评估举例
资料来源：笔者整理而得。

实践中，由于受到供应商的规模大小、分散程度和所需资源的限制，企业可能无法在短期内一体兼顾所有供应商，因此，有些企业首先将供应链社会责任管理集中于它们的"关键性"或"战略性"供应商，也就是与企业生产相关性最强，保障企业生产资料直接来源的供应商。另外，次级供应商，也即企业直接供应商的社会责任管理也是一个管理难点。实际上，很多时候次级供应商可能在社会责任领域对企业本身和社会产生严重影响，例如，为生产品牌买家的服装，服装加工商可能从布料生产商处购买大量专供制造品牌服装之用的布料，而这种布料的印染过程则可能产生巨大的环境影响。因此，企业应该在描绘其供应链时考虑次级（或更次级）供应商，根据其潜在的社会责任影响的重要程度来决定是否或如何将其纳入供应链社会责任管理。当然，在长期，企业的供应链社会责任管理的目标范围应该是所有层级的所有类型、规模和地方的供应商。

在供应链描绘和影响评估的基础上，按照 ISO 26000 对供应链管理中的行动和期望的描述，一个开放性的基于风险管理和价值认同与促进的供应链管理模式应如图 10-4 所示。

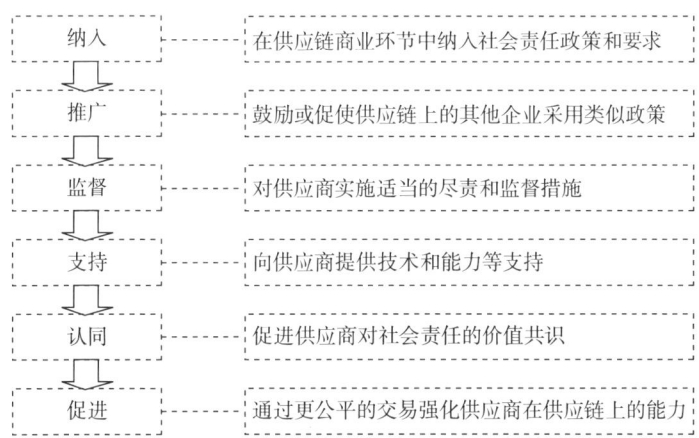

图 10-4　开放性的基于风险管理和价值认同与促进的供应链管理模式
资料来源：笔者整理而得。

（一）纳入

所谓纳入，就是指在"有关采购、分销和分包的政策和实践中纳入道德、社会和环境标准以及健康安全和平等要求，增强其与社会责任目标的一致性"（ISO 26000）。通常的方法就是制定上文所说的供应商行为守则或者加入行业性或公共性的社会责任倡议或体系。这里需要注意的是，纳入既是一个外向的过程，也是一个内化的过程。也就是说，企业在社会责任领域的期望和要求既需要被参与"采购、分销和分包"的供应商所了解，也必须被实施这些商业行为的企业内部人员（采购人员、销售人员、招投标人员等）所知悉并执行。

实践中，很多企业可能都从制定供应商行为守则开始。根据全球契约的建议，开发此类守则的关键步骤包括：①向包括供应商在内的利益相关方寻求意见；②以现有国际行为规范为期望的基础，而不要创立新标准，以避免违背国际法以及防止多个买家对供应商出现期望冲突；③向多种功能团队，特别是采购管理团队征求意见；④考虑让供应商将这些期待事项纳入其生产基础的要求①。

（二）推广

所谓推广，就是企业应当鼓励或促使供应链上的其他企业采用或遵循类似的社会责任政策、要求和实践，以实现供应链遵行社会责任的乘数效应。这种推广主要在纵横两个维度进行，即纵向上，企业应要求所有的（或者尽可能多的）供应商遵守自己确立或认可的社会责任行为准则或要求；横向上，则与其他企业共同奉行同样的或类似的供应链社会责任准则。例如，企业参与行业性或公共性供应链社会责任倡议，如前文的"协约式"或"公约式"倡议和规范，可以在纵横两个层面上实现社会责任原则和要求传播与遵行的最大化。可见，供应链上社会责任理念和实践的推广，一方面要求单个企业的切实承诺，另一方面也要求企业的共同行动，唯其如此，才能将社会责任推广在广度和深度上嵌入产品和服务供应链的网络结构，也才能避免在供应链上出现"责任洼地"。

（三）监督

所谓监督，就是企业通过实施适当的尽责和监督手段，以防止供应商违反其社会责任政策和承诺的措施。以是否已经建立商业关系为边界，供应链上的社会责任监督可以分为合同前监督和合同后监督。合同前监督是指将符合企业的供应链社会责任政策或准则作为与供应商建立商业关系，订立商业合同的前置条件，也就是供应链社会责任的尽责程序（due diligence），包括要求供应商进行自我评估；合同后监督是指对已经建立商业关系的供应商定期或不定期，就其是否持续符合供应链社会责任政策和准则开展的监督活动。虽然一种看似理想的状态是首先通过合同前监督选择"社会责任合格"的供应商，再进行持续的合同后监督，但实践中一些企业也并不拘泥于严格的合同前监督，而是在订立合同的同时要求供应商首先承诺遵守社会责任准则，然后通过严格规划的合同后监督程序促使其尽早达标；还有些企业则根据供应商的社会责任风险或绩效情况对供应商进行评级和动态的差别化管理，包括对在社会责任领域绩效优秀的供应商进行奖励和表彰等。

供应链社会责任监督的主要方式就是社会责任审核（或称"验厂""合规审计"），即企业派遣自身的专业人员或委托第三方审核人员进入供应商的生产或工作现场，通过访谈管理层、查看现场、检阅文件以及访谈员工等方法，核证供应商的社会责任绩效是否符合企业的社会责任政策或准则要求。由于社会责任审

---

① 联合国全球契约《可持续供应链》（2011）。

核仅仅是一种"最新表现与最低期盼目标之间的衡量机制",而且审核会出现增加成本、干扰生产、信息可靠性等问题,所以,虽然审核是供应链社会责任管理的一个必要流程,但是企业应当尽量减少对审核的依赖,尤其应注意的是,审核不应以否定供应商为主要导向。实际上,审核作为监督的一个环节,其主要作用应是发现问题并对问题的原因和严重性作出评估,监督的更重要一环是对问题的改进。实践中,持续性的改进方案是基于各种供应链社会责任倡议和规范开展审核的真正产出。

(四) 支持

所谓支持,就是企业应向供应商提供支持,包括"关于社会责任和最佳实践的知识分享,以及其他额外的协助(包括技术、能力和资源协助)"(ISO 26000),其基本目的是帮助供应商满足社会责任准则的要求,更重要的目的则是增强供应商自我管理和持续改进的能力。实践中,最基本的支持包括为供应商及其员工提供有关遵守和执行社会责任行为准则的培训、现场指导和咨询,减少审核次数等。更进一步的支持则可以延伸到为供应商提供与同行开展最佳实践交流的平台,以及协助供应商在影响供应商社会责任绩效的生产环节作出改进,例如在提高生产率、改善劳资关系、减少污染和排放等方面为其提供管理工具、能力、技术和资源等。需要指出的是,企业对供应商提供的任何支持,最终都会回馈于企业自身的产品和服务,以及企业自身的社会责任绩效。以能源管理为例,企业对采购商在降耗和能源管理方面的支持,不仅能够帮助供应商节约能源和减少排放,而且最终会减少企业自身的产品和服务累计自供应链的碳排放。

> **案例:苹果公司对供应商企业员工的支持措施**
>
> 苹果公司为实现供应链可持续发展,向供应商提供了各种形式的技术支持,并创新性地开展了各类供应商能力提升的协作项目,具体如下:
>
> (1)为供应商工人提供职业教育、技能培训、安全而受尊重的工作环境,助力工人成长。2007年以来,已经有逾369万名供应商员工参加了苹果公司的教育和技能培训计划,超过1730万名员工接受了权益培训。
>
> (2)随着教育计划的不断成熟,不管是产品制造环节上的供应链员工,还是处在供应链更上游的员工,都能够参加技能培训,在工作上实现发展,并接受更多教育。

（3）开展健康教育，提升知识水平。2017 年，苹果公司开展了健康计划，在中国和印度的几家供应商工厂推出同伴互教互学的培训模式，致力于让供应链中的女性员工知晓相关信息，从而能更好地维护自身健康的权益。苹果公司的目标是 2020 年前将健康意识普及给超过 100 万名供应链员工。

（4）将供应商工作场所权益培训贯彻供应链始终。苹果公司要求供应商员工必须参加新员工入职培训，学习当地的劳动法律法规以及《供应商行为准则》中所列明的人权保护概要，主题包括许可的工作时长和加班政策、适当的工作和生活条件，以及关于健康和安全的信息。

资料来源：整理自苹果公司网站及《供应链责任年度进展报告》（2019—2020）。

（五）认同

所谓认同，也就是 ISO 26000 所要求的，企业应积极促进与其存在各种关系的组织（包括供应商）在社会责任原则和问题上的认识。这意味着在监督和帮助供应商满足社会责任准则之外，企业应该通过一系列商业层面的深入合作，提升供应商对社会责任的认知和认同，使其完成从被动遵循客户提出的规则向主动提升社会责任管理和责任竞争力的转变。这种转变可以帮助供应商自主、自发地解决社会责任领域的挑战和问题，而且只有在这个层面上，供应商与企业才可能真正建立基于一致的价值认同的合作伙伴关系（见图 10 – 5）。

理查德·洛克（Richard Locke）教授很早之前对耐克供应链研究时就发现，以监督和审核为基础的社会责任准则对改善工厂工作条件的影响非常有限，而基于供应商参与的合作关系则会在社会责任领域产生显著的积极影响①。具体而言，企业通过在供应链中有机地整合社会责任价值能使供应商认识到，遵循社会责任原则和价值的供应链中存在着降低成本、增加收益、市场准入、提升品牌等商业机会。例如，企业与供应商合作研究减少不必要的产品包装和运输环节可以减少温室气体的排放并降低成本；又例如，企业与供应商合作改进产品设计，可以减少或消除产品

---

① RICHARD LOCKE, et al. Does monitoring Improve Labor Standards?: Lessons from Nike [R]. MIT Sloan Research Paper No. 4612 – 06, 2006, SSRN: https://ssrn.com/abstract = 916771" \t "_blank.

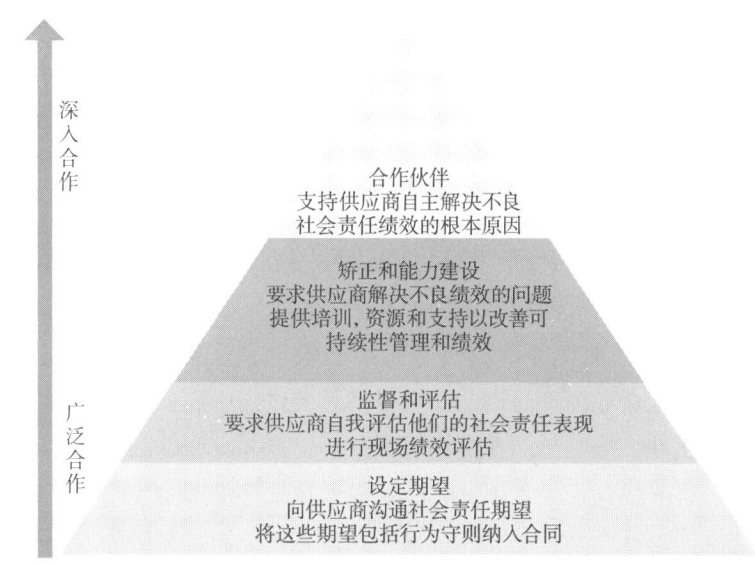

图 10-5　社会责任领域与供应商的合作层次

资料来源：联合国全球契约．可持续供应链［R］．2011．

的生产和使用过程对职业安全和/或消费者健康的影响。这都意味着更少的成本投入或更好的市场前景。

（六）促进

所谓促进，就是指企业应当促进"公平和实际的，与实施社会责任实践相关的成本和收益的处理措施"，包括通过"公平的价格、充足的交期和稳定的合同关系"（ISO 26000）来增强供应商在供应链中的能力。这是供应链管理的更高级层次，意味着企业须考虑供应商因为实施社会责任而导致的供应链上的成本和收益变化，构建公平、可行的供应链利益格局。这要求企业须将更有利于供应商的定价和/或合同条款等激励措施融合到供应链关系中，给予积极履行社会责任的供应商更多的利益空间和商业机会，借此与供应商开展长期互利的合作。实践中，增加业务或订单是比较普遍也容易施行的促进方式，而更优或更公平的价格的界定却并非易事。尤其是，当企业与供应商合作改进产品或供应链结构中的社会责任因素并从而使得产品成本下降时，新价格的制定却往往因为企业与供应商不同的商业模式和议价能力而成为一个棘手的问题。在这种情况下，更加需要采购方企业对利益共享和社会责任价值的严肃认可，例如采用以实际生产成本为基础的定价模式，从而实现与供应商分享由于节约成本或供应链优化而产生的收益。

三、供应链社会责任管理的保障机制

除了上述具体措施之外，有效的供应链社会责任管理还有赖于一些重要的保障机制，主要包括内向型的部门协调以及外向型的供应链透明化机制。

（一）内部协调

很多企业在供应链社会责任管理上都面临一个最顽固的困境，那就是其供应链社会责任政策与它的商业目标之间的冲突和竞争。主要表现就是在担负社会责任的部门与采购或其他业务部门（包括产品设计、业务发展、物流和销售等）之间的紧张关系。企业内部协调的缺失经常是导致供应商社会责任绩效低下的一个重要原因。例如，采购部门在交期、产量、价格等方面的临时变化可能导致供应商的员工加班或福利损失。因此，企业内部在供应链理念和行动上的协调，不仅能够体现企业对社会责任理念和价值的真正态度，而且对于供应商建立遵行社会责任的信心也至关重要，是"负责任采购实践"的核心要求。

联合国全球契约提供了一个可资借鉴的，关于供应链责任内部协调的"三层内部责任"机制模型（见图10-6），即在供应链社会责任管理人员执行社会责任政策和规范的同时，行政领导层和其他业务部门都应参与到供应链社会责任管理之中。行政领导层（高层管理者和董事会）应当为供应链社会责任管理设定清晰的基调和愿景以及明确的方向和方法，这将有助于协同业务经理和供应链管理人员之间的优先事项，并强化业务开展中社会责任的重要性。行政领导层还应该定期审视社会责任目标的达成情况，"高层的监督将使得公司的所有人员负起责任"。在操作层面上，行政领导层还可以通过会见供应商管理层、参加供应商会议等方式显示出企业对供应链社会责任的严肃态度。对于其他业务部门而言，除了让他们了解自身在供应链上的业务行为可能给企业带来的社会责任影响之外，企业还必须明确各个业务部门在供应链社会责任管理方面的作用和职责，以促使他们实现行政领导层的愿景和步骤。当然，供应链社会责任管理人员也应当为业务部门的战略规划和决策提供支持，为此，可以考虑将这些专业人员纳入每个对供应链可能产生影响的业务团队，并对相关团队设定考核指标。

图 10-6　供应链社会责任管理内部责任要素

资料来源：联合国全球契约. 可持续供应链 [R]. 2011.

(二) 供应链透明化

有效的供应链社会责任管理的一个重要的外向型保障机制，就是供应链的透明化，也即企业应向其利益相关方及社会大众披露其供应链的构成（包括供应商的具体信息）、供应链社会责任管理的理念和措施，以及供应商的社会责任绩效等信息。供应链信息透明的意义不仅在于向外界廓清企业供应链社会责任的组织和地理范围，而且能够为封闭性的供应链社会责任管理引入政府、民间组织和其他企业对企业和供应商的外部监督。这一方面有助于增加供应商履行社会责任的能动性，另一方面也有助于增强外界对企业的供应链社会责任管理的信心。从更广泛的层面来看，当透明供应链成为行业的普遍实践时，还有可能促进与同一供应商存在商业关系的不同企业在社会责任领域的合作，以便协调企业间在供应链社会责任管理方面的资源和努力，减少供应商的重复工作和额外负担。

在实践层面，从 2006 年开始，以耐克公司、阿迪达斯公司、李维斯公司为代表的服装品牌企业和以戴尔公司、惠普公司等为代表的科技企业成为最早披露其供应商信息的跨国公司。目前这种披露实践不仅渐趋普遍，而且与社会责任的相关性也不断增强。例如，2008 年，惠普公司成为第一家公布其一线供货商温室气体排放量的科技企业，而一向奉行封闭供应链管理的苹果公司在 2012 年初也首度披露了代表其 97% 采购额的 156 家供应商名单。最后需要说明的是，虽然目前供应链透明化实践仍处于发展初期，但这一机制已渐渐表现出转化为政策和法律要求的趋势。例如，2012 年 1 月 1 日生效的美国加利福尼亚州"供应链透明化法案"（California Transparency in Supply Chains Act），要求在加州经营的大型零售商与制造商必须披露其在供应链中消除奴役和贩卖人口的努力，包括为此建立的内部责任机制和培训机制。而下文所述的供应链尽责立法的一个核心要求都是强化供应链的透明度，并且在此基础上开展更彻底的全链条尽责管理。

> **案例：戴尔科技公司的供应链责任透明化实践**
>
> （1）具体详细定量化的供应链可持续发展绩效监督措施的实施数据。戴尔科技公司披露了其年度供应链监督数据，包括审核数量及占比、所涉及的地区数量、审核发现数量及占比等，以及年度可持续特定项目的实施数据，例如废水排放及淡水使用项目实施数量、参与水项目的供应商数量及占比、发布可持续发展报告的供应商数量及占比等。
>
> （2）具体详细定量化供应链可持续发展绩效监督措施的效果数据。戴尔科技公司披露了可持续发展中各关键议题的要求符合百分比、所得分数等信息，例如劳工和人权议题中关于禁止歧视、自由结社、青年工人保护、工资和福利、工作时间等方面均给出了相应的具体数据及可视化图表，以及特定项目的效果数据，例如节约净水的体量、降低废水排放的量、环境风险的降低比例、举例供应商所节约能源的千瓦时等。
>
> （3）数据的周期性公开以及对比结果。戴尔科技公司在以年度为周期发布的《可持续供应链进展报告》中进行了公开披露，并提供了相邻两年的各关键议题要求符合百分比的详细对比结果、概述性结论、当前主要挑战及未来改进目标。
>
> 资料来源：整理自戴尔公司网站及《供应链可持续进展报告》（FY18及FY19）。

第五节 供应链尽责立法

一、供应链尽责立法的背景

供应链责任业界倡议和规范发展和运用30年来，对推进负责任、可持续的供应链起到了举足轻重的作用。但随着全球供应链不断趋于分散化和复杂化，业界自主、自愿的供应链责任倡议和规范的局限性也越来越明显。首先，这些倡议和规范的实施以企业（包括上下游企业）的意识和自愿为前提，高度强调企业以自主行动与供应链合作管控供应链上的社会与环境影响，因而推广范围有限，实施效果相对缓慢。其次，这些自愿性供应链责任倡议和规范的实施范围和效果仅限于第一级供应商，也即贸易制成品的加工制造商，而对于更前端的供应链参与者，如原材料提供商则根本缺乏影响力。造成这一局面的一个重要因素在于供应链后端的品牌商和采购商与供应链前端参与者并不存在直接的商业上或法律上的关系，因此品牌商和采购商既无动力对供应链前端参与者采取行动产生影响，也没有采取行动的依据和产生影响的机制①。最后，需要特别强调的是，由于供应链前端的原材料和加工制造企业多处于经济发展落后、社会治理水平较低、法治不尽完善的国家，这些国家的政府也通常不会通过提高法律标准、牺牲本国比较优势来促进供应链尽责水平的提升。

这些因素也解释了为什么迄今为止，供应链尽责立法的国家主要都是发达国家。早在2015年，《G7国家峰会领导人宣言》就指出，"G7国家在全球供应链中促进劳工权利、体面劳动条件和环境保护负有重要角色。我们将努力促进国际认可的劳工、社会和环境标准、原则和承诺在全球供应链中的应用"②。而近几年的G20《领导人宣言》也同样反复声明负责任供应链的重要性。例如，2018年底的G20《领导人宣言》指出，"我们将采取行动，包括通过促进可持续的供应链，消除工作领域的童工、强迫劳动、人口贩运和现代奴隶制"③。在这种政治共识之下，为了达到倡导价值观、促进公平竞争、修补自愿倡议的缺陷，以及

---

① 对于自愿性供应链责任倡议和标准有效性的一个新近批判性研究，参看：The Institute for Multi-Stakeholder Initiative Integrity (MSI Integrity). Not Fit-for-Purpose: The Grand Experiment of Multi-Stakeholder Initiatives in Corporate Accountability[EB/OL]. Human Rights and Global Governance, 2020, https://www.msi-integrity.org/not-fit-for-purpose/.

② 参见：https://sustainabledevelopment.un.org/content/documents/7320LEADERS%20STATEMENT_FINAL_CLEAN.pdf.

③ 参见：http://www.g20.utoronto.ca/2018/2018-leaders-declaration.html。在此需要指出的是，虽然中国在G20及"一带一路"峰会等的联合声明中也支持建设负责任、可持续的供应链，但中国至今并没有通过立法措施推进国内企业供应链上的人权和环境风险管理。中国现有的举措首先仅限于政策措施，包括政策文件和各类标准，且高度偏倚环境或绿色供应链议题，而对劳工、人权和其他社会问题则着墨较少。例如，2017年10月，国务院办公厅发布的《关于积极推进供应链创新与应用的指导意见》，强调了打造绿色供应链的重要性，明确了开展绿色供应链管理的重点领域以及相关配套工作；又比如，《GB/T 39257—2020 绿色制造 制造企业绿色供应链管理 评价规范》《GB/T 39258—2020 绿色制造 制造企业绿色供应链管理 采购控制》等标准则明确了制造企业绿色供应链管理范围、产品生命周期全过程、全产业链（供应商、生产企业、消费者、回收利用企业等）、全要素绿色管理、环境信息管理及相关文件等基本要求。虽然《环境保护法》《环境影响评价法》《清洁生产促进法》《循环经济促进法》《节约能源法》等法律的相关条款也涉及产品设计、采购、生产、流通、回收、再利用等供应链上相关环节的具体行为，但并没有提出供应链尽责的整体立法思路。

创建市场确定性等诸多目的,发达国家落实这些国际承诺的首选政策工具就是立法①。

二、供应链尽责立法的主要进展

(一) 美国

美国加利福尼亚州的《2010年供应链透明度法案》可以说是供应链尽责立法早期的最重要突破。该法2012年1月生效,要求在加利福尼亚开展业务的某些卖方和制造商必须每年公布其为消除直接供应链中的人口贩运所做努力的详细信息。加州司法部门可寻求强制令,要求企业实体遵守。2012年2月生效的《多德—弗兰克法案》最终规则1502条款要求,某些生产或与刚果民主共和国或邻国签订产品合同的SEC发行人必须提交年度报告,详细说明有关产品采购的步骤。不遵守此规则不会受到经济罚款,但是,对于虚假或误导性陈述有潜在的责任。2015年3月生效的《美国联邦采购法规》则要求,美国政府的某些承包商必须每年(在开展尽责管理之后)确认其供应链上没有进行任何人口贩运活动。

(二) 欧洲国家

2015年3月生效的《英国现代奴役法案》是目前为止英国最具影响力和代表性的供应链尽责立法。该法要求,在英国开展业务的某些商业组织必须发表声明,阐明为解决企业和供应链中的现代奴隶制而采取的步骤(或声明未采取任何措施)。英国内阁大臣可发布强制令,要求商业实体遵守,但不遵守规定将不会受到经济罚款。

在英国之外的欧洲国家中,最早生效也最有影响的是法国2017年3月生效的《与母公司和委托公司的警惕义务有关的2017-399号法律》(或称《企业责任警戒法》)。该法要求某些大型法国公司必须报告在人权和环境方面采取的措施,并执行和发布警惕计划。第三方可寻求强制令要求实体遵守,企业不遵守可能会引起损害赔偿,包括如果公司未能发布警戒计划,法官可处以最高1000万欧元的罚款,而如果导致了原本可以避免的损失,则罚款最高可达3000万欧元。《2019年荷兰童工尽责管理法案》则要求,在荷兰开展业务的某些公司必须证明其已在其供应链中对童工进行了尽责管理。荷兰监管机构可以发布具有法律约束

---

① 参看:欧盟《尽责管理法案》2021年3月8日在欧洲议会的议员讨论,载于:https://www.europarl.europa.eu/doceo/document/CRE-9-2021-03-08-ITM-022_EN.html top.

力的行动方案,以要求实体遵守,违规者可被处以公司全球年营业额10%以下的罚款。瑞士2021年公投后产生的《负责任企业倡议法案》,要求某些大型瑞士公司必须就其在人权和环境领域的政策和实践提交年度报告,它们还需要证明就供应链上的童工和冲突矿物议题开展了尽责管理。如果企业违反了说明其在国外的商业活动所带来的风险的法律义务,将可能被处以最高10万瑞士法郎的罚款。

德国2021年6月通过的《供应链法》堪称这个领域立法的集大成者,该法所确立的企业尽责义务适用于整个供应链——从原材料到完成的销售产品。为此,企业必须制定关于在供应链尊重人权的政策声明,开展供应链人权和环境风险分析,建立申诉机制并实施透明的公开报告。违反该法可能会导致罚款,且被发现犯有严重侵权行为的企业可能会被排除在公共采购程序之外长达三年。挪威也于2021年6月通过了《企业透明度及基本人权和体面劳动法案》,要求所有在挪威提供商品和服务的公司将需要了解本公司及其供应链中对基本人权和体面劳动产生不利影响的显著性风险,而大型公司则必须履行和公开报告尽责管理以识别、预防和减轻对人权和体面劳动可能的不利影响。除了这些主要的国家立法,其他欧洲国家,如瑞典、丹麦、意大利等也正密集地提议类似的供应链尽责立法。

(三) 欧盟

欧盟与供应链尽责相关的立法起点是2013年起实施的《欧盟木材尽责管制法规》,要求进入欧盟市场的木材及木制品企业承担供应链上的尽责义务,确保木材不是来自非法采伐的森林。欧盟2014年发布的《政府采购指令》(2014/24/EU)规定,如果竞标价格过低是由于不遵守欧盟立法或国际劳工标准,包括在供应链上使用童工,则政府采购机构须拒绝该项投标。欧盟2017年发布的冲突矿物供应链尽责管理法规,则是美国类似法律的欧盟版本,要求锡、钨、钽和/或金的某些进口商必须对供应链开展尽责管理并作出报告,虽然目前没有任何违规的财务处罚,但违法本身就是极大的名誉损失。

欧盟目前也在议定适用于全欧盟的《企业尽责管理法规》,其基本立法精神也是要求企业在运营过程中开展人权和环境的尽责管理并披露相关信息,尽责管理的对象包括企业自身和价值链上的其他实体。而欧盟成员国应当制定相应国内法规并监督企业。该法预计在2023年初付诸实施。

(四) 澳大利亚

2019年1月生效的《2018年澳大利亚现代奴役法》,要求某些位于澳大利亚或在澳大利亚运营的实体必须发表声明，阐明为解决现代奴隶制问题而采取的步骤，包括在供应链上采取的相关措施。此类声明必须公开发布并提交给政府。

三、供应链尽责立法的影响与启示

毫无疑问，法律规则的变革将深入影响企业理解和应对供应链责任的角度和方式。在这种情况下，对于未来的供应链社会责任管理，企业需要把握以下几个重要的趋势：

（一）垂直整合

供应链责任将不再只关注直接上下游之间的关系，而是纵观整个供应链，即企业的供应链尽责范围将涵盖从原材料到消费完成整个产品和服务的生命周期。虽然企业可能无法对直接上下游之外的供应链参与方产生影响，但供应链的垂直整合也意味着所有参与方都有其责任或法律义务，包括向自己的直接上下游传递相关供应链责任要求并督促其履责。因此，企业需要从原材料的采购开始即考虑相关的社会与环境风险，并推动供应链上的直接合作方向其自己的直接合作方传递尽责要求。

（二）全链合规

由于各国供应链尽责立法的适用范围是整个供应链，这意味着企业供应链上下游任何环节的社会和环境风险都有可能转化为企业自身的合规风险甚或法律责任。企业也将无法再以"非直接供应商"或"无直接业务和法律关系"作为供应链失责的抗辩理由。因此，企业需要从"硬合规"角度理解整个供应链上的社会和环境风险，并需要在规划供应链责任管理的时候识别出适用于所有相关环节——无论其位于哪个国家的法律要求。

（三）公私共治

随着供应链尽责立法的密集出台，公共权力以及更多的利益相关方的公众力量将会据此更加深入地介入供应链治理和责任管理。这种介入除了公共部门的执法之外，还可能包括社会组织的监督和诉讼。这就会打破供应链责任由企业自治的传统格局，转而构建企业、政府和社会多方公私共治的新格局。这意味着企业的供应链责任管理必须具有更大的开放性、透明度和包容性，并且需要更多地借助外部利益相关方建立广泛的合法性和支持系统。

（四）软硬兼施

供应链尽责立法，即"硬法"并不会消灭甚至削弱"软性"的自愿性供应链责任倡议和规范，反而会推进自愿性倡议和规范的发展。而自愿性供应链责任倡议和规范需要并必然会吸收供应链尽责立法中的要求和趋向，拓展自身的适用范围，优化自身的实施机制，增强自身的实施效果和可信度。这也意味着，未来在供应链上，"硬法"和"软法"机制将互依共存并互相增强，形成更加有效实现负责任、可持续供应链的复合推动力。

本章小结

供应链是企业与其他商业伙伴构成的合作系统，是企业赖以生存和运营的基本生态，同时也是企业在纷繁复杂的社会与环境中发生影响和传递的根本途径。因此，负责任和可持续的供应链既是企业社会责任的机制依托和管理手段，也是企业可持续发展的重要归宿和目标诉求。

过去30年来，企业界与利益相关方一起发展出了多种管理供应链社会和环境风险的倡议、规范和工具，但随着供应链结构和关系日趋复杂，这些自愿性倡议和工具的局限性日渐明显，并促使欧美国家供应链尽责立法不断出台。

虽然如此，企业仍须在加强对供应链尽责立法合规性的基础上，不断优化供应链责任管理，而其中的终极价值导向是与供应链合作伙伴一起，建立和强化可持续发展共识，在携手改善整个供应链利益关系的同时实现供应链的可持续性。

思考题

（1）结合实践，讨论供应链对企业社会责任有哪些影响。
（2）企业中都有哪些供应链社会责任管理的推进措施？

参考文献

[1] Ganeshan R, Harrison T P. Introduction to Supply Chain Management[EB/OL]. [1995-05-22]. http://lcm.csa.iisc.ernet.in/scm/supply_chain_intro.html.

[2] United Nations Global Compact. Supply Chain Sustainability [EB/OL]. 2011, https://www.unglobalcompact.org/what-is-gc/our-work/supply-chain.

[3] Lcoke R M, F Qin, Brause A. Does monitoring improve labor standards? Lessons from Nike [EB/OL]. 2006, MIT Sloan Research Paper No. 4612-06, SSRIV http://ssrn com/abstract=916771.

附录

跨国企业在华可持续供应链发展指数研究指标体系

1. 供应链政策与规划

1.1 公开的关于负责任、可持续供应链的企业政策。

1.2 企业政策中关于供应链责任共担的声明。

1.3 落实供应链政策的准则与标准及其全面性和一致性。

1.4 落实供应链政策的内部监督和协调机制。

2. 供应链监督与支持

2.1 供应链可持续发展绩效的多元化监督措施。

2.2 向供应链合作方提供技术支持和能力提升的措施与投入。

2.3 促进供应链合作方形成可持续发展价值共识的措施。

2.4 利益相关方就供应链可持续发展进行监督和沟通的措施。

3. 供应链透明与披露

3.1 供应链合作方基本信息的披露程度。

3.2 供应链尽责管理措施的披露程度。

3.3 供应链可持续发展绩效监督措施和效果的披露程度。

3.4 供应链可持续发展主要挑战和应对方案的披露程度。

4. 供应链合作与创新

4.1 促使供应链上同类或相关企业可持续发展的实践。

4.2 在供应链前端合作以预防全链条可持续发展风险的措施。

4.3 促进更公平、互利的供应链结构的举措和效果。

4.4 促进负责任、可持续供应链的技术创新。

说明：本指标体系由中国企业联合会与联合国全球契约中国网络合作组建的"跨国企业在华可持续供应链发展指数研究"项目的研究团队开发，并已据此在2020年完成了对100家在华跨国企业可持续供应链发展状况的研究。其详细说明和相关研究报告可登录联合国全球契约中国网络的网站获取（www.gcchina.org.cn/download/2765_1_1612522893.pdf）。

第十一章　CSR 与企业文化[①]

第一节　解构文化

说起文化,你一定会感到很熟悉,但是,如果让你说说什么是文化,文化有什么用,怎么发挥文化的作用,更进一步,让你说说怎么用文化来推动企业的责任感,或者请你来讲讲文化与经济、战略、社会、生命的关系,你就会感到要说出具体有效的答案并不容易。这个现象说明我们对文化还有些陌生。

让我们从经济、科学、社会、企业与生命的视角,走进文化,感受文化的丰富与力量。

一、五个视角看文化

(一) 经济视角

伦理学的鼻祖亚里士多德在《尼可马克伦理学》开篇中,谈到经济学的目的时说"经济学不仅与财富有关,而且还与人类行为的目的有关"。

亚当·斯密是利益最大化的始作俑者,但是,他丝毫没有看轻文化对经济的影响。他曾经说过,"任何市场经济只有在共享的道德观(信守契约、履行承诺、尊重伙伴)的基础上才能正常运行"。

关于文化的作用,无论是亚里士多德还是亚当·斯密,他们说的还都不够直接。美国的一些现代文化学者,他们把文化抬高到了至高无上的地步,诸如:"不管一个社会发达还是不发达,表面上看是经济形态,实际上都是文化形态""经济活动的起点和终点,都是文化""经济发展本质上是个文化过程""一个社会的成功,起决定作用的是文化,而不是政治""经济行为只要延伸到较远的目标,就一定会碰到文化""赚钱,是以货币的方式达到非货币的目的""赚钱的最终目的不是为了衣食,而是为了荣誉、安全、自由、幸福,这一些都是文化命题"。

[①] 作者:麦兴桥。

这些话把文化与经济之间的关系清晰地揭示出来,更有趣的是,说这些话语的人多是经济学家,而不是文化学者。他们对文化好像并不深刻,却是明白人。

这些观点看上去有些偏激,但他们的用意在于说明,文化对经济和社会发展的作用不能小视。他们从经济视角看文化,让我们感受到文化的内涵与力量。

(二) 科学视角

如果拿文化与科学放在一起,文化的样子会有怎样的凸显?这也是一个有趣的问题。表面上看起来,讲文化好像比讲科学容易,其实现实中讲文化并不比讲科学来得更容易。

有人研究得出其原因有三个:第一,科学有定量定性的指标,文化没有;第二,科学有国际标准,文化没有;第三,科学家很少受到非专业的评论,但文化创造者和作品,谁都会评论一下,甚至在言论上都非常激烈。

(三) 社会视角

从社会的角度来观察,文化,尤其是企业文化的样子有哪些独特的地方?企业是市场经济社会中最基本的组织,也是社会上影响力最大的组织之一,一家企业文化既受到社会的影响,也对社会起着很大的作用。同时,一家企业的文化,不仅是为了企业的发展,也是为了一个民族,一个国家。

(四) 企业视角

企业文化是企业自己用行为编写出来,并属于自己的一部词典。每一个用词,都包含着它的处境、它的方式方法和它的价值主张。它和语言一样,从最初的种子开始,一层层生长出来,在时间积累和有效引导下发展而成,对内形成了凝聚力,对外形成了品牌的张力。

(五) 生命视角

从生命的视角看,文化决定着人们的行为选择,选择影响着生命的结果和质量,也影响着生命的意义。具体讲,文化中的价值观决定了我们如何与外部事物建立关系,这个关系会内化到你的内心,这个影响的积累最终成就了生命的价值。

五个视角仅仅只是拉开了我们对文化认知的一个部分,那么文化到底是什么呢?让我们从文化的定义入手,深入文化的本质吧!

二、文化的本质概述

(一) 文化的定义

关于文化的定义各种各样、纷繁复杂,关于企业文化的定义也是众说纷纭、莫衷一是。余秋雨在《漫谈文化》一书中关于文化的定义最为简洁。

在余秋雨看来，文化是一种包含精神价值和生活方式的生态共同体。它通过积累和引导，创建集体人格。在这个定义中，有几个关键词需要我们特别留意，细心领会。

文化是一种时间的"积累"，但也有通过"引导"而移风易俗。在这个动态过程中，做人的精神财富和做事的方式方法，渐渐积淀成一种"集体人格"。中华文化的最重要成果，就是中国人的集体人格。

瑞士心理学家荣格（C. Gustar Jung, 1875—1961）说："一切文化都沉淀为人格。不是歌德创造了浮士德，而是浮士德创造了歌德。"他在这里所说的"浮士德"，已经不是一个具体的人名，而是指德意志民族的集体人格，也就是德意志文化的象征。这种集体人格早就存在，歌德只是把它表现了出来罢了。

所以，当文化沉淀为集体人格时，它也就凝聚成了民族的灵魂。同样的逻辑，企业文化，实际上就是一家企业的集体人格。

（二）文化的本质

关于文化的本质，在中国的《易·贲卦·象传》里有详细而深刻的阐述，这里的每一个字都是文化底层逻辑的钢筋水泥："刚柔交错，天文也；文明以止，人文也。观乎天文，以察时变；观乎人文，以化成天下。"

站在这个本质的基础上，我们会发现，文化的核心问题是人，有人才能创造文化。文化是人类智慧和创造力的体现，不同种族、不同民族的人创造出不同的文化。在人与文化的关系中，是人创造了文化，也享受着文化，同时也受约束于文化，最终又要不断地改造文化，这是一个循环不断的过程，是人与文化共同发展的过程。

在这个过程中，我们都是文化的创造者，又是文化的享受者和改造者。在这个过程中，人要受文化的约束，但人在文化中永远是主动的一方。没有人的主动创造，文化便失去了光彩，失去了活力，甚至失去了生命。这种既受约束又永远都是主动的关系，给了我们用好文化的空间和机会。

（三）文化的解构

在文化的本质当中，"观乎人文，以化成天下"揭示了文化的逻辑与结构。文化可拆分为"文"与"化"。"文"既可以承载道理，又可以化解人生。"文"，既是沉淀和积累的提炼和载体，也是规范和引导的指南和工具；"化"，既是对积累提炼的还原与传承，也是对规范与引导的落实。

在"化成天下"的实际推进中,容易产生五点偏误,需要高度重视:

第一,太注意文化的部门职能,而不重视它的全民性质。文化不仅是某个部门的职能工作,文化的真正作用在于它对所有人都产生影响和作用。

第二,太注意文化的外在方式,而不重视它的精神价值。文化的真正意义不在于它的外在表现和形式,而是它提供给我们"为什么做"的价值标准。

第三,太注意文化的积累层面,而不重视它的引导作用。文化来自生活,产生于日积月累,但人在文化形成的过程中具有主动的作用,存在着引导的空间和作用。

第四,太注意文化的作品组成,而不重视它的人格构成。文化首先是人格的载体,反映了一个人的精神价值和行为方式,作品只是这个人格的再现。

第五,太注意文化的片断享用,而不重视它的集体沉淀。文化来自人与人互动关系的日积月累,来自它所属的集体成员之间互动方式的沉淀。

上述五点是对文化定义的深度理解,也是释放文化力量的准确把握。生活中,为什么有人满嘴的文化,却过得很难受?为什么有些企业文化做得很热闹,但每遇风波和变化就损失很大?究其原因都是在文化的理解上存在偏误。

三、中华文化的特征

既然文化是集体人格的载体,每一种文化都具有自身的特征。中华文化的特征是什么?余秋雨分别从文化形式、修身模型和思维方式三个方面进行了总结。

(一)礼仪之道的文化形式

所谓"礼仪",就是一种便于固定、便于实行、便于审视、便于继承的生活化了的文化仪式。设计者们相信,只要规范在、仪式在,里边所蕴藏着的文化精神也就有可能存活,否则,文化精神只能随风飘散。

把"礼仪"当作社会模式,也使中国文化在几千年间保持着一种可贵的端庄。但也存在着不足,"礼仪"太注重外在形式和繁文缛节,限制了心灵启蒙和个性表达。

(二)君子之道的修身模型

中华民族的人格理想是"君子",设定的行为程序是"修身、齐家、治国、平天下",修身的模型,就是君子,这是中国文化独有的特征。

君子长得什么样?我们的祖先是透过"小人"的设定,给出了君子的样貌,例如"君子坦荡荡,小人长戚戚""君子求诸己,小人求诸人""君子喻于义,小人喻于利""君子泰而不骄,小人骄而不泰""君子和而不同,小人同而不和"。君子与小人的对比,不仅突出了君子的样貌,更凸显了君子的特色。

钱穆在《晚学盲言》中也对君子与小人有一番对比,能够让我们从中更深刻地认识君子的模样,了解君子模型的本质。钱穆写道:"中国人自幼即教以孝,稍长即教以弟。先教以在家族邻里人群中做人,继教以在国与天下大群做人。在小群中做人,则为小人。在大群中做人,始为一大人。能在古今人类长时期中做人,则为圣为贤,尤为大人中之大人。仅知有己,不知有人,则又为小人中之小者,斯不得视为人矣。"

我们总结一下,君子看的是天下,小人看的是个人;君子为的是大家,小人为的是个人;君子看的是整体,小人关注的是局部。

(三) 中庸之道的思维方式

所谓的"中庸之道"其实是一种整体思维方式。它反对切割,而提倡整合;它希望清晰,却又容忍混沌;它要求结果,却也承认过程;它知道是非,却又肯定转化……它认为,互补、互动、互易的整体,才是世界的真相,而极端化思维则是虚假思维。

纵观中国历史,基于农耕文明四季轮回、阴阳互生的"中庸""中和"和"中道"哲学,占据了中国历史的主导地位。这种哲学,经由儒家和道家的深刻论述和实践,已成为中国人的基本行为模式。

中华文明之所以能够成为人类几大古文明中唯一没有中断和消亡的幸存者,有很多原因,其中最重要的秘密就是"中庸之道"。

"中庸之道"在一次次巨大的灾难中起了关键的缓冲作用、阻爆作用和疗伤作用,既保全了自己,又维护了世界。例如,中国的主流文化不支持跨国军事远征,这就和其他那些重大文明很不一样。

中庸之道的整体观,与当下可持续发展的责任观在本质的角度是高度一致的,天人合一观念与利益相关方理论也在本质的层面相一致。这是一个非常有趣又有着实际意义的客观现实。

代表中国文化特色的三个"道",在社会模式、人格模式、行为模式三个方面样样齐全、组合严整,构成了一种大文化的"三足鼎立"。这尊文化之鼎,既是中国人精神凝聚的理由,也是中国人在地球上的一个重大建树。

中国文化已经相当刚健地存活了至少五千年,生机勃勃地活到了今天,活出了诸子百家,活出了秦汉唐宋,活出了人丁兴旺。

第二节 文化与责任

一、企业文化是企业社会责任的内在决定因子

（一）责任的本质是一种能力

说起责任，大多数人都停留在义务的层面，不知道责任还有能力的本质。

有人说语言观就是世界观，至少，不同的语言能够给我们带来一些启示。在英文中，责任（Responsibility）一词由 Response 和 Ability 组合而成，表现为一种特殊的能力，一种选择如何回应的能力。

面对外界的各种刺激，人们选择如何回应，决定了人们的行为和结果。你的回应能力就是你生存和发展的能力。

将责任视为一种能力，这个视角有助于我们重视责任，主动承担责任，从而不断提升我们回应外界的能力。

如果责任就是一种回应的能力，那么企业社会责任也不再是口号，更不是包装，而是企业回应持续发展这个终极目标的能力。

（二）企业文化决定了企业社会责任

企业文化由精神价值和行为方式组成，解决了企业员工为什么做事和怎么做事的问题，也决定了企业如何选择回应自身持续发展需求、回应外界变化和需求的行为和结果。企业文化决定了企业社会责任。

企业文化由自己用行为创造编写出来，包含着它的处境、方式方法和价值主张，也创造并体现出企业的社会责任。企业文化与企业社会责任相互影响，也相互都通过员工和企业的行为得以显现和实现。

如果说企业文化的价值在于它的凝聚作用，那么这个凝聚作用一定是来自企业文化中的精神价值和行为方式对于社会的价值和意义。

（三）中华文化中的责任因子

在中华文化中有没有责任的因子？答案是肯定的。无论是礼仪之道的文化形式、修身模型的君子之道，还是思维方式的中庸之道，都蕴含着厚厚的责任因子。

在君子之道中，讲究的是对利益相关方的整体重视，以"大群"、大家甚至是"天下"的利益为做事的出发点；在中庸之道中，讲究的是整体观；而在礼仪之道中，讲究的是将君子之道和中庸之道融合在行为操守的规范格式之中，并

得以落实和贯彻。所以，中华文化的每一个特质都有责任的因子，都有责任的内涵和清晰的表达，蕴含着可持续发展的要素和规律。

具体为中华文化的格言联和词汇——"修身岂为名传世，作事惟思利及人""仁者爱人""与人为善"，都蕴含着大大的责任因子。

理解中华文化的责任内涵，有助于我们实施企业社会责任的展开。

案例：无限极核心价值观

无限极的核心价值观"思利及人"，来自中国唐代的格言联"修身岂为名传世，作事惟思利及人"，凝聚着中华文化流芳百世的智慧，也蕴含着中华哲学一以贯之的精髓。

如果将格言联翻译为现代语言，说的是："人生难得，提高自身道德修养难道仅仅是为了传名于世？徒有虚名不如做点实事，做事就必须'思利及人'。"

"思利及人"强调要"惠及"更多的人——从你、我、他到我们，从个人到集体，从小家到大家，从群体到社会。思利及人，不是只考虑某一个人或某一群人的利益，而是站在发展的角度，考虑整体的利益。将眼前的"利"上升到"我们大家"的"利"，这个利就等同于"义"，就是"利义共生"。

无限极把"思利及人"四个简简单单的字做了明确、具体、清晰、可行的定义：做事之前首先思考如何有利于我们大家；具体做到"思利及人"的三个行为步骤是直升机思维、换位思考、关注对方感受；用生活的语言说明其中的逻辑，即先从"我"的立场"坐直升机"上升到"我们"的立场来思考整件事情，再"换位思考"检验这个事情是否与"我们"相符，最后用"关注对方感受"来取得"我们"的认同与参与，而且最终的成果一定要能"共享成果"。

资料来源：笔者整理而得。

二、用文化推动企业社会责任

（一）内化于心

文能载道，化成天下讲的是文化的形成以及文化的释放，在企业文化实施的过程中首先要做的事情是内化于心，用文化推动企业社会责任也要从这里入手。

将责任内化于心，可以从人们常见的疑惑入手。比如，企业社会责任究竟是"可做可不做"还是"必须做"？这是大多数企业普遍存在的困惑，也是开启责任大门的钥匙。

从企业必尽责任、应尽责任和愿尽责任的视角来看，在商品供过于求的时代，消费者对企业已不满足于法律要求的必尽责任，也不满足于道德要求的应尽责任，还需要有由核心价值观带来的愿尽责任。由此得出，企业社会责任也是一件必须做的事情。

从利益相关方的视角来看，让员工发现工作对利益相关方的价值，让员工发现工作的全部意义，让工作更有意思，成为内生的驱动力，不仅激发工作热情，更能激发责任心；从利益相关方的视角，企业不仅容易找到发展的方向，形成制定战略的指南，也易与外界建立信任关系，赢得更多资源和良好环境。由此也得出，企业社会责任对于企业可持续发展具有实质性意义。

从以上几个角度阐述企业社会责任究竟是可做可不做，还是必须做，就能起到提升对企业社会责任认知的效果，让责任扎根于内心，转化为自觉的行动。

（二）外化于形

优秀文化必蕴含着社会责任，让企业社会责任从文化中显现出来，是"外化于形"的一个有效方法。尝试多开展形式多样的活动，例如，"创意节水节电金点子有奖征集"活动，让员工积极参与其中，透过生活、身边随处可见的"社会责任小行为"，洞察、体验和提升整体社会责任认知。又例如，利用废旧纸箱制作小小回收站，或设立冗余物品流动站等活动，即可将"站牌"变成责任广告的媒介，不仅增设了一个责任的视角启迪大家，也完成了一个日常工作的闹钟，提醒责任就在我身边。

此外，我们还可以有意识地借助各种媒体将责任显性化，包括各种会议、各种景观、各种培训、各类表彰、各种手册、各种报刊、各种活动等都能成为责任媒介，都能成为"外化于形"的有效方式，让责任连接我们的日常工作。

（三）固化于制

如果内化于心讲究的是深度的理解，由衷的领会，外化于形是从形式到行为的练习和彰显,那么固化于制就是借用设机制、定流程、搭架构等来造钟,形成日复一日的重复和复制,像打阵地战一样,一步一个脚印,推动企业社会责任落实。

例如,不只是写一本企业社会责任报告,而是形成 CSR 报告体系,包括报告制作机制、发布机制和传播运用机制,利用年度企业社会责任报告,搭建责任升级的台阶,并将每年报告中呈现的数字作为下一年度的起点,让成长的道路清晰可见、有据可依。再举例,有条件成立企业推动 CSR 委员会,定期学习"他山之石",分享各个单位在 CSR 实践中的心得和下步打算,形成相互协同、共同进步的环境。

多年的实践,以及多家企业的成功,都证明这是一个非常实用的办法。

案例:无限极企业社会责任体系

十余年的无限极企业社会责任实践,已构建一整套运作体系,包括:一个核心价值观——思利及人;一本报告——无限极企业社会责任报告;一个公益平台——思利及人公益基金会;一支队伍——无限极志愿者;一系列 CSR 实践和公益活动——六大责任领域的 CSR 实践和思利及人助学圆梦项目等。

"五个一"的责任体系,形成固有的流程和机制,构建完整,既有价值观作内涵核心驱动,又有年度报告作文本载体和推动抓手,还有基金会做公益平台,有志愿者队伍,有落地的实践和项目。企业社会责任在企业的每一个作业单元都能够有序进行,企业可持续发展的愿望就不会是空中楼阁。

资料来源:笔者整理而得。

第三节 文化与责任共舞

一、从意义开始

"意义"一词非常有意思,它是非常主观的,不像物件或事情一样有客观的属性。在同一样的物件或事情上，不同的人，以及不同时期和不同情绪下的人都会有着完全不同的意义，而这个意义影响了你与这个物件或这件事情的看法和关系。在"意义"这个词的身上，文化与责任能够协同共舞，整合增效。

（一）意义从哪里来

巴里·施瓦茨在《你为什么而工作：价值型员工进阶指南》里写道：研究员艾米·瑞斯尼沃斯基在与医院后勤员工一次又一次的访谈中发现，他们工作中的满意度主要来自他们与病人的接触，此时也是他们感觉到自己最有用、最为重要和最为熟练的时刻。他们愿意也乐意将工作做得更好，从工作中获取极大的满足感并以此为荣。

美国心理学会前主席马丁·塞利格曼在《真实的幸福》一书中谈道：幸福感由三项要素构成——快乐、投入和意义。在这三项要素之中，快乐带来的幸福感最为短暂。塞利格曼说，有太多的人以追求快乐作为生活的目的，但是对于幸福感而言，投入和意义远比快乐更重要。

无论是研究员艾米·瑞斯尼沃斯基的洞察，还是塞利格曼对幸福与意义的发现，都会让我们认识到，与利益相关方的连接产生了意义，而意义具有驱动力。

（二）人生意义的三种类型

耶鲁大学教授安东尼·克龙曼在《教育的终结：大学何以放弃了对人生意义的追求》里，把人生的意义分成了三种类型：第一种是"工具"。我活着是为了挣钱，我活着是为了把孩子养大，我活着是为了让中国成为世界第一强国，这些都是把自己当作达到某个目的的手段。第二种是"启示"。像跟家人、跟朋友的关系和友谊，这些东西你要说只是某种工具，似乎说不过去。这些联系除了能让我们快乐之外，还有自身内在的价值。它们是体验，这些体验给我们揭示了比如说"爱"到底是什么东西，让我们学到了东西，见识了更高级的意义。第三种是"组合"。为啥要读书呢？为啥要旅行呢？除了让你快乐、让你学到什么东西之外，这些活动还有另外一层含义，那就是作为你人生的一部分，让你的人生更加"完整"，即把你变成了一个更完善的、更好的人。没有这些活动，你的人生就缺少了什么东西，就好像一个小孩没发育完全一样。

克龙曼关于人生意义的三种区分，让我们对意义有了更加深入的了解。这些意义究竟是怎么来的？克龙曼还有一个洞见特别好，他告诉我们，所有这些意义都是通过跟我们"本身之外"的什么东西的"关系"带来的。也就是说，我们总是从外部的东西上寻找自身的意义。

（三）意义属于内驱动力资源

意义对我们有驱动的作用，且来自我们自身。在整个内驱动的资源里，意义既来得简单，又非常重要。意义的发现只需要换个视角重新思考，而视角的变化可以让世界改变。

人生的意义来自个人之外，属于超越个人的某个东西——"something bigger than yourself"。柯维在《高效能人士的七个习惯》中指出，"being changes seeing"，你在哪里决定你能看到的内容，这也说明了为什么我们每个人的人生都有各自的意义，为什么每个人生存的意义也不可能是一样的。影响我们意义的是文化，意义又是责任的母体，在"意义"这个点上面，存在着文化与责任协同共舞、整合增效。

> **案例：基业长青的密码——超越利润的追求**
>
> 利润是生存的必要条件，利润就像人体需要的氧气、食物、水和血液一样，没有它们，就没有生命。但是，这些东西不是生命的目的。
>
> 比如强生公司，在谈及责任顺序的时候，依次是客户、员工、管理层、社区、股东。也就是说，代表利润的股东，被放到了第5的最后顺序。在面临药品安全问题的时候，强生表现出来的是"不计成本，为所当为"；而遇到类似危机的百时美（非基业长青公司），则表现出利润的最大关注。
>
> 需要说明的是，如果不把利润摆在第一位，那么在摆在首位的指标里，18家基业长青公司之间存在统一性吗？内容上没有统一性，但形式上有：都持续地强化某一个无关利润的理念，在全员中彻底地灌输。还有，经常出现的情况是：核心理念并不是一开始就有，而是在创办蛮久，比如10年后，才慢慢完成自我确认。
>
> 资料来源：吉姆·柯林斯《基业长青》。

二、大规模变革性目的

在"意义"的基础上，我们进一步深入了解文化与责任协同共舞的好办法。本部分要讲的是大规模变革性目的（Massive Transformative Purpose，MTP），它能够将文化与责任协同共舞做到极致。

什么是MTP？为什么MTP能够将文化与责任协同共舞做到极致？研究者发现，那些发展非常迅速，增速如同指数曲线一样的组织——指数型组织，都有一个崇高而热烈的目标。

MTP鼓舞人心，本身就是一种竞争力的，它会激励人们创造自身的社区、群体和文化，不仅是商业的重要驱动力，也是企业存在的基础。

下面看几个现实中的MTP案例。

Quirky的MTP是"让发明触手可及"；奇点大学的MTP是"为10亿人带来积极的影响"；TED的MTP是"值得传播的思想"；谷歌的MTP是"管理全世界的信息"。你有没有从这些MTP中感受到与你相关的东西？有没有从中感受到它的魅力？

所谓的大规模（M）讲的是目的宏大，适当的大规模（M）所带来的最重要效果就是它能产生一种具有"拉动力"的文化运动，例如苹果专卖店门口排队的长龙和报名参加TED年度大会的候补名单，就是这种大规模（M）所引发的文化效果，而大规模（M）则来自利益相关方组合的生态圈，来自社会。

这种文化运动带来的红利非常大。在指数型组织中都拥有自发形成的生态系统。客户对产品或服务的钟爱，让这些产品和服务从核心组织中被抽离了出来，客户构造出独立的圈子，衍生出营销和支持服务，甚至还能担当设计和制造的任务。以苹果iPhone为例：在无穷无尽的配件产品和数百万由用户制作的应用程序，组合成苹果公司有效又独特的商业模式。

这种由MTP激发的文化转变又会产生进一步的影响，例如，它能将团队的关注焦点从内部政治转向外部影响。大多数当代的大型公司都更关注内部，它们往往失去了与市场和顾客的联系，而与外部的接触，最多只有一些生硬而呆板的市场调查和讨论会。

要适应今天的时代，需要对做事的理念做根本的转变。不能停留在"销售稀缺性"的陈旧模式上，而应该把所有注意力和资源都放在"挖掘资源富裕性"的新理念上。

"销售稀缺性"强调的是我有什么才会做些什么，而"挖掘资源富裕性"则是我看到什么就可以做些什么。前者强调发展立足于拥有的资源，后者强调的是，资源不需有，只要用得到就行。透过整合、共享、协同，让资源源源不断被发现、被挖掘、被借用，被使用，不仅大大加快了行动的步伐，更催生了各种类似化学变化的创新机会。

MTP 的竞争优势还表现为：①在传播的认知高地"先入为主"。②在吸引人才方面是绝妙的广告，更是留住尖端人才的磁石。③在打造商业生态圈中，MTP 能帮组织降低获取、交易和保留这些利益共同体的成本，可以这样说，MTP 就像影子一样，影响着组织的每一个部分。④激动人心的品牌可以在指数型组织的社群中创造积极的反馈回路：顾客对产品的印象会更好，并为自己能成为一场愈演愈烈的运动的一分子而倍感骄傲。激动人心的品牌通过利用内部动机（而非外部动机），就能降低成本提高效能和加快学习速度。⑤MTP 还能带来经济上的优势。这个世界正面临着许多重大挑战，正如彼得·戴曼迪斯所说："这个世界最大的问题就是这个世界最大的商机。"

设计好企业的 MTP，就可以实现文化与责任协同共舞，极大地成就企业持续快速发展。

三、建立企业社会责任报告体系

让文化与责任协同共舞的方法还有一个非常典型又很常见的做法是建立企业社会责任报告体系，包括编制年度企业社会责任报告，建立包括编制、发布和运用在内的一套作业流程。用文化的方法，透过责任的沟通，推动企业、商业和社会的可持续发展顺利进行。

一本企业社会责任报告的基本逻辑是，从意义的视角梳理企业的行为，编写成为一本非财务的企业年度总结，再用文化推广的方式运用到企业内部的沟通、企业外部沟通，企业的营销推广、外部公共关系维护、企业生态圈的期望值管理等方面。

具体讲，这一整套的机制体系，运用一种责任沟通的文化方式，让利益相关方发现企业发展意义，尤其是企业员工发现自己工作的意义，放大日常工作的价值，激发工作热情，提升做事的责任感。

在报告编制的实际操作中，要注重员工的参与，最好的方式是"自己的报告自己写"，让员工站在"本身之外的视角"——站在利益相关方的视角——发现更多的工作意义，让"影响我们"和"被我们影响"的隐藏线条显性化，产生一种"something bigger than yourself"的效果，从而增强员工的责任感。

在报告完成之后，要做好"自己的报告给自己看"，最好的方式是让每位员工都有一本能送给自己的家人阅读。有企业把报告视同为员工与其家属一起用生命写就的，为此专门制作了感谢信，由员工的上司签署名字，连同报告一起交由员工赠送给家人。实践证明，这种方式能极大激发员工和其家属对企业的认同度。

案例：无限极企业社会责任实践

2008年，无限极做了第一本CSR报告，公司有员工在读了报告之后连称有三个"想不到"：一是"想不到我的工作这么有意义"；二是"想不到公司做了这么多好事"；三是"想不到公司对我们每个员工赠送报告"。李锦记健康产品集团企业社会责任部总监麦兴桥在第十届中国企业社会责任国际研讨会上深有体会地分享："这三个'想不到'，成为我们后来执着企业社会责任探索的定海神针；三个'想不到'，给了我们推动CSR一个崭新的视角。"

为什么员工会有三个"想不到"呢？因为这本报告是从责任和利益相关方的视角作的总结。

这三个"想不到"让我们感受到了意义的重要性。

展现动机，彰显意义，让利益相关方感受到你做的每一件事情都有意义，这个意义会催生热情，催生责任。于是从2008年起，无限极每年都做一本CSR报告。

从2008年发布第一本责任报告开始，每年的报告都有责任理念升华的足迹。2008年——CSR是"必须做"，具体有六大责任。2009年——CSR是企业对永续经营的承诺。2010年——责任是企业发展的源泉、存在的价值、持续的保障。2011年——责任就是我们分内的义务和事情，不仅有法律和道德的要求，还有核心价值观的要求。2012年——思利及人是无限极的核心价值观，也是无限极承担企业社会责任的源头。"我们大家"具体就是企业和它的利益相关方。思利及人，就是"要以人为本、以人性为重、以企业和利益相关方的要求和期望为出发点，努力为企业和利益相关方做实事、创价值，满足他们的需要"。2013年——站在整个生态圈的视角，明确健康责任是无限极产生最大社会影响、创造最大价值的突破点。2014年——企业社会责任对企业发展具有实质性的意义。放大镜+激励源+指南针+信任力=可持续发展。2015年——创造共享价值是思利及人的本质体现。以"整体共赢"为目标，就像坐上了直升机一样，在企业自身与更大的生态圈和价值链中，看到更大的发展空间。

视角决定着世界，企业社会责任报告就像是催化剂，不断提升了企业员工以及所有的利益相关方对于企业社会责任的认知，推动企业实现从自发到自觉、从零散到系统、从责任报告到责任管理、从物理作用到化学作用的蜕变，实现社会责任与公司运营的自然衔接，使公司的发展之路真正成为责任之路，成就无限极的质量发展。

资料来源：笔者整理而得。

本章小结

文化，是一种包含精神价值和生活方式的生态共同体。它通过积累和引导，创建集体人格。

文化的本质，可以看作是自然的人化；责任是分内的义务，更是一种回应的能力，企业文化决定了企业社会责任。

文以载道，文以化人，文化与责任密不可分、相互协同。企业社会责任的推动需要做好的三件事情是：内化于心，外化于形，固化于制。具体的路径可以从意义开始，找到MTP，让文化与责任共舞，驱动企业可持续发展。

思考题

(1) 回顾各大典型企业的文化，有哪些企业文化是促进企业可持续发展的？
(2) 结合自身实践讨论：好的企业文化是否会增强员工的社会责任感？

参考文献

[1] 安索尼·克龙曼. 教育的终结:大学何以放弃了对人生意义的追求[M]. 北京:北京大学出版社, 2013.

[2] 萨利姆·伊斯梅尔, 迈克尔·马隆, 尤里·范吉斯特. 指数型组织[M]. 杭州:浙江人民出版社, 2015.

[3] 李惠森. 思利及人的力量[M]. 北京:中信出版社, 2012.

[4] 马苓, 严小强, 麦兴桥, 陈昭如. 思利及人:李锦记健康产品集团的企业社会责任实践[C]. 2019.

[5] 余秋雨. 何谓文化[J]. 武汉宣传, 2014(1):54-55.

[6] 菲利普·科特勒, 南希·李. 企业的社会责任:通过公益事业拓展更多的商业机会[M]. 北京:机械工业出版社, 2006.

[7] 无极限. 无限极2007—2016年度企业社会责任报告[EB/OL]. [2018-02-05] https://www.infinitus.com.cn/zxcj2.0/shzr/.

第十二章　企业社会责任战略传播[①]

第一节　战略传播与整合营销传播

一次成功的传播往往始终贯穿着战略思考的过程,需要确定优先传播事项,围绕这些事项,分析传播的外部环境,识别导致传播成功与否的机遇与挑战,采取长期和系统性思维,从而有利于整体传播目标的达成和决策制定。

在企业的实际场景里,我们在讨论战略型传播,主要关注如何通过传播战略来促进企业整体发展目标的实现,通过有针对性的信息和渠道策略,强化企业品牌定位及在各利益相关方中的认同,加强与各利益相关方的互动、互信,为企业发展营造有利的外部环境。

如何制定一个更有效的企业传播战略?我们希望提供清晰的流程与更具实操性的方法,从而有益于读者在实际工作中深化思考与应用。

一、建立传播战略

(一)明确传播目标:对于以下问题的思考有利于目标的设定

(1) 通过传播希望实现什么?

(2) 这一目标是否有利于实现公司整体的目标?

(3) 我应该如何勾画这一愿景?

(4) 实现这一愿景通过哪些途径?依托哪些行动?需要哪些支持?等等。

(二)收集信息,佐证判断

(1) 利用专业的工具更有效地了解传播的外在环境。

(2) 根据客观的分析,来判断在推动目标实现的过程中还有哪些亟待解决的问题,还存在哪些缺口。

[①] 作者:郎华。

（3）一些可用的工具与方法。

PEST 分析法。PEST 是 Politics、Economy、Society、Technology 的缩写组合。PEST 分析是从政策环境、经济发展水平、社会文化、技术变革四个方面对企业的外部环境进行全面评估，更侧重于宏观环境对于传播的影响。只有适应并更好地借助外部环境建立企业传播策略，才更有利于为企业的发展营造良好的外部环境。

SWOT 分析法。SWOT 是 Strength、Weakness、Opportunities、Threats 的缩写组合。SWOT 分析更侧重于对企业竞争形势的分析，侧重微观和战术层面，找到企业传播差异化的定位，并通过传播帮助企业获得有利的竞争优势。

对标分析法（Benchmarking）。对标分析是综合分析企业传播所处的社会文化背景、政策法规、行业环境等，并结合同业企业的分析，识别企业的核心优势与重点改进的关键领域，作为战略制定的依据。一般来说对标分析有四个关键步骤，包括：对标因素的确立，比如企业声誉的关键研判指标、品牌定位等；对标企业的选择；对标因素比较研究；对标因素结果分析。

（三）战略决策

（1）基于外部信息收集与环境分析来制定传播战略，确定优先事项，强化企业竞争优势，应对挑战与风险，补齐短板，建立在关键利益相关方中持续的传播，促进企业长期价值创造。

（2）制定一揽子传播行动框架，促进优先事项的落实，推进传播目标达成。

二、明确利益相关方

利益相关方是指对于企业相互联系、相互作用的个体和组织的综合。利益相关方根据重要性排序，对于企业决策有不同的价值和影响力，对于企业的运营会施加不同的影响。识别对于企业发展有关键影响的利益相关方，了解他们对于组织的期待，并设定有针对性的信息和渠道策略，有助于获得关键利益相关方的认可与支持，并营造价值共创的商业生态。

（一）找到所有潜在的利益相关方

全面识别企业的利益相关方，包括对于企业有直接或间接影响的组织或个人，尽量做到精准定位，比如政府，精确到部门，甚至是相关的负责人或发言人。只有做到精准定位，才可以精确了解舆论环境的变化，知道谁是主导舆论最关键的机构和人，了解他们的期待，并作出调整和决策。

（二）明确利益相关方的优先级，确定目标受众

对于企业来说，利益相关方并不是同等重要的，面对有限的传播资源，必须

要对利益相关方做优先级排序，找到那些最重要的利益相关方作为目标受众，集中资源制定传播规划。即便对于同一家企业来说，不同的传播任务所面对的利益相关方组合也会大相径庭。比如，对于一家食品企业来说，针对某一款食品原材料的行业标准倡导，以及对于某一款新口味产品上市，或企业 IPO 计划，核心的受众都会不同。第一更多关注食品监管部门、行业协会及同行企业；第二更多关注消费者；第三更多关注证券监管部门和投资者。

如何更精确地定位不同传播议题的利益相关方受众？图 12-1 为大家提供了一个评价工具，以重要性和影响力两个维度来考察利益相关方的优先级。重要性重点考察对于业务和核心能力的相关性，以及对于商业决策制定的影响力；影响力重点考察是否对企业商业生态有直接或间接影响，或在相关专业领域有广泛认知和影响。

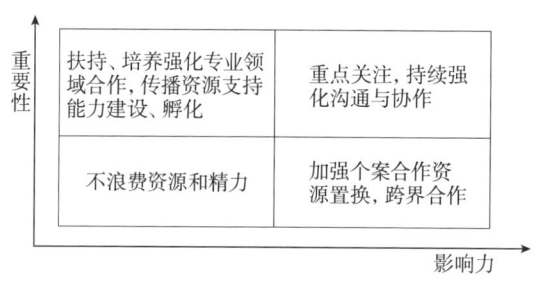

图 12-1　评价工具

资料来源：笔者整理而得。

三、制定核心信息

无论时代怎么变化，传播环境如何变迁，核心信息始终是保障传播成功与否的关键内核。核心信息是企业最希望传达的信息集合，是在与不同利益相关方对话中期待被他们记住的内容。制定核心信息可以确保信息传递的一致性，可以更有效地控制传播的效果，避免传播过程中的变动，无论使用什么样的传播手段，采取什么样的传播形式，都可以始终确保一个声音。

企业在定制核心信息时，可以采用信息屋工具（见图 12-2），梳理整合的企业信息框架。

顶层：传播的定位与愿景，希望通过核心信息传递达成的目标。

二层：核心信息概述，如同论点，是核心信息的内核，也是通过传播最希望传递和被记住的内容。

三层：分角度关键信息，如同论据，是核心信息的关键角度，是佐证核心观点的依据，如果说核心信息概述解决了"是什么"的问题，那么分角度关键信息则解决了"为什么"的问题。

四层：关键数据、事实、行动，是每一个分角度关键信息的证明性信息，如同论证，提供证据，说明缘由。

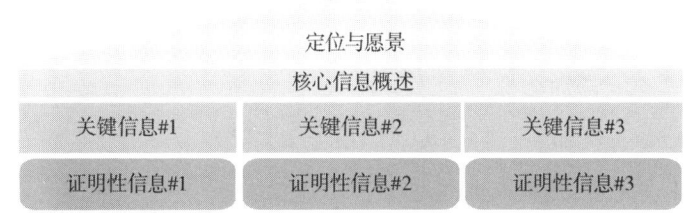

图 12-2 信息屋工具

资料来源：笔者翻译而得。

核心信息框架可以针对整体企业品牌来设计，也可以根据某一项传播任务来设定。根据不同利益相关方受众的兴趣和价值诉求，还可以做更精准的信息定位和细分。

思考一下：如果你来自一家零售企业，想要强化企业可持续消费的领导力和影响力，在传播信息上应该如何构架？有哪些依据？通过哪些数据、行动、案例来促进传播目标达成？图 12-3 提供了一个框架建议，供大家思考和借鉴。

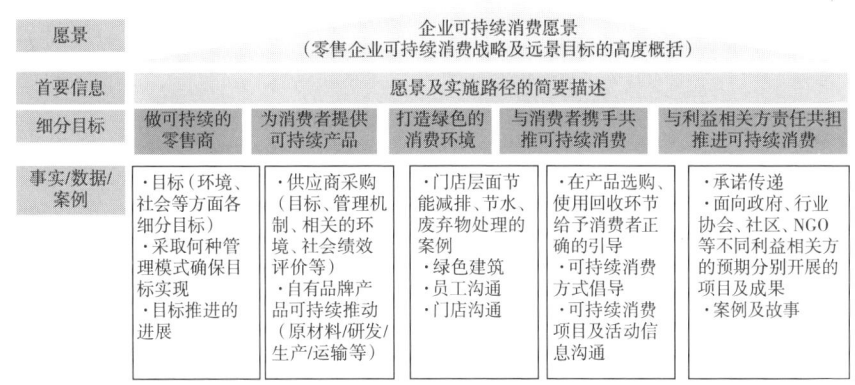

图 12-3 核心信息框架

资料来源：笔者整理而得。

四、设计传播项目组合

信息传递需要借助图、文、影、音等多种形式，并通过多种形式的载体，包括媒介、活动等,才可以实现在传授双方的互相流转。

企业在设计传播组合时,可以采用"战役"式策略,采取统一的作战思路,设定明确的作战目标,通过多种打法,逐个击破目标,最终取得战役的胜利。传播"战役"必须要有一个整体的思路,通过目标倒推,统一口径,以不同的方式传达给目标受众,促进整体传播目标的达成。一个成功的传播战役一般由以下要素构成:

(一) 传播主旨和概念

通过一个整合、包容、打动人心、引人瞩目的概念或标语,统领传播整体传播战役和核心信息,传播主旨和概念可以在受众中强化企业或项目品牌的影响力,强化传播效果并达成传播目标。

(二) 项目传播组合

围绕传播主旨和概念设计的一系列传播项目组合,可以是多种形式、通过多种渠道(线上到线下的多种媒介)、开展多样的活动设计传达主旨,传递整合传播信息。

(三) 整合信息,确保统一的口径

用一套信息、一个口径传播,无论采取何种传播形式都用一个声音传递,强化记忆,建立认可。

(四) 时机与节奏

为了确保传播战役取得全面成功,选择合适时机并设定有效的传播节奏非常重要。

案例:2018 年世界环境日活动

6月5日是世界环境日。作为联合国的重要节日,它旨在提高全球环保意识,鼓励相关行动。自1974年以来,它已发展成为全球宣传环保公益行动的重要平台,100多个国家加入其中,共同庆祝。

世界环境日的主题活动每年由一个国家主导。2018年,印度主导了"塑战速决"传播战役(见图12-4),依托统一的视觉系统、统一的信息,面向不同利益相关方的传播项目指引建议,"塑战速决"在世界环境日期间在全球范围内引起了巨大的反响。

图 12-4 "塑战速决"传播战役

资料来源：笔者整理而得。

五、整合营销传播

整合营销传播的英文是 Integrated Marketing Communication（IMC），核心思想是将与一个组织的市场营销有关的一切传播活动一元化。IMC 一方面把广告、促销、公关、直销、CI、包装、新闻媒体等一切活动都纳入营销活动的范围之内，另一方面则使一个组织能够将统一的信息传达给消费者和利益相关方。因此，整合营销传播也被称为"speak with one voice"，即营销传播的一元化策略。

整合营销传播将系统的观念与方法运用于一个组织的营销传播活动之中，将营销的各个方面、各个环节、各个阶段、各个层次、各种策略加以系统规划和整合、形成强大的立体传播攻势。"以消费者为中心""双向沟通""消费者数据库""一个声音""利益相关方""使命营销""跨职能工作小组"则是形成这种攻势的 7 种武器。

(一) 以消费者为中心

以消费者为中心是整合营销传播的出发点,也是整合营销传播的终极目标,需要在营销传播过程中的每一个环节始终贯彻。以消费者为中心需要不断听取消费者的意见,开展消费者洞察并据此重构市场行动,同时以消费者为导向进行传播。

(二) 双向沟通

双向沟通是企业与消费者间双向的沟通机制。通过双向沟通,企业可以与消费者建立一种相互吸引、相互满足需求的情感沟通。通过良性的信息互动,企业可以不断跟进消费者的需求并及时响应,消费者也会强化对品牌的黏性和忠诚度,从而让企业获得持续的市场影响力。随着数字技术的发展及其在制造业中的迭代应用,越来越多的品牌开始通过"C2M"(顾客对工厂)反向定制,强化与消费者的双向沟通,并让消费者成为产品研发、创新的参与者,消费者从中获得了更符合心意的产品,企业和消费者之间的连接也获得了前所未有的强化。

(三) 消费者数据库

开展精准的营销传播,找到目标消费群体,对他们进行深入洞察,并持续记录跟踪他们的消费轨迹、兴趣、习惯和购买力,有利于企业建立精准的营销传播策略,从而实现成功的营销。大数据和人工智能技术在消费者研究、沟通、营销中的应用越来越广泛,人们的消费轨迹通过数据收集、分析和动态跟进在数字世界里实现了完美再现,为企业开展更精准的营销提供了有力的决策依据。

(四) 一个声音

有关"一个声音"的内容与本章第三节"三、确定核心信息"的内容基本一致。制定核心信息,在不同信息的呈现形式、营销手段、媒介类型中始终基于核心信息进行传播,保持一致性,持续强化记忆。

(五) 利益相关方

尽管整合营销传播始终以消费者为中心,但商业生态系统中多元的利益相关方的态度对于消费者的决策判断也起到至关重要的作用。因此,在制定整合营销传播策略时也需要系统规划,响应多元利益相关方的期待,建立广泛社会认可,形成良好的舆论氛围。

(六) 使命营销

"现代营销学之父"菲利普·科特勒将我们现在所处的时代称为"营销3.0时代",即价值观营销时代。越来越多的企业把促进可持续发展、解决社会问题作为企业使命，这样的使命具有普世价值，往往更能打动消费者。将使命传播融入整合营销传播，更容易呼应消费者的价值观，与消费者建立情感共鸣。使命营销可以将企业的公益项目融入营销策略，让消费者也可以通过购买、声援等参与公益行动，为消费者的购买带来更多的社会意义和自豪感，从而强化与品牌的连接。根据商道纵横连续五年开展的研究，越来越多的消费者认为自己的消费模式对于世界的可持续发展和未来有强关联，并开始钟情于那些可以实现积极社会影响的企业。

（七）跨职能工作小组

整合营销传播需要把企业不同的业务活动、各个角度的信息，整合为统一的信息出口，进行传播主题的整合，并协调各项传播活动的时间和内容，减少重复和冲突，因此往往需要建立一个跨职能管理小组。

第二节　企业社会责任战略传播的价值

一、CSR战略传播的优势

CSR战略传播其实是将企业责任与社会价值理念融入企业战略传播。CSR既是传播的核心信息，也是通过传播要达成的目标，强化企业社会责任认知，同时调动受众对于特定社会议题的关注和参与意愿。

CSR战略传播要基于企业既定的CSR战略，CSR承诺在各个部门以落实和实际行动来推进传播，持续建立在社会议题的影响力。当我们提到CSR战略传播的时候，需要甄别一个问题：是CSR行动在先，还是传播更加优先？答案是：我们必须首先基于企业的CSR战略及行动。很多企业错误地认为CSR传播就是扩大企业的影响力，用公益来为企业造势，在CSR上付出的行动和投入的资金远远小于营销传播方面的投入，当然最后在公众中造成了虚伪的印象，也会给企业带来声誉风险。

作为企业战略传播中的一个组成部分，CSR战略传播具有以下优势：①更有效地响应利益相关方的期待；②更容易强化公众兴趣并调动参与；③价值观传递，更容易建立共鸣；④更有感染力，更容易建立情感联系；⑤更利于强化品牌声誉。

（一）更有效地响应利益相关方的期待

企业发展的外部环境正经历深刻的变革。宏观上来看，中国正在朝着更高质量、更有利于生态文明与共同富裕的方向发展。中国政府也通过各项政策法规，对企业如何履责,在哪些方面履责提供了越来越明确的期待。近期,"双碳"目标、发展循环经济、乡村振兴、健康中国规划纲要等热点政策已经被纳入越来越多企业的 CSR 策略表述中。

同时,公众的意识形态也正在发生变化,特别是年青一代消费群体。根据商道纵横连续五年开展的中国可持续消费研究,超过一半的消费者认为开展可持续消费对于有益的环境、社会、经济发展非常有帮助。驱动消费者可持续购买行为的核心因素是他们认为可持续产品更健康、可靠,以及基于更值得信赖的价值链体系等。对于不同品类的可持续产品,消费者可以接受不同程度的溢价,比如对于家居建材、服装服饰、电子产品等,消费者对于产品的可持续表现可以接受高于 20% 的溢价。

为应对外部环境的变化和消费者价值观的转变,企业将使命、责任融入企业营销和传播策略。这不仅有利于与利益相关方建立价值认同和共鸣,为企业营造良好的舆论氛围,还可以帮企业识别新的商机,促进可持续创新。

(二) 更容易强化公众兴趣并调动参与

传播的最高境界,就是与目标受众产生联系并和品牌保持持续、良好的互动。根据 RepTrak 的研究,良好的企业声誉可以促进消费者作出购买决策、建立品牌信任、在品牌发生负面事件时依然选择相信该品牌、积极推荐给其他人购买。CSR 战略传播往往依托于企业某一项社会责任投入与行动,更容易调动公众的参与热情并形成更良性的互动。而通过参与企业 CSR 的共建,公众也有机会参与有益于环境和社会的行动,满足精神上的追求,同时也会增强对于品牌的好感。

案例:肯德基"捐一元·献爱心·送营养"项目

肯德基从 2008 年开始和中国扶贫基金会发起了"捐一元·献爱心·送营养"项目(简称"捐一元"项目),通过门店平台号召消费者以一元钱的"低门槛"参与公益,一同参与乡村儿童营养改善,通过"鸡蛋+牛奶"的营养加餐,搭建爱心厨房,促进乡村营养普惠。14 年来,"捐一元"项目共募集了 2.2 亿元善款。为了尽可能多地调动公众参与,肯德基每年都在 8—9 月发起形式各样、线上线下的公益营销和公众筹款活动。其中,2016 年做的公益营销项目非常有特色,肯德基和腾讯公益"99 公益日"

项目平台建立了战略合作关系，并联合自闭症天才画家毕昌煜和新锐设计师 C. J. YAO，将艺术融于公益视觉传达，调动公众的参与热情。肯德基通过两种方式调动公众公益筹款，在门店和腾讯公益推出的"99 公益日"联名"心意桶"，心意桶由毕昌煜设计，每售出一个心意桶，肯德基就代表顾客向"捐一元"项目捐出一元钱。同时，肯德基与腾讯公益推出了星光众筹义卖活动，联合两位设计师推出了一系列限量版公益时尚单品进行义卖，所得款项全部捐给"捐一元"项目，支持乡村儿童营养改善。当年，"捐一元"仅仅推出 3 周时间，项目筹集的善款就超过了 2250 万元。

资料来源：笔者整理而得。

（三）价值观传递，更容易建立共鸣

CSR 战略传播更侧重于企业价值观的传递，并很容易在具备相同价值观的受众群体里建立共鸣，因而被企业越来越多地应用于营销实践里。但是需要指出的是，企业不能为了响应目标客群的价值观定位而建立相关的责任品牌表述，而是要把相关的使命、承诺、行动落实为公司的价值观和行为处事的方式，当传播口径与实际行为不符时，也会给企业品牌声誉带来不可逆的影响。

（四）更有感染力，更容易建立情感联系

CSR 传播往往是基于企业对于特定的议题、特定的群体，利用核心能力为应对议题带来解决方案，并为特定的群体提供所需的帮助。CSR 信息更有故事性，传播过程中也会传递更多的人文关怀，容易让受众产生共情。通过 CSR 传播强化与受众的情感联系，需要加强讲故事的能力。

案例：南方航空的公益项目微电影

南方航空就曾经推出一个企业公益项目微电影。故事讲述了在新疆塔克拉玛干沙漠地区一个遥远的小村落，有群热爱踢足球的维吾尔族小朋友，虽然条件有限，也没有专业的教练，但他们每天坚持训练，乐此不疲。有一天他们收到了来自乌鲁木齐小学组冠军足球队的电话，邀请他们参与一场在市里举办的足球邀请赛。他们没有装备也没有钱，有关怎么去乌鲁

木齐市发生了很多有趣的讨论，但无论是骑驴、坐火车，都太远太折腾。他们给南方航空写了信，就这场足球友谊赛南方航空为他们提供了机票和装备。故事的结果有点意外，打破了以往大欢喜、大团圆结局的套路，小村落的足球队输掉了比赛，但这个故事却让人记忆犹新。这个微电影大获成功，获得了广泛的好评和转发，不仅强化了南方航空新疆航线的优势和能力，还强化了南方航空"为新疆经济建设服务""为新疆各族人民服务"的使命传达。

资料来源：笔者整理而得。

（五）更利于强化品牌声誉

根据 RepTrak 的统计，对于构成品牌声誉的关键指标，即产品和服务、企业公民行动、财务绩效、创新表现、工作场所和组织文化、企业高层的领导力和影响力，虽然各项指标都是企业创造共享价值的重要维度，但与 CSR 直接关联的三项指标（公司治理、工作场所和企业文化及企业公民行动），在企业声誉整体的分值中超过了 40% 的占比。在 2020 年的全球最受尊敬的企业排行中，那些显著提升了企业声誉排名的企业，都是因为在过去一年强化了社会影响力传播、提高了公司治理水平、减少了企业声誉风险、改善了雇佣关系、提升了雇主品牌。

二、CSR 战略传播的趋势

（一）社会化媒体正在成为 CSR 传播的主流渠道

现代的媒介越来越社会化、复合化，无论是重关系的媒体还是重内容的媒体，还是像微信、支付宝这样的拥有复合功能的媒介，都兼具社交功能和兴趣聚合、互动分享的功能。而 CSR 传播本身就是基于价值观、注重参与，同时具有社交属性，以责任为聚合力，找到志同道合的伙伴，一起驱动世界向好的力量。CSR 传播也因此天然地和社会化媒体有协同效应。我们看到越来越多的企业，通过社交媒体来推动 CSR 传播，促进品牌与消费者以及消费者之间的互动。蚂蚁森林就是一个很好的例子，它目前已成为 6 亿人以低碳消费为共同兴趣、开展日常社交的平台，通过将蚂蚁森林与在线业务中的低碳消费场景相连接，强化了消费者对于蚂蚁集团低碳品牌的认知，并提高了用户对于蚂蚁产品的使用黏度，同时用户因为低碳消费和低碳生活累计产生了 2000 多万吨"绿色能量"，实现了经济与环境效益双赢。

（二）视频正在成为 CSR 传播最流行和有效的方式

影像视频，以其更直观、更易于传播和流行，以及病毒化等特性，为 CSR 的传播提供了前所未有的机遇，它不仅可以强化企业社会责任的深度和社会影响，也为人们近距离地了解受助群体，并扩大帮扶力度提供了理想的方式。根据中国互联网信息中心第 48 次调查报告，截至 2021 年 6 月，我国网络视频（含短视频）用户规模达 9.44 亿，其中短视频用户规模达 8.88 亿，较 2020 年 12 月增长 1440 万，占网民整体的 87.8%。短视频和直播已经成为我们生活方式重要的组成部分，并且成为提升企业社会影响力的重要渠道。特别是疫情以来，直播带货也成为滞销农产品的主要营销渠道，疫情期间地方政府官员直播推荐地方特产、滞销农产品的项目比比皆是，同时，人们通过购买既获得了好货也参与到了公益行动，获得了助人为乐的满足感。

视频还可以让人们对于抽象的环境问题有直观的了解，对于公众教育与警示有非常好的效果。根据研究，1 分钟的视频相当于 180 万字的信息量，如何用视频讲好故事、提升议题和 CSR 传播的效果，将是每一个从业者未来要面对的重要课题。

（三）多媒体 + CSR 传播产生更强的互动性和影响力

通过提供多种交互方式，让人们在社会议题上与企业建立了形式多样的互动，在满足人们精神追求的同时也提升了对品牌的认可。2018 年开始，腾讯基于"科技 + 文化"的战略，提出了新文创的概念，以 IP 构建为内核，用科技和品牌影响力提升中国文化遗产的世界影响力和在公众中的认知。腾讯与敦煌的合作就是一个很好的案例，在用科技促进文化遗产修复、保护的同时，还利用敦煌 IP 推动了一系列社会影响力创新项目落地。比如，将飞天元素融入"王者荣耀"手游。制作云游敦煌小程序，利用数字化工具为人们了解、参与敦煌文化保护提供更多交互方式。比如，通过敦煌动画剧让敦煌壁画中的故事通过动画、影音再现，用户甚至还可以参与动画剧的配音，参与壁画填色和文创丝巾 DIY 活动。腾讯还通过敦煌 IP 进行跨界合作，通过 QQ 音乐和敦煌研究院发起了"古乐重声"项目，并邀请知名艺人一起演绎。在腾讯促进敦煌文化遗产保护的同时，各个平台品牌也拓展了业务场景，获得了新的业务机遇。

（四）可持续发展议题全民化、社会化

公益正在成为一种社会流行文化，可持续发展议题正通过艺术、体育、娱乐、明星、音乐等方式融入大众生活。国家地理的"深蓝"海洋互动展、野生救援和山水美术馆一起推出的"持续反 Ying"环保艺术展、草莓音乐节中的环

保关注等,都令人印象深刻。此外在电视和网综中,也越来越多地看到大众娱乐和公益的融合。2021年的《奔跑吧》每集都有一个可持续发展课题,包括气候变化、粮食危机、海洋保护等,娱乐和社会议题的边界越来越模糊。另一个例子是2020年在芒果台播出的《巧手神探》,其中旧物改造的环保主题、小众冷门的非遗主题、代表中国科技飞速发展的新兴技艺主题等都赢得了众多网友的赞誉。

(五)越来越多元、广泛的跨界

促进可持续发展是全人类共同的目标,也需要各个方面基于共识促进共同行动,多元、广泛的跨界是凝心聚力的重要途径。目前基于环境、社会议题间的跨界越来越多元,越来越超乎想象,以前更多的是基于价值链的上下游开展跨界合作,现在是完全不相关的机构和企业都可以建立跨品牌的合作。比如,近期看到的万科基金会和故宫文创的跨界就非常创新,万科基金会一直在促进零废弃的倡导,通过收集故宫游客的空瓶资源化利用,再通过故宫文创的IP做成游客可以买得到的文创作品,从游客中来到游客中去,一个循环让人们对于废塑料资源化利用建立了直观印象,也对让这一切发生的两个品牌建立了好感,一举多得。也许就是因为可持续发展是普世的价值观,而价值观相同是一切合作的基础,所以才让跨界创造了如此多的可能性。

第三节 CSR战略传播设计

一、设定CSR传播战略目标

与设定企业传播战略类似,当我们建立CSR传播战略的时候,设定一个清晰、可衡量、可达成、合理、有明确时间线的目标非常关键。当我们利用战略分析的工具分析外部环境和优先级,并以此制定传播目标的同时,我们还需要深入考虑以下几个问题:

(1)是否与企业整体传播目标协同,是否有利于传递企业核心信息,并为企业营造良好的外部环境?

(2)是否有利于促进业务目标的达成,比如为企业新业务在目标人群中的开发建立良好的口碑和情感基础?

(3)是否有利于建立企业的社会价值差异化认知?特别是在设计CSR整体战略和项目战略的时候,就可以考虑到如何形成与主要同业企业的差异,因为同业企业往往都会关注同类型的议题。传播目标的设定可以基于差异点,集中资源和精力强化传播,建立企业 CSR 战略、项目在目标受众中差异化的认知。

(4) 是否有利于回应利益相关方的期待?了解优先级的利益相关方是谁,知道他们有什么样的需求、他们的信息获取习惯,并有针对性地设定传播策略。

(5) 是否可以更有效地传达企业优势?在实施 CSR 战略的过程中,是否有效利用到了企业的核心能力?这些能力是如何在传递社会价值的过程中发挥价值的?传递了哪些价值?等等。这些信息是否在传播目标设定时得到了充分考虑。

(6) 是否有效响应了社会热点需求?做到这一点,在设定 CSR 传播目标时,需要做充分的调研,连接企业 CSR 战略、项目战略与热点的社会需求,以社会需求的响应为出发点,通过传播让受众建立对企业的社会使命和价值的认知,从而强化对于企业品牌的好感。

当我们开发 CSR 战略时,往往会利用实质性议题的识别工具,通过调研分析、问卷访谈等,找到那些对于利益相关方来说企业可以最大化传递价值,同时又兼顾企业相关性最高的议题。这些实质性议题既是 CSR 战略开发的基础,当然也应该是传播目标设定时需要重点突出的方向。

二、面向不同的利益相关方受众制定有针对性的传播策略

在面向多元的利益相关方传递企业的社会价值时,不同受众的价值诉求、兴趣点、信息获取的渠道和习惯都不尽相同。如果采取一样的传播策略,则无法收到期待中的传播效果。图 12-5 提供的 CSR 传播策略框架,呈现了 CSR 传播如何与企业的其他传播方式协同。

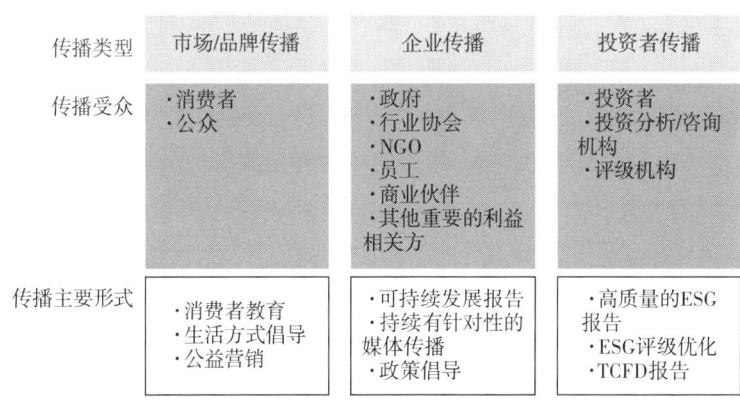

图 12-5 CSR 传播策略框架

资料来源:笔者整理而得。

三、确定核心信息

和所有企业传播的细分领域一样，核心信息始终是保障传播成功与否的关键内核。除了可以使用通用型的信息屋来构架核心信息以外，还有两个信息工具可以使用。

一是波特的创造共享价值模型。这一模型清晰地呈现出企业如何在关键价值创造环节应对外部环境、社会议题互动，并减少关键风险点促进价值创造。而这个共享价值创造的过程也是 CSR 传播最有效的信息，在信息开发过程中，重点列举绿色共享价值创造的关键领域。

二是企业影响力辐射模型。企业在不同的环境中扮演着不同的角色，从企业主营业务，辐射到周边的社区、行业、全球，企业通过利用自身的能力和品牌影响力承担社会使命，扩张社会影响。这些不同层级的社会责任和影响力作为企业CSR 传播的关键信息，可以有效强化企业的社会认可。企业影响力辐射模型（见图 12-6）是一个非常易于采用的信息工具，企业在使用时可以结合自身的行业和业务特色做更精准的定位。

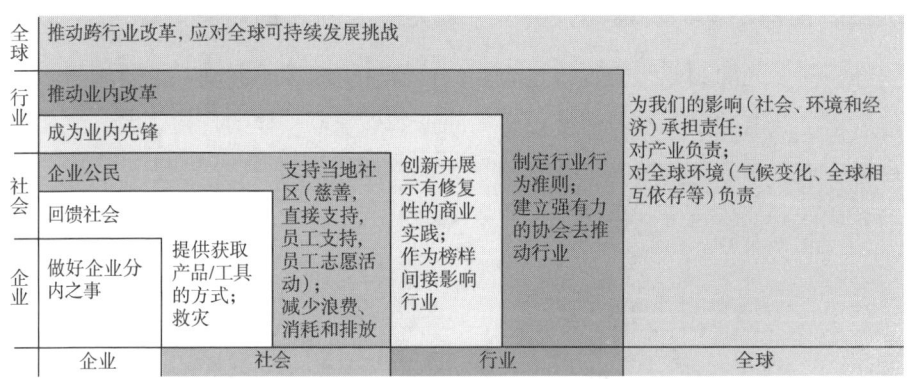

图 12-6　企业影响力辐射模型

资料来源：笔者翻译而得。

四、设计有效的传播项目组合，促进核心信息在目标受众中的传达

（一）公益营销

将企业的责任价值理念、CSR 项目融入营销策略，在推动产品和服务在终端用户中销售的同时，传递社会价值理念、调动终端用户参与社会议题响应及公益项目。设计有效的社会议题及公益项目的参与机制，是保障公益营销成功的关键。

Whistle 是一个智能狗项圈品牌，他们曾经在旧金山开展了一个非常有趣的公益营销项目，邀请涂鸦艺术家在城市社区中绘制了一幅壁画，主题为"找狗"，邀请路人在壁画上找狗，并分享到社交媒体，每次分享 Whistle 都会向"家狗救助站"捐赠 1 美元。还有一个比较有趣的案例是西班牙一家图库网站 Corbis 发布了图片的加密功能，赋予图片新的影音格式，并为 Corbis 发起了"The Hidden Truth"营销战役，与家庭暴力议题相联系。用户在 Corbis 图库下载图片、转换 mp3 格式后，就可以听到每个看起来美好的家画背后各种形式家庭暴力的音频文件。通过这一活动人们不仅了解到 Corbis 新推出的功能，还了解到家庭暴力的危害。

开展公益营销要明确几个原则：首先，要明确推出的产品与服务，在支持的社会议题和项目间有一定的联系，企业的受众和目标受益群体有一定的共情，或者企业的能力与解决相关的社会议题有一定的连接。其次，注意避免虚伪的品牌印象，企业开展公益营销的初衷应该是要解决某一社会议题，或者是改变受益群体的现状，不能为了营销的目的而开展公益营销，切忌在营销中投入过大，远远超过对受益群体的帮扶或所带来的社会效益。最后，在参与机制上，尽量简单，降低公众参与的门槛，有兴趣、易参加才可以保障广泛的参与度。

（二）CSR 传播战役

与常规传播战役一样，CSR 传播战役也需要采取统一的作战思路，设定明确的作战目标，通过多种打法，逐个击破目标，最终取得战役的胜利。传播战役聚焦在核心信息在不同受众群体中的有效传递。

亚马逊在 2015 年与中国扶贫基金会发起了"书路计划"，致力于促进贫困地区教育公平，通过向偏远地区乡村小学捐建电子图书馆，进而改善欠发达地区学生的阅读现状。亚马逊为项目提供持续的资金、设备和阅读内容支持，支持电子图书馆搭建。2018 年，为了让这一项目形成更广泛的影响力，亚马逊发起了"阅读改变童年"传播战役，与中国扶贫基金会联合新浪微公益在当年"六一"儿童节一起推出了"阅读改变童年"在线活动。当年项目共获得超过 2700 万的阅读量，视频播放量达到 229 万，触达用户多达 6600 万。"阅读改变童年"还通过亚马逊对内、对外多元的渠道进行了推广。对内，让员工也参与了视频拍摄与在线议题讨论，让他们对于企业的使命与社会价值有了更清晰的感知。对外，亚马逊组织了面向阅读生态伙伴的公益论坛，凝聚供应链上下游广泛的商业伙伴，共同推动改善欠发达地区学生的阅读。同时，还利用电子书开屏、社区户外广告媒体资源，推动话题在更多群体中的认知提升。

在设计 CSR 传播战役时，需要明确几个问题：首先，要有一个有吸引力、影响力、直观呈现社会价值的传播主题，"阅读照亮童年"就是一个很好的示例。其次，一个口径，无论谁来发起，无论面向谁，都传递统一的信息。最后，面向不同的利益相关方，设计不同的传播策略，采取不同的渠道和形式，并提供定制化的信息表述方式，在亚马逊这个项目中，面向公众、员工、生态伙伴的传播形式各样，都是针对不同群体的特征和信息获取习惯进行定制的。

（三）基于社会价值理念传递的 IMC

IMC 更侧重于以"终端消费者"为目标受众，通过统一的传播理念和信息，并利用全方位的营销手段，影响尽可能多的目标受众。而面向其他利益相关方的传播，都是为了调动广泛的资源与渠道，引导更多的终端消费者认知企业所传递的社会价值理念、承诺和行动，最终可以与消费者形成合力一起应对相关的可持续发展挑战。

2020 年，欧莱雅全球升级了可持续发展战略，以"欧莱雅，为明天"来统领社会使命。在中国，欧莱雅希望针对消费端强化新的战略传达，发起了"美好星球，明天见"的 IMC 传播战役。为了更有效地开展面向 C 端的传播，欧莱雅首先赋予了消费者社会身份——"明天合伙人"，同时借助多元的营销手段，调动集团各个品牌参与，开展了持续将近一年的 IMC 战役，强化了欧莱雅在可持续发展方面的引领性和差异化优势，获得了广泛的社会认同。

值得一提的是，为了全面促进可持续发展议题在消费群体，特别是年青一代消费者中的感知，欧莱雅携手中华环境保护基金会和阿里集团共同发起让所有消费者共创的"绿色包裹涂鸦征集令"，在阿里巴巴旗下聚划算平台开启首个以绿色消费为主题的"集团欢聚日"，发布了后疫情时代首个中国年轻人可持续观念和行动观察报告——《2020 个年轻人如何看 2030：中国年轻人"明天观"报告》；还举办了"一场关于'明天'"的绿色消费互动，在上海 K11 Chi 美术馆向公众开放，通过艺术互动的形式让公众对环保与可持续发展有一个更直观的了解。

IMC 的要义在于"以消费者为中心"，强化对消费者的洞察，了解他们的行为模式、生活习惯、媒体接触习惯、阅读习惯、生活圈层、关系网络等，对于建立有效的 IMC 策略至关重要。

五、制定有效的媒体策略

如前文所述，因为科技的加持媒体环境日新月异，持续加速变革。CSR 传播强调交互性与公众参与，也让社会化媒体成为 CSR 传播的主流工具。对于从业者来说，需要持续关注媒介环境的变化，善用各种媒体工具。同时，还需要注意的是，无论时代如何变化，有一点是不变的，就是要强化对受众的洞察，面向受众的媒体接触习惯要更精准地设计传播。

在这个万物皆媒体的时代，持续解放思想，以受众为中心，打通多种场景，识别更多创新的媒介，在帮助更多的人实现随时随处参与公益的同时，也让品牌触点遍及生活的各个角度，与更多的消费者基于共同的价值观成为相互信任的伙伴，一起为全球化的挑战提供解决方案。

本章小结

企业开展传播活动时，战略传播与整合营销传播都非常重要。企业制定有效的传播战略，能够促进企业整体发展目标的实现。在此过程中需要使用专业的工具与方法来建立传播战略，明确利益相关方的优先级，使用信息屋制定核心信息，采用"战役"式策略设计传播项目组合，最终整合营销传播。

企业社会责任传播是企业为了获得外界对其企业社会责任方面的进一步理解和认可，将企业在社会责任有关方面的有关实践和信息发送或传达给利益相关群体的过程和行为。CSR 战略传播基于企业既定的 CSR 战略，最终的效果能够有效地响应利益相关方的期待。

CSR 战略传播与企业制定传播策略设计的过程相似，公益营销是一大亮点，需要注意支持的社会议题和项目间要有一定的联系，避免虚伪的品牌印象，在参与机制上要尽量简单，降低公众参与的门槛，有兴趣、易参加才可以保障广泛的参与度。

思考题

（1）一家食品企业推出了一款新产品，食品主要成分采用了有机的原料，口味有保障，更加健康，还有益于环保。这一事件的核心受众是谁？

（2）CSR 战略传播设计与企业制定传播策略有哪些异同点？

参考文献

[1] HAROLD. The structure and function of social communication[M]. 北京：中国传媒大学出版社，2013.

[2] 陈向阳. 公关顾问专业指南[M]. 合肥：安徽人民出版社，2004.

[3] 舒尔茨，等. 整合营销传播：创造企业价值的五大关键步骤[M]. 北京：清华大学出

版社,2013.

［4］商道纵横. 中国可持续消费报告 2020［R］. 2020.

［5］凯度,2019 年中国社会化媒体概览［EB/OL］.［2020-02-23］. https://www.dx2025.com/archives/58560.html.

［6］迈克尔·波特,马克·克雷默. 创造共享价值［J］. 哈佛商业评论,2011(1).

第十三章　CSR 报告与 ESG 报告[①]

第一节　CSR 报告编写的要点

一、CSR 报告标准

随着政府、监管机构、投资者等利益相关方对企业的社会责任信息越来越重视，通过主动披露企业社会责任，企业能够提高信息透明度，与利益相关方形成良好互动，营造良好的内外部运营环境。

企业在报告编写过程中可参考的报告体系大致可以分为三类：

（1）以 GRI《可持续发展报告标准》、SASB 准则为代表的国际报告标准。

（2）国内外主要交易所 ESG 信息披露要求的报告体系，例如纳斯达克证券交易所的《环境、社会及管治报告指南》、香港联交所发布的《环境、社会及管治报告指引》。

（3）其他可以参考的报告体系，例如商道纵横自主开发的企业社会责任报告关键定量指标指引（Material and Quantitative Indicators，MQI 指引）及数据库；联合国贸易和发展会议（UNCTAD）发布的《关于实体报告为实现可持续发展目标所作贡献的核心指标指南》（GCI），以 MSCI 明晟 ESG 评级、FTSE Russell 富时罗素 ESG 评级为代表的 ESG 评级体系等。

其中，GRI《可持续发展报告标准》现已成为企业编写可持续发展报告最为重要参考的标准框架之一。对于希望提升国际影响力的企业，对标 GRI 标准可以很好地以国际化通用的语境对公司 ESG 各方面的管理和行动进行披露，便于全球的阅读者阅读。

[①] 作者：刘涛。

关于 GRI《可持续发展报告标准》

《可持续发展报告标准》由全球报告倡议组织（GRI）编制并发布。该组织由美国的非政府组织"对环境负责经济体联盟"（CERES）和联合国环境规划署（UNEP）共同发起成立。从 1999 年发布的标准草稿至今，已经经历了 6 个版本的变迁。

GRI《可持续发展报告标准》（2016）共分为 4 个系列：GRI 100 通用标准以及 3 个专项议题标准，即 GRI 200 经济议题标准、GRI 300 环境议题标准、GRI 400 社会议题标准（见图 13-1）。

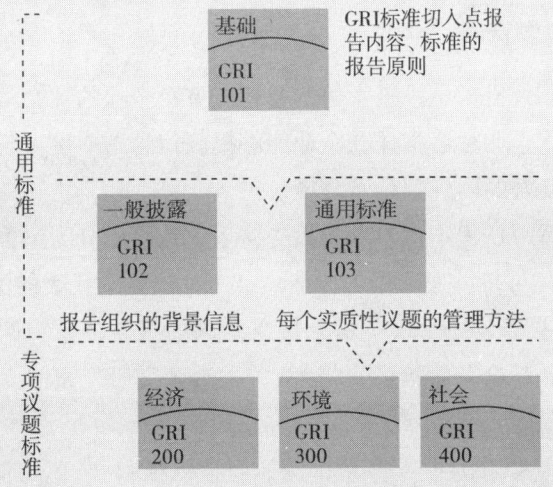

图 13-1　GRI《可持续发展报告标准》的组成

资料来源：全球报告倡议组织. 可持续发展报告标准 [R]. 2016.

在 GRI 100 通用标准中的"GRI 101：基础"是整套 GRI 标准的切入点，其中界定了报告的内容原则和报告的质量原则。"GRI 102：一般披露"则对报告企业的背景信息披露内容作出指导，主要包括 6 个方面内容：组织架构、战略、道德与诚信、管治、利益相关方参与以及报告实践。"GRI 103：通用标准"描述了如何管理实质性议题。通过对每个实质性议题运用管理方法进行识别，识别议题的实质性及其影响范围，并指导公司如何描述管理影响。

GRI 专项议题标准则分别对企业在经济、环境和社会三个维度披露的内容进行指导，共包含 33 个议题。

二、CSR 报告编制流程

规范的报告编制流程是确保上市公司《企业社会责任报告》质量的重要方式。

通常情况下，ESG 报告的编制过程可分为研究阶段、编制阶段和发布阶段。

（一）研究阶段

报告研究阶段的重要工作包括明确报告编制的依据和确定 CSR 报告范围。

1. 明确报告编制的依据

明确报告编制的依据是报告编写的基础。公司在选择报告所参考的标准时不宜过多，2~3 个为宜。对于上市公司，应首先按照所在交易所的政策编制 ESG 报告，同时还可参考国际通用标准及行业标准进行编制。

同时，公司应注意报告所采用标准的符合程度，以 GRI《可持续发展报告标准》为例，公司应在报告中说明"报告符合 GRI 标准核心/全面方案"，或"报告引用了 GRI 标准中的部分标准（同时说明具体的标准名称及发布年份）"。

2. 确定 CSR 报告范围

CSR 报告编制应当关注报告覆盖的组织机构范围与时间范围，建议见表 13-1。

表 13-1 CSR 报告范围

报告覆盖的组织机构范围	上市公司报告覆盖的组织机构范围（如包含哪些运营实体/业务）应尽量与合并财务报告一致，以完整体现公司的影响； 若报告覆盖的组织机构范围无法与财务报告范围保持一致，公司应描述挑选运营实体或业务纳入 ESG 报告的过程，如按照董事会确定的主要环境、社会及管治风险来界定报告范围，或纳入销售额或净利润占比超过 10% 的子公司； 若汇报范围与往年报告相比有所改变，公司应解释不同之处及变动原因
报告覆盖的时间范围	上市公司需明确报告的时间范围，时间范围应与其财务报告保持一致，以便于投资者更好地作出投资决策

资料来源：笔者整理而得。

（二）编制阶段

报告编制阶段的工作流程包括组建报告编制小组、搭建报告框架、开展信息采集和编写报告内容。

1. 组建报告编制小组

我们建议公司成立由高级领导层牵头，主要职能部门及业务部门具体实施的报告编制小组，统筹开展公司 ESG 报告的编制及发布工作。对于有分公司、子公司的企业，报告编制小组成员建议包含下属组织的代表。

此外，报告编制小组还可聘请第三方专业机构编写报告或为报告编写提供指导。委托外部技术机构承担编写工作时，报告编制小组成员应包含第三方专业机构指定的代表。

2. 搭建报告框架

报告框架不仅反映了报告的逻辑，也决定了报告中会涵盖哪些企业社会责任议题，因此，在搭建报告框架时，建议开展实质性议题识别，确保所有的实质性议题均可反映在报告中。有关实质性议题分析和识别的方法详见后文。

在报告框架搭建过程中，公司可根据公司自身特征、社会责任理念、利益相关方关注重点，或根据"三重底线"理论（社会、经济、环境）设定报告大纲。

3. 开展信息采集

为保证完整、系统地采集 CSR 信息，公司可采用多种形式进行多轮信息采集。信息采集形式一般有现场/电话访谈、资料清单采集、问卷调查等；采集的内容包括文字信息、图片、视频、音频、数据等。公司在采集数据时，应注意采用统一的数据统计口径及计算方法，以保证不同年际间的数据可比性。

在信息采集实施阶段，CSR 报告编制小组可先与内部相关部门进行初步沟通访谈，了解报告期内的主要工作内容及重点，然后根据访谈结果制定资料清单发至相关部门进行填写；在相关部门填写、反馈完毕后对提供的资料再进行梳理。

公司还可建立内部的 CSR 信息收集系统，实现绩效的常态化收集，提高数据收集效率及数据质量，定期排查企业环境与社会潜在风险，协助企业管理决策等。

4. 编写报告内容

编制过程可参考 GRI《可持续发展报告标准》提出的准确性、清晰性等原则进行。

在具体编写时，为全面反映公司对实质性议题的管理及成效，建议每个议题的编写内容包括以下几个部分：

(1) 理念；

(2) 管理方法；

(3) 报告期内行动；

(4) 成果（定性绩效）；

（5）成果（定量绩效）；

（6）案例；

（7）利益相关方证言。

（三）发布阶段

报告发布阶段的主要工作包括报告审验、报告设计以及报告发布。

1. 报告审验

报告审验，又称为报告验证或者报告鉴证，是由第三方认证机构对报告进行独立审核和信息验证，以确认ESG报告中所披露信息的真实性、准确性和可靠性，并发布审验声明的活动。

报告审验通常包括以下步骤：

（1）审验方案制定；

（2）差距分析；

（3）审验计划与准备；

（4）审验执行。

2. 报告设计

一般在完成报告内容编制后，公司可以对报告排版进行设计，以更好地呈现报告内容，达到良好的可阅读性与传播效果。

3. 报告发布

报告编制完成后，公司可根据交易所相关要求通过公司网站、交易所网站等发布ESG报告，其中，联交所要求上市公司在联交所和公司网站上发布ESG报告，上交所鼓励上市公司在上交所网站上披露公司的年度社会责任报告。

三、CSR报告的实质性议题分析

公司在编制报告前应邀请利益相关方参与，识别公司的实质性议题，并在ESG报告中进行重点回应以满足利益相关方期望和诉求。该过程一般可分为以下四个步骤：

（一）识别利益相关方

根据GRI标准，利益相关方的定义为："可合理预期将受到报告组织的活动、产品和服务严重影响，或者其行为可合理预期将影响该组织成功实施其战略和实现目标的能力的实体或个人。"

中国证券监督管理委员会《上市公司治理准则》、中国香港联合交易所（以下简称香港联交所）《如何编备环境、社会及管治报告——环境、社会及管治汇报指南》（2020）分别给出了利益相关方群体的举例。公司可根据自身情况参考确认主要利益相关方群体，并分析各利益相关方群体意见对实质性议题分析结果的影响权重。利益相关方群体类型见表13-2。

表13-2 利益相关方群体类型

文件名称	《如何编备环境、社会及管治报告——环境、社会及管治汇报指南》（2020）	《上市公司治理准则》
利益相关方群体类型	内部利益相关方： ·高级管理人员/公司要员 外部利益相关方： ·投资者/股东/会员 ·客户及潜在客户 ·供应商/业务伙伴 ·员工 ·政府及监管机构 ·非政府组织及游说团体 ·地方社区 ·竞争对手/同业 ·专家（例如专业/业界组织及学者）	·债权人 ·经营者与企业员工 ·用户 ·供应商 ·竞争者 ·政府 ·其他利益相关方：包括工会、营销中介、公众与社区、合作院校及科研机构、媒体等在内的其他利害关系者

资料来源：笔者整理而得。

（二）实质性议题甄别

公司在进行利益相关方调研之前，应结合内外部环境分析筛选出初步的社会责任议题（20个以内），以供利益相关方进行评估。

（三）利益相关方调研

问卷调查是一种方便、快捷且覆盖范围广的调查方式。上市公司可通过问卷调研的方式，迅速知晓各议题对利益相关方的重要程度。除采用问卷调研外，上市公司还可采用电话讨论、会议、工作坊等方式深入了解利益相关方诉求。

（四）结果综合分析

综合调研结果，公司可形成实质性议题矩阵，该矩阵反映各议题在不同维度的优先程度（见图13-2）。

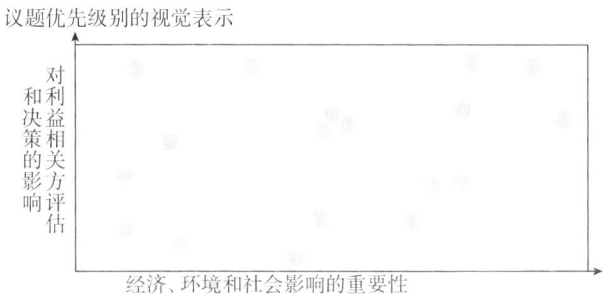

项目	含义	分析方法
横坐标	反映公司对经济、环境和社会正面或负面的作用	可以由公司内部利益相关方（高级管理层）与专家群体共同确定
纵坐标	反映该议题对利益相关方的重要程度	按照各类外部利益相关方调研结果及其权重汇总加权得出

图 13-2 实质性议题分析矩阵

资料来源：笔者整理而得。

根据 GRI 标准，在横、纵轴任意一方获得高优先级即视为实质性议题。实质性议题需在报告内进行重点披露，以充分展现公司的可持续发展影响并回应利益相关方的关注。

联交所也给出了各行业的实质性议题列表。需要注意的是，联交所给出的实质性列表仅为行业通用情况，供上市公司参考，上市公司仍需根据自身业务及运营情况进一步识别、评估各议题对公司的影响。

在形成实质性议题矩阵后，上市公司董事会有最终责任对矩阵进行审阅，以确保该矩阵可充分反映公司的 ESG 实质性影响。

四、CSR 报告的发布现状统计

据统计，自 2011 年以来 A 股上市公司 ESG 报告发布数量持续增长，上市公司越来越重视 ESG 发展。截至 2021 年 5 月 26 日，沪市上市公司共计 1894 家，深市上市公司共计 2425 家，沪深两市 A 股上市公司共计 4319 家。2021 年以来，共有 1092 家 A 股上市公司发布 2020 年 ESG 报告，发布报告的公司数量占全部 A 股上市公司数量的 25.3%，其中，有 641 家沪市上市公司（占沪市上市公司的 33.8%）、451 家深市上市公司（占深市上市公司的 18.6%）。

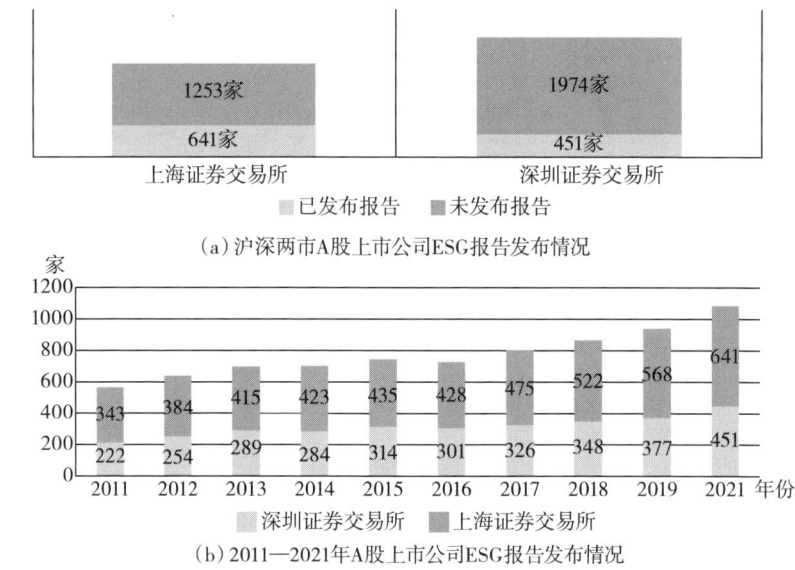

图 13-3 ESG 报告发布情况

资料来源：商道纵横.A 股上市公司 2020 年度 ESG 信息披露统计研究报告［R］．2021．

第二节 从 CSR 报告到 ESG 信息披露

一、ESG 信息披露报告与 CSR 报告的异同

随着越来越多的投资者将 ESG 元素纳入评估及投资策略，更多企业开始有意披露 ESG 相关信息。载有 ESG 信息的报告名称不一而足，例如企业社会责任报告、可持续发展报告、企业公民报告、企业责任报告。尽管这些报告名称不同，但都是为了对企业经营过程中实质性的非财务信息进行披露。ESG 信息披露报告与 CSR 报告的异同见表 13-3。

表 13-3　ESG 信息披露报告与 CSR 报告的异同

项　目	环境、社会与公司治理报告（ESG）	企业社会责任报告（CSR）
定义	投资者和研究机构进行投资分析和决策时需要考虑的非财务因素，包括环境、社会、管治三大方面	回应多元利益相关方关注的实质性议题，经济、环境、社会和治理绩效的主要平台
使用者	投资者、研究机构和监管机构	客户、员工、媒体、供应商、投资者、研究机构等多元利益相关方

续表

项　目	环境、社会与公司治理报告（ESG）	企业社会责任报告（CSR）
内容侧重	企业经营过程中的非财务风险和绩效，管理方针和信息披露	多元利益相关方参与实质性议题的筛选
相关标准	香港交易所《环境、社会与管治报告指引》	全球报告倡议组织《可持续发展报告标准》、ISO 26000《组织社会责任指南》

二、ESG 信息披露的要点与关键内容

《环境、社会与公司治理报告》是一类规范性非财务信息报告，报告的内容应当作用于以下目标的实现：

（1）满足证券交易所建议或要求上市公司进行年度 ESG 信息披露的要求，所披露的信息能供投资者分析公司的 ESG 风险和绩效。

（2）体现上市公司整体管理的闭环，体现环境、员工、客户、社区关系和公司治理等方面的经营结果。

（3）作为标准化、可复用的沟通工具，用于上市公司与投资者、政府、客户、媒体等利益相关方交流，帮助公司积累社会资产、构建社会品牌。

因此，作为企业 ESG 报告编制的直接产出物——完整的 ESG 报告，应当包含以下章节：公司业务与组织结构、ESG 管理、反映报告期间企业 ESG 开展情况（公司治理、环境责任、员工责任、客户责任、社会贡献等章节）、ESG 关键定量绩效表、报告编制说明，以及其他 ESG 报告相关信息（报告标准索引、第三方鉴证意见等）。

（一）公司业务与组织结构

在公司业务和组织结构可以披露（包括但不仅限于）组织名称、组织结构、组织所提供的活动、品牌、产品和服务、总部位置、经营位置、所有权与法律形式、服务的市场、组织规模等。

（二）ESG 管理

ESG 管理中一般包含的内容包括 ESG 战略规划与目标、ESG 管理理念和管理模型、实质性议题分析和回应。企业社会责任管理战略规划、目标制定在本书第八章中进行了详细阐述；利益相关方沟通、实质性议题分析等内容在本书第六、第七章中进行了详细的阐述。

（三）公司治理、环境责任、员工责任、客户责任、社会贡献等

公司治理、环境责任、员工责任、客户责任、社会贡献等为报告主要内容章

节。在这部分章节中，公司对报告参考体系中的主题、议题和关键绩效以及对公司重要的实质性议题进行回应和披露。高质量的 ESG 信息披露是包含公司 ESG 现状研究、体系建立，以及对外传播的过程。在这些章节中可以集中展示公司在 ESG 层面的卓越实践和项目案例。

（四）ESG 关键定量绩效表

报告主体章节后一般还会包含 ESG 关键定量绩效表，对报告体系所涉及的关键定量指标进行集中回应，一般包含经济绩效、环境绩效和社会绩效。关键定量绩效表中按类别和指标，披露数据统计口径和绩效数据。

（五）报告编制说明

报告编制说明应包含报告范围、报告发布周期、报告编制依据、数据说明以及报告发布与联系五个部分内容。

（六）其他 ESG 报告相关信息

除了以上介绍的章节外，ESG 报告往往还包含报告期间所获得的社会认可与荣誉、报告标准索引、董事会声明或高级管理层致辞、第三方鉴证意见、专业术语释义等内容。

三、科创板 ESG 报告模板

《科创板上市公司 ESG 示范报告》（以下简称《示范报告》）为科创板上市公司提供直接可用的 ESG 信息披露工具，帮助公司建立和完善 ESG 管理体系与制度，助推科创板上市公司的 ESG 信披水平。

《示范报告》的编制依据 GRI《可持续发展报告标准》《上海证券交易所科创板上市公司自律监管规则适用指引第 2 号》、上海证券交易所《关于加强上市公司社会责任承担工作暨发布〈上海证券交易所上市公司环境信息披露指引〉的通知》《〈公司履行社会责任的报告〉编制指引》，同时参考证监会《公开发行证券的公司信息披露内容与格式准则第 2 号——年度报告的内容与格式（2017 年修订）》《深圳证券交易所创业板上市公司规范运作指引》以及《深圳证券交易所上市公司社会责任指引》等。

《示范报告》内容包括适用于科创板上市公司的 ESG 报告框架、实质性议题披露建议、关键量化绩效表及报告编制说明等，可供科创板上市公司参考或直接使用。

上市公司可直接参照《示范报告》中列出的披露指引，依据公司自身情况填写，或通过 HiESG 系统填写。

《科创板上市公司 ESG 示范报告》获取方式：http：//www. hiesg. com。

第三节 ESG 报告的质量评价

一、ESG 报告质量评价体系

一份高质量的 ESG 报告可以帮助上市公司加强与利益相关方的沟通，提升自身的 ESG 管理体系并为公司创造价值。

基于 GRI《可持续发展报告标准》、联交所《ESG 报告指引》等提出的报告原则，归纳了报告完整性、报告量化与可比性和报告可靠性 3 个维度，共 12 项评分指标，综合评价 ESG 报告的质量。

表 13 -4　ESG 报告质量评价标准（2020 年版）

分类	评价指标
一、报告完整性	指标1：披露范围与财务报告一致
	指标2：有董事会层面 ESG 管治架构
	指标3：报告编制应明确参照标准
	指标4：实质性议题分析
	指标5：ESG 指标覆盖率（H 股/A 股评分标准不同）
	指标6：公司治理层面披露情况
二、报告量化与可比性	指标7：提供 3 年关键量化绩效表
	指标8：披露关键量化绩效的计算方法
	指标9：设定了 ESG 量化管理目标
三、报告可靠性	指标10：董事会对 ESG 事宜的管理责任
	指标11：提供第三方审验及流程与效力

资料来源：笔者整理而得。

二、ESG 报告绩效分析模型

ESG 绩效指标众多，为了提升评价的科学性和可操作性，我们选取具有代表性的 ESG 绩效指标进行评价（评价标准见表 13 -5），指标选取原则如下：

（1）量化：量化绩效反映企业 ESG 管理的成效。基于 GRI《可持续发展报告标准》、联交所《ESG 报告指引》（2015 年版）选取定量绩效指标；

（2）可比：选取不受企业规模影响的密度指标；

（3）易得：选取披露率较高的指标，便于分析和比较。

表 13-5　ESG 绩效表现评价标准

评价维度	类　　别	ESG 绩效指标	参考指标
信用信息	上市公司合并财务报表范围内所有公司负面信用信息筛查、评分	近三年有负面记录*	GRI 307 环境合规、GRI 419 社会经济合规； 香港联交所《ESG 报告指引》A1 排放物、B1 雇佣、B2 健康与安全、B4 劳工准则、B6 产品责任、B7 反贪污
环境绩效	能源消耗强度 注：能源包括电力、热力、天然气等，在评分中以企业披露的能源类型为准，并将各种能源折合为以兆瓦时（MWh）为单位，以便在不同企业间作有意义的比较	单位营业收入能耗* 单位面积能耗 数据中心能耗	GRI 302-3 能源强度； 香港联交所《ESG 报告指引》A2.1
环境绩效	水资源消耗强度	单位营业收入水耗* 单位面积水耗	香港联交所《ESG 报告指引》A2.2
环境绩效	温室气体排放强度 注：温室气体按照《京都议定书》界定包括二氧化碳（CO_2）、甲烷（CH_2）、氧化亚氮（N_2O）、氢氟碳化合物（HFCs）、全氟碳化合物（PFCs）、六氟化硫（SF6）。企业一般按照范畴一、二、三进行披露，评分时将范畴一、二、三的排放均纳入统计	单位温室气体排放* 单位面积温室气体排放	GRI 305-4 温室气体排放强度； 香港联交所《ESG 报告指引》A1.2
环境绩效	污染物排放强度 注：有害废弃物为纳入《危险废弃物名录》的废弃物，包括废荧光灯光、废油漆等。其他为无害废弃物，包括废纸、厨余垃圾等； 颗粒物类型较多，包括 PM2.5、PM10 等。评分时按照企业的实际披露的类型，将烟尘、PM2.5、PM10、颗粒物，不同名称均纳入颗粒物统计	单位营业收入有害废弃物排放* 单位营业收入无害废弃物排放* 单位面积有害废弃物排放 单位面积无害废弃物排放 单位营收 COD 排放 单位营收 NH_3-N 排放 单位营收 SO_2 排放 单位营收 NO_x 排放 单位营收颗粒物排放	GRI 305-7 氮氧化物、硫氧化物和其他重大气体排放； 香港联交所《ESG 报告指引》A1.1、A1.3、A1.4
环境绩效	绿色金融	绿色信贷余额 绿色债券发行额 绿色金融政策	（金融业特色指标）

续表

评价维度	类别	ESG 绩效指标	参考指标
社会绩效	员工	员工流失率* 人均因工伤损失工作日数* 人均培训时长*	GRI 401-1 新进员工和员工流动率、GRI 403-2 工伤类别,工伤、职业病、损失工作日、缺勤等比率、GRI 404-1 每名员工每年接受培训的平均小时数; 香港联交所《ESG 报告指引》B1.2、B2.2、B3.2
	产品与服务	处理投诉数*	《ESG 报告指引》B6.2
	供应链	使用环境、社会标准筛选的新供应商百分比*	GRI 308-1 使用环境标准筛选的新供应商、GRI 414-1 使用社会标准筛选的新供应商; 香港联交所《ESG 报告指引》B5 供应链管理
	公益	公益投入率*	GRI 201-1 直接产生和分配的经济价值; 香港联交所《ESG 报告指引》B8.2
治理绩效	ESG 治理架构	董事会对 ESG 事宜进行监管*	GRI 102-20 行政管理层对于经济、环境和社会议题的责任
	反腐败	反腐败培训覆盖率*	GRI 205 反腐败; 香港联交所《ESG 报告指引》B7 反贪污

注:*表示该类指标为行业通用指标,适用于所有行业。
资料来源:笔者整理而得。

三、ESG 报告的验证

投资者等利益相关方对 ESG 报告信息的完整性和真实性要求持续提高,验证有助于提高信息的可信度,避免企业 ESG 报告信息披露成为一种无效的自我宣传。

对 ESG 报告进行验证是一种保证措施,一般由独立的第三方机构通过一定的方法和流程,根据适用的规则和标准,对 ESG 报告的绩效信息及其管理体系作出评估,并通过发布验证声明增强 ESG 报告的可信度,以确保 ESG 报告信息内容反映了发行方在报告期间的全部 ESG 绩效。与验证相似的中文称呼包括"鉴证、审验"。

"评价"很容易与"验证"混淆。由专家和机构针对 ESG 报告作出的评价一般是针对报告框架、编制流程及文字表述，侧重于阐述报告编制过程的规范性、结构合理性等观点，以促进报告编制效率提升，也可以视作利益相关方证言的一种。

而 ESG 报告"验证"的主要目标是确认报告中信息的价值，即由承担法定责任的第三方机构，经过发布标准的组织或监管部门所认可的工作程序，对 ESG 报告中信息的完整性、真实性等作出保证，从而确保利益相关方可以利用这些 ESG 信息判断公司在报告期间的运营绩效和社会价值。验证与评价的差异可以从主体机构、验证过程和保证效力三方面体现。

（1）主体多元：实施 ESG 验证的主体是与企业不存在利益关系的第三方机构。验证主体的能力、独立性、公正性及使用的标准很大程度上决定了验证结论的可信度。"评价"的主体较为多元，在企业责任领域有声誉的专家、官方机构、行业组织或有影响力的利益相关方均可以成为评价者，评价主体往往对被评价对象事先具有一定的了解。

（2）过程多样：验证的过程是以证据为基础的，有着规范的流程与规则，并由专业的服务提供者发布报告，符合投资者和客户等公司强关系利益相关方的期待。"评价"的过程由各个提供方自行决定，方式多样，少量由企业自行拟定，相对来说不如验证那么严格，但在传播中具备优势，主要用于影响弱关系利益相关方。

（3）保证效力高低：由于"评价"的主体往往并非法人机构，凭借主体机构声誉担保的方式发挥效用，因此不对 ESG 报告使用者承担风险损失责任。

为了读者使用便捷，下文中将验证与评价一同列出。

目前提供验证的主体包括认证机构、会计师事务所、非政府组织和非营利机构；提供评价的主体包括专家、咨询机构、学术机构、行业组织、官方机构。

中国的 ESG 验证与评价机构主要针对 ESG 报告提供验证、评价等服务。由于 ESG 发源于国际资本市场，因此目前主要由国际认证公司、审计公司提供相关服务，也包括一些评价机构，包括 SGS、TUV、安永、普华、中国社科院社会责任研究中心等机构。以上服务机构大部分下设一个业务团队提供验证，并同时提供 ESG 咨询服务。国际和国内非营利机构也可提供验证服务，例如 GRI 和上海青悦环保中心提供的实质性议题验证服务。

报告验证流程通常包括以下步骤：

步骤 1：验证方案制定；

步骤 2：差距分析（可选）；

步骤 3：验证计划与准备；
步骤 4：验证执行；
步骤 5：验证声明及内部管理报告的发布。

验证可以增加报告可信度，但我们也必须认识到可信度增加的程度是有限的，因为验证工作会面临各种局限。譬如由于地域方面的制约，验证人员无法亲临实地对报告范围内全部信息进行验证；又比如时间的局限，验证人员只能对当期信息进行验证，无法对历史信息进行验证。这些局限都应当在验证声明中明确提出，以免对企业和报告的读者造成误导。

对 ESG 报告验证的声明/结论一般包括下列内容：

（1）对验证对象的界定与描述；
（2）使用的验证标准与准则；
（3）企业委托方与验证机构的双方职责；
（4）验证中验证的程度；
（5）验证实施的概括；
（6）验证方对报告的综合结论；
（7）验证机构的名称以及独立性与公正性声明；
（8）声明日期；
（9）验证的局限性。

使用验证结论时必须关注"验证范围和保证效力"。目前常见的验证报告其范围仅针对 ESG 报告中部分信息，例如部分运营点或部分数据；而很多验证提供结论的保证效力则是消极方式的"有限保证"。在此两种前提下，使用者无法根据验证结论判断 ESG 报告已经反映了发行人的"全部"ESG 绩效。验证类型的效力与提供机构见表 13-6。

表 13-6 验证类型的效力与提供机构

ESG 报告验证/评价的类型	效力说明	提供机构	示例
合理保证	对整体信息、整体数据的真实性保证，对资本市场保证效力最高	认证、审计机构	中国暂无
有限保证	对部分信息，部分数据的真实性保证。有助于提升报告规范性和编制技术，增强社会公信力。对资本市场保证效力一般	认证、审计机构	交通银行、华泰证券验证报告

续表

ESG报告验证/评价的类型	效力说明	提供机构	示例
实质性议题的鉴证	主要用于判断报告是否遵循实质性原则披露信息。有助于提升报告规范性和编制技术，增强社会公信力。对资本市场保证效力一般	非营利机构-GRI、青悦环保等	GRI验证报告
评价报告	非验证，不涉及对报告信息完整性及真实性的承诺。有助于提升报告编制技术，增强社会公信力。对资本市场保证效力低	专家/机构-中国社科院、行业协会等	三星中国评价报告

资料来源：笔者整理而得。

本章小结

随着企业非财务信息受到政府、监管机构、投资者等利益相关方的重视，越来越多的企业注重自身社会责任信息的主动沟通，形成良好的互动，并积极回应利益相关方的诉求和期望。

除了常态化沟通机制以外，编制并发布CSR报告也是重要的沟通途径。规范的报告编制流程是确保公司信息披露与沟通质量的重要方式。报告编制体系的选择是企业在报告研究阶段最重要的工作之一。目前现有的国内外报告体系大致可以分为三类：国际通用标准和行业标准、国内外证券交易所ESG信息披露体系，以及ESG评级体系等其他参考标准。公司可参照国内外重要的报告编制体系、企业ESG报告编制的流程及其过程中的工作重点，更好地编写公司自身的CSR报告。

近年来，作为与资本市场沟通的重要方式，ESG报告已经越来越受到企业的重视。上市公司应首先按照所在交易所的政策编制ESG报告，同时还可参考国际通用标准及行业标准进行编制。根据所选择报告体系、结合行业特性和自身实践，在企业报告中披露重要的ESG议题，以回应不同利益相关方的诉求和期望。一份完整的ESG报告应包含公司业务与组织结构、ESG管理、反映报告期间企业ESG开展情况（即公司治理、环境责任、员工责任、客户责任、社会贡献等章节）、ESG关键定量绩效表、报告编制说明以及其他ESG报告相关信息。

对于报告，通常建议从报告质量、ESG绩效表现两个方面构建科学的评价模型，反映出对上市公司ESG信息透明性和ESG绩效优劣，识别出在ESG信息披露和管理领域最杰出的领导者,并希望以此带动更多的上市公司提升 ESG 信息披露和管理。

ESG 报告"验证"的主要目标是确认报告中信息的价值,从而确保利益相关方可以利用这些 ESG 信息判断公司在报告期间的运营绩效和社会价值。

---- 思考题 ----

(1) CSR 报告升级的过程有哪些重要节点?

(2) 哪些企业需要发布社会责任报告?家族企业、私募基金是否要发布社会责任报告?

参考文献

[1] 全球报告倡议组织. 可持续发展报告标准[R]. 2016.

[2] 上海交易所. 上海证券交易所上市公司环境信息指引[R]. 2008.

[3] 上海交易所. 上海证券交易所科创板上市公司自律监管规则适用指引第 2 号——自愿信息披露[R]. 2020.

[4] 深圳交易所. 上市公司社会责任指引[R]. 2006.

[5] 香港联交所. 关于检讨《环境、社会及管治报告指引》及相关《上市规则》条文的咨询总结[R]. 2019.

[6] FTSE Russell. FTSE ESG Index Serie v2.2[R]. 2020.

[7] BOARD S A S. Conceptual Framework of the Sustainability Accounting Standards Board[R]. 2013.

[8] Sustainability Accounting Standards Board. SASB Rules of Procedure[R]. 2020.

[9] Sustainability Accounting Standards Board. SASB Standards Application Guidance[R]. 2018.

[10] MSCI. China through an ESG lens[EB/OL]. [2019-10-08]. https://www.msci.com/www/research-paper/china-through-an-esg-lens/01608507056.

第十四章　员工志愿服务管理[①]

第一节　志愿服务与员工志愿服务

一、为什么企业要做志愿服务

2019年，IBM"企业全球志愿服务队"（Corporate Service Corps，CSC）公益项目十周年活动正式启动。由来自9个国家的13位IBM专家组成的第4支CSC中国服务队抵达成都，开始为期四周的志愿服务之旅。从青年创客培养、社区发展治理以及助残事业创新三个方面着手，利用专业技能助力成都双创建设，共建美好生活。

IBM企业全球志愿服务队成立于2008年，从全球范围内选送企业优秀员工，以志愿服务的方式参与到跨地区、跨国界的社会服务项目当中，为当地社区发展无偿提供亟须的专业技能和服务。2009年4月，第一支派遣到中国的服务队就来到成都，服务于汶川地震后灾区的发展性建设工作。

IBM大中华区品牌、传播及企业社会责任部总经理林建刚介绍，一个企业能够把最核心的能力、业务本质与社会责任紧紧融合在一起，是企业得以长存的关键，也是企业从事社会责任事业成功的关键。对IBM来说，我们最宝贵的财富就是企业的人才。企业全球志愿服务队正是这种责任理念的典型实践。

通过以上引例，可以发现员工志愿服务的价值与特色：

第一，企业搭建了志愿服务的平台，个人奉献了自身的专业技能和爱心，志愿服务项目的体系化、常态化推进提升了整个社会的福利。

第二，对企业而言，通过员工志愿服务树立了良好的企业形象，丰富了企业文化并收获了更具组织凝聚力、市场洞察力的人力资源。

第三，于员工而言，通过志愿服务可获得教育、技术、资金等多方面的支

[①] 作者：翟雁、辛华。

持,甚至能获得难能可贵的开阔全球视野和领导力锻炼的机会。

第四,对于服务对象而言,通过志愿服务可无偿或者较低成本地得到解决问题亟须的专业技能和技术服务。

第五,通过员工志愿服务,企业还可以与政府、社会组织、教育机构以及其他商业组织等不同机构建立广泛合作关系,为社会、员工以及企业自身发展贡献价值,从而创造多方共赢的局面。

二、志愿者、志愿服务和志愿精神

根据《志愿服务条例》定义,志愿者是指以自己的时间、知识、技能、体力等从事志愿服务的自然人,即自愿贡献个人时间和精力,在不计物质报酬的前提下,为推动人类发展、社会进步和社会福利事业而提供服务的人员。

根据《志愿服务条例》定义,志愿服务是指志愿者、志愿服务组织和其他组织自愿、无偿向社会或者他人提供的公益服务。即任何人自愿贡献个人时间和精力,在不为物质报酬的前提下,为推动人类发展、社会进步和社会福利事业而提供的服务。

志愿服务具有五个要素(见图14-1)。

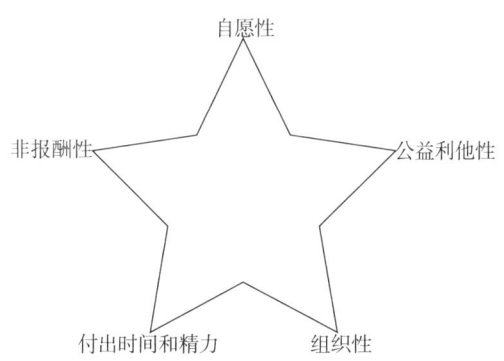

图14-1 志愿服务五个要素

资料来源:笔者整理而得。

第一是自愿性,指的是主观自觉选择,而不是被迫或者强制服务。

第二是非报酬性,指不以物质报酬为目的,即在动机上不追求物质报酬,行动上也不以物质报酬为目标。很多人提起志愿者就会想到"不为私人利益所驱使""基于道义、良知、信念、责任、同情心"等,都是这个意思。另外,不以物质报酬为目标与开展志愿服务需要一定的物质条件两者并不冲突。

第三是公益利他性,指志愿者服务于社会公益,是社会公众的公共利益和困难群体的利益。比如，城市管理运营或者公共场所的志愿服务、社区志愿服务、大型赛会的志愿服务等。

第四是付出时间和精力，指志愿者付出个人的专业技能、时间或者相应能力等。

第五是组织性，指志愿者是通过组织方式而不是个人临时方式开展志愿服务，有组织的志愿服务能够极大提升志愿服务贡献度。同时，组织性还是正式志愿服务和非正式志愿服务的分界线，正式志愿服务体现了有组织的服务行为，即志愿服务的组织力。此外，通过组织性有利于推动志愿服务制度化、专业化发展，比如规范志愿者招募和培训等，有助于志愿服务事业长期可持续发展。

志愿服务分类，可以根据志愿者个体的自身属性、志愿服务的环节、服务领域、服务内容等不同维度进行。比如，根据志愿服务过程中承担组织管理和领导角色的职责不同，志愿者分为骨干志愿者和普通志愿者；根据志愿服务组织或者管理制度不同，志愿者分为注册志愿者和未注册志愿者；根据志愿者投入时间与服务表现评级，可以分为一至五星级志愿者；根据志愿者参与服务的领域不同，分为环保志愿者、消防志愿者、赛会志愿者等。在国际志愿服务研究层面，根据志愿者是否在志愿服务组织服务，可以将其分为正式志愿服务和非正式志愿服务。

志愿服务作为公众参与社会生活的一项重要方式，也是个人和组织承担社会责任的一种重要形式。通过人与人的连接、服务他人与社会，在促进社会发展、公共福利和社会保障的同时，志愿服务发挥着传递爱心和播种文明、提升社会风气、促进社会文明等功效和作用。

"志愿精神（Volunteerism）的核心是服务、团结的理想和共同使这个世界变得更加美好的信念。"联合国前秘书长科菲·安南的这句话体现了志愿精神的本质，表达了人们对志愿服务的由衷赞美。中国对志愿精神的表达是"奉献、友爱、互助、进步"。

三、员工志愿服务的分类与发展

员工志愿服务也称企业志愿服务，指企业组织员工利用时间、资源、技能为社区提供公益、无偿、非商业的社会福利性服务。

作为企业履行社会责任的一个重要载体，员工志愿服务有助于推动企业志愿服务健康、良性、可持续发展，可以更好地实现企业志愿服务的个体、企业和社会多方价值。在参与主体方面，员工志愿服务的组织者通常是企业，在经费来源和专业技术方面，相比一般社会组织具有更多的资源与技术优势，员工志愿服务通常会在年度规划中明确经费来源与用途。不同企业、不同行业对志愿服务的认知差别迥异，企业开展志愿服务也包括多种方式。

按照合作方式划分，可以将与员工志愿服务的模式分为，独立开展模式、联合开展模式，搭建平台模式和行业推动模式；按照推进主体进行划分，有志愿者协会促进模式、基金会推进模式和部门管理发展模式。

通常而言，企业志愿服务模式有三种：一是由员工主导"自下而上"的方式发起；二是由企业主导，"自上而下"的方式成立；三是"上下结合"共同推动成立。学者潘春玲、张晓红对北京市几家跨国公司志愿服务活动的调研显示，目前企业志愿服务的发展模式主要包括志愿者协会发展模式、基金会发展模式、部门发展模式、制度发展模式和项目发展模式等五种发展模式，并且每个模式都有不同的侧重点，既有优势也有不足，企业应结合自身的实际情况选择不同的志愿服务发展模式。

20世纪70年代，随着企业社会责任概念的兴起，企业主动发起的员工志愿者活动成了专业志愿服务的重要推动力。在此期间，企业视慈善活动为履行社会责任的方式，员工也视志愿服务为履行公民责任的方式。越来越多的企业也逐渐发现员工志愿服务在提高员工技能、降低员工离职率等方面的独特价值，因此，员工志愿服务成了能够为企业、员工和公益组织创造共同价值的重要工具。

随着我国的公益慈善和志愿服务的制度环境不断改善，尤其是党的十八大以来，在以习近平同志为核心的党中央高度重视下，志愿服务被逐步纳入全面深化改革大局，政府出台了一系列志愿服务相关文件，为我国志愿服务事业的发展提供了进一步的指导和保障。2016年9月《中华人民共和国慈善法》及2017年12月《志愿服务条例》的正式实施，标志着我国志愿服务正式上升为国家战略，成为推动我国社会事业发展的重要组成部分。其中，企业志愿服务作为志愿服务领域一支快速增长的力量，受到了越来越多的关注和重视。国家政策文件为员工志愿服务明确了法治化的发展路径，也为其规范管理提供了重要契机。2020年12月，党的十九届五中全会审议通过的"十四五"规划建议，其中明确提出"健全志愿服务体系，广泛开展志愿服务关爱行动。弘扬诚信文化，推进诚信建设""发挥群团组织和社会组织在社会治理中的作用，要畅通和规范市场主体、新社会阶层、社会工作者和志愿者等参与社会治理的途径"等工作要求，把推动志愿服务事业发展摆到事关国家建设的重要位置。

第二节　员工志愿服务项目设计与组织管理

企业作为志愿服务事业发展的主体之一，与政府、社会组织一样，通过内部的志愿者协会或者非正式的志愿者组织，在企业内部或者面向全社会开展特色志愿服务活动，发挥企业社会责任作用。员工志愿服务就是发挥企业和专业人才的力量，通过企业规范和专业化管理体系，开展富有成效的志愿服务。

员工志愿服务的开展离不开志愿服务项目规划，规划的首要目标是满足开展长期的志愿服务需求。员工志愿服务项目包含两个基本模块：

一是志愿服务项目，即组织所关注的社会核心问题的解决方案，包括志愿服务的领域、范围、内容和方式、预期成果、资源配备、时间期限等（见图14-2）。

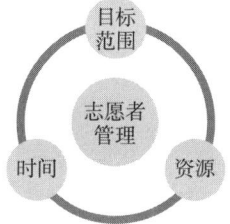

图 14-2　志愿服务项目要素

资料来源：笔者整理而得。

二是志愿者管理，即如何建设和发展志愿者队伍，首先要根据员工志愿服务规划和项目需求开发志愿者岗位，进行志愿者的招募与团队建设、岗位培训、志愿者上岗支持、志愿者认可和激励、服务评估等。针对项目和志愿者队伍的岗位开发，需要进行社会需求调查，发现并确定志愿服务任务及职责（见图14-3）。

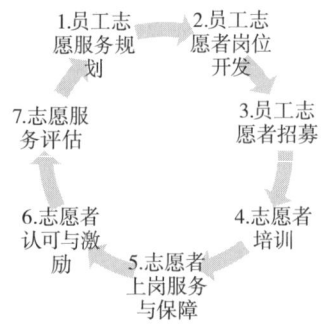

图 14-3　志愿者岗位开发与管理

资料来源：笔者整理而得。

一、员工志愿服务的项目设计

所谓项目,通常是指通过引导一系列独特而相互关联的活动,为实现一个或多个共同目标所做的努力。项目参数包括项目范围、质量、成本、时间、资源。员工志愿服务项目,是为了实现某些公共服务的特定目标,以企业员工为主体,在规定期限内以可交付成果为衡量标准的志愿服务,具有公益性、社会参与性、发展创新性、目标的清晰性等特点。员工志愿服务是以项目为运营模式,由企业志愿者参与解决社会问题、促进社会进步的志愿服务项目。一般来说,员工志愿服务项目具有以下四个基本特征:

一是公益性目标。为解决某个社会需要而创造的预期成果,具有利他和非营利的公益性质。其服务的目标群体以贫困和社会弱势群体为主。

二是社会性资源。项目活动需要投入必要的资源,资源具有公共性、多样性和广泛性,其中核心的资源是企业志愿者参与。

三是发展创新性。为实现公益目标而组织实施的系列活动,在项目设计与实施过程中,在服务领域、服务方式方法、服务群体等方面有所发展创新。

四是目标清晰性。指员工志愿服务项目有确定的开始和结束时间,以及以目标成果为导向进行灵活管理、组织服务对象参与、规避风险和不确定性、进行协调内外部资源等。

进行员工志愿服务项目设计时应该注意以下三点:

第一,发起的员工志愿服务项目是否解决社会问题,以及在行业内,区域内是否具有创新性和领先性。能否为更多的企业或其他组织提供借鉴,进而扩展更为广泛的影响力。

第二,员工志愿服务项目应该与企业自身的业务优势或者资源优势、领域优势或者专业优势进行结合,即注重发挥企业志愿服务的双向影响作用,在进行社会创新,或者为社区等利益相关方创造价值的同时,综合考虑对于本机构市场或者战略、机构员工等综合能力的构建与提升。

第三,员工志愿服务项目在志愿文化层面能否有贡献与创新,即员工通过志愿服务了解到迫切的社会问题,也激发员工结合自己的本职工作,进行技术和业务等多方面的创新志愿服务,可以实现丰富企业文化与志愿精神,激发企业的创新氛围。总的来说,员工志愿服务项目需要在目标层面与组织战略一致,在技术层面,通过志愿服务培养企业员工的领导才能,以及在一定时空范围内提升社区或者弱势群体福利。

二、员工志愿者管理七步走

志愿者管理指在人本主义的管理理念下,运用现代管理专业技能,通过计划、组织、协调和激励,合理配置志愿者人力资源,支持志愿者自愿、不为物质报酬而有效地完成社会服务与发展的使命目标,满足服务对象的需求,同时使提供服务的志愿者获得自我发展和价值实现,创造多重社会价值的系列活动。

第一步:员工志愿服务规划。

员工志愿服务管理体系,首先需要充分了解社会和社区、组织和企业员工的需求,结合政治、经济和社会环境,经过社会、志愿服务和组织需求评估,并紧密围绕组织的愿景、使命、理念、目标来开展志愿服务规划,从而确定企业志愿服务的定位。

第二步:员工志愿服务保障。

创造有利于志愿服务的组织环境,需要组织在政策、资金和人力资源方面作出相应的安排和保障。制定志愿者政策是建立有效的志愿者管理体系的基础。员工志愿服务的保障通常由企业组织来制定,企业需要进一步确定志愿者将在哪方面开展工作、哪些是需要员工来做的,企业能否提前做好准备,为志愿者开展服务提供必要的资金和人力支持。

第三步:员工志愿服务风险管理。

要做好志愿服务及志愿者管理,需要在企业层面建立风险预警意识和防范准备。通过风险管理将可能的损失降低到最低限度,从而保护好志愿者、受益者和组织免受不必要的损失。

第四步:员工志愿服务岗位开发与招募。

员工志愿服务岗位开发与志愿者招募是志愿者管理体系中重要的一环。通过恰当的招募渠道对企业员工,也就是潜在的志愿者进行有策略的吸引,以确保能够招募到充足的候选志愿者。

第五步:员工志愿服务的培训。

入职辅导与培训能让志愿者尽快融入组织及志愿服务工作,其内容一般包括公共部分、专业部分和管理部分。目的是在完成员工志愿服务项目的同时,使得员工志愿者在服务中得到学习成长,确保员工志愿服务项目成效。

第六步:员工志愿服务的支持与督导。

目的在于为企业志愿者提供保障和发展的机会,帮助企业员工志愿者在服务期间克服挑战,发挥自己的潜能,在有限的时间内尽可能地提供高质、高效的服务。

第七步：员工志愿服务的认可与激励。

有效地认可和激励志愿者能够帮助组织尽可能地保留志愿者，确保并延长他们的服务期，提高服务质量。员工志愿者的认可与激励可以更多使用企业政策与内部资源，比如内部表彰和公益休假等。通过认可激励使得员工志愿者未来更好地继续或者高效地支持公益组织或提供社会服务。

此外，员工志愿服务团队建设与发展是员工志愿者管理中不可或缺的内容。开展员工志愿服务的团队建设、监测与评估以及成果转化。形成可复制、可实施的标准程序，从而使得员工志愿服务的成果能够更可持续地发展，让更多的人受益。

案例：施耐德电气志愿者协会

施耐德电气志愿者协会采取"自上而下"与"自下而上"相结合的形式。总部 CSR 团队根据集团可持续发展目标，结合实际，设计全国性的志愿服务项目，并将活动相关信息传达给各分会，由各地志愿者协会负责具体活动的展开，各地分会如果有好的活动创意，也可以自主开展针对本地的志愿活动。这样"自上而下"与"自下而上"相结合的形式，在保证志愿者协会的志愿活动与集团可持续发展目标相一致的前提下，提高了各地分会的自主性和活动开展的效率，使志愿服务与本地资源特色得到有效结合，对提高各地志愿者协会成员的积极性起到了很大的帮助作用。

资料来源：孟慧文，王忠平．中国企业志愿服务发展趋势探究［J］．企业管理，2019（11）．

三、员工志愿服务的创新案例

志愿者的激励认可是员工志愿者管理的重点。作为员工志愿服务的重要组成部分，规范合理、行之有效的志愿者激励机制、表彰办法能够起到保障志愿者的基本权益，维持志愿者的服务热情，避免志愿者的流失，推动员工志愿服务行动健康发展的重要作用。

案例：SAP 员工志愿服务

SAP 作为德国最大的软件公司，是世界顶级企业管理软件 ERP 的供应商。SAP 公司已经把志愿服务融合到了核心业务里，SAP 的客户和产品都参与解决世界上重大的经济、环境和社会议题。2012 年到 2016 年，SAP 组织前往 22 个国家，服务了 180 多个公益组织，贡献了 15 万个志愿服务小时数，在 539 名来自 30 多个国家的员工志愿者中有 44% 是女性，形成了 250 多个工作岗位，影响了 200 多万人，总投入超过 900 万欧元。

资料来源：根据 2017 年中国专业志愿服务创新发展论坛，SAP 企业社会责任部负责人傅琳发言整理。

通过分析 SAP 的员工志愿服务案例，我们发现员工志愿服务在项目设计时应注重以下三个方面：

一是发挥企业技术优势。纳入发展战略 SAP 的员工志愿服务是典型的技能型志愿服务，不论是 IT 企业员工独有的业务技能，还是 SAP 公司大力倡导的设计思维模式，都使得其他公司很难模仿和超越。以解决社会问题为导向，用信息化、数字化作为利器来强化志愿服务的实质效果，是 SAP 在企业志愿服务领域久盛不衰的重要保障。

二是建立清晰且完整的志愿者管理体系。严谨的组织架构与完善的志愿者管理体系为志愿者项目保驾护航。上下联动的管理模式是 SAP 志愿服务稳健开展的重要保障。此外，SAP 还出台了配套的制度和流程，有效地促进了志愿者项目的规模化和精细化发展。

三是创新的志愿服务项目策划。SAP 充分结合企业和员工的专长，利用自身丰富的客户资源，以志愿者项目为支点，撬动更多的社会资源，实现社会问题的有效解决。项目充分考虑问题背景与目标，并制定具体的实施步骤以及最终结果的科学评估。以"赋能青年人以数字化技能"为导向，SAP 众多志愿者项目都具备长期的影响效力，改变受助者的思维模式，丰富他们的个人技能。

要推动企业志愿服务的常态化发展，仅依靠员工业余时间参与志愿服务是难以实现的。《中国企业志愿服务调查报告 2015》中对"员工希望所在公司提供员工志愿服务哪些方面的支持"这一问题的调查显示，68.9% 的员工提出希望提供志愿服务带薪假期，占比排第一名。在国外，志愿服务带薪假已经成为大型企业推动志愿服务的主要方式。例如，SAP也会通过"公益休假"给员工两周的假期，其间他们将停止所有的工作去为公益组织服务，并额外利用自己四周的业余时间，和同伴们以及公益组织一起提供远程或者线上的志愿服务。

第三节　员工志愿服务模式价值、挑战与发展趋势

一、员工志愿服务的功能价值

作为激发社会活力、满足社会的多样性需求、扩大公民的社会参与、创新社会治理重要路径，员工志愿服务的广泛开展和成熟发展有助于推动一种自下而上的社会参与趋势。其中，员工在志愿服务上的全方位参与，有效提升了整体的团队能力建设；激发了所在公司的志愿文化，强化和丰富了优秀的企业文化；企业与社区的联系更加紧密，面向社会需求的创新愈加多样，企业形象也日渐饱满。可以说，员工志愿服务的功能价值体现在个体、企业和社会三个层面：

一是个体价值层面，通过志愿者活动，员工有更多可能零距离接触到企业目标及潜在客户，容易获知客户实际需求，提高企业生产技术、管理服务以及产品与用户之间的契合度，实现业务提升。此外，个体包括志愿服务对象和企业员工志愿者。就服务对象而言，企业员工志愿者可以发挥自身优势，结合社会需求和社区管理要求，提供专业化、个性化的志愿服务，切实解决服务对象实际困难，使其重拾对生活的热爱和希望。如万科公司在汶川地震后开展的"遵道"项目，号召企业员工积极参与当地的灾后重建工作。就企业员工志愿者自身而言，员工通过"走出企业，走进社区"参与到志愿服务的行列中，这是员工的自我需求，是实现自我价值的有效方式。员工志愿者利用个人时间，在工作允许的情况下，力所能及地帮助有困难的人，可以获取一定的认可，获得更多的满足感。

二是企业价值层面，员工志愿服务对参与企业会产生重要影响。志愿者服务可以帮助企业提升内部凝聚力，加强团队精神塑造，有利于传播推广企业文化和价值。企业在组织员工志愿活动过程中，有利于企业战略的实施及树立维护品牌声誉，提升企业的公众形象，改善企业与当地社区的关系，为企业创造良好的社区环境。前文介绍了IBM的员工志愿服务以公益咨询服务为核心，员工志愿者结合自身所在领域的专业经验和技能，了解、衡量和评价所在城市的现实挑战，并提出比较广泛、高层面的战略及观点，以更全球化的视野和领导力，为当地的智

慧城市发展献计献策。

三是社会价值层面，企业员工志愿服务的开展为社会成员之间的交流合作提供了一种新型参与方式。成功的企业志愿活动能够实现社会诉求和企业诉求的统一化。社会服务结构体系得到完善补充，改变了以往以非职业阶层及政府援助型为主的社会帮扶体系的现状，为整个社会服务结构体系增添了新的活力和动力。

> **案例：英特尔中国员工志愿者**
>
> 英特尔中国员工志愿者每年投入近 5 万小时，致力于将知识和技能应用到教育、环境和社区三大领域的志愿服务中，为学校、社区和非营利组织提供法律、人力资源、财务和信息技术等方面的专业服务，助力创造一个和谐、繁荣的社区环境。"英特尔参与社区"项目是英特尔公司努力倡导并推崇的员工志愿服务项目。无论是清理海滩垃圾、助教、植树，还是利用职业技能帮助某个机构实现愿景，英特尔的员工志愿者努力为建设一个富有朝气的社区无私地奉献着自己的时间、才华和力量。2011 年，英特尔中国员工参与了由公司以及公益组织倡导的社区志愿服务，员工参与志愿服务比例为 65%，服务时间达到 44000 小时。
>
> 资料来源：英特尔中国新闻发布室，https://newsroom.intel.cn/wp-content/uploads/sites/2/PR_Nov27_2012.pdf，2012.

二、员工志愿服务面临的挑战

虽然员工志愿服务在我国已经有近二十年的发展，参与企业的性质也从外企、央企、国企延伸到民企，但由于每家企业对志愿服务的定位有所差异，大部分企业在开展志愿服务工作时缺乏专业的指导，以及志愿服务对企业带来的影响相对难以系统地测评，所以目前国内企业开展的志愿服务处于参差不齐的状态。一项关于企业志愿服务现状与问题的调研显示，当前员工志愿服务过程中，存在着企业员工对《志愿服务条例》认知不足、企业志愿服务时间记录不完善、为志愿者购买保险未受到应有重视，以及企业志愿服务项目创新和活动效果有待提高等问题。

在员工志愿者管理层面，企业规模大小、成立时间以及发展的不同阶段对于员工志愿服务的活动和项目开展都有影响。比如，企业尤其是大型企业志愿者专业化、组织化程度更高，更需要引导好、管理好企业志愿者，明确企业志愿者的权利与义务，推动企业志愿者规范参与志愿服务。

在志愿服务供需匹配活动层面，企业与员工需求之间不匹配。部分员工志愿活动组织与志愿服务形式相对粗放，志愿者招募数量与实际需求不匹配，志愿者技能与岗位需求不吻合，现场组织混乱，影响企业志愿服务效果以及企业志愿者持续参与热情等。志愿服务管理的精细化程度有待提高。

在服务社会成效层面，员工志愿服务的实践中存在简单粗暴、一次性服务、缺乏创新的情况。有的企业志愿服务活动短期性和随机性较强，主要体现为以物资援助和献爱心为主的体能劳动型服务；有些企业聚焦于帮助老年人使用电脑、给社区居民义诊、帮助一些农民工维权等；还有些员工志愿服务聚焦赋能授人以渔，提升人们自主意识和发展能力，广泛动员公众参与，促进社群组织化和网络化。

在服务满意度方面，存在着企业出了力并没有得到员工的认可，企业的支持措施与员工的期待存在着不匹配现象，需要企业站在员工的角度，了解其真实需求。

针对以上挑战，提出以下应对方式：

一是创新员工志愿服务的项目设计，通常需要进行长期的调研，活动周期较长，需要充分的计划和周密组织，尤其需要专业技能，具有系统性、长期性等特点。比如为公益组织提供市场营销整体解决方案，为公益组织设计开发志愿者管理软件，为公益组织提供劳动用工法律咨询等。

二是积极调动与整合社会各界资源。需要进行跨界多边协作、应用新技术、建立新机制来精准解决社会问题、促进社会系统性改善的创新型志愿服务。与简单做好人做好事的一般志愿服务相比，创新员工志愿服务的目标是为了更好地服务社会，强调公益责任和公信力，促进社会治理多元参与、制度环境改善与可持续发展。

三是加强员工志愿服务的评估。企业志愿服务政策的制定、管理机制的形成以及团队的建设等，均是企业志愿服务工作的重要内容，是评价企业志愿服务不可或缺的内容。目前，对员工志愿服务的评估还处于初步探索的阶段，下一步可以从对个体、企业和社会成效三个方面进行量化评估分析，提升员工志愿服务的企业从自身角度出发，将企业利益纳入员工志愿服务项目设计，实现企业与社会共赢。

通过设计使企业员工积极参与并回应具体的社会问题，符合服务对象需求，关注投入产出效益等目标，有利于开发符合企业特点和利益的员工志愿服务项目，提升全社会福祉。

三、员工志愿服务的发展趋势

21世纪以来,人类面临不可持续发展的严峻挑战,现代社会面临环境污染、气候变暖、老龄化、贫困与不平等等普遍问题,全球社会与各国政府亟须进行合作加强对志愿服务的支持。尤其随着移动互联网、大数据、云计算、人工智能等信息化数字化的浪潮,全球跨区域、跨领域和跨专业运用新科技、新模式,创新性地解决社会问题与挑战的各类志愿行动此起彼伏。其中员工志愿服务具有职业和专业技术人才等优势,并通过组织性、专业性、系统性方式结合服务类型和服务模式开展基于社会价值创新的志愿服务,称为专业志愿服务。

专业志愿服务正在成为当前企业志愿服务的一个重要发展趋势。专业志愿服务的目标是公益慈善、建设更美好的社会,组织有社会责任的专业人士为某些特定的社会群体或部门解决特定的具体社会问题、推动社会变革、实现社会创新、建设一个更加公平的公民社会。

随着社会、经济、技术的快速发展和我国城市化的推进,人们的需求越来越多元化,社会问题也随之增多,涉及的服务领域和问题也将越来越广泛和复杂,仅靠传统的服务方式已经无法满足当今社会出现的新需求,专业志愿服务的作用和价值由此更加凸显,其联结企业与社会、员工与社区,催化员工志愿者价值、企业管理价值、社会创新价值的独特作用日渐显现。

在新一轮的科技革命和信息技术引发的数字化浪潮中,随着大数据、云计算、人工智能等信息技术的应用,数字技术与员工志愿服务的结合,基于互联网大数据的应对社会挑战的专业志愿服务也是企业志愿服务的发展趋势。此外,随着越来越多的企业参与志愿服务,应如何评估员工志愿服务领域的投入与产出?只有科学评估志愿服务效果,才能激励企业持续地志愿服务投入,推动员工志愿服务的规模化发展。未来,敢于拥抱信息技术、迎接挑战,开展以跨界治理和合作创新为特色的专业志愿服务必将大有作为。

本章小结

志愿服务是公众参与社会生活的一项重要方式,也是组织承担社会责任的一种重要形式。20世纪70年代,随着企业社会责任概念的兴起,越来越多的企业也逐渐发现员工志愿服务在提高员工技能、降低员工离职率等方面的独特价值,因此,员工志愿服务成了能够为企业、员工、公益组织和社会创造共同价值的重要路径。

作为员工志愿服务的重要载体,员工志愿服务项目应该与企业自身的业务优势或者资源、领域、专业等优势进行结合,即员工志愿服务项目在服务社会的目标层面与企业组织战略一致;在技术层面,通过志愿服务可促进企业员工身心健康和领导才能,以及提升一定时空范围内的社区或者弱势群体福利;与此同时,员工志愿服务团队建设与发展是员工志愿者管理中不可或缺的内容。开展员工志愿服务管理包括志愿服务的岗位规划、志愿者的招募、培训、管理激励、团队建设、监测与评估以及成果转化,最终能够形成一套基于企业员工的志愿服务标准程序,从而使得员工志愿服务的成果更有社会影响力。

随着社会、经济、技术的快速发展和我国城市化进程的推进,社会问题层出不穷,员工志愿服务面临着挑战与创新。其中,专业志愿服务目标聚焦公益慈善、建设更美好的社会,其途径和方法是组织有社会责任的专业人士为某些特定的社会群体或部门解决特定的具体社会问题,推动社会变革、实现社会创新等做法将成为员工志愿服务的发展趋势之一。

思考题

(1) 如何结合企业战略进行员工志愿服务项目设计?
(2) 员工志愿服务发展面临哪些机遇和挑战?

参考文献

[1] 北京博能志愿公益基金会. 中国专业志愿服务发展报告[R]. 2017.

[2] 北京民政局,翟雁. 社区志愿服务项目化运作与管理——社会治理创新实践[M]. 北京:中国社会出版社,2015.

[3] 涂敏霞. 企业志愿服务实用教程[M]. 广州:华南理工大学出版社,2019.

[4] 翟雁. 志愿者管理手册[M]. 北京:中国社会出版社,2014.

[5] 严威,闫英,等. 求义存利:企业志愿服务运作模式与最优实践[M]. 北京:中国广播影视出版社,2019.

[6] 菲利普·科特勒,南希·李. 企业的社会责任:通过公益事业拓展更多的商业机会[M]. 北京:机械工业出版社,2006.

[7] 孟慧文,王忠平. 中国企业志愿服务发展趋势探究[J]. 企业管理,2019(11).

[8] 王忠平,刘姝辛. 企业志愿服务发展现状、问题及对策[J]. 中国社会工作,2019:44-45.

[9] 吴静旦. 企业员工志愿服务的价值及实现机制研究[J]. 商讯,2019,182(28):122-124.

[10] 潘春玲,张晓红. 当前企业志愿服务的发展模式及推动社会责任实现的建议——基于北京市几家跨国公司的调查研究[J]. 决策咨询,2015(4):5.

第十五章　社区沟通[①]

第一节　社区沟通概述

一、社区、沟通与社会许可

（一）社区

在物理空间上，社区指聚集在相同地域空间和范围内，有共同需要、利益、信念、价值观，相对聚合、关系持久的人群。在心理空间上，社区指在群体精神上具有认同感和公共性，并致力于实现共同目标的人群。社区在物理和心理空间上可以重合，也可以分离。

社区同时又有广义与狭义之分。广义的社区包括企业投资所在国的政府、公众、媒体、学界、NGO和宗教团体等；狭义的社区则仅由项目所在地的上述利益相关方构成。企业的社区沟通，多数情况下是指狭义的社区。

（二）沟通

沟通指信息、思想和情感在个人或群体间传递的过程。沟通过程由三要素组成：①信息源即信息发送者；②通道即信息传送的媒介物；③受众即信息接收者。沟通是一个动态的过程，它不仅限于信息的交流过程，更强调沟通双方的社会关系演变过程。

（三）社会许可

社会许可，指当地社区对企业及其所经营项目的接纳情况，由所有受到或可能受到项目影响的利益相关方（如当地社区、原住民）和其他团体（如地方政

[①] 作者：张洪福。

本章框架结构及大部分内容取自作者曾参与的"中国企业海外投资社区沟通工具开发"项目，限于篇幅，更多可具操作性的社区沟通工具未能逐一列出。详细内容可参见：《中国对外承包工程行业社区沟通手册（试用版）》，下载链接 http://syntao.com/newsinfo/2110478.html。

府、非政府组织）赋予。

社会许可的获得基于"公司及其活动在何种程度上满足当地社区、社会以及各团体的期望"。社会许可的获得是动态的，因为利益相关方的观点会在不同时期受不同因素的影响而产生变化。

二、社区沟通的重要性

现代企业社会责任运动蓬勃发展，联合国等国际机构倡导可持续发展，投资机构也在追求规避非传统风险的 ESG 投资……经济全球化要求企业面对更多的利益相关方，也推动着企业的商业模式和运营从股东（shareholder）至上向利益相关方（stakeholder）共赢转型，在合规基础之上获取更多的社会许可，已成为企业运营的必需项。

从众多或优秀或失败的案例中，我们都可以发现，社区沟通和社区融入已成为跨国公司管理其利益相关方关系，应对企业社会责任挑战，保障其在投资目的国投资和项目可持续的重要手段。

而对全面融入全球供应链、产业链和价值链的中国企业来说，尤其是通过"一带一路"倡议日益国际化和全球化的中国企业，一方面面对着国内固有政商生态重行政许可、轻社会许可的利益相关方关系管理的传统，另一方面还要接受全球来自地域、文化、语言、社会环境、国际环境等差异带来的挑战。通过社区沟通和社区融入，对上述挑战和风险进行识别、预防、管理和化解，并将这些非传统风险转化为可持续发展的机遇，就变得非常重要。

因此，社区关系管理事关企业的商业风险。社区沟通本身并不是目的，而是企业与社区建立长期的良好关系，获得社会许可，保障项目在社区层面得以顺利开展的有效手段。

三、社区沟通的原则与要素

社区沟通的作用是增进相互了解，达成共识，并以此化解项目活动与当地社区可能潜在的矛盾，从而与社区共享发展成果。社区沟通没有绝对的最佳方法，活动形式可以灵活多样。企业可以遵循下面的基本原则，结合项目的性质、地点、规模、发展阶段，以及当地社区自身的需求和特点等，设计和开展社区沟通活动。

（一）社区沟通的六项原则

1. 平等互利

平等互利是开展社区沟通的基础，企业与社区的一切对话应建立在平等和相互尊重的基础之上，保证公平对待每一个对话群体。企业应与当地社区开展建设性对话。对话目标应是了解社区需求，回应社区关切；对话态度应是积极的、合作的，不宜预设对抗性的立场；对话方式应是诚恳的、坦诚的、亲和的，不宜仅通过冰冷的文字传递。

2. 求同存异

企业与社区之间既有和平共处乃至合作共赢的共同诉求，也有资源分配的利益冲突。企业宜以共同诉求为沟通切入点，在力所能及的范围内，借助自身业务和能力优势，延伸资源共享的范围，积极回应和满足社区的合理诉求与期待。对一时无法达成共识的事项，如不影响大局则可暂且搁置，待条件成熟后再行处理。

3. 双向交流

企业应知晓沟通是双向的、互动的，即企业既要清晰、有效地向目标对象进行表达和传递，也要倾听对方的意见、质疑与建议。不说不听、只说不听、只听不说的做法都应摒弃。针对对方提出的意见、质疑与建议，企业应做出及时回应。

4. 信息一致

企业在沟通过程中应注意信息的一致性，即在不同时间段、与不同群体进行沟通时，信息的核心内容应保持基本一致，避免因在不同场合中表述信息自相矛盾而严重损害来之不易的信任。企业亦应采取措施确保供应商等当地合作伙伴向社区传递一致信息。

5. 入乡随俗

企业应尊重当地的文化习俗和行为方式，将入乡随俗与国际共识相结合，实现沟通的本地化和柔性化。企业应注重使用本土语言，不能仅有中文或英文，同时注意专业术语的本地表达和通俗解释。在沟通中，善用本地渠道，如借助当地文俗节庆、宗教聚会、族人聚会等机会和方式，避免生硬套用以自我为主的"利益相关方沟通大会"等形式。要尊重本土习俗，注意民族、宗教等忌讳。

6. 坐言起行

企业要谨言慎行，承诺的事情要务必做到，不能做到的事情不宜轻率承诺。针对利益相关方关心的问题，企业不应只有言语，更应有具体行动，并在行动中持续改进。企业的行动贵在持之以恒，与社区的沟通也要有足够耐心，要始终表现出坦诚并及时回应。

（二）社区沟通计划十要素

在制定社区沟通计划时，应当结合项目自身特点以及周边社区具体情况。虽然没有放之四海而皆准的"模板"，但合格的沟通计划应该含有以下 10 项基本要素[①]：

（1）沟通目标；

（2）目标受众；

（3）对外传递的关键信息；

（4）沟通策略；

（5）预算；

（6）实施资源和责任归属；

（7）活动时间表；

（8）申诉与反馈机制；

（9）监测和评估计划；

（10）结果报告。

企业或机构在制定社区沟通计划时，应在项目开展的不同阶段，针对不同议题和社区中的不同群体，根据与沟通目标的联系互动强度，以及沟通计划拟达成的目标，综合考虑上述 10 项基本要素，有针对性地选择信息披露、磋商、社区参与、合作和赋权等不同沟通策略，而不是一成不变。

第二节　社区沟通七步法

一、搭班子——建立沟通团队，制定沟通战略

（一）设立专职沟通团队

社区沟通战略，应作为企业整体发展战略的组成部分。因此，有条件的企业应设立专职负责社区沟通的部门和岗位，任命社区沟通主导部门负责人为社区沟通经理，主导开展社区沟通工作开展。如果企业限于条件制约或其他考量，不能设置专门的社区沟通部门或岗位，也应设立兼职社区沟通岗，并明确该岗权责。

企业搭建沟通团队，第一要获取决策层的支持，总部对社区沟通活动的重

[①] LAKIN N, SCHEUBEL V. Corporate community involvement: The definitive guide to maximizing your business' societal engagement[M]. Routledge, 2017.

视,可以通过公司文件、领导批示或领导讲话的形式呈现。第二要明确社区沟通主导部门,如企业社会责任部,也可由人力资源、公共关系或对外联络部门来主导。第三要组建社区沟通指导小组,可考虑由项目总负责人担任指导小组组长,小组成员纳入业务和管理部门的负责人,并明确各自在小组内的职责,以确保专、兼职沟通团队与内部各职能部门的密切联系与协同配合。第四要明确沟通团队核心岗位,如社区沟通经理、独立专家组、公关团队、社区联络官等,并对各岗位的分工、决策权限进行界定①(见图15-1)。

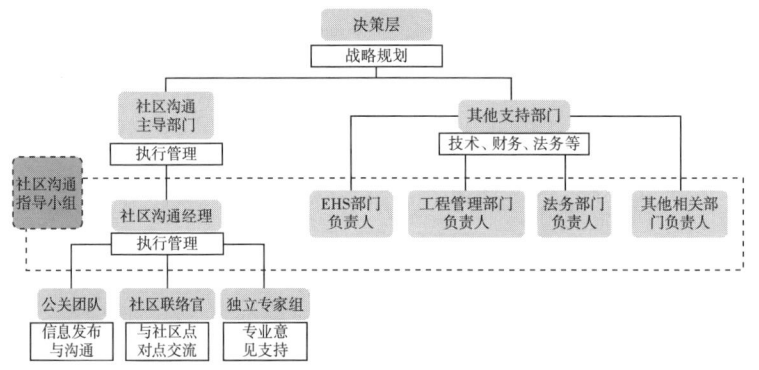

图 15-1 理想的社区沟通团队架构

资料来源:《中国对外承包工程行业社区沟通手册(试用版)》。

(二) 坚持全员沟通

对社区而言,无论在任何情形下所接触到的企业各层级的员工,都代表了企业的态度。社区沟通工作若要真正与企业的日常业务活动融合,就需要每个业务单位了解社区沟通策略,避免将社区沟通视为仅是几名社区联络人员的专属领域。

鼓励各部门参与社区沟通工作的最佳方式,是向他们展示良好的社区关系是如何促进各部门业务开展的。具体操作时,首先识别并确定公司各部门在社区沟通工作中的参与形式,之后要对各部门员工/负责人进行社区沟通培训。

全员沟通,最应注意的是保持企业内部不同团队向外部利益相关方传达信息的一致性。否则,一方面会令利益相关方产生困惑,另一方面可能会降低企业的信誉度。

---

① 世界银行集团国际金融公司. 利益攸关方联系互动:在新兴市场开展商业活动的企业指导手册[Z]. 2007.

案例：中海油乌干达 Kingfisher 油田项目社区沟通团队

中海油在乌干达开展 Kingfisher 油田项目时，从进入乌干达市场起，就主动设立了社区关系管理部门，聘请了专门的社区联络官，建立了专业的社区关系管理制度，以保证作业所在地区的社区公众能够掌握所有必要信息。社区关系部门的主要利益相关方有省市县乡村百姓及各级地方政府、地方 NGO 及 Bunyoro Kitara 王国。中海油在乌干达的社区关系部通过企业社会责任经理—社区联络官的机制制定了社区关系处理程序，并在乌干达的霍伊马省设立了办公室，建立了现场常驻机制。

据中海油乌干达公司介绍，由于社区的利益相关方具有以下特点：人数众多、利益分散、受作业影响大、易产生集体行为、各类诉求较多。而且利益相关方更加注重自己对中海油在乌干达 Kingfisher 油田的知情权、监督权、参与权以及受益权。因此中海油乌干达公司专门聘请本地员工担任社区联络官，专职从事与社区的联系沟通工作。社区联络官在乌干达地区主要的工作内容包括沟通互动、机会分享、投诉处理、技能提高以及预期管理等。中海油乌干达 Kingfisher 油田项目社区联络官职责见图 15-2。

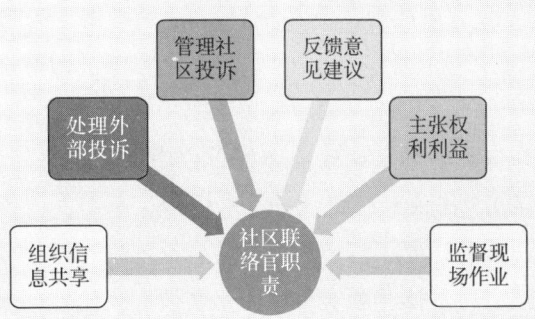

图 15-2 中海油乌干达 Kingfisher 油田项目社区联络官职责
资料来源：笔者整理而得。

目前担任社区联络官的两位员工都是乌干达当地大学毕业的大学生，与其他本地员工相比，他们的最大优势是语言。Kingfisher 油田所处地区在历史上是个部落众多的地方。加上与刚果隔湖相望，因此繁育出了特别丰富的方言文化——大多数乌干达籍的员工也听不懂他们的语言，而社区联络官则除掌握正式的官方语言英语、斯瓦希里语和通用的布干达语外，既会说也能听懂三四种方言。社区联络官虽然职位不高，但却是公司与社区沟通的窗口。为了避免可能的冲突，中海油还专门制定了一套社区关系守则，指导所有可能与社区产生互动的人员正确处理与社区利益相关方的交往。

资料来源：王樱，柴维，张洪福．"一带一路"案例实践与风险防范（经济与社会篇）[M]．北京：海洋出版社，2017．

二、理亲疏——调研社区背景，确定沟通对象

（一）开展社区背景信息调研[①]

企业在开展这项基础性工作前，先确定需要进行调研的信息，建立社区基本情况登记表。根据要调研的信息，开展案头研究，如通过地方政府或社区负责人（如村长）获得社区的基本数据，通过文献阅读了解项目所在地区同类公司的社区沟通实践等。结合案头研究结果，确定开展实地调研时需要了解的问题，组建实地调研小组（可聘请熟知社会影响评估标准的专家和了解当地社会情况的顾问），设计调研问卷或访谈提纲。设计问卷时，应考虑受访群体的教育水平、接受能力等因素。

社区沟通团队在选择并确定调研群体的过程中，应亲自拜访当地社区居民，开展双向交流（必需），访谈本地商会、学术机构、NGO，访谈在当地有多年工作经验的同事。在访谈前，要了解当地习俗，应提前发布通知，使受访者了解调研的流程和目的，然后再具体开展实地调研。访谈后，统计调研结果，编写社区综合背景信息档案。

（二）细致划分社区群体，明确主要沟通对象

利益相关方是开展社区沟通的对象。即使是在同一个社区中，项目对不同群体所造成的影响也可能不同，他们对项目的诉求也不尽相同。因此，社区沟通团队有必要对利益相关方进一步细分，可以从已经开展了合作或是受到项目影响的

---

① 访谈话题清单等各类社区背景调研工具，详细可见《中国对外承包工程行业社区沟通手册（试用版）》之2.1章节，或参考Community development toolkit，World Bank。

机构、人群进行梳理。同时需要考虑的还有哪些人群可能会对项目产生兴趣，例如本地媒体、环保组织、NGO 等[①]。

需要特别注意的是，企业应避免将居住在影响区域边界以外的社区武断地排除在接触活动以外，因为他们也可能认为受到了企业的影响。

在对利益相关方进行排序时，要优先考虑因企业活动而受到直接负面影响的个人和群体，优先考虑依照法律及其他规则要求，必须开展联系互动的个人和群体。在项目进展的不同阶段，利益相关方所受的影响和其主要诉求都可能发生改变，因此当项目发展到不同阶段时，应当对利益相关方重新进行评估。

（三）识别潜在风险并制定应对方案

开展社区背景信息调查是为了充分了解社区需求，是为了识别可能导致冲突的关键议题的前提，其目的是提升企业环境和社会绩效以达到社区期望，以降低社会许可等风险等级，从而化解潜在危机。

企业首先要识别、梳理出可能会产生社区冲突的风险，并建立风险矩阵[②]。然后评估解决这些风险所需要采取的行动和程序，并明确上述行动和程序的原因/目标以及预期结果/指标，以此制定时间框架和期限，明确相关责任人。

企业要根据识别出的风险，按照避免—降低—补偿/抵消的优先顺序，制定应对方案。方案要定期更新（至少每年一次），或在企业经营发生重要变化，出现重要外部变化（如新的法律法规出台）时重新开展评估。

三、定主次——明确沟通重点，回应实质性需求

（一）识别核心议题，明确沟通要点

若想高效地开展社区沟通工作，企业在与社区沟通前，应当明确需要进行信息交流的议题。而在人力和物力都有限的情况下，很难做到在所有议题的沟通中面面俱到。同时，缺乏突出重点信息的沟通方式也不利于社区居民的理解。因此，企业若想避免与当地社区产生冲突，就需要在项目初期预判社区居民可能会围绕哪些议题产生不满情绪。更好的做法是将议题按照重要程度进行排序，再分别制定相应的沟通策略。

对社区所关注的核心议题进行识别时，可遵循以下步骤：

[①] Community development toolkit，World Bank.
[②] 本部分所提到的相关社区沟通工具，详细可参见《中国对外承包工程行业社区沟通手册（试用版）》之2.3章节。

第一，回顾社区背景调研档案和利益相关方识别，明确项目对社区的可能影响以及应当重点关注的领域。

第二，开展对标，了解通常情况下同行业企业或同社区企业在处理该社区关系时主要关注哪些议题。可以通过了解其他企业的实践案例，避免他们犯过的错误，结合自身情况适当采纳优秀做法，或者与其他企业合作开展社区沟通工作。

第三，将识别出的社区最关注的议题进行罗列。

第四，使用相关工具如核心议题评估表①等，将所罗列的议题进行归纳整理。

第五，对议题的重要性进行排序。

应注意的是，企业在识别社区所关注的核心议题时，应将弱势群体的调查样本与其他受访者分开分析，以便于发掘弱势群体所关注的议题，特别是女性群体和土著居民的需求。

（二）确保所披露信息的一致性，增强企业可信度

当企业中的不同部门和员工对外传达的信息自相矛盾时，社区对企业的信任程度就会降低。因此，企业在开展沟通前，应明确对外传达的信息内容，以及处理社区事务时的立场、态度，并在开展沟通活动时尽可能保持一致。

企业应以清晰、易懂的语言，记录并精准传达社区沟通的核心信息，包括但不限于关键利益相关方、核心议题、公司立场、沟通目标等。

（三）遵循及早、客观、具体原则，确保信息披露的确定性

企业应遵循"一般均应披露信息"原则，尽可能地向社区保持透明，以建立信任。

信息应尽早披露，尤其是需要采纳社区意见的事项，应当在决策前给社区留出向企业反馈的时间。

要传递客观的信息。包括不要对坏消息轻描淡写，同时也要注意不应对好消息进行夸大。

披露具体的数字、信息。表述越具体越容易获得社区的信任，如"项目可以带来30~40个工作岗位"，而不是"项目会带来大量就业"。

对于社区提出的、无法被满足的要求，需要明确告知社区，不要拖延或隐瞒。

对于如征地、移民等敏感信息，最好采取面对面磋商和文字信息发布相结合

---

① 该工具参见《中国对外承包工程行业社区沟通手册（试用版）》之3.1章节。

的形式与社区进行沟通，获取社区的直接反应。

不应在沟通过程中作出无法履行，或容易产生误解的许诺。

对社区所作出的承诺，应当记录在承诺记录册中[①]，并披露承诺的执行进展。

所有面向社区公示的文件都应当翻译成当地语言，并使用当地人能够理解的语言表达。

四、通渠道——根据沟通对象确定沟通渠道与路径

（一）常见社区沟通渠道梳理

社区沟通是一个长期和复杂的过程，在项目的不同阶段，企业可能会考虑不同的社区参与程度（通知、问询、参与、合作、赋权）。另外，同一社区的居民很可能会有不同的利益诉求，以及信息接收的偏好。所以，企业在选择渠道时要注意灵活多变，根据需求和目的选择。常见社区沟通渠道及适用情况见表15-1。

在确定具体采取哪些沟通渠道前，企业应做好下述工作：

（1）明确沟通的主题、人群和既定目标；

（2）梳理现有的沟通渠道；

（3）了解哪些沟通方式对于某些特定人群不适用；

（4）匹配沟通目的与渠道。

表15-1 常见社区沟通渠道及适用情况

序号	渠道	受众数量	适用情况	信息获取率
1	公众会议	取决于场地大小	小型社区，并且社区居民愿意参加会议	较低
2	情况简介会	通常来说适用于较小的社区	已经形成的群体和小组	较低
3	项目现场社区联络办公室	不限人数，但需考虑所聘专、兼职人员专业能力、工作量及成本	离社区较近，方便社区居民来往；社区居民已对项目有初步了解；办公室负责人要有相应的临机处理能力及赋权	较高

[①] 相关工具参见《中国对外承包工程行业社区沟通手册（试用版）》之3.2章节。

续表

序号	渠道	受众数量	适用情况	信息获取率
4	闭门会	取决于场地大小	与社区建立了信任关系后进行意见征集	中
5	家庭拜访	通常来说每次一户	重大事项,需要确保每位居民知情	高
6	电话联系	通常来说每次一人	所有项目,但是需要足够的人力接听和回复电话	较高
7	印刷品(传单、剪报、情况说明书等)	不限人数,但是需要考虑印刷开销	利益相关方不宜过多,需要考虑社区识字率	较低
8	网站	不限	网络联通的地方;识字率低相关方可用视频或音频的方式	较低
9	信息资源库	不限人数,但是有地域限制	线上和/或线下信息资源库	较低
10	热线电话	不限	尤其适合网络不发达地区	中
11	大众媒体	不限	大型项目应该把大众媒体作为沟通战略的一部分	较低
12	社交媒体	不限	大型项目应该把社交媒体作为沟通战略的一部分	较低
13	演出(舞台剧、舞蹈、木偶戏、歌曲等)	不限	尤其适合悬而未决的提案和重要的通知	较高
14	广播车	不限	可以去到受众所在的任何地方	中
15	个人渠道和中间人(例如当地村落议事会的负责人、教会领袖或NGO)	少量	尤其适用于沟通较敏感的事务,或与特殊群体的沟通(如原住民、抗议者等)	较高

(二) 针对教育水平较低社区居民的沟通手段

企业需要考虑教育水平带来的理解差异,选择更贴合目标群体日常认知的沟通渠道①。尤其是当项目处于经济不发达地区,当地社区居民受教育程度有限,

---

① 针对教育水平较低人群的常用沟通手段等工具,可参见《中国对外承包工程行业社区沟通手册(试用版)》之4.2章节。

不能很好地理解以文字为载体的信息，或是难以理解复杂与宏观的信息。此时，企业应进行社区认知调研，了解社区对企业所传达的信息的理解及认可程度，以评估社区居民对信息传递方式的接受程度。

案例：中铁二局承建的磨万铁路展示馆

  由中铁二局承建的磨万铁路第Ⅵ标段项目，由于地理位置靠近城市，在位于万象郊区的项目经理部修建了中老铁路展示馆作为中老铁路对外的"形象窗口"。该展示馆不仅接待了中老两国高层领导，公司高层和媒体记者，也面向普通公众开放。参观者中不乏来自当地中小学的低龄群体。为了能使参观者全方面了解磨万铁路项目，展示馆中以1:20000的比例搭建了磨丁至万象铁路全程沙盘模型，以图文形式介绍铁路修建的背景、技术以及深远影响，并配合播放磨万铁路Ⅵ标工程宣传片。通过生动形象、易于理解的形式直观地向公众介绍了项目相关信息，全面展示了中老铁路"一带一路"和"中老战略合作"示范性工程建设形象，得到了公众的认可。

  资料来源："中国企业海外投资社区沟通工具开发"项目组的项目现场调研。详细内容可见《中国对外承包工程行业社区沟通手册（试用版）》之4.2章节。

（三）甄选当地合作伙伴[①]

NGO是社会治理的重要一极。对于企业来说，如何通过与NGO合作，充分发挥NGO在投资过程中的监督、倡导与合作等作用，促进企业与社区利益相关方的协商、沟通与合作，有助于企业识别、评估和应对投资中的社会和环境风险等挑战。

企业选择与NGO合作，要至少做好以下十件事[②]：

（1）摸底项目所在地较活跃的社会组织，重点识别其关注领域与企业项目涉及方面重合度高的组织（如河流保护组织之于水利工程项目，土地权益组织之于涉及大量拆迁的项目等）。

[①] 合作伙伴包括当地的本土NGO，也包括国际NGO在当地的分支机构，或中国NGO在当地的办公室。
[②] 社会组织伙伴关系评估清单、合作NGO资历文件清单等遴选当地合作伙伴的工具，可参见《中国对外承包工程行业社区沟通手册（试用版）》之4.3章节。

（2）筛选有合作基础的社会组织，判断的标准包括但不限于以下几点：

有共同的目标或战略利益，尽管立场不一定相同；

有意愿和能力分担部分财务开支；

信息分享流畅，合作透明，可以联合开展实地工作；

资源与能力互补；

分享共同事业带来的财务及信誉风险和效益；

（3）对社会组织开展尽职调查，了解其成立背景、资金来源、过往项目经验。

（4）探索对合作关系的预期：合作会以何种方式帮助双方实现目标。

（5）勾勒理想场景：在理想状态下，双方的合作可以实现什么，带来何种改变。

（6）明确NGO在未来合作机制中所扮演的角色：治理层面（理事会）的监督角色、实际执行层面的合作伙伴联络的角色、审计监控的角色，还是申诉机制中的角色。

（7）主动联系筛选出来的社会组织，表明合作意愿。

（8）与企业总部沟通取得合作授权。

（9）在合作的过程中坚持公开透明的原则，积极沟通，不断调整和改进合作项目。

（10）对项目的实施过程及影响进行评估。

由于NGO既可作为合作伙伴，同时又是沟通对象，因此企业与NGO的关系是一个对抗与合作的动态平衡过程。一定要坚持开放的态度，但这也并不意味着放弃企业的立场或观点。多尝试换位思考，而不是一味地拒绝与自己不同的想法。

五、重执行——确保社区沟通项目落地

（一）编制社区沟通预算

在社区项目开展之前，应尽可能全面地考虑各项活动的开支，并进行精确的项目预算，这对保障社区沟通相关工作落地至关重要。企业在编制社区沟通预算[①]时，应遵循最小投入产生最大影响的原则（fewer, bigger, better），以使社区项目数量少、规模大。

---

① 社区沟通项目预算清单表等工具，可参见《中国对外承包工程行业社区沟通手册（试用版）》之5.1章节。

（二）找准关键中间人，与社区建立信任

企业通过社区中有较高威信的关键中间人传递信息，可增强与社区间的信任感，提升沟通效率和效果。尤其对处于项目投资初期的企业来说，选取可靠而关键的中间人传递信息、进行社区沟通，尤为重要。

企业应注意的是，对关键中间人是合作而不是依赖。企业应意识到即使是当地权威人士，也并不总能代表社区居民的全部真实想法，或是准确地将企业的信息传递给居民。

案例：中国电建老挝项目选取当地村长当作关键中间人

中国电建在老挝开展社区沟通活动时，首先深入了解了老挝社会行政系统及社区结构，选取当地社区村长作为关键中间人开展社区工作。

老挝的行政系统从中央到基层有四级：中央、省、县、村。村政府由村长作为领导进行村内部事务管理，副村长及各工作组组长（或村委会委员）协助工作。一方面，村政府是老挝行政管理系统内最基层的政府行政机构；另一方面，村长由村民选举产生，不属于国家公务人员，直接联系民众，在村民中享有较高声望，也能较为全面地反映村民的诉求。

项目部将村长作为关键中间人，从前期勘探阶段开始就与村长联系，了解社区详情。同时向村长介绍项目基本信息，对社区的潜在影响，以及招工信息等。由村长通过社区内部会议向居民进行说明，同时收集居民的反馈信息，传达给公司。

通过关键中间人的沟通和协调，公司有效识别和明确了当地社区的利益诉求，并以此制定企业社会责任项目，实施社区融入。项目部主动帮助当地村民修路架线、建设蓄水池等便民设施；定期拜访当地社区；在重要节日举办中老歌舞晚会。由于老挝缺乏能担任技术性工种的本土劳力，为促进本地就业推动企业属地化，公司面向当地劳力开办了老挝工人专业技术学校。为了消除居民对公司的疑虑，培训人员由公司免费提供食宿，并发放补贴。通过这一系列举措，公司赢得了当地人的信任，有效提升了沟通效率。

> 资料来源:"中国企业海外投资社区沟通工具开发"项目组的项目现场调研。详细内容可见《中国对外承包工程行业社区沟通手册(试用版)》之5.2章节。

(三) 高效开展公众集会

社区公众集会适用于同时通知数量较大的居民群体,尤其是通知比较重大的消息,也适用于回应社区关切的问题,消除他们独自发表看法时的诸多顾虑。

公众集会应选择在交通便利的地点举行,事先应考虑到行动不便人群(如老人、残疾人等)如何到达。会前务必做好安保预案,以防紧急情况发生。全体会务人员都要参加预演,以免烦琐复杂的会务工作(会前准备、活动通知、声像影音设备、会场准备、物料、会后工作等)[①] 出现纰漏。

但企业也要意识到以下问题:

(1) 公众集会有可能起到负面效果,信息被误读或误解的情况可能会发生;

(2) 不要召集公众集会来通知一般性信息;

(3) 当第一次通知产生负面或者有争议的信息时,不要召集公众集会;

(4) 不要在节日或公众假期召集公众集会;

(5) 不要在重大时间节点(如纳税申报日、开斋节)的前一周内召集公众集会,因为此时居民可能在忙于进行节日准备工作。

(四) 记录、存档和披露社区沟通活动

企业在获取目标对象同意后,沟通过程中应进行书面或音/视频记录,可供未来产生争议时作为证据。同时,也可将一些信息对外公布[②],使外界了解企业在与社区沟通过程中开展的工作和取得的成果。

但若事先说明沟通形式为闭门会议,则不应进行音频、视频记录,文字及图片记录也应慎重进行。

---

① 公众集会会务工作清单等工具,详细内容可见《中国对外承包工程行业社区沟通手册(试用版)》之5.3章节。

② 社区事务协议公布模板等工具,详细内容可见《中国对外承包工程行业社区沟通手册(试用版)》之5.3章节。

六、勤监测——加强沟通评估，重视投诉与反馈

（一）建立社区投诉与反馈机制

当项目对当地环境、社会造成负面影响时，来自社区的投诉是在所难免的。企业应当建立完善的投诉机制，使受到项目影响的社区成员可以公开或匿名地就他们所关切的问题表达意见，或提出投诉。

投诉机制应当通过便捷的渠道向公众公开，以使公众可以及时了解并使用。沟通过程中即使遇到争议或无法达成一致，企业也应进行积极回应，并对反馈时间做出规划；承诺了答复时间，就应严格执行。

要明确负责社区沟通工作的各级员工处理投诉问题的权限，特别是对时间敏感性的投诉，应给予社区沟通联络官权限，以便问题尽快解决。遇到重大投诉案件时，可以成立多利益相关方监督小组（小组成员可包括公司代表和受影响社区、NGO、学术界和/或市政府代表）进行审查，或者聘请双方都认可的中立的第三方协助调解。

针对日常工作、投诉发生时和处理结束后的后续工作等不同的沟通阶段，企业进行社区沟通监测和评估的重点不同，在具体工作中可使用有效投诉机制检查对照表、社区反馈方式列表、投诉记录表等，投诉与反馈工具[①]予以落实推进。

严禁且避免阻碍投诉人通过其他组织，或司法行政渠道表达对企业的不满。

（二）评估社区沟通效果

企业应将与社区的沟通工作视为长期工作，而不只是针对个别事件开展的临时性工作。要对每次沟通的效果进行监测和评估，总结经验教训，以在长期的沟通过程中持续改进工作方式。

企业在对社区沟通活动进行评估时，应从投入（Input）、产出（Output）、成果（Outcome）三个维度选取适当的指标。产出指标与成果指标的主要区别在于，产出指标用来衡量单次或几次活动的直接成效，而成果指标则是用来衡量一系列社区沟通活动所产生的长远影响（Impact）。指标的选取应当依据所开展活动自身的特性。[②]

---

① 上述工具可见《中国对外承包工程行业社区沟通手册(试用版)》之 6.1 章节。
② 社区沟通评估指标列表、社区沟通投入产出评估列表、媒体报道记录表等评估工具，详细内容可见《中国对外承包工程行业社区沟通手册(试用版)》之 6.2 章节。

七、早预案——应对突发危机

(一) 制定紧急预案

虽然与社区相关的绝大部分潜在危机情况都可以通过使用前文中介绍的"社区背景调研""利益相关方识别""关键议题识别"等工具进行提前识别和评估，并通过采取应对行动降低风险等级，但紧急情况的发生无法绝对避免。企业可以根据对紧急情况发生的可能性及危害程度来确定应急准备的重点，并制定详细的应急准备计划，尽可能降低这些情况给企业和周边社区造成的损失。

针对自然灾害引发的事故、人为因素引发的事故和骚乱这三类紧急情况，企业在制定社区应急响应计划时，应将周边社区纳入其中，同时考虑由自然灾害、社区冲突等对社区造成影响的紧急情况。

(二) 危机应对

冲突是社区关系的正常组成部分，不惜一切代价避免冲突的做法是不现实的，重要的是将冲突管理视为建立和维护良好关系的一部分。危机管理的重点是在短时间内采取明智的方法。

预估冲突发生前和冲突发生时，企业要快速反应，如果冲突能够在早期就得到解决，它们就不会成为企业和社区之间的主要障碍。并非所有的冲突都可以解决，但采取恰当的管理方式可以使得项目继续进行。

应当成立包括最高领导层在内的危机管理委员会。公司领导，尤其是项目发起人必须尽快出现在危机发生的地方，并对受害者家属表示真诚的慰问。企业内部员工立场必须一致，否则公众不会相信。

在冲突发生前，企业编制社区沟通战略规划和具体方案时，应与各利益相关方就冲突解决程序达成协议。在冲突发生时，要加强安保措施，做好内部沟通，并能与其他利益相关方交谈、识别、梳理相关冲突信息；针对冲突的具体情况，选择协商或者第三方介入调解等方式解决危机，当以上方式无效时方可寻找当地官方机构协助解决（只适用于当地法律体系比较健全的地区）[①]。

开放与真诚的沟通是必需的，企业应主动、全程做好危机信息发布，尤其是与新闻媒体的合作，应避免完全拒绝任何与媒体及第三方机构合作的计划，或试图封锁消息，避免因未及时发布正确信息而使谣言横飞。监测媒体所发布的关于冲突事

---

① 危机应对与公关相关工具，详细内容可见《中国对外承包工程行业社区沟通手册(试用版)》之7.2章节。

件的报道信息，若出现夸大、扭曲事实的情况，应及时澄清。

本章小结

以社区沟通为核心内容的社区关系管理是利益相关方管理的一个重要组成部分。而在这一领域，从意识到实践，从理论到工具，曾经是中国企业"走出去"、国际化和全球化进程中的短板，编制出一套适合中国企业语境和使用场景、实操性强、帮助中国企业减低ESG风险、实现可持续发展的社区沟通工具显得尤为重要。

本章以商道纵横联合相关合作伙伴开发的《中国企业海外投资社区沟通指南》和《中国对外承包工程行业社区沟通手册（试用版）》为蓝本，对社区沟通的核心概念作了清晰界定，阐明了中国企业在开展社区沟通时，应遵循平等互利、求同存异、双向交流、信息一致、入乡随俗、坐言起行六大原则。在制定社区沟通计划时，应结合项目自身特点和周边社区具体情况，围绕沟通目标、目标受众、对外传递的关键信息、沟通策略、预算、实施资源和责任归属、活动时间表、申诉与反馈机制、监测和评估计划、结果报告这十大沟通要素，因地制宜制定计划。

由于社区沟通在企业的社会责任管理实践中是操作性比较强的环节，本章重点通过梳理搭建社区沟通的组织架构，开展社区调研、制定应对方案，确定沟通议题、明确沟通要点，搭建沟通渠道、寻找合作伙伴，编制预算，监测与反馈，危机应对与管理七大步骤，为企业厘清开展社区沟通的工作思路，编制工作清单，提供众多的实操模板和工具，并选取部分案例作为读者进一步理解相关工具的参考。

思考题

（1）请思考并总结：对于海外投资企业，开展社区沟通的重要性有哪些？

（2）社区沟通七步法中，你认为最核心的是哪一步？请举例说明。

参考文献

[1] RODRIGO, LOZANO. Corporate Community Involvement. The Definitive Guide to Maximizing Your Business'Societal Engagement[J]. Journal of Cleaner Production, 2010.

[2] 世界银行集团国际金融公司. 利益攸关方联系互动:在新兴市场开展商业活动的企业指导手册[R]. 2007.

[3] 王樱,柴维,张洪福."一带一路"案例实践与风险防范(经济与社会篇)[M].北京:海洋出版社,2017.

[4] 佚名.《中国海外投资社区沟通指南》发布助力企业扎根海外[J].WTO 经济导刊,2017(4):9.

[5] 孙继荣.ISO 26000——社会责任发展的里程碑和新起点[J].WTO 经济导刊,2010(10):60-63.

[6] 世界银行集团国际金融公司.环境和社会管理体系实施手册[R].2015.

[7] ASIAN DEVELOPMENT BANK.社会影响评估:开发行为的社会影响评估与管理指引[R].2011.

[8] World Bank. Community Development Toolkit:Volume 1. Main Report[R]. 2005.

[9] World Bank. Community Development Toolkit:Volume 2. Background Volume[R]. 2005.

[10] TOOLKIT C P. Community Planning Toolkit[R]. 2014.

[11] SCOTLAND C,HOUSE T,TERRACE H. The National Standards for Community Engagement[Z]. 2007.

[12] EPA. Superfund Community Involvement Tools[R]. 2015.

[13] HATCHER. Principles of community engagement[J]. Consumer Education,2011.

[14] BSI. Guidance for Community Sustainable Development[R]. 2006.

[15] RODRIGO,LOZANO. Corporate Community Involvement. The Definitive Guide to Maximizing Your Business'Societal Engagement[J]. Journal of Cleaner Production,2010,18(15):1574.

[16] MELANIE LAIN DARE,JACKI SCHIRMER,FRANK VANCLAY. Community Engagement and Social Licence to Operate[R]. 2014.

[17] FALLOWS D,SILVERTOWN W,PORRITT J,et al. Papticipation works! 21 techniques of community participation for 21st century [R]. New Economics Foundation 21,1999.

[18] COTTLE,RICHARD. Stanford business books[M]. New York:Stanford University Press,2003.

[19] Participation I. IAP2 Spectrum of Public Participation[R]. IPA2,2007.

[20] The Globe and Mail. How businesses can run a meaningful community engagement program [EB/OL]. http//:www.theglobeand mall.com/reprot-on-business/careers/leadership-Lab.

[21] BUCKLEY A. Best practice community engagement for infrastructure projects:Building community ties that dig deeper[J]. Public Infrastructure Bulletin,2012.

CSR
THEORY AND PRACTICE

素养篇

第十六章　系统思维[①]

第一节　众妙之门

爱因斯坦曾经说过:"用产生问题时的思维,无法解决问题。"

是的,要想实现可持续发展,需要新的思维方式。系统思维是一种科学和实用的方法,理解复杂系统,利用系统特性,才能破解可持续发展的系统性难题,也只有用系统思维,才能打开复杂系统的众妙之门。

一、复杂系统

当前人类面临的各种挑战——经济危机、环境污染、社会正义、全球变暖和人口变化,有一个共同特征,即都是复杂系统的问题。不幸的是,我们现有的主流思维模式无法应对这些复杂系统问题,因为自工业革命以来,人类以还原论为主导的科学思维范式和越来越细的专业分工,让我们产生了"化繁为简"的思维惯性,看待各种问题时,关注局部而非整体,只见树木,不见森林。

不仅如此,空间上的局部思维,在时间上的体现就是短视思维,这也是导致很多可持续发展问题的根本原因。例如,以经济发展为短期目标所付出的代价,往往就是牺牲自然环境,还有一些短视思维的例子是制度和政策导致的,地方的一届领导在任内追求业绩,不惜以牺牲未来发展为代价。归根结底,都是因为只看眼前、不看长远的短视思维。

还有一些可持续发展问题,是过去解决问题的办法导致了新的问题,例如气候变化,是人类从工业化以来,因大量使用化石燃料获取能源而排放的温室气体所导致的。所以,可持续发展问题产生的根本原因是人类对复杂系统缺乏深刻的认识,以及缺乏有效的思维方法和系统化解决方案。

面对复杂系统的问题,我们需要升级到系统思维。简单地说,系统思维是一

[①] 作者:张绪彪。

种看待世界的整体方式，这种方式认为，只有将系统的各个元素、各个部分与整个系统联系起来时，才能正确地通过系统性、整体性、动态性理解和管理系统的各个元素和部分。我们传统的还原论分析方法是将一个系统分解，关注于组织的各个部分，而系统思维则着眼于各部分与系统内部以及系统外部环境之间的关系。

可持续的底层逻辑，就是利用系统思维建立起来的，小到物料溯源、工艺改进、建立合作机制，大到对生态系统的保护，改变意识是实现可持续发展的第一步，这也是巨大飞跃。让每个参与项目的人，从整体上进行观察和行动，从更大的系统中理解我们所做的事情。这是一种意识的觉醒，仿佛大乘精神，从利己利人，到利乐众生。

首先，我们的价值观很重要，因为它们定义了我们的目的和动机，最终决定了我们可以走多远。清楚自己的动机并不断努力扩大动机是成功的途径。

其次，了解系统的结构对于我们理解系统如何运作大有帮助，这是系统思维非常重要的一个层面，加强对系统结构、规则和链接关系的关注，是理解系统的关键。

最后，系统是由元素组成的，这些元素通过相互关联、相互作用形成系统，系统思维就是通过理解事物和外部环境之间的关系，从整体上综合思考的一个过程，而不是孤立地看待每个元素。

二、升级思维

升级到系统思维，是从建立批判性思维开始的，所谓批判性思维，就是对现有的习惯性表述和论断，对自己的思维过程进行反思，反思意味着要检查我们的思维范式，并意识到思维的角度和思维的边界。这是承认我们每个人都不是完全独立且客观的观察者，所有人都持有我们所学知识的理解和我们过去的经验。

掌握并使用批判性思维，对我们来说并不是自然而然的事情，它需要了解我们如何看待世界，我们如何推理以及如何改善我们的推理。

例如，从事企业可持续发展的工作，不仅是客观上推动了企业的管理提升、成本节约和效率优化，更重要的是传递了一个信息，促进每个人的思维转变，这对企业来说至关重要。通过项目行动，让每个参与者都潜移默化地转变思维范式，通过反思，建立一个改进的循环，从主观改变是实现可持续发展目标的一个重要方面。

为了实现可持续发展的目标，我们需要探索传统方法之外的解决之道。千里之行,始于足下,可持续发展必须从某个地方开始,也必须有人开始对系统中的新可能性进行系统思考,并号召更多的人一起工作。我们学习系统思维,就是要学以致用,成为系统解决方案的设计者、倡导者和实施者。

传统的领导力是职位赋予的,系统的领导力是通过我们所做的事情,通过行动与责任赋予的。赋予系统领导和影响力的是我们所做的事情,而不是我们所持的职位。因此,我们看到,在实现可持续发展的事业上,人人皆有领导力!

通过系统思维,人人都可以成为未来变革的领导者。可持续发展就是鼓励所有参与者成为这样的人:看到变化,看到整体,相信合作带来改变;通过积极行动,承担责任;通过沟通协作,激励更多人一起努力,塑造共同的未来。

三、系统方法

学习系统思维的最好方法是在实际生活和工作中实践和练习。在实际应用中,我们常常说要用系统方法,那么什么是系统方法呢?这里我们列举四种系统方法。

(一)综合法

还原分析和整体综合代表两种理解世界的不同路径,可帮助我们更好地观察、解释和推理我们周围的世界。还原分析强调了系统的组成部分,而整体综合则强调整个系统。还原分析将实体分解,以便根据其基本部分对整个系统进行推理,而整体综合则始终试图从其所参与的整个系统或环境中了解某些东西。

还原分析的过程是:首先,将其置于受控环境中,并将其分解为组成部分;其次,分解为基本部分后,我们将单独分析这些组件,以描述它们的属性和功能;最后,我们将这些组件重新组合到原始系统中,根据其各个元素的属性及其直接联系来描述它们。

整体综合的过程是:首先,确定目标实体所属的整个系统或环境。其次,了解整个系统如何通过其连接网络发挥作用。最后,理解各部分之间如何相互连接和互动,以及如何在整体上实现功能。综合的过程见图16-1。

1.环境

2.功能

3.连接关系

图16-1 综合的过程

资料来源:笔者整理而得。

综合法是可持续发展的核心方法，在管理实践中，分析和综合是相互配合、相互补充的。实现企业可持续发展，必须把企业放在大环境中，看到其生态位，了解企业如何与利益相关方互动，以及如何在整体上实现企业的愿景。

（二）涌现法

涌现是系统理论中的核心概念之一，它描述了组织内部变化与创新产生的过程。从宇宙的演变到交通堵塞的形成，从社会运动的发展到动物种群的迁移，从成千上万的细胞协作到产生人体的过程，从飓风的形成到金融危机的爆发，到处都是高度抽象概念的涌现。

我们利用这一系统特征，将系统中的基本部分进行交互并以自组织创建新的组织模式，实现新颖的特征和属性浮现，这一过程称为涌现法。

涌现法在可持续发展的应用，就是增加利益相关方的互动，通过跨行业、跨层级、跨领域间的互动，产生新的属性、新的模式、新的组织、新的功能。这个方法的关键是形成一种相互依存、相互协助的共同体，并以解决目标问题为导向，提高协同的工作效率。通过实施涌现法，可持续发展从业者能够站在更高的视野，找到问题的根源和解决的途径。

（三）反馈法

系统思维从根本上是关注元素间的互动关系，而不是关注元素本身。因为分析过程是对简单或基本的层次进行单独分析来描述事物。而综合过程是通过强调元素间的互动和反馈来描述系统的整体功能。

反馈法就是利用系统的这一特性，来描述元素之间的互动关系。积极协同使各部分之间相互协调，比孤立、简单地运行产生更大的效果。相反，消极协同效应是组件无法有效协调的产物。

在企业运营中，管理的方法其实就是两种反馈的应用，有些活动需要加强、需要鼓励的时候，就多增加正反馈，促进积极的协同效应；有些活动需要限制、需要减少的时候，就多增加负反馈，形成消极的协同效应。

（四）过程法

过程法是系统动态思维的重要应用，是一种根据事件发生的变化过程来解释事件的方式。过程法就是要动态地思考现象，理解运动、变化和事物的演变，利用动力学模型来创建某些事件发生的模式。

这种动态的理解方法是从过程哲学中汲取灵感的。过程哲学基于这样的前提：存在是动态的，并且存在的动态性质应该是对世界如何运转的全部说明中的主要焦点。世界是运动的，而不是不变的、稳定的。

研究复杂系统的过程法给我们三点启示：第一，非线性变化，复杂系统的变化是非线性的；第二，合久必分，分久必合，系统也一样，分化与整合是系统变化的过程；第三，要关注系统的边界，过程法关注系统的封闭与开放。

第二节　圣人之意

全面理解一个系统，特别是理解复杂系统，最有效的方式是利用模型，画出图像。古人叫立象，即所谓：书不尽言，言不尽意，故圣人立象而尽意。系统的建模和立象，就是建立一种可以描述复杂系统的语言。目的是直观地观察系统，从部分看到整体，从静态看到动态，从关注元素发展到关注连接。

一、动力模型

现实世界中的大多数系统，由于具有许多组件，并且时时刻刻在相互影响，处在动态之中，我们想从整体去描述、理解并研究这样的复杂系统是很难的。

动力模型是系统思维常用的工具，该模型建立在系统理论的概念基础上，例如：效率、能量和熵、输入输出、存量和流量等。一般使用定性的分析，旨在提供一种通用的语言来实现对各种系统的描述和推理。

动力模型由要素组成，如同语言中的单字和语法。

第一，系统是一组零件，这些零件的个体称为元素。

第二，这些元素以某种方式相互依赖并相互连接，形成具有特定关系的结构。

第三，通过这些关系，系统会拥有某种集体功能。

因此，元素、结构和功能构成了系统的三要素。

例如，人体是一个系统，由器官组成，通过相互联系和相互依存的关系构成了身体，整体运行发挥功能。只有具备完备的三要素，才可以构成一个能运动、能思考的人体系统。

系统建模的核心是定义系统函数。这在很大程度上定义了系统的组织结构和运行方式。系统通过一个获取资源的输入过程，再进行一系列操作以生成系统输出。在输出里包含了有益的能量或可能无益的熵。

例如，经营企业和治理国家，遵循的管理制度和法律法规，也可视为某种函数规则和逻辑，这种逻辑本质上是算法性的。理解了系统函数，就对过程设计有了更深入的理解。理解系统运行的逻辑是理解系统驱动力以及系统如何运作的关键。

所有系统都有边界并在环境中运行。系统环境代表了系统边界外，资源输入输出的总和。

系统环境在系统动力绘图里面，代表了系统与其外部环境交互的总和，因此它对系统的影响显而易见。

通过动力模型的绘制，可以呈现系统在其环境中的动态行为，并清楚看到影响整个系统行为的内部反馈回路和时间延迟。

库存和流量是系统动力学建模的基础，可以分析并理解系统中发生的动态流程。这些动态库存和流量既可以是信息流，也可以是供应链中流动的物质流，还可以是金融系统中的资金流。

系统动力学的关键要素是反馈回路、库存和流量。系统思考着眼于元素之间的相互作用，即元素之间相互作用形成的反馈回路。正反馈和负反馈是调节这些过程和维持系统平衡的控制方法。

二、因果回路图

因果回路图是系统思维的另一个常用工具，它通过因果关系的形式来描述影响系统行为的结构。

通过绘制因果回路图，可以从三方面帮助我们进行系统思考。

（1）全面思考：回路图显示了关联方之间的互动关系和关键因素，有助于突破局限思考，实现全面思考。

（2）深入思考：可以看到系统行为背后的驱动力及其相互关系，有助于深化思考层次。

（3）动态思考：通过符号和连接确定回路的行为特征，用平面图形巧妙地呈现了系统的动态，有助于实现动态思考。

因果回路图由变量和连接两类要素组成，它们构成一系列闭合的回路，反映了影响系统行为的各种关键变量间的相互关系。

在绘制因果回路图之前，首先需要对变量进行定义，变量可以是和问题相关的环境因素、社会因素、技术因素或经济因素。

其次是明确链接，把两件事以某种方式联系在一起。这可能是两个组织之间的信息交换，制造商到分销商的货物流动，或公民给国家的税收。

最后是合成图像，将一切要素合在一起来看。合成图像是跨多个层次和规模的综合。这也是系统思维的根本方法。

因果回路图的核心，是定义因果关系，也就是什么因导致什么果，并且要明确是积极的因果关系（＋），还是消极的因果关系（－）。当然，对于同一个结果，我们可以找到不同的原因，这些原因有的是积极的，有的是消极的。

当效果反馈到原因时，就形成了一个反馈回路。从本质上说，反馈回路有两种类型：正反馈回路，又叫加强回路；负反馈回路，又叫平衡回路。当回路中有多个链接时，偶数个负链接是加强回路（R），奇数个负链接是平衡回路（B）。

（1）从问题入手。在绘制前可以问一下自己，你最关心的问题是什么？系统中最关键的驱动力是什么？系统的关键成果是什么？在解决问题相关的因素中，哪一个是最关键的？

（2）定义变量。明确每个变量两个问题，"它将驱动什么"以及"它的驱动力是什么"？保持一致性，不要使用动词，请使用名词；不要使用类似于"在……方面增长""在……方面降低"这样的词；不用"上升或下降"，可以用"……的压力"或"……的变化"；不要害怕从未出现过的名词。

（3）识别关键变量。抓住关键因素，这是一个需要反复研讨和提炼的过程，为了汇集不同的视角，比较好的方式是团队研讨。

（4）标出因果关系。随着你的思考脉络和进展，及时确定链接的类型。

（5）发现时间延迟。在动态系统中，变量之间的相互影响或作用在时间上或多或少有一定的延迟，这种反馈或作用需要经过一段时间后才能表现出来。

（6）识别加强回路和平衡回路。对于每个回路，计算负号的数量：偶数个负链接是加强回路（R）；奇数个负链接是平衡回路（B）。

三、系统基模

"转移负担"基模（见图16-2）结构在我们的生活以及组织中都很常见。在这种结构中，明显的问题会引起人们的注意，通常可以通过快速的"修复"措施来解决问题，这种修复可以使问题至少在一段时间内减少，但是稍后会再次出现。

"公地悲剧"基模（见图16-3）是指公地作为一项资源或财产有许多使用者，他们中的每个人都有使用权，但没有权力阻止其他人使用，而每一个人都倾向于过度使用，从而造成资源的枯竭。过度砍伐的森林、过度捕捞的渔业资源及污染严重的河流和空气，都是"公地悲剧"的典型例子。

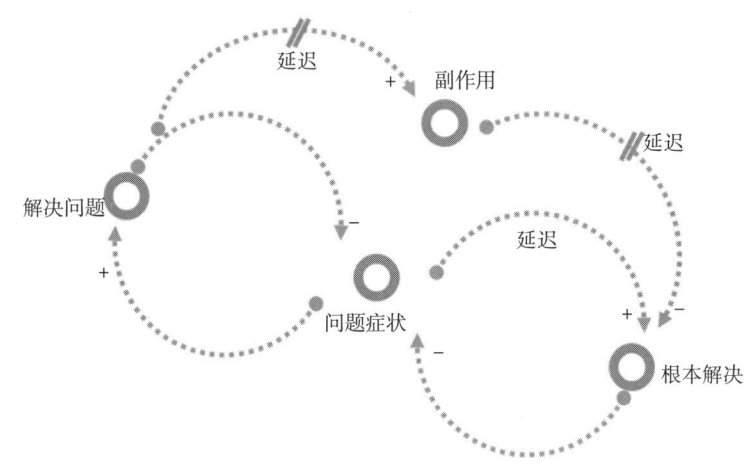

图 16-2　"转移负担"基模

资料来源：笔者整理而得。

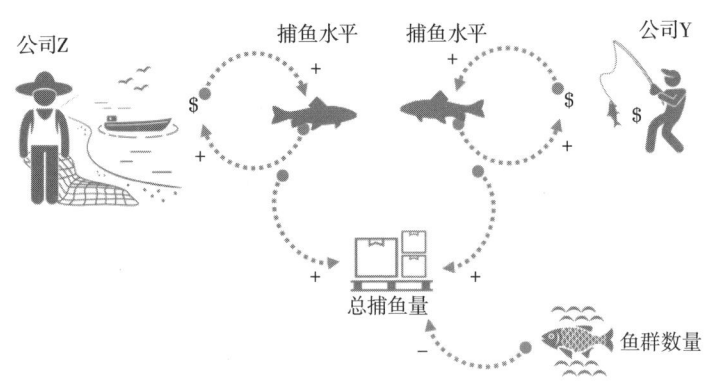

图 16-3　"公地悲剧"基模

资料来源：笔者整理而得。

"富者愈富"基模（见图 16-4），是指由多方或仅由两方组成的竞争系统，共同争夺有限的资源或某种支持，结果是其中一方获得成功并取得越来越多的资源或支持，而另一方所获资源和支持越来越少的系统行为模式。这种反差极大的结果最终会损害系统的总体利益。

图 16-4 "富者愈富"基模

资料来源：笔者整理而得。

第三节 大道之行

变化是系统的常态，从可持续发展的角度来看，有些变化是我们所期望的，有些变化是我们想避免的。因此，想要推动系统的可持续发展，只有在正确的时间，进行正确的系统干预，才会达到预期的效果。换句话说，要想成功改变系统，就要在最佳的时机，按照系统规律，用合适的干预方法，促进系统产生内在变化的驱动力。

一、干预杠杆

在系统思维的入门图书《系统之美》中，介绍了系统杠杆的概念，即复杂系统中存在各种杠杆或作用，某些微小调整的干预事件会导致系统中发生更大的变化。这些变化的作用点，就是杠杆点（见图16-5）。

利用系统思维的冰山模型，我们可以找到改变系统的杠杆点，并且进一步了解使用杠杆点的各种优劣，根据要达到的不同干预效果，选择最合适的干预手段。

总结来说，系统干预的杠杆点从表层到底层，可以分为12种，如下：

12. 常数，参数（例如销售的产品数量、员工人数等）。

11. 缓冲器，稳定库存量相对于其流量的大小。

10. 库存和流量的结构（例如运输网络、人口年龄结构）。

9. 时间延迟，相对于系统变革的速率。

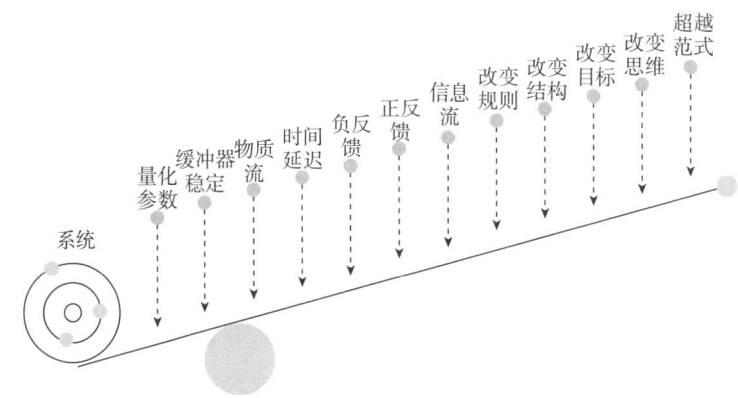

图 16-5　杠杆点干预系统的方法与切入点

资料来源：笔者整理而得。

8. 平衡回路，反馈平衡影响的结构。

7. 加强回路，反馈不断增强的回路结构。

6. 信息流的结构——增加或减少信息的沟通。

5. 系统规则（例如奖励、惩罚、约束）。

4. 进化和自组织系统结构的能力。

3. 系统的目标。

2. 系统所基于的思维范式——它的目标、结构、规则等。

1. 超越范式的力量。

二、顺其自然

点穴针灸从中医的实践中汲取了灵感，它为系统干预的方法提供了启发。针灸是中医内病外治的一种疗法，将细针放在身体的特定穴位，通过刺激人体经络上的多个穴位点来释放人体的生命能量。因此，针灸是利用身体的流量网络系统本身来改善健康状况的，其干预原理是通过释放堵塞，帮助系统恢复平衡。

同理，系统的点穴针灸法揭示了一种利用复杂性本身来发挥优势的方法，这是系统干预的所有方法里特别有价值的一种。

首先，系统干预是动态的，而不是静态的。其次，针灸本身是一组低强度干预措施，其唯一目的是利用系统本身进行加强或调节。最后，干预本身不会将新资源带入，不会控制或改变任何关键功能，它只是向系统提供信息以进行自我重组。

系统点穴法的基本原理和蝴蝶效应一样,是在初期或上游开展有效的干预措施。长期来看,初始条件的细微变化会产生不同的结果。

复杂系统的特点是自适应。作为系统干预的方法,应该采取顺应这种自适应的变化,而不是与之抗衡进行干预的策略。此策略类似于太极拳的哲学,即首先确定系统中存在变化的能量与力量,然后顺势而为,利用必要的小干预,以将能量和力量导向所需的变化,以柔克刚。

观看太极拳推手时,绝不会看到双方之间的对抗性打斗,其看起来更像一种舞蹈。在工作和生活中,当你将挑战转变为机遇,并轻松适应新情况时,就会意识到太极拳的隐喻,即"顺其自然"而不是与之抗争;沟通的太极拳,就是积极倾听相反的观点并求同存异,寻找答案,四两拨千斤,最终达成共识(见图16-6)。

图16-6 顺其自然

资料来源:笔者整理而得。

系统太极拳在农业上的应用,类似永续农业的方法。我们需要耐心寻找那些破坏稳定的加强反馈在哪里,然后顺势而为;用自然的新方式引导它的变化方向。这是农业太极拳。

三、叙事力量

讲故事在系统变革中起到非常重要的作用。故事反映了我们是如何理解世界的,故事也潜移默化地影响着我们在世界的位置,故事更预示着我们改变世界的能力。

人类的思想是基于故事的。通过语言,我们建立了共同的理解,发展了共同的文明。人类通过讲故事的方式,记述所处的复杂世界的历史。尤瓦尔·赫拉利在《人类简史》中说道:"任何大规模的人类合作,无论是现代国家,中世纪古城的教堂,还是一个古老的部落,都来自人们讲故事,是认知革命赋予了人类力量。"

进入 21 世纪，随着人类发展速度变快，我们发现自己已身处一个越来越复杂的未知世界。旧的故事不再灵验。面对可持续发展的挑战，我们正在寻找新的方法来理解复杂性，用新的故事来认识世界的复杂性。新的故事会产生创新和强大的思想，激发更多人走向创新、走向系统变革。

谈变化，当然要谈未来和愿景。因此，未来和愿景构成了叙事的关键部分。

未来是由今天讲述的故事组成的。我们期待的未来，可以通过简单的讲述，通过不同的故事来实现。如果我们想改变一个系统，创造一个不同的世界，我们需要对新的可能性进行理解，通过一个连贯的变化叙事输出愿景，通过激励形成一个真实的、既有抱负又可实现的故事。

对待未来的态度大体分为两种，一种是预测，观察系统发展趋势并尝试预见可能发生的事情；另一种是创造，意识到未来还不存在，但未来在我们手里，我们可以通过讲述故事来创造。

首先，预测未来，既要着眼于变化的大规模驱动力，也要关注微弱的信号。系统变化的趋势，不仅要看浮出水面的部分，还要看冰山下面的结果。同时，在预测中，要意识到"灰犀牛"和"黑天鹅"事件的不确定性。但事实上，我们很难预测未来，我们可以做的是创造未来。

创造未来的前提之一：认可未来将具有不同的方向；研究的出发点：存在多个而非一个潜在的未来。从这个前提出发，意味着我们过去和现在的行动必将影响未来的发展。

如果假设未来就是我们所期待的愿景，未来可以告诉我们现在应该采取什么行动。这样的逆向思维，还可以帮助我们了解未来发展的环境，认识到系统中哪些内容会变化。最重要的是，意识到我们的行为将如何影响未来。

在创造未来的过程中切记不要相信未来已经确定。在大多数情况下，我们会根据未来是固定的想法对未来进行规划。但是，这种方法是自限性的，因为它使我们陷入只有一个可能的未来的假设中。结果是我们开始生活在别人创造的未来中，我们失去了最大的机会和潜力，失去了创造未来的动力。

在为了未来而努力的过程中，我们需要每一位参与者都承担责任，鼓励他们动手创造，一起探索未来。

在一个简单的世界中，我们可以让一位领导者讲述一个故事，告诉我们前进的方向和执行的层次结构；但是在复杂的世界中，可持续的解决方案要求我们共同创造未来，并建立协作结构才能实现变革。随着复杂性的增加，单个组织或个人推动变革的能力正在降低,而我们未来的工作需要一种方法,使人们能够以开放的方式探索自己的未来。共同创造可以参与的未来。

叙事的另一好处是可以帮助我们把握过去、现在和未来,从而阐明改变的途径,也可以全面地说明未来的可能性及与当前现实的差距,以提供激发创造力和活力的空间(见图 16-7)。

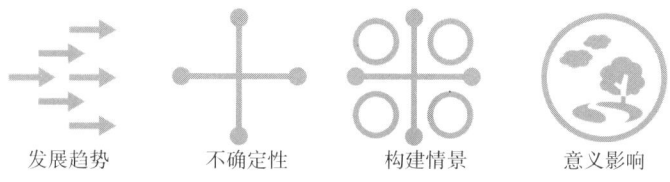

图 16-7 构建情景

资料来源:笔者整理而得。

有意识地将人们聚在一起,构建集体意义的目的是利用他们不同的观点和认知能力来理解他们共同面临的问题。综合多种观点可以识别正在发生的变化,并计划接下来需要做什么。对许多人的经验、观点和想法进行"异花授粉",有助于我们清晰了解正在发生的变化,发现潜在的应对措施。

第四节 永续之法

我们用生态系统作类比来思考可持续发展的解决之道,效法自然,获得启示。因为生态系统是最方便学习的,从生态系统获得启发,可以找到实现可持续发展的自然之法。

一、重塑价值

如果我们要在 2030 年实现可持续发展目标,需要投入大量的资源。只有重塑价值,利用资源的转移,才能构建富有活力的系统。把那些不可持续的或经济上无法为继的领域的资源,重新定向到新的系统中,才能够满足实现可持续发展的资源需求。

实现可持续发展的目标,不是更换几个灯泡或解决一两个问题那么简单,而是要以新的方式使资源流动起来,激活新的系统。传统业务模型仅给单个组织带来价值,目的是创造更多的收入。而带来这些收入的过程,通常充斥着参与者之间的竞争,这些参与者并不关心系统总体的结果。实现可持续发展需要创建新的生态系统，在整个系统上创造新的价值流，激励参与者在整个系统功能层面进行合作，提高系统的整体福利。

在许多涉及可持续发展的系统中，我们发现过分强调单一的指标和结果，会导致整体系统的功能下降，进而演变成可持续性的危机。在几乎所有人类活动领域中，组织管理方法都是把系统的复杂性降低为一些关键指标，例如学校的考试成绩、企业的财务回报或政治投票等。但简化往往导致整体价值流的变质，使得系统不可持续。因此，我们需要重塑价值，不是针对单个指标或结果进行优化，而是通过整体方法来研究系统的整体"活力"。想更好理解整个系统的活力，我们首先需要了解支持该系统的价值流动。

所有复杂的系统都是多维的，需要多种类型的价值流来维持。为了获得一个功能全面的系统，我们必须考虑各种价值。全面成本核算的目的，简单地说，就是外部因素内部化。不是让我们进行单点干预或提出临时解决方案，而是采取一种系统的方法，考虑所有相关因素并闭合反馈回路来创建可持续系统。

外部性是当前组织中未考虑的某种价值。所有负面的外部性都是由于人为的边界产生的，他们在边界内定义并优化了某种形式的价值，同时又将某种形式的熵外部化到更广泛的系统中。在当前的核算系统中，外部性实质上是断链的反馈回路，问题的关键是系统与其环境之间的断开连接，从而形成了外部化过程的边界。

因此，我们可以通过连接并闭合循环来解决外部性。通过增加系统与环境之间的连接性和相互依赖性，以增加反馈回路。比如，香烟包装侧面的警告标志就是一个很好的例子，它让消费者意识到吸烟对身体的负面影响。将吸烟与所产生的负面外部性联系起来，让消费者认识到相互依存关系，以便对吸烟的决策产生影响。

二、服务合作

在每个社会经济组织中，都有合作，这给所有人带来了最佳的结果；也都有竞争，这将导致总体结果不理想和参与者的不平等。可持续发展目标，就是实现合作而产生总体最佳结果，重塑价值的目的就是开发新的合作结构，使其能够在复杂系统中发挥作用。在人类活动的几乎所有方面，价值都来自合作，因此，建立生态系统内的价值模型，可以将竞争转化为协同效应，见图16-8。

社会困境的概念反映了建立合作组织的挑战。从根本上讲，社会困境是指个人利益与集体利益不一致的情况。对个人收益的最佳选择，往往会导致负面的外

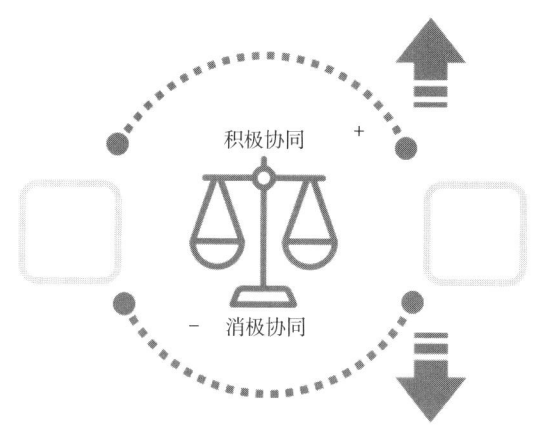

图 16－8　价值来自合作

资料来源：笔者整理而得。

部性和整体的次优结果。通过建立更多的联系，将曾经的外部因素纳入价值体系，在此基础上，人们就可以做出选择并减少负面的外部性。

服务系统是一种复杂的社会技术系统，旨在通过在过程中聚集不同的资源、技术和人员，向用户提供某些功能服务。在服务系统中，许多参与者只有通过协作，才能交付结果，这个原因让他们积极联系起来，并促进合作。服务系统是人员、流程和技术的紧密结合，可以给最终用户带来价值。因此，服务可以促进不同生产者之间的合作，通常服务还需要公司跨不同领域进行协作。

通过服务化，产品所有权归生产者所有，产品维护同样成为他们的责任。以这种方式激励他们减少产量，同时提供更多功能。结果是使最终用户的利益与生产者的利益保持一致，并使整个系统更具可持续性。服务化还消除了工业时代生产产品所产生的许多负面外部性，也让生产者和消费者之间得以建立持久的关系，甚至让生产者和消费者在服务过程中形成共同创造的关系。

三、评估影响

在实现可持续发展目标的过程中，评估我们的行动产生了怎样的影响，对于理解当前的挑战，并指导未来行动都非常重要。

应用系统思维来评估可持续发展，是系统思维在可持续发展领域的重要实践，同时也是一个巨大的挑战。因为现有的思维模式和激励机制，要求评估过程一定要展示特定问题的"定量"变化来证明系统的变化，并以此证明对特定问题的定量成果和"影响"。但通过系统思维的学习，我们知道，评估系统的变化，重点应该关注结构而非零部件的变化。因此评估可持续发展，首先要改变的是我们的思维和评估范式。

评估影响的目的是帮助我们对未来的活动和计划作出更好的决策，并告诉我们如何投入时间和资源。

首先，系统投资与传统投资有着截然不同的逻辑。一般而言，传统投资的逻辑是建立在投资者收益最大化的基础上的，而系统投资则是系统本身收益的最大化。当投资目标不是财务回报，而是刺激系统创新时，会对方法战略进行调整。这其中，最大的问题是，创新和金钱本质上是两个相反的事物。因为一不小心，我们投入的资金就会降低系统的创新能力。事实也的确如此，有钱时，往往会用钱来解决问题，只有没钱的时候，才会想到创新。

因此，如果我们想实现系统创新，那么在开始之前，就应该减少对资本的需求。大多数初创企业之所以失败，是因为它们过早地进行了过多的投资以扩大规模。当它的规模越来越依赖于金钱来支撑时，一旦资金链断裂，企业就倒闭了。企业不仅要减少对外部资本的需求，而且还应该从系统中已经存在的可以重新利用的财务开始。资本市场上不存在资金短缺，问题是如何将其转变为财务回报，及其对更广泛的社会、经济和环境系统有利的东西。

衡量是评估的基础。为了创建衡量影响的标准，首先要定义系统变化的目标。比如，实现可持续发展目标，绝不是解决某一个特定领域的问题，而是实现整个系统的可持续发展。所以，我们关心的是系统的整体运行状况或质量。要实现这个目标，需对系统结构进行改变。因此作为评估，也要关注结构的变化，而不是与零部件数量的变化。当然，数量很重要，通过数量，可知规模。但这还不够，因为数量不能告诉我们系统内连接的性质，只有了解了系统的结构，才能够全面了解真正的影响。

另外，在线性变化过程中，外部环境保持不变，定量地测量零件的变化还有意义。但在过渡期间，环境也是变化的，测量零件的定量变化不能说明什么。想要衡量整个系统的变化，必须评估结构的质变。

衡量评估系统健康的四个关键因素：一是完整性，即整个网络的整合程度，衡量系统中平等程度的方法；二是协同性，即各部分协同工作的程度如何，衡量合作程度的方法；三是一致性，即动作对整体功能的协调程度，衡量采取集体行动的能力；四是适应性，即系统的敏捷度、灵活性和弹性，衡量系统可持续性的方法。

实现可持续发展目标，需要建立一个学习系统。因为在开放的系统环境中，要不断面对复杂性带来的挑战，过程充满了不确定性。这个过程也是不断寻找有效的新模式的过程。传统的管理方法不适用于这种情况。

因此，作为系统思考者，其任务不仅仅在于创建解决方案，还在于寻找新的工作流程或方法。可持续发展的学习系统不再是传统的组织管理，专注于一个解决方案的执行，提高效率就可以了，而应专注于在过程中创建一个核心学习引擎，以使其通过学习向前发展。以一种激励学习的方式进行投资，确保学习过程反馈到计划，进行方案的灵活调整。这个想法不是要大量投资，而是要像科学家一样，通过实验、反馈、迭代来学习系统。

创新的过程是迭代的过程。创新不是线性的，不是仅用一个想法，然后一切就都改变了。复杂的系统是通过不断迭代来发展的。与系统变革一样，创新是通过不断的实验、迭代和学习来实现的。

实现可持续发展的学习系统，应该包括行动和学习的共同进化，因为"没有行动就没有学习，没有学习就没有行动"。行动学习是一个使我们能够更好地应对系统变更复杂性的过程。我们不仅需要行动学习和社会学习，还要向生态系统学习，反馈应用于整个生态系统发展的能力。通过系统的反馈学习，发现其带给我们的可持续发展实践的启示。

本章小结

认识我们所生活的世界，需要思维方法。系统思维课的目标就是提供一种理解复杂世界的框架，从复杂性科学的发展中获得启发，我们在第一节介绍了系统的思维方法。

使用系统思维进行分析，需要系统动力学的工具，我们在第二节介绍了几种常用的工具，帮助我们分析和梳理系统思维的因果回路和驱动因素，并介绍了系统思考时常见的基模。

在掌握了系统思维后，打算对系统进行干预时，我们在第三节介绍了干预的杠杆点，以及如何利用系统的力量，顺其自然带来改变，在这个过程中，讲故事的作用非常重要。

第四节，讲我们要实现可持续发展，只有使用系统思维，对价值重新定义，加强系统间的服务与合作，并对产生的影响进行评估，以及不断改进系统，才能助力可持续发展。

思考题

(1) 利用系统思维的工具，因果回路图或系统动力学图，来分析气候变化对经济系统的影响。

(2) 请利用重塑价值和服务合作作为干预手段，设计一个可衡量、可评估、可持续发展的智慧社区。

参考文献

[1] 德内拉·梅多斯, 邱昭良. 系统之美:决策者的系统思考[J]. 政工学刊, 2016, 4(425):98.

[2] 邱昭良. 如何系统思考[M]. 北京:机械工业出版社, 2018.

[3] 诺伯特·维纳. 控制论[M]. 北京:商务印书馆, 2020.

[4] 约翰·冯·诺依曼. 博弈论[M]. 沈阳:沈阳出版社, 2020.

[5] 冯·贝塔朗菲, 林康义. 一般系统论[M]. 北京:清华大学出版社, 1987.

第十七章　设计思维[①]

设计思维是一套源自设计却又自成一体的创新思维模式。它能够帮助我们应对日益复杂的工作和世界，帮助我们用不寻常的方式解决难题。因此它不仅仅应用于设计行业，而且适用于各行各业，甚至我们生活的方方面面，这是一套结合创新与分析能力有效解决问题的方法论。本课程将主要介绍这个方法论的流程以及其中的工具。

第一节　设计思维概述

一、设计思维的发展历程

"设计思维"一词在20世纪80年代，随着人性化设计的兴起而越来越引起世人的瞩目。把设计作为一种"思维方式"的观念可以追溯到Herbert A. Simon于1969年出版的《人工制造的科学》一书，在工程设计方面，更多的具体内容可追溯到Robert McKim1973年出版的《视觉思维的体验》一书。

20世纪八九十年代，斯坦福的教授、美国著名的设计教育家Rolf A. Faste把McKim的理论带到了斯坦福大学，把"设计思维"作为创意活动的一种方式，进行了定义和推广。1987年，哈佛设计学院的院长Peter Rowe出版的《设计思维》一书首次使用了引人注目的"设计思维"这个词语的设计文献，它为设计师和城市规划者提供了一套实用的解决问题的系统依据。1991年，David Kelly创立了IDEO公司，其是现今全球最大的设计咨询机构之一，以"设计思维"作为其核心思想，并贯彻落实到了IDEO的工作当中，成功实现商业化。

2005年，David Kelly在斯坦福大学工程学院成立了Hasso Plattner Institute of Design，简称d. school。Dr. Hasso Plattner是全球最大的管理软件供应商——德国著名公司SAP的创始人之一。该研究所获得SAP提供的3500万美元的赞助，目标是培养复合型的、以人为本的创新设计师。研究所人员由各种背景和行业的人

[①] 作者：赵航。

员组成,分别来自工程学院、艺术学院、管理学院、医学院、传媒学院、计算机学院、社会科学学院、理学院,等等。d. school 开设了一门设计思维的课程,主要利用学员分组参与的形式,尝试设计一个新的产品、服务、流程等,从而掌握设计思维的方法论和思维模式。

二、设计思维的定义

设计思维(Design Thinking, DT)是一种创新性解决问题的方法论。它以人为本,通过多元化多学科背景的参与团队和激发灵感的环境,以及一套流程与方法,开发创新的解决方案。简而言之,设计思维 = 满足市场需求(Desirability)+ 技术可实现(Feasibility)+ 商业可行性(Viability)。同时满足以上三种要素,便是设计思维的核心。

顾名思义,设计思维要求人们像设计师一样去思考问题的解决方法,这与传统的以解决问题为核心的思考模式不同。传统科研的解决问题方法,常为"提出问题—作出假设—验证假设"三步骤,且往往是根据已经存在的问题直接开始进行解决方法的假设和验证;而设计思维却让人们从重新思考问题入手。打个比方,两种模式的差别,就好像去医院看病,拥有方案思维(Solution - based Thinking)的医生直接给患者开了止痛药看病情是否得到缓解,如果不行就再试试其他药。而拥有设计思维(Design Thinking)的医生会问患者哪里痛,出现哪些症状,吃过哪些东西,找到真正的"痛点"和根源后再对症下药。

案例:设计思维解决贫血症

设计思维的一个经典案例是深入柬埔寨村落解决贫血症。经过调查,设计思维团队发现小孩子贫血的主要原因来自饮食结构(米饭和鱼)和烹饪习惯(用铝锅)。于是项目团队想出了把铁块加入锅中一起烹饪的办法。这虽然解决了功能问题(补铁),但是没解决习惯问题——村民经常忘记放铁块!经过多次改良和失败,团队发现村民崇拜鱼(是幸福的象征),于是把铁块做成了鱼的形状!问题就这样迎刃而解了。在此案例中,解决贫血问题的不是医生,而是设计思维!

资料来源:笔者整理而得。

三、设计思维的五个原则

原则一：重新定义问题，拓展解决问题的思路。

原则二：以用户为中心。研究用户的需求、痛点和行为背后的规则及意图是产生创新灵感的关键。

原则三：三要素平衡。设计思维以用户需求为中心，同时强调科技的可实现性以及商业的可持续性。

原则四：协同共创，强调 WeQ（"众商"/集体智商/团队的整体智商），而不是 IQ（"我商"/个人智商）。

原则五：做中学，不怕失败。

四、设计思维与商业思维

商业思维强调的是逻辑推理和分析，专注于执行和规划。通常围绕现有客户需求和挑战进行思考。商业思维通常是左脑思维，以现状和问题为导向。设计思维强调的是创新和未来，专注于挑战现状，从最终客户（客户的客户）的期望出发，用创造性、出人意料的想法研究新的可能，解决客户甚至还没有想到的问题。传统商业思维与设计思维对比见表 17-1。

表 17-1 传统商业思维与设计思维对比

项　目	传统商业思维	设计思维
根本假设	理性、客观，事实是不变的、可量化的	主观、依据经验，事实是社会人为建构的
方法	通过分析找到"最好"的答案	通过试验不断迭代，寻求"更好"的答案
过程	不断作计划	不断动手做
决策	依靠逻辑推理、数字模型	依靠情感洞察、经验模型
聚焦点	要么抽象要么具象	在抽象和具象之间来回穿梭
价值观	追求控制、稳定，对不确定性感到不安	追求创新，不满足于现状

资料来源：笔者整理而得。

五、设计思维如何助力 CSR[①]

第一，"设计思维"为企业社会责任工作增加了创新驱动力并指明了发展方

[①] 李文，税琳琳. 让"设计思维"为中国企业社会责任发展注入创新活力[J]. WTO 导刊，2015.

向。由于"设计思维"总是善于打破常规进行跨界思考，运用同理心去考量客户潜在需求和洞察未来发展需要，将企业发展的社会价值思考作为方向指引，可以极大地激发创新灵感和工作激情，使得企业在发展方向上获得更为崇高的道德追求支持和内在动力。因此，工作不再是机械性的重复安排，而是以让生活更美好、为客户提供超乎预期的舒适体验为目标，这无疑会唤起整个企业组织的巨大创新和变革热情。

第二，"设计思维"的基因一旦被注入，势必会让企业将创新和超越作为日常思维习惯，自觉实现战略规划中的责任角色反思，并逐步矫正和修缮与利益相关方的关系，不断推进系统管理和运营的优化。

第三，"设计思维"让 CSR 经理人们不再因在系统内调配资源能力有限而苦恼，当组织内部的跨界合作成为必须和常态时，CSR 经理人们独特的利益相关方视角和创新思维方式就会得到充分尊重和积极、有效的采纳，成为企业战略规划与核心业务部门创新发展的重要支持力量。

第四，"设计思维"更突出互联网思维下技术创新的社会价值，这为企业社会责任工作在内容维度上增添了无比鲜亮的色彩。一切为了客户，一切通过技术创新和互联网经济带来的便利为客户提供超值服务来实现企业的商业价值，这使得企业社会责任工作不再流于形式，也绝不仅限于搞搞公益活动或发发报告，而是成为综合体现和实现企业商业价值和社会价值的基础性支持力量。在工作方式上也将更多呈现出追求实现与产品设计、研发、生产、营销全生命周期各环节嵌入式合作的特点。

第五，"设计思维"的视觉化特点和原则更能体现出企业社会责任工作的现实价值，让企业的责任理念和文化不断深入人心，在组织内部达成价值观共识并促进共同行动，更在广大的客户和外部利益相关方中唤起积极的价值认同及良性互动和响应，进而提升公司的品牌声誉，助力企业的可持续发展。

第二节　做对的事情

设计思维的基本流程（见图 17-1）可称为"双钻石流程"，包括两个钻石空间。其中，第一个钻石空间是做对的事情，重点是设计调研工作，通过理解议题、观察用户来找到创新的灵感，并通过信息整合来定义挑战问题。

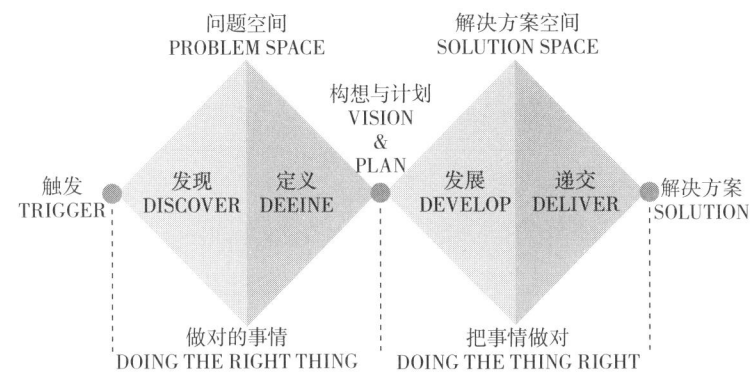

图 17–1　设计思维流程

资料来源：笔者整理而得。

一、理解问题

第一，多问为什么。设计思维要求每个实践者在接到任务的时候不要急于直接进入操作，而是要先问几个为什么。这样有助于你对问题的整体了解，并且有可能帮助你打开新的思路。有一个经典的思维实验：当接到"设计一座桥"的任务时，我们通常会立刻开始考虑桥的材质（木头还是石头）、形式（斜拉桥还是拱桥）等，我们可能会询问客户桥的建造位置、长度、材质和强度等问题。但设计思维让我们首先应该问"用户为什么需要一座桥？"如果回答是"因为需要到河的对岸去"，我们的设计思路立刻变得更开阔了，显然，摆渡船、隧道、热气球等都可以帮助满足客户的需求。这个时候我们要继续问："为啥要到河对岸去？"如果回答是"要传送讯息"，那新的想法又会涌现出来，因为信息传递可以有很多办法，如信鸽、电报、电话、信号灯、互联网，等等。而如果用户需要的不是送信而是快递包裹，我们又可以生发出滑轮索道、无人飞机等奇思妙想。很明显，对为什么的不断追问，对问题和需求的持续深入理解，可以让我们一次又一次开辟创新的可能性。

第二，建立同理心。每个项目开始阶段与用户建立同理心很重要。设计思维不赞成单纯对问题狭隘地寻找答案，它的一个重要理念是认定创新应该回归到人本身。解决问题要从理解你的最终用户开始。在项目设计里面，同理心时刻提醒我们"以人为本"要多些设身处地的视角，少些隔岸观花的想当然。

二、观察用户

创新的第一步就是要找到灵感，在设计思维的框架下面，观察是解决问题的起点，通过观察我们能进一步理解问题的实质并发现用户的需求。用户对商品、服务的需求都是基于他们的现有认知，比如，在发明汽车之前如果你问人们出行的需求，他们可能会说"我要更快的马车"，创新者需要从这样的需求里分析出用户的潜在需求作为自己的创新灵感，这就是观察。

观察貌似是一件容易的事情，但是有效的观察却并非易事，要做很多准备工作。

首先，选择观察的对象。创新命题往往隐藏着用户，你可以根据你的主题内容来做一个利益相关人的分析，然后决定哪一类人群作为你的用户群体。比如，你的主题是要解决学校食堂的食物浪费问题，那么跟这个主题相关的人就有：食堂管理人员、用餐学生、用餐老师、学校领导、保洁员等。每一类用户还可以再进行具体分类，比如性别、年龄、用餐习惯等。用户可以分为核心用户（普通用户）和极端用户，核心用户也就是大多数的用户群体，比如食堂用餐的学生群体；极端用户会有一些比较极端的信息提供给你，有利于放大普通用户的需求，让我们更好地理解特定环境下的特殊需求，比如一天三餐都在食堂用餐的学生群体。

其次，选择适合的观察方法。观察的方法有很多，以下介绍几种常用的观察方法：

（1）浸入式观察。到用户中去，身处他们的环境之中获得第一手信息。观察他们的行为、状态、习惯等。人们每天都做出很多不假思索的行为，我们观察到这些无意识的行为，其实都可以作为我们的创新线索。

（2）体验法。这也是设计思维同理心原则的一个体现。深入到用户的生活、工作环境来体验他们的喜怒哀乐。打开所有感官，看、听、说、摸、闻。比如，你们要为视障人士设计一个做饭的产品，那么就要把自己的眼睛蒙起来，亲身体验一下视障人士做饭的时候有哪些感知和感受，这样才能深刻了解用户群体的心理特征。

（3）访谈法。访谈就是与用户直接交流。通常建议使用漏斗式访谈法，即循序渐进地展开谈话，而不是上来就问关键性的问题，这样一定不会得到好的答案。在提问题的时候，要尽量多问开放式问题——5W2H（where，when，what，why，who，how，how much），尽可能地追问，深入挖掘。当然，与提问同样重要的是倾听，尽量避免插嘴，可以边听边点头，简短地回复，让被采访者知道你在积极倾听。

三、综合信息

这是一个脑力密集型的活动，对成员在用户访谈和观察阶段记录下来的文字、图像、录音和视频等资料进行整理。以下介绍几个综合信息的工具。

（1）同理心地图。通过记录用户访谈过程中的所感、所想、所说、所做等，提炼和分类这些信息可以帮助我们达成对用户更深入的理解。

（2）用户画像。设计思维是一个以人为中心的创新体系，所以用户画像是一个很重要的工具。团队需要在几个用户中选择一个有代表性的人着重分析，当然这位典型用户也可以是综合了多个人的共同特点构造出来的虚拟角色。团队要画出图像，起名字，写下年龄、收入、文化程度等一些基本个人信息，同时也要写出针对主题的一些信息（如需求、痛点和一些意外观察）。也可以把用户画像与同理心地图结合使用。从同理心地图开始，从感性认知逐渐进入到理性的思考。

（3）用户体验地图。也称用户旅程地图，可以用它来梳理用户的行动路径，更好地理解用户，揭示用户与未来设计方案的关系，寻找创新的机会。可以用一张大白纸或者一面墙来再现用户的一天，也可以描绘出一次用户购买、服务体验的全过程。

四、定义挑战

双钻石流程的最后一个环节就是定义设计挑战，把调查分析的结果用简单的句式表达出来，通常会以"如何""怎样"这种关键词来进行描述，如"我们如何帮助社区的居民来用一种有趣的、互动性强的、激励的方式来管理社区垃圾分类的问题"。这个叙述里面通常包括三个元素：用户、需求、洞察。这些都是在信息综合阶段已经梳理好的。用这种简短的句式把三元素简单表述出来能够帮助团队更好地聚焦。这个步骤简称为观点（Point of View，POV）。这个工具可以用来更好地界定用户、分析需求和挖掘洞察，特别是对重新构建设计挑战很有帮助，可以更好地确立创新的方向。有的时候团队会梳理出不同的POV，每个POV都可以是一个创新的原点。有了POV以后，接下来的头脑风暴就会更加聚焦。

第三节　把事情做对

双钻石流程中第二个钻石空间里面要探索的是解决方案，"把事情做对"其实就是希望能够找到最好的解决方案。这个钻石空间也有两个步骤：第一个是发展,其实就是通过各种头脑风暴想出好点子;第二个是递交,也就是把自己认为好的点子分享出去,特别是分享给用户,测试一下是不是真的"好"。

一、创新思维解决方案

(一) 头脑风暴

在这个环节做得最多的事情就是头脑风暴。头脑风暴的基本方法来源于1938年美国人奥斯本所开创的创意流程。创意需要打开思路,获得激动人心的灵感火花。

☆原则一:聚焦主题。在这个环节通常要把上个环节中得出的POV再次修改,分析得出创意命题,以便一次讨论一个话题,更具有针对性。

☆原则二:点子多多益善,推迟评判。先追求创意的数量,其次才是质量。点子越多,跨度越大,有质量的点子才能出现。推迟判断是非常必要的,我们通常会对自己和他人的点子进行评判,所以请给自己和他人的点子一个空间,团队成员彼此启发,避免"一言堂"。

☆原则三:跳出箱子,大胆创意,鼓励狂野的点子。头脑风暴是一个脑力激荡、脑洞大开的过程,需要我们跳出常理、常规的逻辑框架,这样才能真正释放创造性能量。

(二) 创意发散需要的辅助工具

☆思维导图。思维导图是一个很好的鼓励发散性创造思维的工具,它鼓励思维的联想性。这个工具强调的是系统思维,不是一个独立的思维,小组成员聚在一起,把主题放在中间,接下来每个人将自己想到的跟主题相关的关联词写到便签贴上,贴到主题的周围成为"子主题","子主题"最好不要超过6个;团队成员也可以就"子主题"进行讨论,统一结果后放在上面。接下来针对每一个"子主题"大家将想法贴在便签贴上,贴在主题的旁边。

☆SCAMPER创新思维模型(见图17-2)。该工具实际上是从七个提问/思考的维度,来启发大家的创意思维。S代表替代。是否可以取代原有的功能或材质?C代表合并。哪些功能可以整合到原有功能里面,如何整合?A代表调整。原有材质功能是否有调整的空间?M代表修改。是否可以修改原有的材质、功能?P代表其他用途。除了现有功能以外是否有其他用途?E代表消除。哪些功能、材质可以消除、减少?R代表重组。顺序是否可以重新组合?这七个思路可以启发创意思维,大家可以回去做这样的练习:如何设计一款新手机,如何更新一款付款 APP 等。

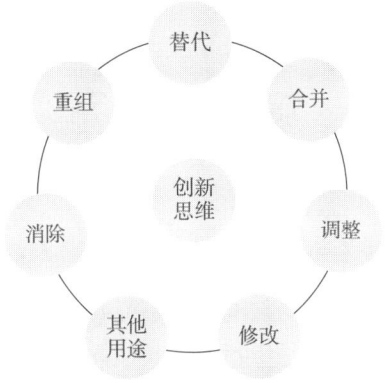

图 17-2　SCAMPER 创新思维模型

资料来源：笔者整理而得。

经过上面讲的两个创意发散的方法之后，我们会产生很多的想法。但是我们不可能去探索所有的点子，所以接下来的工作就是要把这些点子进行创意分类和挑选。可以按照以下的方法进行分类，比如：最有趣的、最容易成功实现的、最具有突破性的、最热门的，等等；还可以从专家和技术及产业环境来考虑哪个点子最适合，每个分类标准都可以用投票的方法来进行挑选，最后计算出票数最多的点子。接下来的这个环节也很重要，就是看看是否可以再对这个选出的点子进行一次创意延伸。

二、原型呈现和测试

原型，顾名思义是最终产品的雏形。原型呈现的主要目的是帮助我们沟通创意想法。我们经常会觉得自己的想法非常棒，但是如果你无法让别人也觉得你的想法很棒，这也是一件非常令人沮丧的事情。原型可以帮助团队将重要的产品概念沟通清楚进而把脑海里的想法物理化，以帮助我们更清晰和细化设计。原型呈现是一种具备物理形态的表现方式，比如，一个 3D 打印模型、一面贴满了即时贴的墙、一幅幅手机界面的画面，或者一个话剧式的表演。

（一）原型的价值

首先，原型可以做用户测试。这也是原型的主要目的，与用户进行沟通然后进行快速迭代。如果想要快速迭代，那么你的原型制作就要遵循 quick and dirty 这个原则，其实就是快速并且低精度。

其次，原型能帮助我们得到更深刻的共情（同理心）。我们跟用户交流这个原型，当然会得到他们对这个原型的反馈。同时，我们也可以继续用同理心来观察用户。这里的用户观察与我们做设计调研时候的观察/采访得到的信息不同。

再次，原型能继续探索和激发灵感。在这个步骤我们可以继续通过动手制作来"思考"。中国有句老话叫"知行合一"，我们把所有学的道理与自己的行为结合起来，才是真正地掌握了所学的道理。同样我们之前想的点子通过动手做出来的过程，能够给我们更多的灵感和想法。

最后，原型制作的一个非常重要，也是大家都不愿意看到的作用就是尽早失败。因为我们都渴望成功，所以就意味着我们对失败有天然的恐惧。但是创新是一种探索，它必有失败，失败的结果并不都是消极的。你可以尽量控制你的失败结果，使得它不至于"差之毫厘，谬以千里"。在设计思维里经常说的"fail early fail often"就是最近几年流行的敏捷开发、精益管理的理念。

（二）原型测试的步骤

相信大家都会同意，测试是任何产品、服务在上市之前的一个必经阶段。平时我们自己有了想法，不管是关于学习、生活还是工作等，刚开始都不确定这个想法是否有效，所以我们通常都会找朋友聊一下这个想法，听听他们怎么说，这其实就是我们在测试自己的点子。我们说创新是一种探索，那么就没有固定答案，我们需要在外界的无数变化中找到一个有价值的解决方案，测试是在所难免的。

1. 做好充足准备

首先要决定测试任务。在不同的设计阶段测试的重点会不同，比如，在刚开始我们接到设计任务时，脑海里已经有了一些想法，那么这个时候就可以进行测试了，目标就是找到最靠谱的想法。这个阶段的测试通常是沟通和交流。接下来我们还可能会做样品测试，就是原型测试，这个阶段的任务是找到设计中的不足。还有可能会做新产品的测试，比如，测试一下顾客对新产品的反应、营销策略的反应等。每个阶段大家都要商量好测试的目标是什么，这样有助于对测试结果的利用。

2. 选择测试对象

可以面向你在设计调研时观察、采访的人群，但是也要注意分辨一下有效信息和无效信息，不是所有的用户都能提供有效的反馈信息，所以也要知道如何剔除误差。接下来要考虑一下测试的环境，可以邀请被采访人到一个设计好的空间做测试，当然这个空间要便于让受访人进入角色。有时候我们更需要观察受访者在实际空间中的反应，那我们就要去观察用户在实际场景中对产品、服务的使用，比如，你要设计一款超市自助付款 APP，那么最好让用户在超市里测试 APP 原型。

3. 使用测试方法

（1）原型功能测试。通常你的解决方案会包含一些功能，那么最好分开对各种功能进行测试。比如，上面提到的超市付款 APP 里面可能包含扫码付款的功能，也包括积分对话的功能。分别进行测试得到的反馈会更有针对性。

（2）团队内部交叉测试。在做用户测试之前，项目团队内部成员可以相互测试，分享反馈，形成更多看待问题的视角。

（3）极端用户测试。记得我们在设计调研阶段介绍过这个极端用户。他们有可能是频繁使用产品的人，也可能是想把产品功能和性能发挥到极致的人，所以他们的反馈会更有启发性。

（4）专家测试。在设计思维的整体流程中很少出现"专家"二字。因为这个创新的方法论讲究的是"众商"，而不是专家/领导的意见，但这并不代表专家的意见就不能参考，他们还是能够给出很好的专业性反馈意见的。

在测试过程中我们要注意不是在推销产品和服务，而是在访谈。有的时候我们会太爱自己的点子，所以当对方给的反馈是负面的时候就很自然地想要反驳或者掩饰。我们应该鼓励对方分享更多的信息而不是辩论。

4. 总结反馈

测试最后的步骤就是总结反馈。小组成员聚集起来针对用户的反馈进行总结和分析，并做出下一步的行动。接下来团队要做的决定通常是对原型作改进，或者根据新的洞察完全创造一个新的点子，这样我们就又回到了第一个钻石空间去了。于是在设计思维走了全部流程以后，你们又要回到之前的某个点去进行新一轮的迭代。设计思维的流程不是单向的、线性的，而是前后交错、反复迭代的。

案例：婴儿保温袋

全球范围内，每年有 2000 万名体重过低的早产婴儿出生，其中有超过 100 万的早产儿会在出生后一个月内死于低体温症，其中 98% 的夭折现象发生在发展中国家。在印度、孟加拉等国家和地区，由于农村到医院的距离很远，刚出生的婴儿无法立即送达医院而死亡，部分婴儿因为父母无法支付每天约 130 美元的婴儿保育箱费用而去世。

在分析命题之后，设计团队来到孟加拉的大型医院与医生和护士交谈。他们了解到婴儿保育箱设计的背景，也发现了问题所在：虽然婴儿保育箱价格偏高，但很多机构会向当地医院提供捐赠，即便如此，医院的婴儿保育箱内也没有婴儿。为了弄清原因，创新团队不仅询问了医生和护士，还来到附近村庄的家庭中调查。他们发现，由于交通不便，母亲们从家里到医院会花费大量时间，婴儿本来就十分脆弱，经不起4~6小时路上的颠簸。因此，设计一个更加便宜的婴儿保育箱并没有意义，他们需要的是一种能够"帮助运输"的婴儿保育箱，比如直接在车上使用、不需要耗电的产品（根据本教材中介绍的双钻石流程，至此第一个钻石的流程已经完成，设计团队通过询问和观察发现了新的创新需求并提出了新的设计方向）。

创新团队进行头脑风暴，想出了很多的解决方案并且做出了原型，最后他们选定了一个方案：设计婴儿保温袋，即在睡袋内设置一个蜡制的部件，既方便加热，又不需要电，并且可以为婴儿持续保温。接下来他们对此方案进行了不断测试和迭代。设计小组回到村庄，为村民们演示婴儿保温袋的原型使用方法，通过对母亲们使用体验的调研，设计团队发现了一些不足，例如，有些婴儿个子很小，在保温袋里无法看到孩子的脸等。通过反复的沟通与改进，团队最终了解到当地用户的使用方式及顾虑，进一步完善了保温袋的设计（至此第二个钻石的流程已经完成，设计团队通过头脑风暴产生解决方案并制作原型，又通过原型测试和迭代进一步完善设计）。

最后设计团队成功研发了便携式的婴儿保温袋。比起传统的婴儿保温箱，婴儿保温袋的使用率更高，操作简单、安全。保温袋的价格大约是25美元，仅是传统婴儿保温箱的1%。自EMBRACE婴儿保温袋市场化以来，已有超过一万名发展中国家的早产婴儿受益。

资料来源：笔者整理而得。

本章小结

设计思维是一套结合创新与分析能力有效解决问题的方法论。伴随着世人对于"以人为本"理念的逐步关注,设计思维也在兴起。设计思维以用户需求为中心,使其可以很好地与商业思维进行互补。商业思维强调的是逻辑推理和分析,专注于执行和规划;设计思维强调的是创新和未来,专注于挑战现状。二者的巧妙结合将对思维方式的潜力释放形成巨大的促进作用。

设计思维的基本流程围绕着两个中心:做对的事情和把事情做对。第一个中心贯穿着四个步骤:理解问题、观察用户、综合信息和定义挑战。在充分站在用户的立场上理解问题的前提下,深入地观察用户,进一步理解问题的实质并发现用户需求的可能性。综合整理用户观察得到的信息,并进行定义,为下一步做足准备,确保头脑风暴聚焦不跑题。

第二个中心建立在第一个中心的基础上:把事情做"对",探索最好的解决方案。运用创意发散的方法,产生很多的想法并对这些想法进行创意分类和挑选。而最后一步,也是至关重要的一步,就是将自己认为好的想法分享出去,特别是分享给用户来测试一下是不是真的"好"。

创新思维要求使用者围绕不同用户的需求,探索独特的解决方案。这在一定程度上不仅可以促进人的独立思考,也可以增进人与人之间的理解,不断产生新的想法,推动创新性社会稳步向前。

思考题

(1) 设计思维在哪些方面助力了CSR工作,请结合实例说明。
(2) 简述"双钻石流程"中的两个钻石中心分别包括哪些内容。

参考文献

[1] 汤姆·凯利,戴维·凯利. 创新自信力[M]. 北京:中信出版社,2014.
[2] 鲁百年. 创新设计思维[M]. 北京:清华大学出版社,2015.
[3] 王可越,税琳琳,姜浩. 设计思维创新导引[M]. 北京:清华大学出版社,2017.
[4] 蒂姆·布朗. IDEO,设计改变一切[M]. 沈阳:万卷出版公司,2011.

第十八章 积极心理学[1]

第一节 负面偏差与积极归因：重新认识 CSR 工作中的挑战

一、觉察"有色眼镜"的存在，识别 CSR 工作中常见的负面偏差

CSR 经理人在工作中常常会感受到来自各方面的焦虑，其中既有来自工作层面的焦虑，例如：

"公司高层不重视 CSR，作决策无限制拖延，部门存在感很低。"

"CSR 项目的预算十分有限甚至没有预算，怎么做事？"

"CSR 跨部门沟通对象较为多元，涉及方方面面琐碎的活，大事小事都是一个人在做，实在忙不过来。"

也有来自个人发展层面的焦虑，例如：

"CSR 职业发展路径一眼可以望到头，高层职位几乎罕见，中层职位也是少之又少，大家基本都是到达经理级别后互相跳来跳去，长久的发展路径不够清晰。"

"CSR 职业领域虽有广度，但深度不够，工作门槛不具有明显的排他性。几年工作下来，心里觉得有点空，很难向专家身份转变。"

"CSR 有时工作压力很大，似乎有关公司的公共事务无论什么事都少不了 CSR 的参与，苦劳不少但很难获得同事的理解与认可，个人价值感不够。"

类似于上面所说的 CSR "专属焦虑"还有很多，国内 CSR 圈子不大但是社区互动较多，不少从业者刚入行就活跃在各种 CSR 活动中。在与同伴的互动中，大家非常容易对 CSR 的"通病"给予过度关注，从而产生负面偏差，沦陷在消极心态中难以自拔。

---

[1] 作者：郑李康晋。

（一）负面偏差

负面偏差（Negativity Bias）是什么[①]？简单说，就是"好事不出门，坏事传千里"。作为个体，我们的本能是对负面信息更加敏感，也更加容易把不好的、消极的信息传递出去。举个例子，下面这两条关于 CSR 员工人数的消息，你更加容易先关注哪个呢？

A. ××公司又减少了一个 CSR 员工人数。

B. ××公司又增加了一个 CSR 员工人数。

相信绝大多数的朋友都会更加关注第一条信息，因为作为 CSR 从业者，大家普遍有对 CSR 员工人数恐慌的焦虑，圈内任何一家公司 CSR 职位的减少都容易被知觉为具有"威胁性"。

再举一个例子，新冠肺炎疫情对 CSR 工作产生了如下影响：

"受新冠肺炎疫情影响，××公司在公益项目上削减了 25% 的预算，在员工健康项目上追加了 25% 的预算。"

相信绝大多数从业者仍然会更加注意到公益项目的"预算削减"，因为"预算削减"听起来更具有威胁性，大家更加倾向于注意到这些不好的消息。

想一想：在京东或者淘宝购物时，对于一个好评率为 99% 的物品，你是否会忍不住点开那 1% 的差评去浏览一遍呢？

（二）负面偏差产生的原因

负面偏差实际上是多数人心理行为模式的共同属性，在不同文化、不同情境、不同性格的人身上均能表现出来。它产生的原因可以从进化的角度来分析，见图 18-1。

设想如下场景：远古时代，古人面对的是一个不确定性的世界，他们想尽办法生存与繁衍。有一天，一群人在草丛中行走，突然听到不远处有窸窸窣窣的响动，此时可能存在两种反应：

（1）负面心理视角——草丛中可能有危险，没准是大型动物，会给我带来危险，绝对不能靠近。

行为：远离发出声响的草丛，避开风险。

（2）正面心理视角——草丛中可能有机遇，没准是小动物，会给我带来

[①] ROZIN P, ROYZMAN E B. Negativity bias, negativity dominance, and contagion[J]. Personality and Social Psychology Review, 2001, 5(4): 296-320.

图 18－1　面对草丛的响动，你的反应是什么

资料来源：笔者制作。

食物。

行为：靠近发出声响的草丛，一查究竟。

最终前去试探的人靠近声响后发现了老虎，被老虎吃掉，生命由此结束。而把窸窸窣窣响动解读为风险的人逃离了危险，存活了下来。这类对风险敏感的人有更多的可能性活得久，进行传宗接代，把自己"从负面角度看世界"的行为倾向通过基因传递给下一代。这样代代相传，"从负面角度看世界"的心理就成为人类普遍的倾向。回到当下，人们依靠科技，绝大多数情况下已经无须直面大自然的风险了。但是"从负面角度看世界"的习惯却深深烙在我们的心理行为模式中，个体往往很难察觉。所以绝大多数人都会"遇人先看缺点，遇事先看风险"。

（三）"负面偏差"对 CSR 从业者的影响

CSR 在绝大多数公司里都没有被整合进公司战略，属于非核心、非必需部门。因此，相比于其他职能部门的员工，CSR 从业者遇到的挑战会比较多。一旦陷入负面偏差的思维模式中，很容易从负面角度切入，把"工作挑战"在不知不觉中解读为"工作危机"，时间久了 CSR 从业者就会出现以下心理状况：

（1）感觉工作中处处是危机：CSR 部门缺钱又缺人，无法落地工作。

（2）工作环境中的归属感较低：老板和同事不重视 CSR，CSR 不是必需的，而是"有条件地"被需要，随时可能被抛弃。

（3）易产生工作倦怠：手头上的事琐碎且费神，CSR 职业发展路径长远且看不到希望，最初踏入 CSR 领域的一腔热血与活力逐渐被消磨殆尽。

二、积极归因，重新认识 CSR 工作中的挑战

"负面偏差"虽然具有普遍性，但不是绝对的。那些成功的 CSR 经理人往往具有一些共性——他们在面对工作任务时，会把任务认定为"挑战（Challenge）"而非"威胁（Threat）"。这类从业者在日常工作中更容易捕捉到积极的信号，举例如下：

（1）虽然 CSR 职业发展路径不清晰，但是其涵盖领域广且职能延展性高。从事 CSR 工作既可以助力自身往"通才"方向发展，也可以在 CSR 所涉及的广阔领域中选择一个自己喜欢的方向聚焦，往"专才"方向发展。

（2）CSR 今年的人头预算虽然被砍掉了，但这只是暂时的，等明年经济回暖后，CSR 预算一定会充足起来。

（3）虽然当前的管理者不重视 CSR，但这只是他个人的问题，并不代表公司不重视 CSR。从长远角度看，把 CSR 整合进公司战略，为利益相关方创造共享价值是必然趋势，管理者一定会成长的。

以上几种视角，反映出这类 CSR 经理人拥有"乐观"的心理品质，这样的从业者往往能够采用积极的心态应对工作压力，保持稳定情绪，消化职业倦怠，输出相对稳定的工作绩效。那么"乐观"究竟是什么呢？

（一）心态调节：运用乐观的归因方式解读 CSR 挑战

1. 乐观：一种积极的解读风格

我们每个人时时刻刻在对周边事物的外显状态或人的外在行为进行着思考，试图推断其产生的原因。这种依据外部信息、线索及个人感受对原因进行推断的心理过程被称为归因（Attribution）。归因是个体为了适应环境而产生的一种普遍需要。我们每个人都希望自己有能力对周围的事物或人进行预测，归因对个人自身的行为具有指导作用。

CSR 主要是与人打交道的工作，尤其对于 CSR 跨部门协作、CSR 传播与营销、员工志愿者管理、社区互动与沟通等业务，主要依靠协调与沟通两种基本技能来完成，所以 CSR 从业者在工作当中实际上无时无刻不在进行着归因，有意或无意地在总结着如何能够高效与人（利益相关方）互动，从而完成工作。乐观这种心理品质，在心理学上被定义为一种积极的归因方式。乐观的 CSR 从业者总能从积极的视角切入，来解读利益相关方态度、语言及行为产生的原因，并且相信未来一定会按照自己想要的方向发展，未来是积极的、有希望的。

2. 习得性无助与习得性乐观

积极心理学之父 Martin Seligman 研究发现，有的人天生就比较乐观，有的人天生就比较悲观，而且乐观的人情绪更积极，免疫力更高，工作绩效更好。难道基因决定了我们看待世界的视角吗？其实不然，Martin Seligman 早期在研究抑郁症患者的发病机制时，发现悲观的本质是一种无助感，这种无助感就是在反复受到打击和挫折后而习得的绝望。Seligman 把这种个体经历不断打击后，在面临不可控情境时形成无论怎样努力也无法改变事情结果的不可控认知，继而导致放弃努力的心理状态称为习得性无助（Learned Helplessness）——"既然无论怎么努力都没有效果了，那干脆躺平吧！"

后来随着研究的深入，Seligman 发现乐观也是一种可以通过训练而习得的希望感。这种希望感使得个体能够觉察并反驳自己出现的悲观念头，以事实为依据重新建构乐观框架去解读既定事实，这就是习得性乐观（Learned Optimism）。这种充满希望的感受是在反复接收到积极信号的暗示后产生的对未来的积极预测——只要坚持做，就有可能变好。

习得性乐观对于 CSR 从业者最重要的意义在于，让我们明白 CSR 各种挑战带给从业者的负面感受都有可能是由我们惯有的归因风格导致的。在自我意识的调控下通过刻意练习，从业者可以从积极的角度进行归因，重新认识 CSR 挑战。

（二）行为管理：CSR 从业者如何转变自己的归因视角

1. 时间维度归因视角——永久的与暂时的

现象：2020 年 40% 的企业建立了 CSR 专职部门，与上年相比下降了 9%。

2020 年，个别 CSR 从业者所在部门因为预算削减而消失。此时悲观的从业者就会产生这样的归因心理："我永远都这么倒霉，坏事总是找上我，我做啥都会倒大霉，工作费力且不讨好，最后还丢了工作，啥时候才能转运啊？"

而乐观的从业者则会产生这样的想法："如今 CSR 部门被砍掉只是暂时的，这仅能说明公司在当前紧张的预算下，有比 CSR 更重要的事要投入预算。过了这段时间就好了，我先休息一段时间，等公司预算危机解决后，我还是有希望再次和公司结缘的。"

从时间维度上可以看出，乐观的从业者更倾向于把不好的事归因于"暂时的、非永久的、过段时间就可以改变的"，而悲观的从业者更倾向于把不好的事归因于"永久的、持续性的、一直会这样下去的"。

同理，对于好的事情，例如，"2020 年企业高层对 CSR 工作关注度有所上升，非常高和比较高的比例高达57%，相比上年增长了4%"。乐观的从业者更倾向于把好事归因于"永久的"（企业高层对CSR工作关注度一定会越来越高，这是大趋势）；而悲观的从业者则会归因为"暂时的"（2020年企业高层对CSR关注度增加仅仅是因为疫情，使得企业对员工心理健康给予了较多关注，这只是暂时的，没有了疫情，企业高层对CSR的关注度就会降下来）。

2. 空间维度归因视角——整体的与局部的

空间维度的归因视角也是可控性归因视角。对于不好的事情，从整体上进行归因相当于认为事情或行为是不可控的，而从局部归因则代表认为事情或行为是仍然可控的。

现象：缺乏公司高管的认可与支持是CSR工作最大的障碍。

在悲观的从业者眼中，一次CSR项目的申报被老板否决意味着老板对CSR事业整体上的否定，是不可控的。"老板又一次否定了我的CSR项目Proposal"，这说明：

"CSR本身不创造价值，老板根本就看不上CSR。"

"CSR只是老板用来做PR的工具。"

"反正老板眼中CSR是可有可无的，我还是尽早找下家做好打算吧。"

但在乐观的CSR从业者眼中，一次CSR项目的申报被老板否决仅仅意味着局部的不认可，而非整体的否定，是可控的。

"老板不太喜欢花钱在公益项目上，这只能说明我选择的领域不对老板的味口，也许可以试试员工心理健康项目。"

"老板不喜欢员工志愿者项目，觉得不会对企业产生价值，也许可以试试供应链合规项目，可以直接减少企业的合规风险。"

"老板否决了我这个项目的Proposal，也许仅仅是因为我的项目呈现方式不好，并不能说明他对CSR不重视或者不支持。"

同理，对于好事，例如"2020年保护员工是疫情期间较好的CSR行动"，悲观的从业者倾向于把好事归因为"改变是局部的——仅仅是因为疫情期间其他领域的项目不太好落地，所以企业才把钱花在保护员工上"；而乐观的从业者则倾向于认为"改变是整体的——2020年让企业不仅意识到员工健康的重要性，而且CSR的重要性排序在老板眼中都有大幅度的提升"。

3. 人格维度归因视角——自我的与他人的（环境的）

人格维度的归因是个体如何从自我与非自我（他人或环境）两个视角来对已经发生的现象或已经产生的行为进行归因。可以简单地理解为哲学层面的内因与外因。归内因时，从自身角度出发；归外因时，从他人或环境的角度出发。当直面不好的事情时，悲观者会把原因归咎到自己身上，认为所有问题都是自己造成的，对自我价值感进行否定；而乐观者则会把原因归咎到他人或环境身上，认为所有问题和麻烦都是他人或者环境造成的，与自己无关，从而保护了自我价值感。

现象：缺乏公司高管的认可与支持是 CSR 工作最大的障碍（与上面的例子相同）。

在悲观的从业者眼中，一次 CSR 项目的申报被老板否决意味着老板对自身的否定。悲观者会倾向于认定，因为自身的原因，导致了老板对项目 Proposal 的否定。自己或者有能力问题，或者不被老板喜欢。

在乐观的从业者眼中，一次 CSR 项目的申报被老板否决意味着这是老板的原因，或者项目的原因，总之与自己无关。自己已经做得很好了，老板可能当天心情不好，导致没有仔细看项目，又或是该项目就是不合老板的口味，项目选题有问题，自己的 Proposal 还是写得不错的。CSR 从业者归因指南见表 18-1。

表 18-1 CSR 从业者归因指南

一个消极的 CSR 事件	积极归因（乐观）	消极归因（悲观）
时间维度	暂时的，一次性的	永久的，一直的
空间维度	局部的，个别的	整体的，普遍的
人格维度	他人导致的，环境造成的	自己导致的
一个积极的 CSR 事件	积极归因（乐观）	消极归因（悲观）
时间维度	永久的，一直的	暂时的，一次性的
空间维度	整体的，普遍的	局部的，个别的
人格维度	自己导致的	他人导致的，环境造成的

第二节　同理心：从 CSR 专员蜕变为 CSR 经理人的必修技能

说起同理心（Empathy），可能任何一个 CSR 从业者都不会很陌生。在"CSR 跨部门协作""CSR 传播与公益营销""社区沟通"，以及"设计思维"等多个章节中，同理心的概念以"换位思考"为重心被反复提及。的确，同理心作为职场情商的根基，是从事任何一种与人打交道的工作都必须掌握的基本技能。本章节中所提到的同理心概念则是从心理学角度切入，探索同理心如何助力 CSR 从业者的能力发展，以及 CSR 小白如何通过刻意练习来提升自身的共情能力。

一、心态调节：从换位思考到感同身受

（一）同理心（Empathy）与同情心（Sympathy）

图 18-2 中"妈妈爱吃鱼头"的故事很直观地揭示了同理心与同情心的本质区别在于个人是在站在谁的角度来表达感受的。

图 18-2 同理心与同情心

资料来源：笔者制作。

站在自己的角度看"妈妈爱吃鱼头"，会觉得妈妈需要的就是鱼头。觉得自己爱妈妈，就把鱼头留给妈妈。此时，自己与妈妈之间是没有情感链接的，自己的感受仅仅是自己的——我感觉到妈妈很可怜。

站在妈妈的角度看"妈妈爱吃鱼头"，会理解到妈妈爱吃鱼头仅仅是表象，妈妈对自己的爱才是本质。自己同时也能感受到妈妈在吃鱼头这件事上表达出的爱。此时，自己与妈妈之间是有情感链接的，自己感受到的是妈妈的感受——我感觉到妈妈很爱我。

换到 CSR 从业者的工作情境下，在日常的跨部门沟通中，面对背景不同的利益相关方（Stakeholders），CSR 小白往往采用"你想要 Stakeholders 怎样对待你，就要怎样对待 Stakeholders"的心理行为模式；而 CSR 经理人则采用"Stakeholders 希望你怎样对待他们，你就怎样对待他们"的心理行为模式。

（二）认知同理心（Cognitive Empathy）与情感同理心（Affective Empathy）

心理学中同理心的定义比大家印象中的"换位思考"要丰富一些。同理心既包含了认知成分——理解他人观点，又包含了情感成分——感受他人情感，是一种整合了个人认知与情感的综合心理品质。一般来说同理心由两部分组成：

1. 认知同理心：一个人理解他人观点的能力

与日常大众所说的"换位思考"的意思一致，能够捕捉并理解到他人的偏

好、经验与世界观，并且不作评判。

举例：你给自己的女朋友挑选礼物时，你会去想"她喜欢什么？"买一个她可能喜欢的礼物，而不是自己认为她喜欢的礼物，这就是认知同理心。请注意：假如你大脑中闪过——你的女朋友非常喜欢鲜花，但是你又觉得鲜花放几天就蔫儿了，不值得，不如买点实用的东西。此时你属于对你女朋友的偏好进行判断，这不是认知同理心。

认知同理心等于换位思考＋不作判断，二者缺一不可。

2. 情感同理心：一个人感受他人情感的能力

与日常大众所说的"感同身受"的意思一致，这里强调的是个体能够在自己身上同时唤醒同样的情感，并且有想要和他人进行情感共享与交流的意愿。

举例：你在大街上走着，看到一个人在街上歇斯底里地大哭，非常悲伤。此时虽然不知道原因，但是你也会同时感受到悲伤，并想上前询问"你此时是很难过吗？"这就是情感同理心。请注意，如果你不是感受到悲伤，而是感受到"这人真奇怪或真可怜"，此时就属于你站在自己的位置上对他人的情感进行判断，不属于同理心。如果你虽然感受到悲伤，但是想立马逃离现场，并不想和他交流，同样也不属于情感同理心。

情感同理心等于感同身受＋有意愿交流这种感受，二者缺一不可。

试想以下几种 CSR 从业者的常见场景，判断一下"我"是属于认知同理心还是情感同理心？

（1）高层管理者 2021 年砍掉了 80% 的 CSR 预算，我能够理解他作出的艰难决策。

（2）我常常被公益人的善良举动所感动。

（3）参加商道学堂的"人物故事"系列讲座时，我会想象同样的事情发生在自己身上是什么样的感受。

（4）几天前一位公益圈的好友换工作去做纯商业的事务了，她在朋友圈发了一句"坚持了 5 年，最终还是向生活低下了头"，我瞬间泪目。

（三）同理心的神经机制

同理心的产生同样是基于进化而来的。由于人具有社会属性，要想适应环境，组成社会，就必须能够理解他人的行为。在漫长的进化过程中，个体逐渐能够理解并通过模仿学习他人的行为，进而达到适应环境的目的。

来自意大利帕尔马大学（University of Parma）的 Giaccamo Rizzollati 教授及其团队发现了位于大脑前额叶的一组神经元，它具有像镜子一样的作用。在我们观察他人进行某种行为和自己进行同样行为时,该组神经元都会放射出相同的神经冲动。因而这组神经元被称为镜像神经元(Mirror Neuron)。

镜像神经元为人类通过模仿来学习和发展提供了生理上的可能性,它也是产生同理心的生理基础。一般来说,镜像神经元越发达的人,同理心越高,越容易捕捉和理解他人的想法,并与他人的感受产生共鸣[①]。

二、行为管理:CSR 从业者如何培养同理心

(一)认知同理心与 CSR 实质性分析

从理性层面来看,一个 CSR 从业者的认知同理心发展水平在很大程度上影响着其完成 CSR 实质性分析的工作质量。

实质性分析是 CSR 从业者的基础技能,做好这项工作的关键是从"价值创造/重要性排序"的角度界定出对企业和利益相关方具有"共赢价值"的 CSR 议题。

在实质性分析的过程中,经验丰富的 CSR 经理人往往能够从个体已经建构的自我价值体系中分化出独立的自我意识,完全站在"上帝视角"让自己在企业与不同利益相关方的角色中自由切换。一般来说,CSR 从业者会把"共赢价值"分为"机遇——相当于价值增加"和"风险——相当于价值减少"两个维度,然后以自身视角为基点,逐步扩大视角范围,从行业,再到政府,最后到社会,不断切换视角,将企业与不同利益相关方的价值点全部筛选出来。这个动态分析的过程是一种视角采择(Perspective Taking)的过程,一般来说,认知同理心发展水平高的 CSR 从业者视角采择能力会相对更高一些。认知同理心与 CSR 实质性分析见表 18-2。

表 18-2 认知同理心与 CSR 实质性分析

类别		自身视角	换位视角		
		企业	视角 1——同行	视角 2——政府	视角 3——社会
价值	机遇	该指标是否为企业带来机遇?	该指标是否已经得到同行的关注?该指标是否已经被同行认定为重要指标?	该指标是否能够获得相应的政策与法规的支持?	该指标是否能够创造社会价值?
	风险	该指标是否为企业带来风险与挑战?	该指标是否会对所在行业构成挑战?	该指标是否与相关法律法规、国际协议或自愿性协议有关联?是否存在合规风险?	该指标是否被科学家/专家认定为一种影响可持续发展的风险?

资料来源:笔者整理。

[①] EISENBERG N,SRRAYER J. Empathy and its development[J]. CUP Archive,1990.

(二) 情感同理心与 CSR 跨部门沟通

从感性层面来看,一个 CSR 从业者的情感同理心与其协调沟通能力高度相关。情感同理心的发展水平可从关系角度预测 CSR 从业者与其利益相关方互动的工作效率。

进入 CSR 领域从业的门槛并不高,主要工作都是依赖于沟通和协调两个核心技能来完成的。从 CSR 实务来看,与利益相关方(Stakeholders)的沟通与互动占据了 CSR 落地工作的主要时间,无论是公益项目的策划与执行,还是员工志愿者活动的组织,抑或是品牌传播与管理,都需要从业者擅长与 Stakeholders 打交道。而与 Stakeholders 打交道,除了在理性层面理解双方合作所能产生的"共赢"价值之外,在感性层面上,要能够觉察到利益相关方作为"人"所独有的情绪、偏好、预期及动机,并对其进行积极主动的影响和管理,往往可以快速拉近双方关系,提升互动质量。情感同理心与 CSR 跨部门沟通见表 18-3。

表 18-3 情感同理心与 CSR 跨部门沟通

情绪与偏好	预期与动机
该利益相关方个体的当下情绪状态如何?	在 CSR 业务上合作会给该部门带来预算外支出吗?该部门对 CSR 支出的预期是什么?
该利益相关方个体对 CSR/公益/利他性质的工作是否感兴趣?	CSR 议题是否符合该部门的业务目标(合作 CSR 业务是否能够对该部门的 KPI 产生直接贡献)?
该利益相关方个体对工作的总体态度是什么?	CSR 议题是否合理使用了该部门的人力资源?
该利益相关方个体的影响力在其部门中有多大?	是否已经把该部门与 CSR 业务合作的难度降到了最低?

资料来源:笔者整理而得。

"只听到了利益相关方陈述的内容/事实/需求,理解还没有开始;

观察到了表达的情绪/感受,我们开始接近利益相关方;

觉察到没说出的意图和期待,我们才真正懂得了利益相关方;

我们向利益相关方表达出听到的事实/感受/期待,才能真正促进关系。"

在 CSR 实务中,从业者与利益相关方的沟通与互动从来就不是单纯的"Creating Shared Value",它更是一种在不同情境下(Context)对人性复杂性和多变性的理解与探索。同理心作为个体区分自我与他人的边界,推断他人想法和感受的基本能力,能够有效帮助 CSR 从业者与利益相关方之间建立起情感链接,提升 Stakeholder Engagement 的互动效率,因而成为 CSR 小白蜕变为 CSR 经理人的必修技能。

第三节 成长型思维：在 CSR 逆境中看到希望

还记得第一次参与公益活动时，助人的快乐让自己心潮澎湃，一瞬间顿悟"原来这就是自己人生奋斗方向"的快感吗？

还记得刚刚迈进 CSR 领域时，一腔热血的自己曾经许下的工作诺言吗？

还记得最初参加商道 CRO 论坛活动时，似乎"无所不包"的 CSR 概念给自己带来的震撼与兴奋吗？

为什么入 CSR 圈才短短几年，随着工作经验的积累和能力的增强，很多 CSR 从业者反而失去了当年的冲动，开始怀疑自己的选择了呢？如何能够在 CSR 职业旅途中保持真我，面对各种挫折总能看到希望，不断遇到最好的自己呢？心理学提供了一个很好的工具，可以帮助 CSR 从业者在逆境中不断拓展自己的能力边界并找到希望。这就是近几年在教育领域大火的"成长型思维"。

一、心态调节：CSR 职业发展的天花板有多高？自己说了算

（一）固定型思维（Fixed Mindset）与成长型思维（Growth Mindset）

斯坦福大学的心理学教授 Carol Dweck 发现可以把个体在追求目标过程中展现出来的思维模式从应对挫折的视角分为两类[①]：

1. 成长型思维

相信自己的才能、智慧、天赋是能通过毅力、决心和辛勤努力而不断发展的思维。这种思维认为失败是暂时的，是获取经验的一种方式，他们会拥抱挑战，从批评中学习和进步，他们更关注如何激发自己的能力做到更好。

2. 固定型思维

认为自己的才能、智商、天赋是固定不变的，后天的努力是没有用的。这种思维认为挫折、失败是对自己能力的否定，他们害怕被评价，害怕冒险，遇到挑战就容易退缩，并且担心自己出丑，只做能力之内的事情。

把成长型思维迁移到 CSR 从业者身上，可以把 CSR 从业者在面对职场困境时的态度及思考方式也分成两类。具有成长型思维的从业者相信自身的业务能力是可以通过努力学习和锻炼而不断提升的，就像肌肉一样，越练越发达。他们相信，把 CSR 基本业务做好后，在其相关领域（如企业传播、政府事务、公共关

[①] DWECK C S. Mindset: The new psychology of success[M]. Random House Digital, Inc, 2008.

系、媒体管理等）也一样能做到得心应手。而具有固定型思维的从业者，很容易把自己局限在消极的思维模式中（如：做了几年 CSR 下来，感觉心里很空，我除了会做 CSR，其他啥都不会做）。

（二）两种思维方式下 CSR 从业者的行为表现

从表 18-4 中可以看出，拥有成长型思维的 CSR 从业者总能从困境中看到希望，更偏向于过程导向，不轻易对结果进行评判，在面对巨大压力时能够保持韧性，不轻易放弃；而拥有固定型思维的 CSR 从业者对自己的能力会设限，一旦工作内容或者环境发生变化，很容易陷入恐惧和自我否定当中，从而失去做事的乐趣。

表 18-4 两种思维方式对比

情境	固定型思维的 CSR 从业者	成长型思维的 CSR 从业者
自我评价做 CSR 业务的能力	我自己的智商、背景和能力就这个样子；我能做到 CSR Manager 也就到顶了	我的能力是可以通过不断努力和学习来提升的。只要我努力，我一定可以一直向上走，未来会升职为 CSR Manager, Director 甚至到 CRO 都是有可能的
我能把 CSR 做好的原因	我挺聪明的，背景也挺好的，所以我可以把 CSR 做好（智力的证明）	我挺努力的，一直在不断反思总结经验，所以我可以把 CSR 做好（学习的结果）
看到其他 CSR 从业者不断升职加薪后的反应	感到威胁，感到妒忌	感到鼓舞、激励，暗示自己这是学习的好机会
CSR 项目上遇到挫折	这是个失败，当初选错行了，我自己没有做 CSR 的天赋	这是成长的好机会，我又可以学习到很多新的经验
面对未知挑战	CSR 领域很窄，我除了会做 CSR 协调和沟通外，其他我啥都不会	CSR 领域很广，在这个岗位上积累的经验我能够很快迁移到其他领域，只要我不断学习，一定能够应对挑战
面对批评	忽略有用的负面评价，感到是一种威胁	从中寻找有用的反馈，感到是一种挑战

资料来源：笔者整理而得。

二、行为管理：CSR 从业者如何培养成长型思维

（一）了解成长型思维的神经机制——神经可塑性

培养成长型思维的第一步是要了解我们大脑的可塑性（Brain Plasticity），也称为神经可塑性（Neuroplasticity），简单来说，就是大脑中的神经网络（见图 18-3）

具有为了更好地适应环境而不断变化与重组的能力。

图 18-3　大脑中的神经网络

资料来源：https：//www.sohu.com/a/203978263_117030.

大脑中负责信息加工和传输的脑神经细胞叫作神经元。神经元与神经元之间通过突触连接（神经元冲动传到另一个神经元的接触部位就叫突触），从而组成错综复杂的神经网络，如图18-3所示。一线神经元在接收到某种特定情境刺激后（包括光波、信息、声波等）会释放出自己的信号，通过突触与网络中的其他神经元进行"交流和沟通"。神经网络的结构和复杂程度不是固定的，也不是单向发展的，而是一个毕生发展的动态过程。一个人的大脑会根据环境及经验的变化和刺激，产生新的神经元连接，调整原有的神经元连接，或清除长期不用的连接。

神经可塑性遵循"毕生发展，用进废退"的基本规律。当我们对某项活动进行刻意练习时，新的神经元会产生，新的神经回路会形成。随着练习的增多，神经回路会越来越复杂和发达，使得大脑消耗越来越少的能量完成同样的任务。如果停止或荒废练习，原有的神经回路可能会发生功能变化，新神经元的产生会受到影响，原有的神经元连接也会逐渐消失。

（二）反思 CSR 召唤感（CSR Calling），建立 CSR 归属感

作为 CSR 从业者，我们培养自身成长型思维还要想办法改变自身的环境，设法让自己处在社区中，感受到归属感（Sense of Belonging）。提升 CSR 归属感可通过下面几种方式获得：

（1）寻找与自身情况相同或类似的 CSR 从业者，组成或加入 CSR 社群（Community），比如商道学堂、北京的 ABA、上海的 CSR We Can 等组织。

（2）参与 CSR 社区活动，多从职业动机（Motivation）和职业终极目标（Sense of Purpose）的角度去观察其他 CSR 从业者，并对自身的 CSR Calling 进行反思和记录。每当遇到职业瓶颈时，翻出自己的记录，回顾原先总结的职业终极目标和对召唤感的描述文字，并再次记录下新的感受。

（3）在社区中寻找合适的伙伴，主动建立 Mentor – Mentee 关系。

如果自己已经是经验较为丰富的 CSR 经理人，找到 1~2 个 Mentee，将自己的经验教授或传递给 Mentee，可使自身获得传承感（Generativity），进而提高 CSR 归属感。

如果自身仍然是缺乏经验的 CSR 小白，找到 1~2 个 Mentor，通过沟通职业目标，交流克服 CSR 瓶颈的方法，并在 Mentor 指导下进行职业规划，可帮助自己提高归属感。如果找不到级别较高的 Mentor，可以找同样是 CSR 小白的伙伴，组成 Peer Mentor，同样可以起到效果。

需要注意的是，在 Mentor – Mentee 关系中，及时反馈（Timely Feedback）非常重要，最好采用记录的方式，把不同阶段中的挑战（Challenges）、思考（Thoughts）、行动（Actions）和结果（Results）分类记录下来，并进行定期回顾。

（三）刻意练习：重塑对 CSR 挫折和逆境的认知

CSR 从业者可以通过刻意的笔纸练习，使用"成长型思维"句式进行自我对话（Self – Talk）来帮助自己培养成长型思维。

（1）面对好的工作绩效和他人相对正面的反馈时，可通过自我表扬进行自我强化。表扬的落脚点应放在描述自身的努力和坚持上。如：在这个 CSR 项目中我把每一分预算都用了刀刃上，这是因为我投入了大量的精力进行调研，并在每个步骤上作了详细规划，同时对利益相关方的预期早早进行了管理。我的用心和努力换来了今天的结果。培养成长型思维的过程中需要刻意弱化和减少对自己智商和能力的正向强化（我真的太聪明了/我的能力摆在这的/要不是我这么能干，这个项目肯定黄）。

（2）面对挫折和他人相对负面的反馈时，可使用 "Not Yet" 句型把挫折情境写下来。如：＿＿＿＿＿＿＿＿（什么时候）我遇到了＿＿＿＿＿＿＿＿（挫折、困难、失败，直接描述客观事实），我认为＿＿＿＿＿＿＿＿（用上"还没有"）。需要注意的是，这种练习不能停留在大脑里，一定要写下来，反复去读去看。通过这样的刻意练习可以重新建构从业者对挫折的认知，点燃克服困难的信念。

第四节　心流体验：化"CSR 焦虑"为"CSR 福流"

一、心态调节：CSR 大咖的良好状态带给从业者的反思

国内的 CSR 圈子很小但社区活动很多，几年工作下来基本上大家都互相认识了。尤其是圈中的大咖，经常活跃在各种活动中，因而每位 CSR 从业者都或多或少认识几位 CSR 大咖。如果仔细观察，会发现很多 CSR 大咖的生活工作状态具有一些共同的特点——他们早已将 CSR 工作与自我实现融为一体，其分享的文字中常常会有发现了真理，窥见了事物的本质和洞察到生活工作的规律等巅峰体验（Optimal Experience），主观幸福感爆棚。这些分享文字常常使得年轻的从业者产生强烈的共鸣与敬畏感，大咖的良好状态十分令人羡慕。

（一）CSR 工作明明既有意义又有趣，为何我却天天焦虑

大咖们的这种工作状态真的只能等到积累很多年经验后才能企及吗？CSR 小白或普通 CSR 经理人是否有可能接近这样的状态呢？从行为科学角度讲，我们每个人都有均等的机会进入和大咖一样的巅峰状态（Optimal Experience）——它可能是一种瞬间产生的幸福感，也可能是一种转瞬即逝的敬畏感，或者是一种如痴如醉的兴奋感，心理学称之为 Flow Experience，中文译为心流或福流。捕捉到心流的直接体验是——全然的专注，感觉找到了生命的意义，发现了自己存在的价值，忘记了时间的流逝，这是一种无与伦比、妙不可言的愉悦感受。

（二）心流——在 CSR 工作中捕捉幸福感的窍门

关于心流的产生可以追溯到马斯洛的需求层次理论[1]，见图 18-4。马斯洛发现个体的需求类型具有"层次性"，一个人在基本的需求满足之后一定会有更高级别的需求。其中基本需求包括生理需求、安全需求、归属和爱的需求及被尊重的需求。当基本需求被满足后，个体会产生更加高级的、与成长相关的需求。这包括对知识的追求、美的追求、道德的追求，等等。位于需求金字塔顶端的就是自我实现需求，这是个体最高级的需求。马斯洛发现一旦个体满足自我实现的需求，就会产生巅峰体验（Optimal Experience），这种体验就是心流，是个体感受到自我潜能被发掘之后产生的强烈愉悦感。值得注意的是，曾经学者们认为需

---

[1] MCLEOD S. Maslow's hierarchy of needs[J]. Simply Psychology, 2007(1):1-18.

求的发展是按照层次递进产生的，位于底层的需求在不被满足的情况下，高层的需求是不可能产生的。这个结论如今已经被推翻，在很多情境下，需求层次是可以跳跃的，甚至不同层次的需求是可能同时产生和并存的。

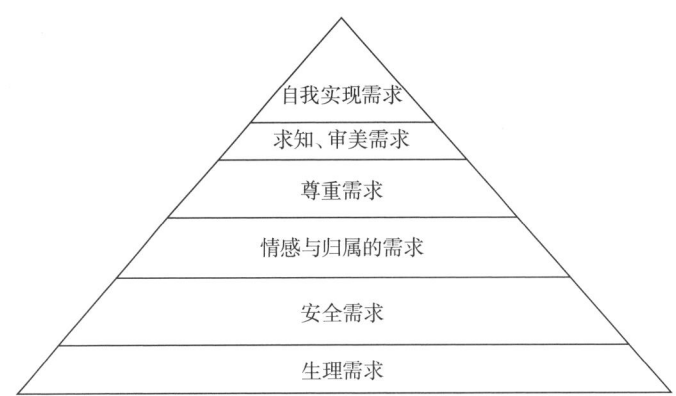

图 18-4　马斯洛的需求层次理论

资料来源：笔者整理而得。

从 CSR 从业者的视角来看，心流的感受往往具有如下特点：

（1）强度高：心流的愉悦感非常强烈。比如，有的 CSR 从业者在参与一个公益项目时，会产生强烈的兴奋感，手舞足蹈且如痴如醉。

（2）突然性：这种愉悦感往往是突然产生的，提前没有预料到。比如在 CSR 战略传播时，有时使用了各种传播方法，效果却并不明显，随手一个"无心插柳"的传播方式却让 CSR 项目火了起来。这让从业者喜出望外、如获至宝，有一种"山重水复疑无路，柳暗花明又一村"的惊艳。

（3）即时性：心流所带来的巅峰体验往往是短暂的，可能转瞬即逝。虽然它昙花一现，但它的影响却是长久的、深远的，可以让人记忆深刻，难以忘怀。很多 CSR 从业者之所以走上 CSR 这条路，都是多年前曾经体验过心流，那种刻骨铭心的体验驱使着他们选择了在 CSR 领域从业。

（4）同一性：虽然对于不同的人，产生心流的条件、情境与对象是不同的，但是对于个体而言，产生心流体验的感受是类似的。比如，有的从业者在公益活动中产生心流，有的从业者在参加 CSR 论坛活动中产生心流，还有的从业者在写 CSR 报告中产生心流。

（5）普遍性：心理学研究发现，心流的产生频率其实非常普遍，任何人都有可能在某种情境下进入心流。尤其 CSR 工作往往具有普世价值——For Public

Good，如果从业者是主动选择了 CSR 领域作为自己的职业领域并用心去工作，那么在工作中获得心流体验的可能性是很高的。

二、行为管理：CSR 从业者如何创造心流体验

（一）对曾经引以为豪的"一心多用（Multitasking）"说不

在保持觉察（Consciousness）的状态下把事情一件一件做好，杜绝一心多用。这是普通人获得心流的基础条件。

同一时间处理多项工作（Multi-tasking）可能是很多 CSR 从业者引以为豪的能力，甚至有些公司的 CSR 岗位在招聘时，会直接写明需要应聘人员具有同一时间处理多项工作的能力。由于 CSR 工作涉及的落地事务非常琐碎，很多从业者都会养成一边开会一边回复邮件，一边写 CSR 报告一边与供应商打电话等一心多用的习惯。然而，产生 Flow 的首要条件是必须在当下时间完全且彻底地沉浸在一件事中，不能分心。也许有的从业者一心多用的确能够把多件事同时做好，但却产生不了心流，因而无法体会到物我两忘的愉悦感。

为什么说"当下专注一件事"是促成心流产生的基本条件呢？

这是因为心流作为巅峰体验（Optimal Experience），其本质是一种主观体验（Subjective Experience），它包含了想法、感受、直觉等人脑对客观信息加工后产生效果的觉察。当客观信息过载时，我们的意识就会因为"大脑过忙"而变得混乱无序起来，随之产生的画面、想法、感受等体验元素将变得无法预测和控制。在意识（Consciousness）无法保持有序的状态下，注意力就无法指向和集中到同一目标上，主观体验就会被搅乱。

（二）开启心流通道的天平：CSR 业务难度与从业者的工作能力

如图 18-5 所示，当 CSR 从业者所面临的工作难度高于自身工作能力时，从业者会产生负面感受。当难度略高于自身能力时，会产生担心，逐渐发展到难度过高时会产生焦虑。

当 CSR 从业者所面临的工作难度低于自身工作能力时，从业者同样也会产生负面感受。当难度略低于自身能力时，会产生无聊及单调的感受，逐渐发展到难度过低时会产生焦虑。

只有当 CSR 从业者所面临的业务难度和自身的工作能力处于一种最佳匹配的状态时，才能使自己在工作中捕捉到心流。

一般来说，CSR 从业者的职业发展路径从 CSR 专员开始，从处理 CSR 行政

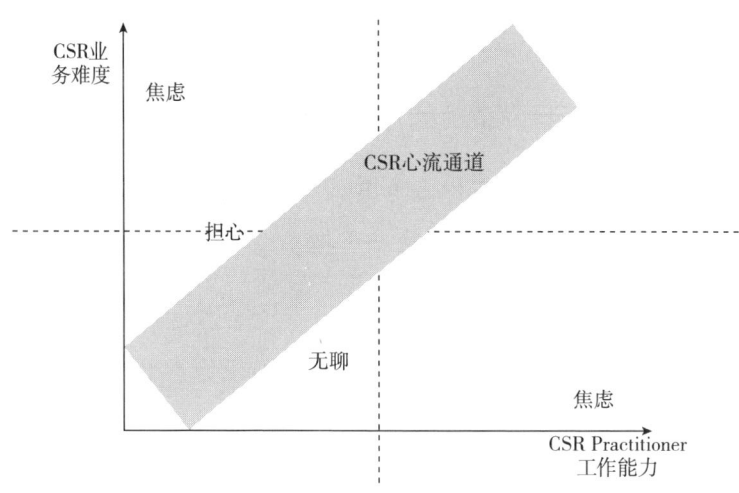

图 18 – 5　CSR 负面心流通道

资料来源：笔者整理而得。

事务及相对零散的落地任务中通过对主管的行为观察进行学习，到逐渐成长为能够独当一面完整执行落地项目的 CSR 经理，最后再蜕变为能从具体工作经验中抽象和建构出与组织相匹配的 CSR 战略及文化的 CSR 总监（含 CRO），见图 18 – 6。在此过程中，CSR 从业者所面对的工作业务难度在不断提升。如果自身工作能力没有办法提升，很容易进入图 18 – 5 中的"担心—焦虑"区域，因而"不断提升自身能力"是化解焦虑，提升获得心流可能性的最好办法。

还有一种情况，不少 CSR 从业者是在其他职能岗位上工作多年后，带着丰富的经验投入到 CSR 领域。这些从业者的综合能力往往很高，但出于一些外部原因，这类从业者顶着很高的职务却只是重复做一些项目落地执行的工作或者单纯的文化建构工作。这种情况下从业者很容易会进入"无聊—焦虑"区域，他们无法从工作中体察到意义，激发出激情。对于这类从业者，让自己发展出心流的最好办法是不断增加工作的挑战性，促使自己完成对 CSR 从抽象到具体再回归抽象的认知发展闭环。在从事"仰望星空"属性的理念建构工作与"脚踏实地"属性的项目执行工作中合理分配时间，二者的有效平衡可以帮助自身提升获得心流的可能性。CSR 正面心流通道见图 18 – 6。

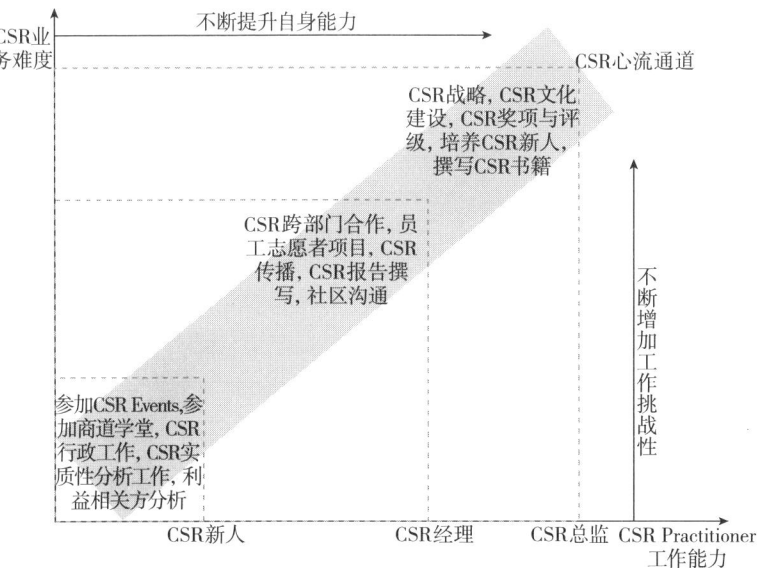

图 18-6　CSR 正面心流通道

本章小结

本章从积极心理学的视角切入，介绍了 CSR 从业者如何运用科学的方法进行心态调节与行为管理，从而化工作中的"CSR 焦虑"为"CSR 福流"，在提高工作效率的同时提升自身的主观幸福感。

本章开篇分析了导致 CSR 从业者普遍焦虑的一个重要原因，由于 CSR 在绝大多数公司里都没有被整合进公司战略中，属于非核心、非必需部门，因而负面偏差在 CSR 工作中无处不在。随后介绍了一系列的科学方法，包括积极归因、视角采择、培养成长型思维和创造心流，帮助从业者重塑自身的归因风格和思维模式，克服负面偏差，从而提升在工作中获得巅峰体验的可能性。

说到底，CSR 是一个与人打交道的工作。行为科学中与人相处的最高境界在于平衡（Balance）。在 CSR 实务中，从业者与利益相关方的沟通与互动从来就不是单纯的"Creating Shared Value"，它更是一种在不同情境下对人性复杂性和多变性的理解与探索。除了在理性层面为 Stakeholder 创造价值之外，在感性层面如何去理解 Stakeholder 作为个体的需求、动机、偏好以及情绪，常常被从业者忽略，但往往是这些要素对互动效率起到了关键作用。如何在 CSR 工作中达到理性与感性的平衡、自我与他人的平衡、"脚踏实地"与"仰望星空"的平衡，也是每个CSR从业者在漫长的职业生涯中都需要去不断反思和总结的。启发读者理解到这一点，也是本章的意义所在。

---- 思考题 ----

（1）请列举你在工作中遇到的负面偏差现象，并说说你是如何应对解决的。

（2）CSR从业者的心流体验有哪些，如何提升？

参考文献

[1] BATSON C D, EARLY S, SALVARANI G. Perspective taking：Imagining how another feels versus imaging how you would feel[J]. Personality & Social Psychology Bulletin, 1997, 23(7): 751 – 758.

[2] CSIKSZENTMIHALYI M. Toward a psychology of optimal experience [M]. Dordrecht：Springer, 2014.

[3] CSIKSZENTMIHALYI M, CSILZENTMIHALY M. Flow：The psychology of optimal experience[M]. New York：Harper & Row, 1990.

[4] DENNIS K S. Cultivating a growth mindset for effective adaptation in today's dynamic workplace[J]. International Journal on Li felong Education and Leadership, 2016, 2(2).

[5] DWECK, GAVIN C, MARGUERITE (NARRATOR). Mindset：The new psychology of success, how we can learn to fulfill our potential[J]. Gildan Audio, 2015, 12.

[6] HALLETT, ROBERT. Empathy and its development[J]. Basic & Applied Social Psychology, 1990, 11(8): 883.

[7] ELLIOTT R, BOHART A C. WATSON J C, GREENBERG L S. Empathy[J]. Psychotherapy, 2011, 48(1): 43.

[8] GILLHAM J E. Optimism, pessimism, and explanatory style[M]. New York：American Psychological Association, 2001.

[9] GTUEN R J, MENDELSOHN G. Emotional responses to affective displays in others：The distinction between empathy and sympathy[J]. Journal of Personality & Social Psychology, 1986, 51(3): 609 – 614.

[10] KAZAKOFF E, MITCHELL A. Cultivating a growth mindset with educational technology[R]. Lexia, 2017.

[11] KELLEY H H. The Process of Causal Attribution[J]. American Psychologist, 1973, 28(2): 107 – 128.

[12] KELLEY H H, MICHELA J L. Attribution theory and research[J]. Annual Review of Psychology, 1980, 31(1): 457.

[13] KOLTKO-RIVERA, Mark E. Rediscovering the later version of Maslow's hierarchy of needs: Self-transcendence and opportunities for theory, research, and unification[J]. Review of General Psychology, 2006, 10(4):302-317.

[14] ANDERSON A. Maslow's hierarchy of needs[J]. Educational Psychology Interactive, 2014, 67(2):172-178.

[15] NAKAMURA J, CSIKSZENTMIHALYI M. The concept of flow[J]. Springer Netherlands, 2014, 10(8): 239-263.

[16] ROZIN P, ROYZMAN E B. Negativity bias, negativity dominance, and contagion[J]. Personality & Social Psychology Review, 2001, 5(4):296-320.

[17] SAGI Y, TAVOR I, HOFSTETTER S, et al. Learning in the fast lane: New insights into neuroplasticity[J]. Neuron, 2012, 73(6):1195-1203.

[18] SELIGMAN M E. Learned helplessness[J]. Annual review of medicine, 1972, 23(1): 407-412.

[19] SELIGMAN M. Learned optimism: How to change your mind and your life[M]. London: Vintage, 2006.

[20] 思盟企业社会责任促进中心.2020年CSR职业经理人调查报告[R]. 2020.

[21] CSIKSZENTMIHALYI M. Flow: The psychology of optimal experience[J]. Design Issues, 1991, 8(1):209-226.

第十九章　自然素养[①]

我们常常会听到"公民素养""科学素养""人文素养",但自然素养则鲜为人知,也没有官方定义。素养是具有知识观念的内在涵养以及面对周遭事物的心智习性。而知识本身是外在的东西,是材料、是工具、是可以量化的知识;只有把知识吸收并进入人的认知本体,影响和渗透人的生活与行为,才能称之为素养。素养是发自内在从而形诸于外的行为与态度。而自然素养,谈的是涉猎了自然科学知识之后,能进一步产生对自然的关怀,脱离了对自然的关怀,只能具有自然知识,而不具有自然素养。因此,自然素养的养成,是企业社会责任实现可持续发展重要的核心基础之一。唯有人们拥有良好的自然素养,才能实现人与自然的和谐共生。

第一节　自然与人

一、自然是什么

(一) 地球生命的演化

地球在46亿年的漫长演变中,经历了化学动力的演化、大气成分的演化、海陆变迁及生命的演化,其内部构造和外部环境都发生了巨大的变化。地球生命从无到有,不断适应并影响着生存环境,演化出了令人惊叹的生物多样性,进而形成了今天的地球。

从地球演化的过程,我们可以看到地球上一些重要的生命历程,会发现人类在地球演化中是多么的微不足道:

·42亿~40亿年前,地球表面温度降低使地壳得以凝固,大气与海洋形成了。

·40亿年前,最早的生命形式DNA开始出现,成为最主要复制物,并不断

[①] 作者:赖芸。

繁殖。
- 33亿年前，细菌开始出现，并发展了光合作用。
- 28亿~25亿年前，能进行光合作用的蓝藻出现了，它们释放出氧气。
- 15亿年前，多细胞生物出现了，真核藻类开始生活在海洋中。
- 10亿~7.2亿年前，生命开始在陆地上发展。
- 5.2亿年前，最早的脊椎动物——中国云南昆明的丰娇昆明鱼出现了。
- 4.8亿年前，第一次生物集群灭绝，腕足动物门灭绝，结束古生代寒武纪。
- 4.7亿年前，第一批原始植物从绿藻演化并移到陆地上繁衍，地衣出现了。
- 3.7亿年前，种子植物开始出现，演化出花粉和种子。
- 3.2亿年前，昆虫能够飞行了，并出现了多个目。
- 2亿年前，三叠纪—侏罗纪，第四次生物大灭绝发生，约90%的物种灭绝，海洋生物在这次灭绝中消失。恐龙从中存活下来，开始繁盛起来。
- 1.5亿年前，恐龙开始称霸世界，越来越普遍及多样化，有腕龙、迷惑龙、剑龙、异特龙等。鸟类从兽脚亚目演化出来，始祖鸟成为鸟类近亲。
- 6500万年前，地球经历第五次物种大灭绝，75%~80%的物种灭绝，恐龙时代就此终结，为哺乳动物和人类的登场提供了契机。
- 1500万年前，猿从非洲迁徙至欧亚大陆，成了长臂猿及猩猩。人类祖先由长臂猿进化而来，猩猩、大猩猩及黑猩猩都属于人科，人类则属人族。
- 180万年前，直立人在非洲进化，并迁徙至其他大洲，主要是南亚。

如果把地球生命历程压缩到一天24小时来计算，人类在这个地球上生活的时间太短了，在最后3分钟人类才登场，到最后1分10秒，现代人类才出现。人类的发展历程，在地球的生命历程中实在太短。我们不难理解，地球并不需要人类，而人类的生存不能没有地球，今天我们所作的一切努力，都是希望能把地球温升控制在1.5摄氏度以内，保护好丰富的生物多样性，让人类可以更长久地居住和生活在地球上，让人类的子孙后代能够在地球上持续地生存繁衍，生生不息。

（二）生物多样性

生物多样性指的是生物及其环境形成的生态复合体，以及与此相关的各种生态过程的综合，包括动物、植物、微生物和它们所拥有的基因，以及它们与其生存环境形成的复杂的生态系统。简单来说就是指所有不同种类的生命，生活在这个地球上，其相互交替、影响，令地球生态得到平衡。生物多样性越丰富的地方，生态越稳定；生物多样性越单一的地方，生态越脆弱。

生物多样性通常包含了三个层面的内容：生态系统多样性、物种多样性和遗传多样性。这三个层面环环相扣，在地球上的生物圈内建立了复杂的生命体。大自然是一个整体，保护大自然最重要的就是要保护好生物多样性。

生态系统多样性是指地球上有不同类型的生态系统，有海洋、河流、湖泊、湿地、草原、森林、红树林等生态系统。在这些生态系统里面，生活着许多不同的生物物种。如果生态系统被破坏或者消失了，生活在其中的生物物种就无法继续存活繁衍，甚至会消亡、灭绝。

物种多样性是指地球上有许许多多不同种类的生物物种，有大熊猫、金丝猴、长臂猿、蝴蝶、蜜蜂等生物物种。每一个物种都有它存在的意义和价值，物种越丰富，代表其生态越稳定。保护物种多样性，可以使每一个原生物种一直繁衍下去，不在地球上灭绝。

遗传多样性指的是生物在遗传物质上的多样性。遗传多样性是生命进化和适应的基础。种内遗传多样性或变异性越丰富，物种对环境变化的适应能力越强。基因多样性或遗传多样性的表现是多层次、多水平的。

2019年5月6日，联合国在巴黎发布的《生物多样性和生态系统服务全球评估报告》显示：人类活动"现在比以往任何时候都威胁到更多物种"。除非采取大力行动减少生物多样性丧失的驱动因素，否则大约有一百万种物种"面临灭绝，许多物种将在几十年内灭绝"。现在的灭绝速度已经"至少比过去一千万年的平均值高出数千倍"。"自1980年以来，特别是海洋塑料污染增加了十倍，至少影响了267种海洋动物"，其中包括86%的海龟、44%的海鸟和43%的海洋哺乳动物。

二、中国的环境保护运动

（一）中国的环境压力

中国经历了40多年改革开放的高速发展，经济成就举世瞩目，但生态环境也承受了很大压力。2020年，全国337个地级及以上城市，有146个城市环境空气质量超标，占43.3%。以$PM2.5$、O_3、$PM10$、NO_2和SO_2为首要污染物的超标天数分别占总超标天数的51%、37.1%、11.7%、0.5%和不足0.1%。全国1940个国家地表水考核断面中，还有194个地表水属于劣Ⅴ类，主要污染指标为总磷、化学需氧量和高锰酸盐指数。112个重点湖库中，劣Ⅴ类水质湖库个数占5.4%。全国近岸海域，劣Ⅳ类水质面积比例为9.4%。

中国是全球最大的制造业国家，"中国制造"遍布全球。与之相伴，中国在资源消耗方面也有不少"世界之最"。

中国是世界第一大煤炭生产国，也是世界第一大煤炭进口国，煤炭总消耗量也是世界第一。因此，中国还是全球数一数二的能源消费大国，其中，煤炭是中国能源消费中占比最大的，高达60%~70%。

中国是世界上最大的原木和热带木材进口国。2004年，每10根从热带雨林出口的原木，就有5根被运往中国。

自2010年起，中国远洋捕捞船数以及渔获量多年位居世界前列，成为世界远洋渔业大国。

中国是世界上最大的农药生产国和使用国，而农药的大量使用已经造成了严重的环境污染，对水、土壤、空气等均产生了不可忽视的负面影响；农业污染成为中国的第一大污染源，而农药则是造成该类污染的重要因素之一。

（二）中国的环境保护运动

1994年，中国第一个民间环保组织自然之友的成立，开启了中国的民间环境保护运动。民间行动触发了更多的民间组织和环保人士的涌现，特别是1997年之后的一段时间，中国民间环保组织进入最活跃的时期，全国各地的环保组织如雨后春笋般纷纷涌现，开始关注并推动解决中国在发展中所遭遇的环境保护问题。

保护云南滇金丝猴行动，保护可可西里藏羚羊，这些民间行动陆续初见成效。社会各界包括新闻媒体开始参与、关注更广泛的环境保护事件。同时，越来越多的空气污染、水污染的受害者成为"一线环保斗士"，他们有的通过实地调查、联系新闻媒体曝光、信息公开、举报上访等来揭露问题，有的通过公益诉讼，希望诉诸法律来解决环境问题。

2012年以后，中国经济结束了近20年年均10%左右的高速增长期，进入增速放缓的新常态时期，环境保护也开始得到前所未有的重视，并具备越来越大的话语权。2018年，中央全面深化改革委员会第一次会议审议了《关于第一轮中央环境保护督察总结和下一步工作考虑的报告》，强调要以解决突出环境问题、改善环境质量、推动经济高质量发展为重点，夯实生态文明建设和环境保护政治责任，推动环境保护督察向纵深发展。此外，深入落实"党政同责、一岗双责"，压实地方党政部门责任，特别是"一把手"在环境治理中的责任。同时，强调将环保统筹整合到党政各部门的职能中，抓发展必须抓环保，管生产必须管环保，真正把环保贯穿到工作的各个方面。随着新时代环境保护工作的开展，中国生态环境质量也得到了明显改善。

第二节 自然教育

一、自然教育的意义

（一）自然教育的目的

近20年，中国经济快速增长，城市化高速发展，人们的物质生活水平不断提高，城乡居民纷纷搬进了高楼大厦，农村人口还不断涌入城市。住家附近的自然绿地越来越少，楼盘越来越多。现代城市里的孩子们，离自然越来越远。很难想象，从小没有被自然感动，没有在自然里与自然生命进行互动经验的孩子，长大之后如何会善待我们这片土地，如何会善待自然生命？城市孩子的"自然缺失症"现象已经非常严重，《城市中的孩子与自然亲密度调研报告》显示，全国有16.33%的孩子有自然缺失症倾向。

自然教育此时应运而生，并井喷式地快速发展起来。各种行业纷纷开始把自然教育作为机构发展中的一项业务，比如，做户外探险活动的机构，也开始做自然探索活动；做亲子阅读的机构，也来做自然阅读；做营地的机构，也开始发展营地自然教育；一些大型社区物业，也开始提供社区的自然教育。感觉一夜之间，大家都觉得自然教育很好，都来做自然教育。在家长群里面，越来越多的家长和孩子第一时间分享正在参与的自然教育活动。这是一个好的开始。

但是，究竟自然教育是为了什么？难道只是带孩子们在自然里面玩耍和游戏？只是在自然里面进行阅读？只是知道一棵植物、一个昆虫或者一只鸟的名字？只是不断地刷新物种纪录？其实，这些都只是活动的形式而已，更重要的是应该深耕自然教育的内容，通过在自然中体验与实践的教育方式，提升人们对自然生态的了解和认识，在自然里被感动，从而激发大家保护自然的意识和行动。这才是自然教育最重要的核心价值和理念。

（二）自然教育的概念与目标

全国自然教育网络提出：自然教育是在自然中实践，倡导人与自然和谐关系的教育。自然教育强调要走进自然，鼓励公众在自然中进行活动的开展。据《荒野效应与生态心理学》作者的调查，90%走进荒野的人描述到他们对生命的感受力更强、过得更好、更有能量，80%的人发觉回来后变得十分积极。

"倡导人与自然和谐关系"涵盖了"人的健康与发展"和"自然的可持续发展"两个维度。自然教育以人为本，也是为了人的健康。自然教育可以帮助人们，特别是儿童重建与自然的连接，获得自然的滋养，在自然中健康生活、快乐成长。许多研究表明：自然教育有助于儿童的身心健康，例如减少近视、增强体能、降低肥胖风险、促进情绪健康等；有助于学业发展，例如提升学业表现、提高专注力、增强学习兴趣、改进学习中的表现行为等；有利于人格培养（恒毅力等），使儿童成为自然的守护者。

同时，自然教育的另一个重要目标是促进自然的可持续发展。自然的可持续发展，强调通过自然教育改变人们的意识和行为，号召人们采取积极的行动来保护自然。"地球的荒漠化源于人类心灵的荒漠化"，正是人们逐渐失去了与自然的连接，失去了那份敬畏自然的心，在面对环境问题的时候，才没有足够的尊重与珍惜。因此，自然教育的开展对儿童的成长和大自然的延续都是至关重要的。

获得1995年联合国"全球500佳"环境奖的作家、环境记者乔治·蒙贝尔特（George Monbiot）发现，他所认识的那些为保护自然而努力的人，大多数在童年时期都曾沉浸于自然之中。没有对自然的感知，不了解自然运行的规律，没有从儿时开始的与自然的亲密接触，他们就不会毕生投入保护自然的事业当中。童年与自然亲密接触的经历，在他们心中埋下了热爱自然、保护自然的"种子"；学习、了解自然运行的基本规律，让他们对自然环境变化的原因和过程更为敏感，并且知道如何付诸行动。作为培养自然守护者的重要途径，自然教育对自然与人类社会的可持续发展至关重要。

二、自然教育的方法

（一）自然观察

著名的生态作家徐仁修老师曾说过：大自然随时都在传递着讯息，只要我们稍加留意，便能发现这些有趣的自然密码，并解读其所代表的意义——这就是自然观察。我们在做自然观察的时候，不仅仅是用眼睛看（观），更重要的是能够运用所有感官系统（视觉、听觉、嗅觉、味觉、触觉）用心去体会（察）。

自然观察要观察什么呢？观察要点有哪些呢？通常我们可以观察生物个体的外貌外形；生命历程（生老病死）；生长的环境（森林、海滨、高山、溪流等不同的生境）；习性和行为（衣食住行）；与其他物种的关系（共生、寄生、附生）；适应环境的机制；等等。

自然观察可以在一个生态环境比较好的地方，经常性地定点观察；也可以随时随地地进行观察，去探索自己感兴趣的，发现吸引自己的自然生态；还可以观察植物、花朵、昆虫、蝴蝶、鸟儿，或者观察一些自然景观的变化、自然现象等，从而了解大自然的运动和生态关系。

案例：野外生态观察

在野外如何进行观察呢？走进大自然中，我们最常用的就是用眼睛看，去大自然中寻找一些平时所忽略的物种，去发现大自然的美。

脚印和爪痕的观察：通过观察脚印和爪痕，我们可以辨识不同生物生活的痕迹。观察动物的脚印是自然观察中重要而有趣的活动，我们有必要对不同野生动物的脚印多加认识，这样在野外追寻的时候，才能辨识到野生动物活动的情形和轨迹。不同的动物，脚印是不同的。

粪便的观察：动物的粪便是动物非常重要的身份证明，许多有领域性的动物常常会用粪便来标示其势力范围，比如猎豹用喷尿来标识领地。而通过粪便遗留的残物，可以鉴定其食物、生长、分布等，比如豹猫的粪便中会有一些羽毛残留。通过粪便的形状和大小也能略知该物种的一些信息，比如大象的粪便就特别大，而且里面几乎都是植物纤维。

食痕的观察：野生动物在觅食的时候，会留下各自不同的啃食痕迹，凭着这些痕迹，我们可以判断哪些动物在这里活动。比如松鼠啃食剩的食物，常常会留下独特的齿痕。

生态的观察：除了观察自然界的微观物种个体，对生态整体的观察也很重要。比如南方的木棉树通常都是落完叶子，再开花，花儿绽放之后，再长出新的叶子。但是，受到气候变化的影响，木棉树上又有花又有叶子，这样状况下木棉花的花蜜更不营养了，树儿更不健康了，因此也影响到前来觅食木棉花蜜的鸟儿。

资料来源：部分参考徐仁修. 大自然小侦探 [M]. 北京：北京大学出版社，2013.

（二）自然体验

自然体验，可以运用五官感受自然，但更强调心灵在自然中的感受。当置身于丛林中时，通过注重身体在自然中的感觉，可以让自己身心放松，也可以通过游戏、静坐、冥想等活动，与自然产生联结；在不同的季节和气候，比如，下雨时也可以走进自然感受到大自然中最自然的状态。生态心理学认为，人类心灵最深处和地球同心相系，因此，回归自然、放飞心灵会有意想不到的感受和效果。

案例：盲径体验

盲径体验是非常受欢迎的自然体验游戏之一。这个体验活动还可以延伸设计成不同情境下的不同体验游戏活动。

如果有场地（营地、自然中心），可以专门设计一条盲径的路线。用绳子串起一条路线，在所经过的地方，可以一小段一小段地铺上不同质地的自然物（沙子、木头、草皮、小石头）。活动开始前，让所有参加者在起点把鞋子脱了，蒙上眼睛，双手搭在前面伙伴的肩膀上，由引导老师带领大家赤脚体验脚下不同质地的自然物。此时，大家会显得特别紧张，小心翼翼、注意力集中地迈出每一步，感受不同质地的大自然。

也可以把盲径活动设计成亲子家庭体验活动。活动前先让孩子蒙上眼睛，由父或母带领孩子在活动场地周边漫游，听奇怪的声音，闻神秘的气味，寻找有趣的触觉体验。大部分人在游戏结束之后都迫不及待地折回去，寻找刚刚走过的那些迷人的地方。体验活动完成之后，进行角色轮换，由孩子带着蒙着眼睛的父母进行体验，这样会有意想不到的感受。

如果夜晚在野外开展夜观活动，还可以增加一个夜间盲径体验活动。选择一条安全的路段，让所有人把手电筒关掉，然后，让参加者一个一个单独行走，可以间隔1~2分钟走一个人。让大家体验一下夜晚独自在野外的感受。

资料来源：笔者整理而得。

(三) 影像保护自然

要了解什么是真正的生态摄影，得先明白"生态"这两个字的意义。生态就是生物与生物，以及生物与环境的关系。因此，生态摄影就是以视觉吸引力来表达生物与生物之间、生物与环境之间的关系。生态摄影以其极强的冲击力去影响读者，去引发读者的思考与反思。生态摄影的特征是科学准确的记录，符合美学标准，有视觉冲击的效果。

著名野生动物摄影师奚志农，一直倡导用影像保护自然。1993年，他用镜头将滇金丝猴这个濒危物种带进了公众视野，通过滇金丝猴的照片和影像，让人们关注滇金丝猴的命运。他四处奔走呼吁，保护滇金丝猴的栖息地。在他及大家的努力下，白马雪山100平方千米原始森林免遭砍伐，保护了200多只滇金丝猴的栖息地。之后，国家不断加大对滇金丝猴的保护，在滇金丝猴分布区建立了自然保护区以及丽江老君山国家公园，区内也建立了多条巡护监测路线，对滇金丝猴开展长期巡护监测。

通过对中国野生动物的影像记录、对大自然的观察与记录、对身边自然生态的拍摄与记录，我们留下了大量真实宝贵的影像资料。当生态将要遭到破坏时，这些影像资料就可以成为重要的资料和证据，用于保护珍贵的物种和生物多样性。每个人都可以参与这样的记录与保护行动。

人们常常觉得自然教育不容易看到成果，其实不然。自然教育从改变人心开始，特别是让人们有机会更好地认识自然和生态，被大自然所吸引、被自然生命所感动！相信人们一定会更用心、更持久地来保护我们的自然生态。自然教育有机会从根本上真正地解决我们所面临的环境问题和挑战，而这需要一个理解、认识和改变的过程。

第三节 自然素养的养成

当现代社会人类给地球生态带来灾难性的破坏时，我们不禁要问：为什么人类一直在破坏自己的栖息环境？破坏到最后，人类自己也会无法适应和生存下去。有人曾以为答案是人们缺乏资讯，科技尚存有缺陷，或者是人类缺乏感受力；也有人认为是人类的贪婪。显然人与自然、众生互相依存是一项古老的智慧，现代社会中的自然教育就是重新发现这项本能。这些问题的答案需要触及更深层次的心灵问题来探索，地球和哲学之间的鸿沟依然如故。

一、生态中心主义

图 19-1 以最形象的方式解释了 EGO（个人主义）和 ECO（生态主义）两个概念的区别。左图以人为大，是个人中心主义的思维，当底层的动物、植物都消失时，金字塔也将崩塌；右图则为众生平等的完整家园，人是自然的一分子，与自然万物和谐共生。众生平等的家园能带给我们更平衡和谐的生活。

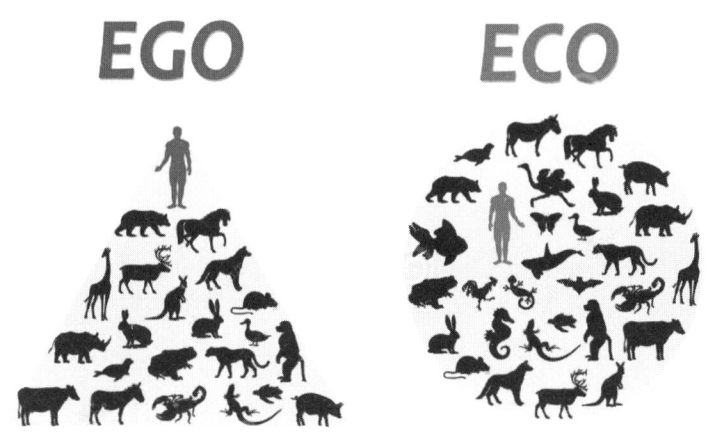

图 19-1　个人主义与生态主义

在生态主义的视野中，21 世纪，人的价值观应该从个人中心主义向生态中心主义转变，应该形成生态价值观。因为人类需要构建一种人与自然的新型关系，即人与自然的和谐发展关系。生态价值观至少应该包括以下几个方面：

（1）强调对生态保护的义务。环境保护价值观现在正被越来越多的人接受，它肯定我们生存于大自然中。

（2）强调对后代的责任和关怀未来的价值观。当代人对后代负有责任和义务。

（3）强调非人类中心主义的自然价值观，有利于重新认识和评价人与自然的关系。

（4）强调人与自然关系平等。环境平等的范围从人与人之间的关系扩展到人与自然的关系。人类绝对不是自然的主宰者或中心，人要尊重自然、善待自然。

（5）强调实现人与自然可持续发展的价值取向是人与自然、人类社会与生态环境的和谐发展。它是兼顾经济、环境和社会，以经济可持续性、生态可持续性和社会可持续性三者统一，即"人—自然—社会"系统可持续为基础的和谐发展。

《生态心理学》一书中提到：拯救地球要从拯救心灵开始。现代社会所面临的种种环境问题，归根结底是人们没有搞清楚人与自然环境之间的关系——人只是万物众生之一，而非地球的主宰。现在我们很多对待地球乃至对待生活的方式方法都是错误的。要解决环境问题，必须从心灵开始重新认识人与自然的关系，把人和周围的环境联系起来，而非割裂。

根据消费主义者的定义，满足是一种永远无法达到的状态。如果人类欲望是一个无底洞的话，消费根本不能令人满足。高速经济增长率一向是成功经济的指标，但过度消费则会消耗地球资源，产生大量废弃物，也常常带给人类痛苦。世界各地的消费者在人类所面临的全球环境危机中，都得负起相应的责任。

著名动物学家珍·古德（Jane Goodall）曾说过：唯有了解，我们才会关心；唯有关心，我们才会行动；唯有行动，生命才有希望。自然素养的养成就是通过自然教育的形式，进一步产生对自然的关怀，发自内在从而形诸于外的行为与态度的养成。自然素养的养成并非一朝一夕之功，它需要持续性地走进自然，与自然建立联结，不断反思并改变自我的行为。自然教育不仅使人们的意识发生转变，还会促进每个人行为和态度的转变，是帮助人们建立自然素养的开始。

当我们的内心受到触动时，我们才会开始反思自己的行为，反思人与自然的关系；这时，我们会更容易放下物质追求，杜绝浪费，避免过度消耗地球的资源。人们在自然观念上，开始懂得人与自然和谐共生的关系；在价值观上，开始懂得生态中心主义，尊重自然万物的生命，开始和地球生命万物平等对视；在生活观上，我们开始低碳生活，开始践行"断舍离"，开始告别"买买买"，让每个人的生活方式发生巨大转变；最终，我们不仅仅影响了我们自己，我们还开始行动起来，告诉身边更多的朋友加入进来，鼓励更多的民众参与进来，一起保护自然、一起实践低碳生活、一起推广可持续发展的理念！选择更简朴的生活方式并不是克己忘我的苦行，而是寻求一种朴实的优雅。人与自然和谐共生的关系，并不是口号，而是必须每个人一起实践和努力。自然素养的养成，让我们有机会看到地球未来可持续的希望！

二、低碳生活

从家庭生活入手，让每个人都可以为保护地球作出贡献。低碳生活的基础，是要反省现时的生活模式，奉行节约的生活习惯，是减碳以至未来可持续发展的根本之道。

现实生活中，我们可以从衣、食、住、行四个方面入手来进行低碳生活。

（一）衣

(1) 利用阳光晒干衣服；

(2) 选用一级能源标签的洗衣机；

(3) 购买衣服前先考虑清楚是否真的需要；

(4) 不洁衣物累积至一定数量后，才启动洗衣机；

(5) 把不适合或不穿的衣服捐赠给环保团体回收再造；

(6) 穿轻便衣服，以减少使用空调。

（二）食

(1) 选择本地出产的食物，以减少运输过程中消耗的能源，并减少二氧化碳排放；

(2) 生产蔬菜所需的能源较肉类少，宜多吃蔬菜及减少进食肉类；

(3) 简化烹调工序，既减少能源消耗，又有助于碳减排；

(4) 买简约包装的产品，减少加工过程产生的碳排放量及废弃物；

(5) 点菜和下厨时注意食物的分量，避免造成浪费；

(6) 购买当季食品，不时不食。

（三）住

(1) 以节电灯泡代替钨丝灯泡，可节省75%的能源消耗；

(2) 拔掉插头或关掉不使用的电器或电灯，避免电器停留在待机模式；

(3) 减少开灯，多利用自然光；

(4) 少开冷气，以清风送爽；

(5) 减少使用空调，如在夏天必须使用，应把冷气机调至24℃～26℃；

(6) 以花洒淋浴代替浸浴及安装省水的花洒设备，可节省用水；

(7) 将淋浴时间缩短为少于五分钟；

(8) 防止水喉渗漏造成浪费；

(9) 尽量以冷水清洗，节省加热用的能源；

(10) 为电脑设定备用/休眠状态；

(11) 选购一级能源标签的电器；

(12) 大型家私如需更换，可捐赠给环保团体回收再造；

(13) 夏季中午及下午时，可把窗帘拉上，避免猛烈阳光射进室内，可降低室内温度；

(14) 避免在阳光直接照射的地方安装冷气机。

（四）行

（1）以步行或骑自行车作短途旅程；

（2）尽量乘坐公共交通工具；

（3）定期对汽车进行适当的保养，可减少燃油消耗及废气排放，大大改善环境，亦可延长汽车的寿命；

（4）定期检验轮胎以确保轮胎气压达到制造商建议的水平，维持适当的轮胎气压以减低滚动阻力；

（5）避免忽然加速以减少耗油量；

（6）实行"停车熄匙"。

三、低碳办公

办公室或机构可以采取更为积极的行动来开展低碳办公计划。首先，承诺采取行动应对气候变化，评估当前办公室的能耗状况，找出可以减少排放的地方，并制定办公室低碳政策、策略和行动计划。其次，界定办公室的温室气体排放清单及排放量，建立碳排放量基线并监控碳排放绩效。最后，设定减排目标，实施行动计划，改善碳排放绩效，鼓励员工参与降低碳排放的行动，并公布碳减排的绩效表现。

低碳办公可以从三个方面进行：

（1）交通及运输：本地及海外办公的碳排放；员工往返办公室的绿色出行；公司车辆。

（2）能源使用：灯光、办公室电子设备（电脑、打印机、传真机、投影仪、充电器）、空调制冷系统；随手关灯、关闭不必要的电源、无纸化办公、空调26度、采用能耗低的设备、善用日光；等等。

（3）其他资源消耗：纸张的使用、耗水量等。

本章小结

自然素养与我们每个人息息相关。在生态危机面前，我们每个人都无法独善其身，唯有身体力行，亲身参与，才有机会让我们及我们的孩子在这个脆弱的地球上继续生存繁衍。地球可以不需要人类，但人类不能没有地球。生命短暂，我们每个人都是地球上的过客。我们在自然中身心愉悦，获得滋养，我们也要一同行动，守护自然。不以善小而不为，不以恶小而为之。善待地球，才能让所有生命生生不息。

思考题

（1）读完本章节，希望你可以行动起来，制定计划，从我做起，从低碳生活做起，给自己立一个Flag，思考如何为保护自然作出自己的贡献。

（2）经济发展与生态平衡之间的点究竟在哪里？

（3）有什么更好的Ideas，可以让低碳生活不再是口号，而是转化成全民参与的实际行动？

参考文献

[1] 刘湘瑶,张俊彦.论自然科学课程纲要中的[素养]内涵[J].科学教育月刊,2018(413):2-9.

[2] 维基百科.生命演化历程[EB/OL].(2021-07-04)[2021-07-21].https://zh.wikipedia.org/wiki/生命演化历程.

[3] 冯伟民.警世钟:第六次物种大灭绝要来了吗[EB/OL].(2021-02-10)[2021-7-21].https://www.sohu.com/a/451758052_200224.

[4] 奥秘世界.如果从地球诞生到现在只经历了24小时[EB/OL].(2017-04-20)[2021-7-21].http://earth.aomi365.com/a/100.html.

[5] 蒋志刚.保护生物学[M].杭州:浙江科学技术出版社,1997.

[6] 孔宏智.从基因组到多样性[J].生物多样性,2014,22(1):1-2.

[7] 国家林业和草原局.生物多样性的主要组成[EB/OL].(2012-02-06)[2017-03-01].http://www.greentimes.com/green/swdyx/2012-02/06/content_165721.htm.

[8] 联合国新闻网.联合国报告发出警报:近百万物种面临灭绝[EB/OL].(2019-05-06)[2017-07-21].https://news.un.org/zh/story/2019/05/1033781.

[9] 上半年生态保护综述:改善生态环境　建设美丽家园[EB/OL].(2015-08-06)[2017-07-21].http://www.gov.cn/xinwen/2015-08/06/content_2909248.htm.

[10]《第三次气候变化国家评估报告》编写委员会.第三次气候变化国家评估报告(精)[M].北京:科学出版社,2015.

[11] 中华人民共和国生态环境部.2020中国环境状况公报[EB/OL].生态环境部网站,(2021-05-24)[2017-07-21].https://www.mee.gov.cn/hjzl/sthjzk/zghjzkgb/202105/P020210526572756184785.pdf.

[12] 张洁华.盘点全球六大二氧化碳排放国中国总量遥遥领先但人均水平并不高[EB/OL].(2014-12-09)[2017-07-21].https://www.jiemian.com/article/212859.html.

[13] 中国汽车销量连续十二年全球第一[EB/OL].中央人民政府网站,(2021-01-15)[2017-07-21].http://www.gov.cn/xinwen/2021-01/15/content_5580088.htm.

[14]绿色和平. 负责任采购——中国家居建材业与全球森林保护[R]. [2007 – 05]. https://www. greenpeace. org. cn/china/Global/china/_ planet – 2/report/2007/11/responsible – purchase. pdf.

[15]张春. 死于中拉渔业监管漏洞的鲨鱼[EB/OL]. 中外对话, (2017 – 08 – 25)[2017 – 07 – 21]. https://chinadialogueocean. net/441 – seized – chinese – reefer – shows – marine – laws – are – failing – 2/? lang = zh – hans.

[16]谢克昌."煤炭革命"不是"革煤炭的命"[N]. 光明日报, 2015 – 02 – 13(11).

[17]李泽民. 农业部:未来5年全国农药使用量减两成[EB/OL]. 每经网, (2011 – 06 – 17)[2017 – 07 – 21]. http://www. nbd. com. cn/articles/2011 – 06 – 17/576410. html.

[18]乔金亮. 有增有稳有控,进口满足人民需求的农产品[EB/OL]. 中央人民政府网站, (2018 – 05 – 19)[2017 – 07 – 21]. http://www. gov. cn/xinwen/2018 – 05/19/content_5292007. htm.

[19]LEBRETON L, JOOST V, DAMSTEEG J W, et al. River plastic emissions to the world's oceans[J]. Nature Communications, 2017, 8:15611.

[20]刘奇, 张金池, 孟苗婧. 中央环境保护督察制度探析[J]. 环境保护, 2018(1): 50 – 53.

[21]理查德·洛夫深圳讲座实录:拯救自然缺失症儿童[EB/OL]. (2017 – 02 – 22)[2017 – 07 – 21]. http://www. mcf. org. cn/products – detail. php? ProId = 7.

[22]罗伯特·格林威. 荒野效应与生态心理学[M]. 台北:荒野保护协会, 2010.

[23]WOLCH J, JERRETT M, REYNOLDS K, et al. Childhood obesity and proximity to urban parks and recreational resources: A longitudinal cohort study[J]. Health & Place, 2011, 17(1): 207 – 214.

[24]CHAWLA L. Benefits of nature contact for children[J]. Journal of Planning Literature, 2015, 30(4): 433 – 452.

[25]WILLIAMS D R, DIXON P S. Impact of garden – based learning on academic outcomes in schools: Synthesis of research between 1990 and 2010[J]. Review of Educational Research, 2013, 83 (2): 211 – 235.

[26]WELLS N M, MYERS B M, TODD L E, et al. The effects of school gardens on children's science knowledge: A randomized controlled trial of low – income elementary schools[J]. International Journal of Science Education, 2015, 37(17): 2858 – 2878.

[27]蒙比尔特·乔治(George Monbiot). 保护环境从娃娃抓起[EB/OL]. 中外对话,(2012 – 12 – 26)[2017 – 07 – 21]. https://chinadialogue. net/zh/6/41668/.

[28]MBA智库百科. 生态主义[EB/OL]. https://wiki. mbalib. com/zhtw/.

[29]秦晓莉. 生态心理学[M]. 上海:上海教育出版社, 2006.

[30]杨士军. 悦,读自在[M]. 昆明:云南大学出版社, 2017.

[31]陈磊. 低碳出行 绿色生活[J]. 杭州(上半月), 2014(3):62.

[32]WWF. 低碳办公室计划[R]. 2017.

CSR
THEORY AND PRACTICE

前沿篇

第二十章　责任投资[①]

第一节　责任投资的全球发展

一、责任投资概述

在金融投资领域，风险分析是制定决策的重要根据。传统金融分析师仅仅将焦点放在财务报表上，越来越多的证据已经表明这样的做法忽略了更广泛的一些风险。因为一些可能产生严重污染的项目、一些易受气候变化影响的项目都将使投资人面临巨大的不确定性风险，但却不会反映在财务报表上。这便促使投资者不得不关注可持续发展。在可持续发展领域，对资源的公平配置是实现可持续发展的根本。几乎所有不可持续发展的现象都是因为对资源的不当配置造成的。譬如，小造纸厂生产效率低下，利润也不高，但污染却非常严重。这其实是生产要素未能得到有效配置的后果。要解决这类问题，除了强制关闭企业以外，还可以从投资者入手，即建议投资者将资金投入到工艺技术先进、盈利能力较好且没有环境污染的造纸厂，从而形成有利于可持续发展的资源配置格局。因此，经济手段是可以缓解环境问题、促进可持续发展的。

另外，金融投资机构也面临着承担企业社会责任的压力。在金融投资机构面临的众多社会责任议题中，与其主营业务联系最为紧密的责任投资议题和金融活动带来的环境和社会影响议题，成了最具实质性的议题。因金融投资机构自身的环境足迹和社会影响都较为有限，而其通过信贷、投资等金融活动，间接影响了大量客户或投资对象的经济活动。金融投资机构通过践行责任投资和可持续金融，可以有效地减少不可持续发展带来的风险，或创造积极的环境和社会价值。

人们习惯性地把促进可持续发展的金融投资称为可持续金融（Sustainable Finance）或者责任投资（Responsible Investment），后来人们将公司治理因素与传

[①] 作者：吴艳静。

统的可持续发展因素（环境因素和社会因素）整合在一起，称为 ESG（Environment, Social and Governance），被用于评估企业在可持续发展方面的绩效。投资者通过考察上市公司的 ESG 绩效，便于识别企业面临的风险，衡量企业的可持续发展能力，从而获得长期稳定的投资回报。因此，责任投资也被称为"ESG 投资"。

二、责任投资的发展阶段

（一）信仰驱动下的伦理投资

在西方，责任投资的雏形是宗教团体的伦理投资，有的教会对教徒的商业活动和投资活动有明确要求，他们拒绝投资与其教义信仰相悖的行业，例如酒精、烟草、赌博、军火等。一些宗教基金也秉承了这样的理念，制定了严格的投资原则，将一些行业排除在外，相关的股票还被称为"罪恶股票"（Sin Stocks）。直到现在，此类基金仍活跃在资本市场，如英国教会执委会（The Church Commissioners）就管理着 67 亿英镑资产。

（二）社会运动引发金融关注

到了 20 世纪六七十年代，随着西方国家人权运动、环保运动和反种族隔离运动的兴起，出现了与宗教伦理不同的道德筛选标准。这些运动使得绿色环保或者社会公平成为一种价值取向，这种价值取向逐步影响到公众消费选择，有的消费者更偏好绿色的产品，愿意为绿色支付溢价，或者放弃消费伤害社会公平的产品。投资人则不仅关心投资的回报率，还关心钱投到哪里、产生了何种影响。公众的这种价值取向催生了第一只具有社会责任投资理念的现代基金——美国的帕斯全球基金（Pax World Funds, 1971）。它与后来的第三世纪基金（Third Century Fund, 1972）、卡尔弗特社会投资基金（Calvert Social Investment Fund, 1982），以及英国的梅林生态基金（Merlin Ecology Fund, 1988）都采取了与这些运动所代表的价值观相一致的投资手段。帕斯全球基金与第三世纪基金都认为，不应该投资于利用越南战争获利的公司，并开始强调劳工权益问题；卡尔弗特社会投资基金则明确表示不投资南非地区及其相关的公司，以反对南非的种族隔离制度；而梅林生态基金只投资于注重环境保护的公司。这个阶段的责任投资产品，主要是为了满足投资人差异化的投资需求。

如果说基于价值取向和社会运动的责任投资行为还较为小众的话，那么，推向责任投资逐步走向主流的原因则是规避因环境和社会问题所造成的金融风险。美国爱河事件（Love Canal Tragedy）及因此诞生的超级基金是环境风险触发金融风险的经典案例。

案例：美国爱河事件

　　爱河是美国纽约州北部的一个居民区。1942 年至 1953 年，Hooker 化学工厂及 Plastics 公司在该区掩埋了大量高毒性及致癌性的化学废弃物，最后覆上一层黏土层和表土以利植物生长。1953 年，Hooker 化学工厂将掩埋地以一美元的价格卖给纽约市政府，并要求对将来可能发生的灾害免除法律责任，随后该地区经过处理和建设，开发为拥有九百多户住户的住宅区及一座小学。1976 年，附近居民开始抱怨化学异臭味、药物灼伤、居民生出畸形儿等，接着在地下室、雨水收集管线及花园里均涌出黑色浓浆状的有害废弃物，某些地面下陷逐渐暴露出装着废弃物的铁桶容器及废弃物本身。1978 年，卡特总统宣布此地区进入紧急状态，纽约州政府将该地区封闭，迁出两百多户住户并关闭学校。由于附近居民持续抗争以及媒体大幅报道，此事件成为全美甚至全世界皆知的大新闻。为此，美国政府动用了联邦基金处理这一历史遗留的环境问题。

　　在这一背景下，美国国会通过了一项法案《综合环境响应补偿及责任法》（Comprehensive Environmental Response Compensation and Liability Act, CERCLA），并建立名为 The Hazardous Substance Response Trust Fund 的基金，由于数额庞大，该基金被称为超级基金，该法案也被戏称为超级基金法案。该法案最具威慑力的地方是认定环境责任具有可追溯性，极大增加了商业企业的环境风险。金融机构如果贷款或投资此类企业，可能会血本无归，甚至因为承担连带责任而背负清偿污染的费用。1990 年，美国 Fleet Financial 公司因接受其贷款客户抵押的治污设备，被法院认为"有削减客户环境保护能力从而导致环境污染的倾向"，最终被处以罚金。发达国家的银行关注环境风险正是从这一时期开始的。

　　随着越来越多的银行关注环境风险，人们关注的焦点逐渐从规避风险转向管理风险，探索建立更系统性的金融机构环境与社会风险防控体系。世界银行及国际金融公司是这类金融机构中的佼佼者。1998 年，世界银行开始制定《污染预防与消除手册》，完善环境评价程序。2002 年，国际金融公司在伦敦组织了一次金融机构环境、社会影响评估的研讨会。会后，与会代表都积极支持筹建一个关于项目融资中环境、社会影响评估的框架平台，赤道原则（the Equator Principles）因此应运而生。2003年6月，花旗银行、荷兰银行等7个不同国家的10家银行正式达成协议推动赤道原则。赤道原则根据国际金融公司的政策和指南制定，使用了参照国际金融公司的环境和社会筛选程序建立的筛选过程。至今，赤道原则已经历四次改版，成为被商业银行最广泛认可的环境与社会风险管理工具。

环境风险并不止于银行。其他非银行金融机构，如保险公司、基金公司也会面临环境方面的问题。随着人们对可持续金融了解的深入，可持续金融的实施主体从早期的商业银行逐步延展为更广泛的金融机构。这从联合国环境署金融行动（UNEP FI）的发展历程可见一斑。1992年，里约环境会议前夕，联合国环境署联合知名银行在纽约共同发布了《银行业关于环境和可持续发展的声明书》，标志着联合国环境署银行计划（UNEP BI）的正式成立。1995年，联合国环境署将该计划延伸到保险业，与瑞士再保险等公司发布《保险业关于环境和可持续发展的声明书》。1997年，联合国环境署保险机构计划（UNEP III）正式成立。同年，为适应金融行业的发展态势，联合国环境署银行计划对声明书的内容进行适当修正，从单一银行业务扩展到一般性金融服务，其后银行计划更名为金融机构计划（UNEP FII）。2003年，在UNEP III和UNEP FII的联合年会上，保险计划和金融计划正式合并为金融计划，简称UNEP FI，工作范围覆盖全部类型的金融机构。

（三）风格化的ESG投资

进入21世纪，责任投资策略开始由道德筛选和风险规避转向综合考量公司的ESG表现及其对投资效益的影响。责任投资者更多地考虑到了投资风险与回报率的问题，认为非财务因素对投资风险有着预警作用，会影响到公司的财务业绩。一家公司如何看待ESG因素与其公司战略之间的关系，将会影响到这家公司的未来盈利以及相应的股价变化。除了投资策略的转变，责任投资的参与者也由宗教基金、社会责任主题基金，扩大到了养老基金、主权基金和保险资产等领域，ESG资产类别变得更加丰富。

随着机构投资者在责任投资中发挥的作用越来越大，2005年，时任联合国秘书长科菲·安南邀请世界上主要机构投资者的负责人参与制定了负责任投资原则。负责任投资原则组织（Principles for Responsible Investment，PRI）由UNEP FII在2006年与另外一家联合国机构全球契约（UN Global Compact）发起成立，是一个以基金公司等资产管理机构为核心会员的组织，倡导会员机构遵循责任投资的各项原则。PRI 致力于推动各大投资机构在投资决策中纳入 ESG 指标因素，并帮助 PRI 的签署方提升责任投资的能力。截至 2020 年 11 月 11 日，全球已有近 3500 家机构签署 PRI，包括 2532 家投资管理机构和 575 家资产所有者；资产管理总规模超过 100 万亿美元。

最近十年，越来越多的研究表明，责任投资产品的抗风险能力较强、长期回报相对稳定，逐渐成为市场认可的一种投资风格。养老金、保险资金等长期资金对此投资风格有强烈偏好，十分愿意将资产配置到这样的投资产品中，责任投资的市场因此逐步拓宽和繁荣。责任投资和 ESG 投资理念被越来越多主流投资者接纳，许多知名资产管理公司现在都有 ESG 相关的投资产品。从某种意义上说，风格化的 ESG 投资理念也是为了满足差异化（长期稳定回报）的投资需求。

随着 ESG 投资理念的发展，国际主要的指数公司都推出了 ESG 指数及衍生投资产品。1990 年，全球最早的 ESG 指数 Domini 400 Social Index（后更名为 MSCI KLD 400 Social Index）在美国发布。目前明晟发布有 MSCI ESG 系列指数（全球/美国/新兴市场）、富时发布有 FTSE4Good 系列指数、标普道琼斯发布有 The Dow Jones 可持续发展系列指数（DJSI）。全球已有超过 1250 亿美元的资产在追踪 MSCI ESG 系列指数，由于被机构投资者、ETF 产品等广泛采纳，MSCI 指数成分公司也在不断通过提升 ESG 信息披露和管理实践，来提升其 ESG 评级。而 DJSI 作为拥有 20 年历史的可持续发展指数，已经被很多人认为是责任投资参考的标杆，很多上市公司将能够入选 DJSI 视为一种荣誉。

主流的共同基金也纷纷发行 ESG 主题基金，较为著名的有贝莱德（BlackRock）的 MSCI US ESG ETF 基金，以及领航（Vanguard）的 FTSE Social 基金。多数 ESG 责任投资基金和传统投资基金相比，均在较长时期内保持了较小的波动率及提供了较为持续稳定的价值回报。

三、责任投资的主要方法

针对不同的投资目标，投资者所采用的社会责任投资策略也会作出相应的调整。目前最常见的社会责任投资策略包括负面筛选、正面筛选、股东参与、主题投资、影响力投资等。本书主要介绍前三种。

（一）负面筛选

负面筛选（Negative Screening），又称消极筛选，是社会责任投资概念初期（即伦理投资时期）使用的策略。负面筛选是指投资者在选择投资对象时，剔除与其道德准则相违背的公司、行业或国家，避免投资于违反（国际）协议或条约、对社会造成不良影响的公司。负面筛选可用于多种投资领域，包括股票、债券和私募股权。

（二）正面筛选

正面筛选（Positive Screening），又称积极筛选，是指投资者以一套基于环境和社会（包括人权、劳工、平等机会、当地社区、产品责任等方面）的准则，选择具有良好社会责任、对环境或社会有正面影响的公司和行业进行投资。投资者可以依照特定主题设置准则，例如低碳、职业健康安全等。

金融投资机构可全面考量公司在环境、社会和公司治理三方面的表现，分析这些非财务因素对公司财务业绩的影响，优先选择ESG绩效出色的公司进行投资。许多欧美国家已经制定了相应的法律法规，或要求养老基金等长期资本在做投资决策时考量目标公司的ESG绩效，或要求他们披露是否及以何种形式、在何种程度上考虑目标公司ESG方面的信息。投资者除了自行设计ESG考量框架外，还可以参考一些社会责任投资指数。例如：美国教师退休基金在进行投资组合筛选时会参考MSCI ESG指数；南非政府雇员养老基金会参考与约翰内斯堡证券交易所合作开发的社会责任投资指数（JSE SRI Index），帮助其进行投资筛选。ESG投资理念可用于各种资产类型的投资。

（三）股东参与

股东参与（Stakeholder Engagement）指的是投资者依靠并充分利用其影响力与股东权利，与公司进行交涉谈判，通过直接对话、股东提案、代理投票等方式，积极影响公司的政策与行为，以实现经济效益与社会效益的双赢。在2013年10月，瑞典AP基金中的AP3因为沃尔玛公司的用工与人权问题出售其所持沃尔玛股份时，AP中的另外三只基金则选择继续持有，希望能够发挥股东的作用，对沃尔玛改善用工条件产生积极的影响，这便是股东参与。股东参与策略适用于股权以及债权类别的投资，其中代理投票仅适用于股权类投资。

第二节　中国绿色金融的发展

一、政策沿革

中国的责任投资市场处在快速发展的初期阶段，近年来各级监管机构及行业组织针对责任投资市场的发展出台了很多政策，已经制定了较为完善的绿色金融框架。相比于其他国家,政府监管部门和证券交易所在中国绿色金融的发展进程中发挥了关键的推动作用。

中国拥有强大的银行体系,而中国的绿色金融政策也始于绿色信贷。早在2007年,中国银行监督委员会(银监会)已经制定了绿色信贷政策,并于2012年正式颁布《绿色信贷指引》,又于2014年建立了用于测量并评估绿色信贷的绿色信贷统计制度。

从中央层面看,构建绿色金融体系被写入国家生态文明建设战略——2015年9月,国务院发布了《生态文明体制改革总体方案》,第四十五条首次明确提出要"建立我国绿色金融体系"。2015年10月,"十三五"规划建议指出要"建立绿色金融体系,发展绿色信贷、绿色债券,设立绿色发展基金",进一步明确了推进绿色金融发展的需要。2016年,中国人民银行等七部委率先发布《关于构建绿色金融体系的指导意见》,明确了证券市场支持绿色投资的重要作用,要求统一绿色债券界定标准,积极支持符合条件的绿色企业上市融资和再融资,支持开发绿色债券指数、绿色股票指数以及相关产品。至此,中国的绿色金融政策框架已经延伸到所有金融市场(包括保险和资本市场)。

在行业自律层面上,中国证券监督管理委员会(以下简称证监会)在2018年修订了《上市公司治理准则》,增加了机构投资者参与公司治理的有关规定,注重发挥中介机构在公司治理中的积极作用,强化董事会审计委员会的作用,确立了环境、社会责任和公司治理(ESG)信息披露的基本框架。中国证券投资基金业协会于2018年出台《绿色投资指引(试行)》(以下简称《指引》),旨在鼓励基金管理人关注环境可持续性,强化基金管理人对环境风险的认知,明确绿色投资的界定和实施方法,推动基金行业发展绿色投资,改善投资活动的环境绩效,促进绿色、可持续的经济增长。《指引》具体界定了绿色投资的内涵,明确了绿色投资的目标、原则和基本方法,旨在引导从事绿色投资活动的基金管理人以市场化、规范化、专业化方式运作基金产品,培养长期价值投资取向、树立绿色投资行为规范。

另外,《绿色产业指导目录(2019年版)》明确了绿色产业、绿色项目的界定与分类。国家发展改革委等七部委要求各部门将该目录作为基础,根据各自领域、区域发展重点,出台投资、价格、金融、税收等方面的政策措施,为绿色投资提供有力的参考支持。

在全球层面上,中国政府也发挥了领先作用。在中国的大力倡导下,"绿色金融"于2016年被正式纳入二十国集团(G20)峰会议题,G20"绿色金融研究小组"设立于同年,并于2018年更名为"可持续金融研究小组",拓展核心议题，纳入更多可持续发展因素。各国领导人就发展绿色/可持续金融达成共识，绿色/可持续金融连续三年被写入 G20 成果文件。2017 年，中国、法国、荷兰等 8 个国家的央行和监管机构联合发起成立"央行与监管机构绿色金融合作网络"（Network for Greening the Financial System，NGFS），积极开展绿色金融经验交流和研究，鼓励金融机构开展环境信息披露和环境风险分析，探索绿色定义的统一和出台绿色金融激励措施等。

二、绿色金融实践

（一）绿色信贷

根据原银监会在 2012 年发布的《绿色信贷指引》，绿色信贷要求银行业金融机构通过信贷加大对绿色经济、低碳经济、循环经济的支持，在贷款业务管理中增加对环境和社会风险的识别和管理，提升自身的环境和社会表现。

在实践中，银行需将信贷项目的环境风险作为风险评估、授信决策和贷款监控的重要内容，对贷款企业的环境表现作出要求，对不符合环保要求的，或"两高一剩"类的企业的项目贷款进行否决或限制。同时，银行需根据绿色信贷项目分类，识别绿色项目，根据银行自身战略达成绿色信贷余额相关目标。另外，银行需根据绿色信贷统计制度的要求，分析项目的经济效益和环境效益。

根据中国人民银行统计，截至 2020 年第三季度末，本外币绿色贷款余额超过 11.55 万亿元人民币。

（二）绿色债券

绿色债券是指将募集资金专门用于支持符合规定条件的绿色产业、绿色项目或绿色经济活动，依照法定程序发行并按约定还本付息的有价证券，包括但不限于绿色金融债券、绿色企业债券、绿色公司债券、绿色债务融资工具和绿色资产支持证券。绿色债券的募集资金支持的项目应符合《绿色债券支持项目目录（2021 年版）》，用于环境改善、应对气候变化和资源节约高效利用等方面，推动经济社会可持续发展和绿色低碳转型。

绿色债券与普通债券的最大区别在于其"绿色"属性。为了保证绿色债券确实用于环境保护和减缓气候变化的项目，绿色债券在透明度的要求上比普通债券更高。监管机构鼓励绿色债券在发行前和存续期向投资者公开募集资金用于绿色项目的情况、绿色项目的进展，以及绿色项目的环境效益。

正如审计对企业和金融机构的经济活动进行独立监督一样，在绿色债券发行的过程中，为了说明债券的"绿色"属性，发行人可以聘请独立的专业机构对债券进行"绿色"第三方评估认证，为投资人降低投资的"漂绿"风险。

2019年，中国发行人在境内外市场共发行了3862亿元人民币（折合558亿美元）的绿色债券，比2018年2826亿元人民币（折合420亿美元）的发行量增长了33%。2015年底至2016年初，中国人民银行和国家发展改革委分别发布了关于绿色债券支持范围的文件，推动了中国绿色债券市场的增长。在政策倡议和监管机构的推动下，2019年中国国内市场上发行的贴标绿债总量比2016年增长60%。在境外市场上，中国发行人的绿色债券的发行量也有了快速增长。截至2019年底，共有36家中资发行人在境外发行了合计338亿美元（2400亿元人民币）的绿色债券。

（三）ESG评级

当投资人需要考察投资对象的可持续发展绩效时，往往需要量化的ESG数据或评级来作为参考信息。目前，绝大多数ESG信息为定性信息，且多为非结构化数据，ESG信息的碎片化使投资者很难在庞杂的信息中甄选出有效内容来评估公司的可持续发展表现。

为了评估上市公司的ESG绩效，评级机构会通过收集公司的ESG信息，并对ESG信息进行量化评估，最终将ESG信息转化为投资者可以便捷使用的可持续发展绩效分数和级别。国际上的ESG评级机构已有几十年的发展历史，目前已经发展到ESG专业信息服务机构逐渐被大型评级机构、指数供应商、资产管理公司收购的成熟阶段。与国际情况不同，中国的ESG评级机构还处于发展的早期阶段，市场上评级机构的类型多样化程度较高。随着政策的不断加强和市场需求的增长，ESG评级机构的数量虽然还不多，但是近几年来发展较为迅速。

中国比较早期的ESG评级均为对企业发布的社会责任报告质量的评估。这些评价大多以企业自主披露的企业社会责任信息为基础，反映的是企业披露ESG信息的水平，仅能从一定程度上体现企业的ESG绩效。

自2015年《生态文明体制改革总体方案》首次明确提出要"建立我国绿色金融体系"之后，国内市场开始产生对ESG评级的需求，更为成熟的专业ESG评级机构也应运而生。其中，商道融绿等机构较早发布了对中国上市公司的ESG评级结果。这些ESG评级机构在评级方法中一定程度上纳入了适合我国目前发展状况的本土化因素。

（四）ESG指数、基金和理财产品

由于目前中国的ESG评级针对的大部分评级对象为上市公司，所以国内市场上现有的 ESG 产品主要为股票指数和基金产品。根据中国责任投资论坛（China SIF）的统计，截至 2020 年 10 月底，A 股在沪深交易所发布的泛 ESG 投资的指数共计 52 只，自 2008 年之后，泛 ESG 投资的指数数量稳步上涨。截至 2020 年 10 月底，大陆共有 49 家基金公司发布了 127 只泛 ESG 公募基金（A/B/C/H 分开计算）；其中，债券型基金 5 只、股票型基金 63 只、混合型基金 59 只。

案例：易方达 ESG 责任投资基金的 ESG 评价方法

易方达 ESG 责任投资基金（007548.OF）通过负面筛选和 ESG 评价体系两种方法，对企业的 ESG 表现进行评估。

首先，在全部股票中剔除有重大 ESG 负面记录的股票，如高污染、高耗能、持续受监管处罚、环境治理较差、存在安全事故或安全隐患、存在商业欺诈、存在商业贿赂、存在侵权违规、存在严重劳务纠纷、长期分红低、频繁投融资、财务信息披露不清晰、存在造假和利益输送嫌疑、内部人控制、管理混乱、忽视中小股东利益等问题的公司。其次，该基金利用 ESG 评价体系，根据 ESG 三个方面的指标对上市公司进行综合评价打分，同时选择打分在前 80% 的股票形成股票备选库。该基金的 ESG 评价体系结合公开披露的信息和主动调研的情况，从产业环境风险、资源使用效率、清洁环保投入、环境信息披露、监管处罚等方面考量上市公司的环境效益；从消费者保障、供应链管理、产品质量、商业道德、员工保障与福利、生产安全等方面考量公司社会责任的履行情况；从分红水平、投融资情况、股东结构、董事会组成、高管资质和激励机制、信息披露质量等方面考量上市公司的治理水平；并对每一类别的细分指标进行高、中、低三档评分，综合各指标评分结果形成得分。

资料来源：易方达基金管理有限公司. 易方达 ESG 责任投资股票型发起式证券投资基金招募说明书［R］. 2019.

另外，还有一些银行已经在一定程度上将 ESG 因素运用于理财产品之中。截至 2020 年 11 月底，共有 10 家商业银行或理财公司发行了 47 只泛 ESG 理财产品。泛 ESG 理财产品的出现，说明责任投资的理念已经逐步为个人投资者所认知。

三、趋势展望

第一，ESG投资是不可阻挡的趋势，迟早会在中国资本市场形成一股潮流。从对当前中国宏观环境的分析来看，这股潮流正加速发展，中国的投资者（包括资产管理机构）要早作应对。

第二，ESG投资涉及多种因素、多个行业。中国的社会形态、市场结构有自己的特征，ESG中有的因素影响相对较大、有的影响相对较小；一些行业对ESG更为敏感，另一些则没那么敏感，投资者要结合自身实际进行分析。

第三，从近几年的趋势来看，容易引发群体性事件的环境敏感因素和行业特别值得关注，以避免"黑天鹅"事件。ESG投资可以帮助投资者更好识别此类风险。从更广的视角看，ESG风险又带有"灰犀牛"的特征，正是因为很多投资者对ESG风险如环境风险视而不见，才导致风险的逐渐积累和集中爆发。

第四，投资者要认识到ESG不是纯粹的品牌和公关，不是金融投资机构做公益捐赠、发布企业社会责任报告；ESG首先与风险管理有关，然后是产品创新。从产品创新的角度看，90后新生代投资者、年事已高的高净值人群以及涉及家族传承的投资者可能会对ESG投资有所偏好，主权基金、养老金也更容易认可ESG投资的长期回报特征，他们需要市场出现新的责任投资产品。

第五，ESG投资要在中国更好落地，还要依赖一系列"基础设施"建设，特别是上市公司ESG信息披露的增加、投资者建设能力的提升、长期资本的培育，以及与环境、社会因素相关的执法力度加强。

本章小结

责任投资（ESG投资）指促进可持续发展的金融投资。一方面，经济手段可以缓解环境问题，促进可持续发展；另一方面，金融投资机构也面临着承担自身企业社会责任的义务。ESG（Environment, Social and Governance）将公司治理因素与传统的可持续发展因素（环境因素和社会因素）整合在一起，用于评估企业在可持续发展方面的绩效。投资者通常从正面筛选、反面筛选以及股东参与三个角度思考责任投资策略，考察上市公司的ESG绩效，识别企业的风险，衡量企业的可持续发展能力，获得长期稳定的投资回报。

纵观责任投资在世界范围内的发展历史，可以发现其发展推动力在不断演变。从一开始的信仰，到20世纪70年代的社会运动，后期的金融风险规避，再到如今投资者对于长期稳定回报的追求。责任投资的发展路径是从小众到大众的过程，也是从非资本到资本主导的过程。

责任投资在中国的发展处于起步阶段，但势头向好。首先，在中央层面，责任投资被纳入国家生态文明建设策略；其次，在行业协会层面，证监会规范了责任投资的框架；最后，在行业定义层面，国家发展改革委对于绿色产业给出了清晰明确的定义。

面对责任投资的市场发展趋势，不同阶段的投资者可采用不同的应对策略。初级投资者可以采取防守性的策略抵御风险，而成熟的投资者可以采取进阶性的策略积极拥抱机遇。

思考题

（1）全球责任投资发展为何渐入主流，请分析各方面原因。

（2）你所了解的我国的绿色金融政策有哪些？

参考文献

[1] 刘玉俊,郭沛源. 养老基金与责任投资[J]. 中国投资与养老金, 2013(6).

[2] 郭沛源,蔡英萃. 从小众思维到大众潮流,绿色金融在国外如何"发迹"？[J]. 环境保护, 2015(2).

[3] 郭沛源. ESG 责任投资之一:ESG 的"前世今生"[EB/OL]. 财新网, [2017-06-15]. https://opinion.caixin.com/2017-06-15/101102009.html.

[4] 郭沛源. ESG 责任投资之三:我们能采取哪些 ESG 策略[EB/OL]. 财新网, [2017-07-31]. https://m.opinion.caixin.com/zknews/2017-07-31/101124168.html?utm_source=Zaker&utm_medium=ZakerAPP&utm_campaign=Hezuo.

[5] 易方达基金管理有限公司. 易方达 ESG 责任投资股票型发起式证券投资基金招募说明书[R]. 2019.

[6] 中国责任投资论坛. 中国责任投资年度报告 2019[R]. 2019.

[7] 中国责任投资论坛. 中国责任投资年度报告 2020[R]. 2020.

[8] 商道融绿,气候债券倡议组织. 中国的绿色债券发行与机遇报告[R]. 2020.

第二十一章 气候变化[①]

第一节 全球应对气候变化

一、为什么要应对气候变化

2020年是极不平凡的一年,全球范围内都在遭受气候急剧变化带来的影响,亚洲地区异于往常的高降雨量、西伯利亚反常的高温以及美国严重干旱造成的大范围火灾,都警示着人类需要携手共同保护地球环境,应对气候变化刻不容缓。其中,温室效应导致的全球气温升高情况尤为明显,世界气象组织(World Meteorological Organization,WMO)全球大气监视网(Global Atmosphere Watch,GAW)的数据显示,2019年二氧化碳的全球平均摩尔分数约为410 ppm,是工业化前水平的148%(《2019年WMO温室气体公报》)。尽管全球经济因新冠肺炎疫情而放缓,2020年的二氧化碳水平还是再创新高,平均温度比工业化前的水平高出1.2摄氏度以上。

引起全球气候变化的原因可归结为自然因素和人为因素两大类。自然因素包括火山活动、太阳辐射的变化以及大气与海洋环流的变化等,而人为因素可概括为化石燃料的燃烧以及人类生产生活的排放。工业革命以来,随着经济发展和人口的快速增长,大量的二氧化碳通过化石燃料的燃烧释放出来,犹如一个巨大的保温罩覆盖在地球上空,它吸收地面放出的原本应该反射到太空的长波辐射,从而导致大气温度不断升高。除此之外,森林、海洋等自然生态系统被持续破坏、土地用途改变、城市化等都加剧了温室效应。政府间气候变化专门委员会(Intergovernmental Panel on Climate Change,IPCC)指出,11%~28%的二氧化碳总排放量是由于过度砍伐森林造成的。在过去的十年中,由于人为的排放,全球二氧化碳摩尔分数平均每年增加2~3ppm,人为因素对气候变化的影响很有可能高

[①] 作者:晏路辉。

达90%（《气候变化与土地特别报告》）。

近年来，气候变化对全球生态和人类社会造成的影响越发明显。全球变暖是气候变化最主要的体现，全球气温升高不仅导致冰川融化、海平面上升，还使暴雨、酷暑、干旱、台风等极端天气事件频发。例如，2021年夏季，美国西部地区的热浪让空气和地面变得极度干旱，引发了加州史上最大的火灾；同年，欧洲中西部遭受了30年来最严重的热浪，45℃的高温造成了希腊586起火灾（《中国青年报》）；2021年7月，印度西部马哈拉施特拉邦持续暴雨引发的灾害已造成至少138人死亡；截至2021年8月2日，发生在中国的"7·20"河南暴雨引发的洪涝灾害已致302人遇难，50人失踪。除此之外，气候变化也造成生态系统不断恶化以及粮食减产等负面影响。气候变化对生态系统多样性的影响体现为生态系统和生态功能的改变，特别对农业生物多样性的影响是广泛的，因为几乎世界各地都有农业生态系统，而气候变化有利于病虫害的传播，从而可能影响植物生长和产量。由此可见，要想实现人与自然和谐共生，实施应对气候变化的措施尤为必要。一方面，应对气候变化是建设生态文明社会和推动绿色低碳能源战略的必然结果；另一方面，应对气候变化将打造社会、经济、环境多方共赢的战略宏图。

二、从《京都议定书》到《巴黎协定》

气候变化已经成为全球各大经济体必须挺身而出共同面对的危机，1992年，第一个里程碑文件《联合国气候变化框架公约》（UNFCCC）因此发布。该公约的最终目标是将大气中温室气体浓度稳定在防止气候系统受到危险的人为干扰水平，并确定了"共同但有区别的责任、公平、各自能力和可持续发展原则等国际合作应对气候变化"的基本原则。

为加强公约的实施，第一个限制温室气体排放的全球性制度安排《京都议定书》于1997年通过，并首次以国际性法规的形式对发达国家温室气体减排作出规定，同时确立了"排放交易""共同履行""清洁发展机制"三种基于市场的"灵活履约机制"，从而引入了以市场机制作为减少温室气体排放的新路径，也催生出碳排放权交易市场。《京都议定书》生效于2005年2月16日，它规定了发达国家两个阶段的减排目标：第一阶段为2008年到2012年，发达国家排放的6种温室气体总量相比1990年减少5%；第二阶段为2013年到2020年，发达国家排放量相比1990年降低18%。

2015年12月12日，《联合国气候变化框架公约》的缔约方一致同意通过

《巴黎协定》，并确定了将 21 世纪内全球平均温升控制在工业化前的 2 摄氏度以内，努力实现 1.5 摄氏度的长期目标。该协议确定了"自上而下"的减排路径，要求缔约方每五年提交一次新的国家自主决定贡献（INDC），是人类历史上应对气候变化的第三个里程碑式的国际法律文本，形成 2020 年后的全球气候治理格局。

然而，在关于谁该承担更多减排责任的博弈中，发达国家和发展中国家有着不同的意见，《联合国气候变化框架公约》第三条第 1 项规定："各缔约方应当在公平的基础上，并根据它们共同但有区别的责任和各自的能力，为人类当代和后代的利益保护气候系统。因此，发达国家缔约方应当率先应对气候变化及其不利影响。"发达国家工业化进程较早，经济发展和技术水平高，因而可以在全球可持续发展当中适当承担更多的责任。然而，一些西方发达国家指责发展中国家是当下世界上最大的温室气体排放源，不愿意承担更多的责任。美国、欧盟还意图收取"碳关税"限制来自发展中国家的大宗高排放、高能耗商品的进口，设立贸易壁垒，提高处于经济还在高速发展且碳排放仍未达峰的非发达国家的生产成本。2021 年 3 月，欧洲议会通过了"碳边界调整机制（CBAM）"议案，预计将从 2023 年起对一些未能遵守碳排放相关规定的国家的进口商品征收碳关税。美国方面，拜登政府则正在考虑制定有关"碳边境税"或者"边境调节税"的征收法案。

事实上，发达国家对整个大气层里二氧化碳的存量有着不可推卸的责任，发展中国家只是还处于发达国家早已走过的工业化进程，而发达国家却早在工业发展历史中积累了沉重的"碳债务"。追溯到过去，工业化时代起大约 70% 的二氧化碳是由发达国家排放的。若是要论人均排放水平，发达国家更是远比发展中国家高出许多。正是过去这些历史排放量的不断积累，才导致了如今的气候变化。此外，作为世界工厂，发展中国家制造的这些产生大量碳排放的产品并非完全被本国人消费。发达国家消费发展中国家制造的产品，实际上是对碳排放进行了转移。而中国做为制造业大国，生产出口各种消费品，承担了大量不属于自己的隐含碳排放。根据刘竹的《哈佛中国碳排放报告 2015》，2007 年中国进出口贸易中的隐含碳排放为 19 亿吨二氧化碳，其中出口产品的隐含排放高达 17 亿吨，进口产品仅为 2 亿吨，表明其他国家特别是西方发达国家对中国进行了大量的二氧化碳转移。据统计，中国净出口贸易中的隐含碳排放于 2015 年达到 20.14 亿吨，相当于 25% 的中国碳排放总量。与此同时，其他发展中国家也同样在为发达国家的碳消费买单。

无论如何，气候变化是全人类的新挑战，各国应共同携手面对，毕竟世界各国共存于同一个地球上，没有哪个国家可以在气候环境的不断恶化中幸免于难，每个国家都应根据其共有但仍有区别的责任、各自的能力及社会和经济条件，展开广泛的合作，才可以维持生态的可持续发展。相比富裕的发达国家，发展中国家虽然可投入的资金不多但是具有极大的减排潜力，发达国家应提供减排资金和技术援助，为自己的碳消费行为买单。而发展中国家需作出承诺，落实国家减碳目标，积极履行减排职责。

三、中国碳达峰、碳中和目标

在《京都议定书》提出把市场机制作为解决以二氧化碳为代表的温室气体减排问题后，中国于2011年在"十二五"规划纲要中提出逐步建立碳排放交易市场，并建立7个试点开展碳排放权交易，探索市场化的节能减排路径。2013年6月18日，深圳市作为第一个试点碳排放权交易市场正式启动交易，其他6个试点城市和地区包括北京、上海、天津、重庆、广东和湖北，也都紧随深圳开始筹建各自的碳排放交易体系。同时，各个碳市场的建立也参考了欧盟碳市场的设计，采用总量控制原则，并接受国内自愿减排项目产生的核证自愿减排量（Chinese Certified Emission Reduction，CCER）。2016年，"十三五"规划纲要中提出建立碳排放配额管理制度，实施碳排放权交易。2017年12月19日，国家发展改革委发布《全国碳排放权交易市场建设方案（发电行业）》，标志着我国碳排放交易体系完成总体设计、开始正式启动。以发电行业作为突破口，企业可以根据自身实际情况进行技术改造、节能增效或者购入配额进行履约。减排成本低的企业超额完成减排任务后，可以将剩余的配额卖出，全国碳市场制度体系的建立有利于激励企业改进生产和转型升级，实现全社会减排成本最小化。

中国国家主席习近平于2020年9月22日在联合国大会上宣布"中国将提高国家自主贡献力度，采取更加有力的政策和措施，二氧化碳排放力争于2030年前达到峰值，努力争取2060年前实现碳中和"。2020年10月13日，国务院副总理韩正在生态环境部的座谈会上提出组织编制"十四五"应对气候变化专项规划，制定二氧化碳排放达峰行动计划以及加快推进全国碳市场建设。中国的"3060"目标让世界各国感受到中国作为大国的责任与雄心，美国和欧盟分别耗费了45年和71年的时间从碳排放峰值过渡到净零排放，而中国则决心把时间缩短到30年，中国实施开展碳中和战略的速度将远远超过欧美。

2020年12月12日，国家主席习近平在气候雄心峰会上发表题为《继往开来，开启全球应对气候变化新征程》的重要讲话，再次强调"3060目标"，并进一步宣布了中国国家自主贡献一系列新举措"到2030年，中国单位国内生产总值二氧化碳排放将比2005年下降65%以上，非化石能源占一次能源消费比重将达到25%左右，森林蓄积量将比2005年增加60亿立方米，风电、太阳能发电总装机容量将达到12亿千瓦以上"。在2021年4月22日的领导人气候峰会上，中国与美国、英国和日本等40多位国家领导人纷纷重申或更新了各自的减排目标。中国国家主席习近平也再次重申了"力争2030年前实现碳达峰、2060年前实现碳中和"的承诺，并强调将严控煤电项目，严控煤炭消费增长，同时支持有条件的地方和重点行业、企业率先达峰。

"碳达峰、碳中和"目标对我国当前和今后一个时期的应对气候变化工作、绿色低碳发展和生态文明建设提出了更高的要求，这有利于促进能源结构、产业结构、经济结构加快转型升级，催生新技术、新模式、新业态，显著提升经济发展效率和碳生产力水平。

第二节　企业碳管理

一、企业为什么要做碳管理

企业碳管理是指企业以减少生产、经营活动中的二氧化碳排放为核心的管理活动。政策、品牌效应和供应链管控是企业开展碳管理的核心驱动力。

政策作为第一驱动力，有效促使企业进行碳管理。因为国家要实现碳中和目标，必然将指标下放到实际产生碳排放的企业。在国家有关低碳减排政策的推行下，需要对碳相关信息进行披露的企业超过1万家，未来5年这个数量将达到几十万家。因此，要想使碳相关的信息披露有价值，企业必须进行碳管理。

促使企业进行碳管理的第二驱动力是品牌效应。对于头部企业来说，通过碳排放的管理、减少碳排放有利于其提升社会品牌形象，赢得更多消费者和公众的青睐。例如，蚂蚁森林作为一个公益产品，在过去5年的时间里，吸引了超过5.5亿用户，为社会种下了2.2亿棵树，这对阿里和蚂蚁的品牌提升起到了很好的效果。同时，蚂蚁森林的推出，让许多人，尤其是年轻人更愿意使用支付宝，客观上提高了支付宝的用户黏性，这也是支撑企业持续开发类似蚂蚁森林这类产品的重要原因。

供应链管控是促使企业进行碳管理的第三驱动力。国内外头部企业除了自己提出有雄心的碳中和目标外，也开始要求其供应商配合其共同实现碳中和，这就倒逼中国大量的供应商企业开展碳排放信息披露、碳减排以及最终实现碳中和。客户和订单往往是企业开展碳管理碳中和的核心驱动力。例如，苹果提出2030年所有的产品将实现碳中和，这意味着所有的苹果供应商将一起实现碳中和。

二、企业怎样做碳管理

企业要做好碳管理需要做到以下六点：一是明确组织结构；二是进行碳盘查；三是利用工具支持；四是实施减排行动；五是进行碳资产管理；六是碳信息披露。

·明确组织结构。首先需要做好准备工作，特别是获得最高领导的支持。其次是公司全体员工都要清楚公司目标，最好成立碳管理工作小组。

·进行碳盘查。碳盘查可以帮助企业量化碳排放，以便后续设立目标。碳盘查可以分为四个步骤：找到合适的方法，如《温室气体议定书》以及ISO 14064系列标准；设定排放边界；确定碳排放源，盘点排放清单；计算碳排放信息，用合理手段测量或估算碳排放量，也可聘请第三方机构进行评估以确保数据的真实性。

·利用工具支持，如SaaS碳管理平台以及集团企业碳资产管理平台。通过软件工具的支持，可以提升企业的碳管理水平，并且可以避免人为的错误。

·实施减排行动。主要有三大方面：第一是进行技术改造、产品革新或者使用可再生及清洁能源替代排放高的能源；第二是提高能源效率，减少产品使用过程以及废弃处置的排放；第三是除直接的减排措施外，还可以考虑购买碳信用，实现碳中和。

·进行碳资产管理，可以使用配额进行碳市场交易和碳资产融资，实现资产的保值增值。

·碳信息披露。企业将碳排放情况、碳减排方案、碳减排成果适时披露，将有助于企业提升绿色形象和品牌价值。

三、企业设定碳中和目标

企业提出碳中和目标可遵循碳足迹团队提炼出的CFOS法则，即Calculating（计算），Forecasting（预测），Overshooting（超越）和Spreading（传播）。

第一步的计算至关重要，企业永远都需要先量化自身的碳排放情况，摸清碳家底，了解碳排放现状才有可能有针对性地采取减排措施。企业可以采用ISO 14064−1《组织层次上对温室气体排放和清除的量化和报告的规范及指南》和《温室气体核算体系 企业核算与报告标准》进行温室气体排放量核算。一般采用排放因子法进行计算，计算公式为：$E = AD \times EF$，其中，E：某经营活动产生的温室气体排放量（kgCO2e）；AD：某经营活动数据（活动数据单位）；EF：排放因子（kgCO2e/活动数据单位）。

为了确保对温室气体相关信息进行真实和公正的说明，应当遵循以下原则：

- 相关性：选择适应目标用户需求的温室气体源、汇、库、数据和方法。
- 完整性：包括所有相关的温室气体排放和清除。
- 一致性：能够对有关温室气体信息进行有意义的比较。
- 准确性：尽可能减少偏见和不确定性。
- 透明性：发布充分适用的温室气体信息，使目标用户能够在合理的置信度内作出决策。

第二步的预测是指企业需要关注并预测与碳中和目标相关的几个核心要素：

- 国家或地区层面未来整体的减碳力度。这属于重要的外部因素，随着国家层面大力推进非化石能源发电，每度电的碳排放也将随之下降，这将自动减少企业消耗电量所产生的碳排放，对企业提出碳中和目标是一个利好。
- 企业自身未来业务发展的趋势。企业提出碳中和目标需要预测未来几年甚至几十年行业和企业自身发展的状况，预测公司业务的增长及对应的碳排放的增长。
- 碳减排的成本。企业需要预测自身开展减碳项目的实际成本，根据实际情况主动采取节能减排措施，直接在碳市场购买配额或CCER。
- 碳中和的成本。企业不可避免的碳排放量可以通过种植树木或者购买CCER（核证碳减排量）等方式抵消来实现碳中和，这部分抵消的成本也是企业需要预测的。
- 提出碳中和目标将带来品牌及口碑的提升。

第三步的超越则是要求企业提出具体实现碳中和的时间点。先进的企业提出的碳中和目标不应晚于国家的2060碳中和目标，或者企业可以根据行业中其他企业的碳中和目标，提出不低于同行平均水平并且操作层面可行的目标。

第四步的传播也很重要，碳中和目标在中国仍是一个新兴的概念，企业越早提出碳中和目标，越能体现企业的行业领先性，也越具有传播属性。

四、企业设定碳中和路径

当企业提出碳中和目标之后，实现碳中和可以按照CREO路径走。

首先是Calculating，量化碳排放。第一步仍然是量化碳排放，这是实现碳中和的必经之路。清楚地知道自己的碳排放现状以及在行业中所处的位置之后，才有可能有的放矢地采取减排措施，为提出碳中和目标打下坚实的基础。

其次是 Reducing，想方设法减排，尽可能地降低生产运营过程中产生的二氧化碳。很多企业认为计算完碳排放之后直接买碳来抵消排放就可以了，这种"简单粗暴"的方式并不可取。

再次是 Engaging，企业不光是要自己减排，在有能力的情况下可以帮助生态伙伴共同减排。企业可以调动和帮助生态伙伴共同减少碳排放，比如，利用碳管理软件平台帮助供应链上下游的企业做好碳管理。

最后是 Offsetting，通过种植树木或者购买 CCER 等方式抵消那些不可避免的碳排放，实现"零排放"。

第三节　主要行业的机遇与挑战

双碳目标提出以来，各部委纷纷出台碳中和相关政策及指导意见，各行业协会也牵头发布了相关目标，以推动各行业制定减碳行动方案。《中国长期低碳发展战略与转型路径研究》综合报告显示，我国能源相关 CO_2 排放主要来自工业部门和电力部门，各约占 40%，是重点减排领域，其余主要来源于建筑部门和交通部门，各约占 10%。本小节将对部分主要行业的机遇与挑战进行分析。

一、钢铁行业

对于钢铁行业，工信部、生态环境部等部委和中国钢铁工业协会近期多次表态：从短期要求来看，要求坚决压缩粗钢产量，确保粗钢产量 2021 年同比下降。从长期举措来看，一是研究应用低碳工艺技术，推动非化石能源尤其是氢能的使用；二是引入产品全生命周期绿色发展理念，促进长寿命、可循环的钢铁产品应用，加强废钢利用，实现产品可循环；三是加快钢结构建筑在大城市新建公共建筑中的推广应用；四是做好参与全国碳市场的准备；五是加强钢铁行业碳捕集、利用与封存技术应用示范。由此可以看出，钢铁行业在进行碳管理的过程中既有机遇又有挑战。机遇在于钢铁行业能耗高，在技术转型领域潜力大，具有低碳技术路径的先发优势，加上行业龙头企业本身创新能力强、融资机会多，能带领行业部分企业转型。例如，宝武钢铁提出要突破科技创新促进上下游产业链的技术合作、助推钢铁工业的可持续发展，并以智慧和精品化实现极致的碳利用率，同时树立全员减碳意识；鞍钢集团则开展了绿化复垦，通过重点环保项目打好污染防治攻坚战，并致力发展循环经济。挑战在于对于中小型钢铁企业来说，转型成本高、创新能力和动力不足导致其转型困难。此外，总体而言，我国钢铁消费强度和规模还尚未达峰，相比全面实现工业化的国家，我国金属储备不足。钢铁消费强度对应着钢铁生产规模，钢铁生产规模在目前技术条件下，对应着排放总量。在钢铁低碳生产突破性技术实现前，生产总量不达峰，碳排放达峰的实现依然存在困难。

二、石化行业

与钢铁行业类似，石化行业整体体量大，产品在需求侧依然是刚需，减排压力来自总体体量。2021年1月15日，中国石油和化学工业联合会与12家主要石油和化工企业、5家化工园区联合签署并共同发布《中国石油和化学工业碳达峰与碳中和宣言》，倡议并承诺六方面举措：推进能源结构清洁低碳化，大力提高能效，提升高端石化产品供给水平，开展CCUS（碳捕获、利用与封存）和碳汇项目，加强技术创新，加强绿色投资、碳资产管理、国际合作。基于此，传统石化行业的产品在碳中和目标下面临转型压力，其应对方向主要包括三方面：第一是利用资金和体量优势在新能源产业上增加布局，例如，中石化在氢能、太阳能领域的投资，中海油对于海上风电的投资；第二是由于化石能源本身的碳密度高，行业碳捕捉在技术上有一定可行性；第三是在低碳化的技术路径上继续挖掘改良的潜力。对此，中石化等行业龙头企业已经在进行创行尝试，具体如下：

案例：中国石化集团

2019年8月，中国石化集团资本有限公司入股重塑科技，股权占比21%，成为重塑科技的第二大股东，加强氢燃料电池布局。

2020年8月21日，中国石化集团资本有限公司入股凤阳硅谷智能有限公司，布局超薄光伏及光电显示特种玻璃产业链。

2020年12月，中国石化集团资本有限公司入股常州百佳年代薄膜科技股份有限公司，布局光伏胶膜产业。

2020年11月23日，中石化举办碳排放达峰和碳中和战略合作签约仪式暨课题研讨会，启动碳排放达峰和碳中和战略路径研究。

2020年1月7日，中石化邀请协鑫集团、天合光能、隆基集团、中环电子等4家新能源企业，共同召开新能源产业发展视频对话会，将围绕新能源产业链开展合作。时任董事长张玉卓提出，在氢能、地热、光伏等方面积极布局,特别是将氢能全产业链作为公司新能源发展的核心业务,锚定建设"中国第一大氢能公司"的目标,加快推动氢源由灰氢向蓝氢、绿氢转变,真正实现碳减排,打造绿色洁净、转型发展的重要增长极。

资料来源:笔者整理自《中国石化报》相关新闻。

三、电力行业

电力行业作为另一重点减排领域,低碳转型是其能源结构转型的重要落实途径之一。发电企业的能源来源不同,有的探索化石能源低碳减量,例如国家能源投资集团、大唐集团等煤电比例较高的企业;有的在继续新增可再生能源的装机容量,例如,三峡集团、中核集团等。与之配套的输电企业在努力提升电网对于新能源的消纳能力。因光伏、风电等新能源具有随机性、间歇性、波动性的特征,大规模并网后,电网安全稳定运行和电力电量平衡将面临极大考验。

四、科技行业

除了以上提到的传统行业,科技行业影响着人们生活的方方面面,数字经济企业采取新的科学技术替代传统的生产生活方式,带动产业数字化乃至低碳转型,因此互联网科技企业的碳中和路径不容忽视。百度、腾讯、阿里巴巴等行业巨头已经采取措施助力碳减排,如百度地图的绿色出行、腾讯的绿色云办公和阿里巴巴的绿色物流,其中,腾讯正大力推进科技在产业节能减排方面的应用,具体如下:

案例:腾讯

腾讯正在从数据中心、公司运营、产业助力、公益教育等四大方向发力,积极推进碳中和相关举措。

数据中心:积极探索光伏、水电、风电等可再生能源应用;不断通过架构及技术革新降低数据中心PUE;加强软硬件技术研发,提升服务器能效。

公益教育:微信运动的社交方式倡导绿色出行;腾讯志愿者协会发动志愿者参与腾讯格里沙漠植树公益活动;腾讯天美工作室加入"玩游戏,救地球"联盟,带动玩家更好应对气候挑战。

> **公司运营**：信息系统全面覆盖行政、财经、IT、HR 等领域，降低纸张消耗等措施，基本实现日常办公低碳化。智能差旅管理，优化差旅成本并降低出差能源消耗。楼宇能源智能管理，节能降耗管理、智能照明系统、中水管理系统、过滤饮用水系统、生态陶瓷透水砖等。
>
> **产业助力**：智慧出行领域，腾讯在建设、管理、运营、服务四个维度提出智慧化解决方案，助力城市交通网络的智慧化升级，提高交通效率的同时降低碳排放。智慧政务领域，积极推动政务协同办公平台推广落地，实现无纸化办公，降低政务服务领域的碳排放。绿色"云办公"领域，在新冠肺炎疫情期间，腾讯会议支撑超过 1 亿人远程沟通，5 个月节约社会成本 714 亿元，有效减少出行能源消耗。智能建筑领域，腾讯云微瓴智慧能效产品利用 IoT、AI 能力以及微瓴平台在建筑、园区场景中帮助客户降低碳排放量、提升运营效率。
>
> **公益教育**：微信运动的社交方式倡导绿色出行；腾讯志愿者协会发动志愿者参与腾讯格里沙漠植树公益活动；腾讯天美工作室加入"玩游戏，救地球"联盟，带动玩家更好应对气候挑战。
>
> 资料来源：腾讯云、腾讯碳中和全景图，2021。

本章小结

气候变化对人类社会造成的威胁已不容忽视，温室气体排放是导致全球气候变暖的主要原因。对此，国际社会下定决心要解决碳排放问题，从《京都议定书》到《巴黎协定》，旨在减少温室气体排放。中国作为最大的发展中国家，也提出了 2030 年碳达峰、2060 年碳中和的双碳目标。在此背景下，企业必须进行碳管理，其中，CREO 路径能帮助企业高效完成碳中和目标。本章还讨论主要行业的机遇与挑战，总体而言，重点减排行业主要为生产型行业，集中在生态环境部重点推动制定碳达峰目标和行动方案的重点行业，如钢铁、有色、石化、电力、煤炭行业等，而随着数字经济行业在国民经济中的比重越来越高，科技行业对双碳目标的贡献潜力巨大。总之，双碳目标背景下各行业面临着各自的机遇和挑战，企业应在确保合规的基础上充分发挥自身优势、降低转型成本和风险，实现低碳可持续发展。

思考题

(1) 企业做好碳管理，需要六大举措，这其中哪些是最核心的内容？
(2) 面对气候变化危机，从个人角度如何参与碳减排？

第二十二章　企业基金会[1]

第一节　企业基金会概述

1988年9月27日，国务院颁布《基金会管理办法》，"基金会"作为一种法定的组织形式正式出现在我国公益慈善法律体系中。2004年3月8日，国务院颁布《基金会管理条例》，成为其后二十余年间公益慈善类社会组织登记设立、运行治理和监督管理的核心依据。

2005年10月11日，"中国第一家企业基金会"中远海运慈善基金会在民政部登记设立。其章程记载，"本基金会的原始基金数额为人民币壹亿元，来源于中国远洋海运集团有限公司及所属企业事业单位捐赠。"时至今日，企业基金会已逾千家。

但是，"企业基金会"并非法律概念，亦无通行的行为规则，仅在实务中为描述和交流"由企业（或其直接相关方）为主要，甚至唯一发起人，且与发起人在发展战略、劳动用工等方面多有交集的基金会"之便，而简写之称谓。

本章将使用"企业基金会"这一通称，围绕其常见特征、各方之间法律关系以及合规管理要点展开。

一、企业基金会的特点

（一）企业基金会的字号选取

选取发起企业的商号作为基金会的字号，是社会公众将该基金会界定或识别为企业基金会的重要标志之一。而发起企业，也通常乐于通过授权基金会使用其商号的方式，向社会公众示明其亲身参与公益慈善的决心、愿景等。

比如，大家耳熟能详的"BAT公司"发起设立的基金会：北京百度公益基金会、阿里巴巴公益基金会和腾讯公益慈善基金会；再如，金融机构发起设立的基金会：北京中银慈善基金会、北京长安信托公益基金会和福建省兴业证券慈善

---

[1] 作者：郭然。

基金会等；又如，著名连锁品牌发起设立的基金会：北京星巴克咖啡有限公司设立的北京星巴克公益基金会，等等，均直接以发起企业的商号作为基金会的字号。

（二）企业基金会的原始基金来源

在基金会章程中（通常位于第一章总则部分），均明确记载其登记设立时原始基金的来源即"发起人"。企业基金会的发起人，主要为某企业或该企业的创始人。

比如，北京链家公益基金会的原始基金来源于北京链家房地产经纪有限公司，上海依视路视力健康基金会的原始基金来源于上海依视路光学有限公司及其他光学公司，晋江市利郎慈善基金会的原始基金来源于利郎（中国）有限公司，等等。

（三）企业基金会的决策机构组成

基金会的决策机构是理事会，由 5~25 人组成。首届理事一般由主要捐赠人、发起人提名并协商确定。企业基金会的理事，主要来源于发起企业或者上、下游企业的高级管理人员，特别是主管企业社会责任、公共关系等方面的负责人。有一些企业基金会的理事，甚至直接由企业创始人担任。比如，小米科技的创始人雷军，担任了北京小米公益基金会的理事。

（四）企业基金会的公益项目偏好

基金会应当在其章程规定的业务范围内开展活动。虽然近年来囿于登记设立要求，基金会"业务范围"的登记内容趋同（见图 22-1），但是企业基金会开展具体公益项目时，在项目设计和实施过程中仍然带有鲜明的企业特点。

第九条　本基金会公益活动的业务范围：	第七条　本基金会公益活动的业务范围。
（一）资助贫困患者就医；	（一）资助贫困家庭生活；
（二）资助贫困家庭生活及贫困学生就学；	（二）资助贫困学生就学；
（三）资助自然灾害、事故灾难和公共卫生事件造成损害的救助。	（三）资助贫困学校基础设施改善；
	（四）资助自然灾害救助。

图 22-1　企业基金会活动范围

资料来源：基金会章程。

如，浙江传化慈善基金会，其发起人为传化集团有限公司。物流是传化集团的支柱业务，"布局 100 多个城市，链接数十万物流企业和 400 万社会运力资源"。浙江传化慈善基金会发起的"传化·安心驿站"，是国内首个将卡车司机作为直接受益人群的公益项目。

企业基金会除了上述典型特点外，在机构治理、慈善财产保值增值、劳动用工等方面也有区别于其他基金会的鲜明特点。

本节列举了"企业基金会"区别于其他基金会的一些典型特点，但是这些特点并不足以产生此类基金会与其他基金会存在根本性差异的后果。因此，在接下来的第二节、第三节将立足于"企业作为基金会唯一发起人"，简要介绍企业基金会合规运行的要点。

二、企业基金会的发展情况

2012年，由明善道（北京）管理顾问有限公司与基金会中心网合作发起和完成的《中国企业基金会发展报告（2012）》显示，"截至2011年，企业及企业家发起的非公募基金会为285家，占非公募基金会总量的22.3%。"

根据基金会中心网《中国基金会发展独立研究报告（2019）》，"截至2017年12月31日，企业基金会数量达1188家，占基金会总量的18.29%。2017年度，企业基金会净资产超200亿元，总收入接近100亿元，平均每家企业基金会的收入超千万元。企业基金会总支出超60亿元，平均每家企业基金会支出超640万元。"2008—2017年企业基金会占比增长情况见图22-2。

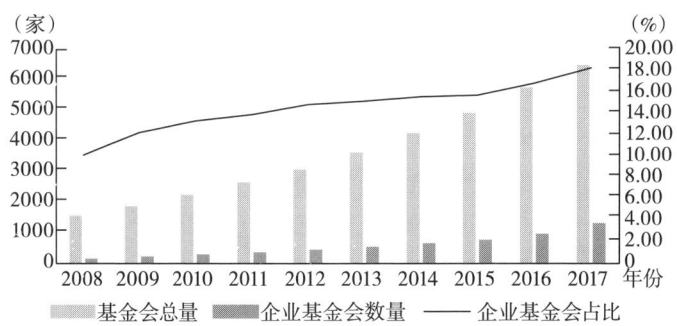

图22-2 2008—2017年企业基金会占比增长情况（截至2017年12月31日）
资料来源：基金会中心网。

第二节 企业基金会的法律地位

一、现行法律体系和监管体制

（一）法律体系

企业基金会自登记设立，至业务开展，直至清算注销，所涉及的法律法规较为庞杂。除了适用一般法，还要适用开展公益慈善活动相关的特别法。企业基金会法律体系见图 22-3。

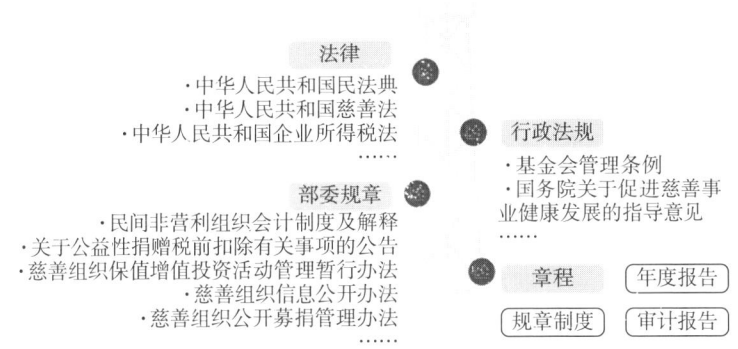

图 22-3 企业基金会法律体系

资料来源：笔者制作。

在主体资格方面，企业基金会的登记设立主要依据《中华人民共和国慈善法》《基金会管理条例》，以及《民政部关于慈善组织登记等有关问题的通知》等规定。

在业务活动方面，企业基金会开展工作除了应当依据《中华人民共和国公益事业捐赠法》《中华人民共和国慈善法》《基金会管理条例》之外，还须遵守《关于规范基金会行为的若干规定（试行）》；如果开展公开募捐，应当依据《慈善组织公开募捐管理办法》取得公开募捐资格并履行公募备案、定期信息公开等义务；如果接受境外非政府组织捐赠，应当按照《中华人民共和国境外非政府组织境内活动管理法》允许的方式接受；如果与包括发起人在内的企业等其他组织合作开展公益项目，应当遵守《关于规范基金会对外开展合作等事项的提示》等规定的要求；关于重大项目支出，还应当按照《财政部、民政部关于进一步加强和完善基金会注册会计师审计制度的通知》主动进行专项审计。

在慈善财产管理运用方面，企业基金会适用的是非营利会计制度，并应当在保证按照《关于慈善组织开展慈善活动年度支出和管理费用的规定》完成年度公益支出、控制管理成本的前提下，积极主动按照《慈善组织保值增值投资活动管理暂行办法》充分、高效地做好慈善财产的保值增值；如果想为捐赠企业实现公益性捐赠税前扣除，则在机构治理和项目运行、财产使用等方面还须满足《关于公益性捐赠税前扣除有关事项的公告》所规定的各项条件。

企业基金会还应遵守《慈善组织信息公开办法》等关于慈善组织信息披露等特别规定。

当然，企业基金会在《中华人民共和国民法典》的约束之下，在用工、纳税等方面亦应遵守《中华人民共和国劳动合同法》《中华人民共和国企业所得税法》等相关规定。需要特别提醒的是，经登记部门核准备案的基金会章程以及基金会每年向民政部门提交的年度工作报告文本，其中均有法律法规并未明确规定的监管细则，均是上述一般法与特别法的重要补充，体现了地方监管部门的要求、当年监管要点等重要指引，企业基金会务必给予足够重视。

（二）监管体制

目前我国对基金会的管理，仍然实施登记管理机关的"登记管理"与业务主管单位的"业务管理"叠加的双重管理体制。

《中华人民共和国慈善法》第六条规定，"国务院民政部门主管全国慈善工作，县级以上地方各级人民政府民政部门主管本行政区域内的慈善工作；县级以上人民政府有关部门依照本法和其他有关法律法规，在各自的职责范围内做好相关工作。"企业基金会的登记管理机关为县级以上民政部门。

《基金会管理条例》第七条规定，"国务院有关部门或者国务院授权的组织，是国务院民政部门登记的基金会、境外基金会代表机构的业务主管单位。省、自治区、直辖市人民政府有关部门或者省、自治区、直辖市人民政府授权的组织，是省、自治区、直辖市人民政府民政部门登记的基金会的业务主管单位。"同时，近年来，符合直接登记条件的企业基金会，已无须业务主管单位。

二、独立法人主体及责任承担

社会上常常对企业基金会与企业之间的关系存在错误认识：比如，企业基金会一旦出现问题，发起企业应当承担连带责任；又如，企业基金会隶属于企业，由企业统筹支出，等等。

企业作为发起人设立基金会，与作为股东投资设立子/分公司的根本区别，在于"发起人"的出资为捐赠行为，不得撤销、不得回购，也不得通过包括分红在内的任何方式重新分配给发起人。即使该基金会终止，其剩余财产仍不得返还发起人，而应当用于该基金会章程规定的公益目的，或者捐赠给与该基金会宗旨相同或相近的慈善组织。发起人这一身份，亦不可转让。因此，发起企业一旦按照捐赠协议履行完毕捐赠义务、企业基金会一旦完成登记设立，则该基金会即为独立法人主体，由于其自身运行而发生的法律后果，均由该基金会以自有财产独立承担，与发起企业无关。企业是发起人，而非股东，不能对基金会行使股东的相应权利，无权干预基金会资金的管理使用。

不过也要补充说明，发起人不为基金会的独立运行承担责任，并不等同于发起人在基金会今后运行中概无义务。实践中，基金会设立后在办理诸如税务等业务时，有关部门还常常要求发起人按其要求出具相应证明、承诺等。有的基金会的发起企业，由于股权变更等而发生实质性变更，不理解、不配合基金会的相关工作，导致基金会业务进程停滞。因此，如果设立登记时将出资的企业记载为章程中的"发起人"，则无论斗转星移，该企业将"永远"作为该基金会的"发起人"被载入各份历史信息中，该身份不得转让、不可变更。建议企业在发起设立基金会时，应慎重考虑"发起人"如何设置（比如将出资企业设置为捐赠人、出资人，而非发起人）。

第三节 企业基金会的合规管理

如前所述，企业基金会合规管理应当遵循各项法律法规。相当多的企业，在设立基金会前，对这些法律法规极其陌生；在登记之后，仍然漠视、无视公益慈善领域的特殊规则和监管要求。常见后果包括：年检不通过（伴随相应的行政处罚）、社会组织等级评估达不到3A、公益性税前扣除资格无法取得、捐赠企业无法获得捐赠抵扣而损害其应享有的合法权益等。

2020年5月13日，财政部、国家税务总局、民政部联合发布《关于公益性捐赠税前扣除有关事项的公告》（俗称"27号文"）。其中"社会组织评估等级低于3A或者无评估等级的"基金会将被取消公益性捐赠税前扣除资格。也就是说，如果基金会不能达到登记管理机关组织的社会组织等级评估的要求，则发起企业在捐赠发生后最需要获得且应当获得的税前扣除，将无法实现。这一条规定，更加明确地将企业基金会与其他基金会放在了同一跑道内。

囿于篇幅，难以将企业基金会合规运行的法律法规和监管要求进行全面阐述。本节仅围绕上文所提及的社会组织等级评估指标主要包括的五方面内容，列举实践中最易被企业基金会忽视的"基本"合规要求，以供企业在设立基金会之前慎重决策，基金会在登记之后审慎运行之用。

一、党建工作

企业基金会往往对党建工作在机构发展中的作用重视不足。党建工作是基金会运行的重要内容，在社会组织等级评估中的分数占了1/10（见图22-4），主要包括党组织的建立和党组织在基金会日常运行中发挥的引领作用。

2.2 党的建设（100分）	2.2.1 党的建设和社会主义核心价值观载入章程（20分）	2.2.1.1 坚持党的全面领导载入章程	10
		2.2.1.2 社会主义核心价值观载入章程	10
	2.2.2 党组织建立情况（30分）	2.2.2.1 按要求建立党组织	30
	2.2.3 党组织活动情况（50分）	2.2.3.1 组织生活制度落实情况	10
		2.2.3.2 组织党员开展活动情况	20
		2.2.3.3 党组织发挥作用情况	20

图 22 – 4　党建评分要求

资料来源：社会组织等级评估指标（2020 版）。

（一）党的组织

基金会章程文本中，均在显著位置（如第一章总则中）规定了社会主义核心价值观和接受党的领导、设立党组织以及开展党的活动等内容。企业基金会在选任理事和秘书处工作人员时，应当充分考虑未来设立党组织，以及党建活动开展的需要。

（二）党的指导

党组织全面指导基金会的机构治理和业务开展。企业基金会不仅应主动设立党组织（在不具备条件的情况下，也应积极参加联合党委等党组织的活动），还应邀请党组织负责人参加基金会活动、列席理事会会议和其他管理层会议，并就重大事项决策、重要业务活动、重要人事任免、大额经费开支等征求党组织的意见。

二、组织治理

企业基金会组织架构见图 22 – 5。

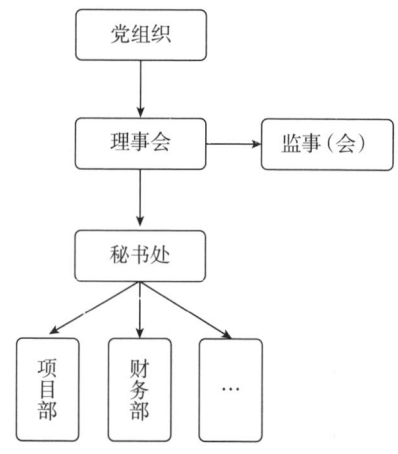

图 22 – 5　企业基金会组织架构

资料来源：笔者制作。

（一）理事会

理事会的定位与职责，可以类比企业的董事会。同时，由于基金会并无"股东"，而且理事的人选主要由基金会的发起人和主要捐赠人提名，因此，理事可以类比企业的股东代表，理事会也在相当程度上行使类似于企业股东会的职责。

理事会是基金会的决策机构。因此，理事的选任格外重要。法律法规并未限制理事的来源和专业结构。但为了基金会能够有效地独立运行，建议企业基金会在选任理事时，至少应当考虑包括三类人士：一是切实承担基金会日常管理的专兼职人员；二是在该基金会业务范围领域颇有建树且有前瞻性观点的精英，以及公益行业的专家学者；三是社会贤达。

需要特别注意的是，如果基金会未另行设立专门机构，则基金会的重大事项和特殊事项均需通过理事会决议。举例说明：如果基金会未单独设立投资委员会或类似机构，则基金会的财务和资产管理制度的制定、修改以及重大投资方案，应当经全体理事的2/3以上同意方可实施。此处有两点需要协同考虑：其一，基金会的理事，无论专职还是非专职，均应保障能够切实参与基金会的决策活动。民政部门近些年来也对理事会召开、决议的程序越来越重视。因而企业基金会不能再像从前那样将"理事"作为赋予高管的一种荣誉，必须选择有能力、有担当且有时间的专业人士担任理事，以保障理事会"开得起来"。其二，"全体理事的2/3"，此处计算时应当减除与决策事项具有关联关系的理事。比如：基金会拟委托某一理事就职或参股的金融机构，为基金会提供保值增值投资服务，则"全体理事的2/3"是指在该理事不参与决策的前提下，仍有达到2/3的理事同意；再如，基金会拟采购发起企业的某种优质产品用于公益项目，由于属于与发起人之间的关联交易，则必须经过理事会决议方可实施。此时，如果像企业基金会常见的——绝大部分理事都来源于发起企业及其关联机构，则有关联关系的理事回避后，将无法召开合法的理事会，更无法作出"全体理事的2/3"同意的决议。综上，企业基金会尤其要在架构设置、理事构成等方面，客观、长远地考虑基金会与企业之间的互动关系，科学配置，勿要"情怀"用事。

（二）监事会

基金会为《中华人民共和国民法典》规定的可以设立取得捐助法人资格的组织形式之一。捐助法人应当设立监事会等监督机构。基金会的监事应当依照该基金会章程规定的程序，监察基金会财务和会计资料，监督理事会遵守法律和章程的情况（见图22-6）。

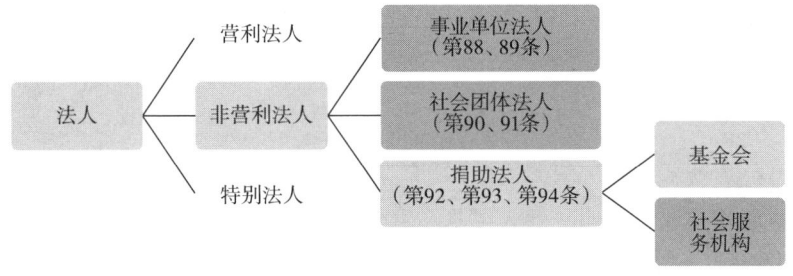

图22-6　捐助法人资格

资料来源：笔者制作。

不少企业基金会委任企业的财务总监、监事长等来担任基金会的监事，其优势在于对于企业设立基金会的初衷、目标以及企业的捐赠能力等均有清晰的认识。弊端则在于一方面他们可能只了解财务，而不了解项目；另一方面是即使了解财务，也只是企业会计制度，而非非营利组织的会计制度。建议企业基金会务必选任2名以上的监事，其专业或能力应当覆盖非营利组织的财务与法务、项目管理等内容，否则监事会将形同虚设。

（三）秘书处

秘书处负责基金会的日常运营、执行理事会的决议、接受监事的监督。企业基金会的秘书处相较一般基金会而言，应当着重注意的是社会组织等级评估关于秘书长"应为专职"这一要求。企业基金会的秘书长，如果同时在企业签订劳动合同且实质上承担企业的部分岗位职责，则需要通过法律文件解决混同用工的问题。

三、财产管理

企业基金会在慈善财产的管理上常常踩雷。究其原因，还是对于非营利组织的法律法规和相关监管政策缺乏了解。希望图22-7能够帮助大家了解企业基金会财产管理的基本要求：

我们把基金会及其管理的慈善财产视为一个蓄水池。按照《基金会管理条例》《关于慈善组织开展慈善活动年度支出和管理费用的规定》《关于公益性捐赠税前扣除有关事项的公告》，以及社会组织等级评估的要求，这个蓄水池既要保证捐赠收入的逐年递增，还要保障公益支出的逐年递增，而且还须同时满足：

图 22-7　企业基金会财产管理的基本要求

资料来源：笔者制作。

①"年度公益支出"不得低于一定比例；②"年度管理费用"不得高于一定比例；③每年"年末净资产"不得低于基金会原始资金（具体基数、比例及计算区间详见上述各法规的规定）。

因此，基金会的财产管理绝非可以通过协议、章程等由基金会的发起人、捐赠人与理事等自行约定，而必须在满足法规与监管严格要求的前提下可进行更严苛标准的约定。企业基金会在慈善财产管理方面，应当配备熟练掌握民间非营利组织会计制度的财务人员，并做到全员了解该制度，既能为捐赠人做好税收筹划，又能依法依规用好财物。

企业基金会还应当特别了解并熟练掌握两个重要的税收资格："非营利组织免税资格"和"公益性捐赠税前扣除资格"。具有这两个资格，能够降低基金会收入的税负、能够帮助包括设立企业在内的捐赠人享受税收优惠；用好这两个资格，能够为捐赠人和基金会做好慈善财产的捐赠、保值增值投资及运用的筹划。因此，尽早申请并保持有效享有这两个资格，是企业基金会稳健运行的基本保障。

四、工作绩效

（一）项目公益性

基金会财务管理中对于公益支出的要求非常高，这里的"公益支出"主要用于基金会开展公益项目。关于项目的"公益性"，在企业基金会中，常见误区包括：认为项目只要与发起企业无关即符合公益性；认为开展捐药助医、教育环保项目即符合公益性；认为项目没有收取管理费的即符合公益性；认为只要没有将财产用于私分、挪用等行为即符合公益性；等等。

其一，"项目公益性"是有前提条件的，即基金会开展任何工作均需符合其登记证书和章程中所载明的"宗旨"和"业务范围"，不得擅自超越。如果基金会的业务范围为图 22 - 1 的内容（绝大多数无业务主管单位的企业基金会的业务范围，均与此类似），则不得开展环保、助医、教育等需要主管单位核准的项目，即使该项目有充分的公益性。

其二，"项目公益性"不以基金会是否收取了管理费为划分标准，项目公益性并非要求基金会免费、无偿劳动。公益是相对于自益、私益、互益而言的。项目的公益性，在于通过专业的公益方法实施公益项目，目标必须是解决社会问题、推动广泛社会参与、使社会公众受益。

（二）项目运作技术

项目公益性的实现，要求公益项目的运作必须通过社会学等多学科的专业技术。这体现在过程性文件中，比如，每个公益项目均应具备立项文件。立项申请中至少应当包括：A. 项目拟定名称；B. 项目宗旨；C. 项目背景、关注的社会领域和拟实现的社会意义；D. 项目前期调研及可行性分析、与同类的其他公益项目的对比分析；E. 项目受益对象的选定标准、人数、筛选方法；F. 项目的组织结构、管理团队、主要合作方；G. 项目期限、执行计划、预算和资金来源；H. 项目成果及预期的社会效果；I. 项目的风险控制和监督措施；J. 项目评估指标及评估时点等。在项目中期、结项时，均应当撰写完成阶段性报告和结项报告，能够向捐赠人出具资金使用情况的说明，能够通过项目评估对项目效果作出客观评价。

以上方法论对于企业其实并不陌生，但企业基金会却未能充分运用。企业基金会如能找到企业战略与亟待解决的社会问题的交集，运用社会学的工作方法，定能真正发挥企业基金会的作用。

五、诚信建设

企业基金会的"钱"虽然主要来自企业，但是一旦捐赠成为基金会财产，则其性质即衍变为社会公共财产，基金会实质上承担的是受托人的责任。无论发起企业是否为公众公司，其设立的基金会即为事实上的公众机构，应当按照法律法规和政策要求，将机构治理、项目运作和财务管理使用等，按时进行较为全面的信息公开。

第一，企业基金会必须重视在"慈善中国"网站及时进行信息披露（除非尚未认定为慈善组织的、在 2016 年 9 月 1 日前设立的基金会），并与基金会官网、公众号、微博等信息公开渠道保持同步更新。有的企业基金会非常重视在"基金会中心网"等网站上的信息披露，这是正确的；但是，务必先完成在"慈善中国"这一民政部指定信息公开平台上的信息披露，这是法定义务。

第二，企业基金会通常都会认真履行审计义务。应注意的是，在选择审计主体时，一定要选择通晓民间非营利组织会计制度的专业机构，而不应为了节约费用或工作方便而盲目与企业共用审计机构。除了年度审计、换届审计和离任审计这些企业常见的审计外，企业基金会还要按照《财政部、民政部关于进一步加强和完善基金会注册会计师审计制度的通知》的规定进行专项审计。前述各项审计报告均需进行信息公开。

综上所述，"企业基金会"是一类具有典型特征的基金会。在合规管理中，需要调整思维，遵守公益慈善领域的行为规范，并做好被社会公众监督和评价的全面准备。同时，企业基金会如果能够善用其"企业基因"，积极发挥优势，那么企业基金会一定能够成为引领中国公益事业发展的核心力量。

第四节 常见实务问题

一、"企业设立基金会"是企业履行社会责任的最佳选择吗

实务中，常有企业在参与公益慈善事业之初，热心设立基金会；在运行三年左右，发现与当初设想存在较大差距，甚至在功能上"并不好用"。

（一）常见的"不好用"情形

1. 业务范围

第一，在基金会登记设立时，要求选择相对明确的业务方向作为业务范围。这里的"明确"，是指不能笼统以"《慈善法》第三条规定的各项内容"为业务范围；也较难跨多个业务领域，比如同时选择"环保"与"医疗"等。

第二，很多企业千辛万苦设立了没有业务主管单位的"无主管"基金会，以为没有"婆婆"就可以自由地做公益了，但却发现环保、教育、医疗以及论坛、奖项等显而易见的"公益"统统不能做。

这是由于对相关法律法规及监管要求的不了解。基金会登记证书和章程上记载的"业务范围"不得随意做扩大解释，应当严格以字面意思解释。比如，"资

助贫困病患"则不得为其提供医疗救治渠道;"资助学校基础设施建设"则不得直接开门办学,等等。因此,在选择业务范围时不能盲目求简。

企业基金会业务范围的制约,在企业发生战略/业务转型时更显突出。

2. 关联交易/利益输送

投资公司设立的基金会,能不能将财产委托给该公司管理?疫情期间,企业基金会能不能采购自己企业生产的口罩?

答案首先是肯定的,"关联交易"可以开展。但是,关联交易的决策,不仅应当按照基金会的采购制度进行供应商遴选,还必须履行相关理事回避、理事会决议、征求党组织意见、向民政报告、信息公开等程序。否则,将可能构成"利益输送"。

3. 理事构成

在关联交易中,要求具有利害关系的理事应当在决策时回避。由此引申出的常见问题是:如果企业基金会要采购企业自己的产品或服务,即使该产品或服务在市场上具有最高性价比,那么也因属于关联交易而必须经过理事会(或制度规定的关联交易决策机构)决策;如果理事会(或其他决策机构)超过1/3,甚至100%的成员来自该企业或者该企业的重要关联方,则无法形成有效决议。

4. 资金募集

相当多企业之所以设立基金会,是以为设立了基金会,不仅自己可以捐赠,还可以募集更多的社会资金一同做好事。这个想法是好的。但是,现行法律体系下,基金会只有取得公开募捐资格才能开展公开募捐;而要想取得公开募捐资格,需要符合本章第三节中关于人、财、事的各项要求;而一旦取得公开募捐资格,又将骤增一系列公益支出比例要求、信息公开要求等附随义务。

(二)除了设立基金会以外,还有多种慈善路径可供企业选择

在企业纷纷设立基金会的同时,也常常发现一些知名企业并无"自己名下"的基金会,而是在不同的基金会设立了冠名专项或专项基金;还有一些以智力成果见长的企业,没有设立基金会,而是设立了社会服务机构(即民办非企业单位);另有一些不希望资金被"年末净资产"以及业务范围、保值增值投资要求、人员工资要求等规定束缚的企业,则选择通过设立慈善信托的方式参与公益事业。因此,设立企业基金会并非企业参与公益慈善事业的唯一路径。

(三)设立基金会,是企业愿意支持专业公益的价值选择

有必要独立设立基金会的,应当是股东之间、管理层与员工之间已就"将公益作为企业的使命"达成共识，愿意以永久存续为运营期限，即使在从严管理的现状下仍然愿意按照近乎苛刻的标准推进专业公益的企业。

二、如果企业既有 CSR 团队，又有企业基金会，二者之间如何协同

企业 CSR 团队，为企业内设部门，其业务目标是营利性的；而企业出资设立的基金会，其宗旨及运营规则均为非营利性的。营利性组织，可以资助非营利性组织开展活动；而非营利性组织不能资助营利性活动。

而二者均与企业目标有着千丝万缕的联系，守住底线、明确边界、充分协同，才能用好两个角色。

（一）相对独立

企业发起设立基金会之后，该基金会独立于企业以及企业的任何一个部门。捐赠资金一旦从企业进入基金会，财产性质即变更为社会公共财产，基金会不得以任何形式向企业分配，也不得以该财产"反捐"支持 CSR 部门或其开展的业务活动。因此，企业如果既有 CSR 部门又设立了基金会，则应在安排资金预算时，充分考虑业务目标的营利性与非营利性，做好统筹规划，避免资金捐出后回流至 CSR 部门或其业务活动。

（二）协同呼应

企业基金会在现实中很难在人、财、物等方面与 CSR 部门做到完全隔离，这二者也不应各自为政。实务中有的企业由 CSR 部门开展与企业产品/服务直接相关的业务、基金会则实施与企业毫无关系的扶贫济困活动。这种情况虽无"错误"，但是实际上丧失了企业基金会的应有特色。

如果 CSR 部门从 ESG 等角度在企业的产品上下功夫、基金会接受企业的产品捐赠并根据该产品的特点支持最需要的困境人群，那么就能使该产品在营利领域创造更大利润的同时，让非营利领域也能获益。再如，有的互联网公司会发起服务于员工的 CSR 项目，而如果以基金会为主体发起项目，则要服务于"公"益，不能仅服务于自己的员工，由此可以以 CSR 员工项目的数据为基础、设计服务于互联网整个行业员工的公益项目，改善这个特色群体的困境等。

因此，企业 CSR 团队与企业基金会，要保持各自运营的独立性，但是应当也完全可以在项目目标上达成一致、在项目设计上进行呼应、在人财物等方面互为支撑，从而协同一致，更有效率地履行企业社会责任。

本章小结

本章通过介绍企业基金会的典型特点、发展现状及其法律地位、责任承担，希望揭开"企业基金会"的面纱，破除对"企业基金会"的迷思，展示其在非营利组织体系中的共性及特性。

本章着重介绍了企业基金会合规管理的常见风险及控制要点，希望帮助准备设立基金会的企业了解未来的运营风险，从而科学决策；帮助已经设立的企业基金会依法、合规地做好机构治理，从而保障公益目的的实现以及企业影响力、美誉度的提升。

思考题

（1）如果您的公司要设立企业基金会，您作为负责人必须要考虑哪些问题呢？

（2）企业基金会与普通基金会相比有哪些优势？